高等学校经济管理类主干课程教材

会计与财务系列

Cost and Management Accounting

成本与管理会计

刘俊勇　编著

中国人民大学出版社

· 北京 ·

前　言

党的二十大报告提出的“高质量发展是全面建设社会主义现代化国家的首要任务”“完善中国特色现代企业制度”“加快建设世界一流企业”“加快建设高质量教育体系”“加快建设中国特色、世界一流的大学和优势学科”“加快构建中国特色哲学社会科学学科体系、学术体系、话语体系”“加强教材建设和管理”，为打造中国特色管理会计教材指明了方向路径。

成本与管理会计引入中国已有40多年历史，本书在继承国内外已有成本与管理会计教材优秀成果的基础上，反映了国内外成本与管理会计理论和实践的最新发展。

本书的特色如下：

1. 内容新颖，理念领先。在理论联系实际的指导思想下，本书与时俱进，传统与现代相结合，国际经验与国内实践相结合。相对于传统成本与管理会计教材，本书不仅包含了中国成本与管理会计领域近年来的新发展，如战略地图、平衡计分卡、作业成本法、经济增加值、业绩评价与激励机制等内容，而且也包含了美国管理会计师协会（IMA）注册管理会计师（CMA）考试大纲中有关成本与管理会计的主要知识点。

2. 体系完整，结构合理。本书的基本内容包括：(1) 成本会计，包括成本概念和分类、分批法、分步法、间接成本分配、联合成本分配、废品、返工和废料核算、变动成本法和作业成本法；(2) 决策与计划会计，主要包括战略规划、本量利分析、短期经营决策、长期投资决策和全面预算管理；(3) 管理控制与业绩评价会计，主要包括战略执行、平衡计分卡与责任会计、标准成本、弹性预算与差异分析。本书每章都包括学习目标、章首案例、行动学习、决策指南、小测验和练习题。章首案例和行动学习精选的28个案例主要讲述近年来中国企事业单位在成本管理会计领域的最新实践。每章的小测验包括10～12个单项选择题，帮助学生快速检验学习效果。

3. 深入浅出，便于教学。产生于工业时代的成本与管理会计体系运用较深奥的数学模型，反映工业时代重视实物资产和金融资产的特点，这体现在本量利分析、变动成本法、决策分析等内容上。进入信息时代，成本与管理会计面临的环境发生了很大变化，比如关注战略执行、团队学习和以人为本，因此我们增加了战略地图、平衡计分卡、长期投资决策、全面预算管理的副作用、业绩评价和激励机制等内容。本书在安排相关章节时，遵循由浅入深、循序渐进的原则，便于读者自学和教师讲授。教师也可以根据教学需要灵活安排章节顺序。

中央财经大学会计学院高度重视教学教改，近年来我主持了一系列教学教改项目，其中《新时代复合型会计专业立体化教材建设》项目于2021年获教育部新文科研究与改革实践项目立项。“管理会计理论与实务”课程于2022年入选全国会计专业学位研究生教育指导委员会会计硕士专业学位研究生在线示范课程前期计划拟建设名单。“管理会计”课程于2023年被评为国家一流本科课程。

基于多年成本与管理会计的教学、研究和实践经验，以及与美国管理会计师协会等职业团体的合作，我们撰写了本书。参加本书初稿编写的有中央财经大学会计专业硕士研究生吴燕、郭浩、杨笑玉、马洁、李涵益、生珍、高海程、刘睿语、郑文鉴、罗雨、史潇扬、王子航和李雨桐。全书最后由刘俊勇进行了校对、补充和完善并统一定稿。本书在编写过程中参考了IMA的相关资料、案例等，在此表示感谢。

本书可以作为高等院校会计学专业、经济管理类专业本科生的成本管理会计课程教材，也可作为MPAcc与MBA学员、财会人员和经济管理人员参加注册管理会计师考试的参考教材。与本书配套的在线课程有：会计教育专家委联合正保公司推出的《成本管理会计》（见国家智慧教育公共服务平台）和中央财经大学在线公开课《管理会计》（见中国大学MOOC APP)。我们建议本课程的先修课程为会计学和管理学，我们更期望本课程能够作为经济管理类学科的专业基础课，对战略管理、人力资源管理、市场营销、工商管理等专业课程做出贡献。

囿于学识、经验和团队磨合的限制，本书难免存在不足之处，敬请广大读者朋友不吝赐教。本书主编联系方式为：18610318789@126. com。

目　录

第 1 章　**成本与管理会计概述** …… 1

第一节　成本与管理会计的定义和基本内容 …… 2

第二节　管理会计和财务会计的区别与联系 …… 6

第三节　组织结构与管理会计 …… 8

第四节　成本与管理会计的发展简史和发展趋势 …… 10

第五节　职业组织、管理会计师和职业道德 …… 12

第 2 章　**战略规划与战略执行** …… 20

第一节　战略和战略规划 …… 21

第二节　战略地图和平衡计分卡 …… 28

第三节　战略运营一体化管理系统 …… 37

第 3 章　**成本概念、分类及其用途** …… 44

第一节　成本会计术语和概念 …… 45

第二节　财务会计中的成本分类 …… 47

第三节　变动成本与固定成本 …… 50

第四节　混合成本及其分解 …… 53

第五节　设计成本会计系统的框架 …… 58

第 4 章　**本量利分析** …… 68

第一节　本量利分析概述 …… 69

第二节　贡献毛益 …… 69

第三节　盈亏临界点分析 …… 71

第四节　经营杠杆 …… 75

第五节　多品种的本量利分析 …… 79

第六节　利润敏感性分析及实现目标利润的措施 …… 81

第 5 章 变动成本法和完全成本法 …… 93
第一节 变动成本法与完全成本法概述 …… 94
第二节 两种成本计算法的营业利润差异及解释 …… 95
第三节 对两种方法的评价 …… 100
第四节 贡献式利润表 …… 101

第 6 章 分批成本会计系统 …… 108
第一节 分批成本法的特点和成本流程 …… 109
第二节 分批成本法实例 …… 110

第 7 章 分步成本会计系统 …… 124
第一节 分步成本法的特点和成本流程 …… 125
第二节 分步成本法中的约当产量 …… 126
第三节 生产成本报告的编制步骤和编制方法 …… 127
第四节 转入成本 …… 134
第五节 其他成本计算方法 …… 138

第 8 章 成本会计系统的其他相关问题 …… 149
第一节 间接成本的分配方法 …… 150
第二节 联产品和副产品的成本分配 …… 153
第三节 废品、返工品和废料的成本核算 …… 159

第 9 章 作业成本会计系统 …… 169
第一节 简单成本系统及其影响 …… 170
第二节 作业成本法的原理及一般程序 …… 172
第三节 作业管理 …… 179
第四节 作业成本法的拓展应用 …… 182

第 10 章 短期经营决策 …… 191
第一节 经营决策概述 …… 192
第二节 生产过程的决策分析 …… 197
第三节 短期定价决策 …… 206

第 11 章 长期投资决策 …… 214
第一节 长期投资决策概述 …… 215
第二节 利用现金流折现方法进行长期投资决策 …… 218
第三节 非贴现现金流量指标 …… 224
第四节 长期投资决策的具体应用 …… 226
第五节 长期投资决策中的敏感性分析 …… 229

第六节 折旧和通货膨胀对长期投资决策的影响 …… 230

第 12 章 全面预算管理 …… 237
第一节 预算概述 …… 238
第二节 全面预算的基本内容和编制原理 …… 244
第三节 全面预算编制的主要方法 …… 254
附录 预测技术 …… 265

第 13 章 标准成本、弹性预算和差异分析 …… 278
第一节 制定标准成本 …… 279
第二节 弹性预算和差异分析 …… 283
第三节 弹性预算差异分解 …… 292

第 14 章 业绩评价 …… 305
第一节 分权管理与责任会计 …… 306
第二节 业绩评价系统 …… 309
第三节 责任中心的财务业绩评价 …… 310
第四节 非财务指标 …… 317
第五节 内部转移价格 …… 321

附录 复利、年金系数表 …… 329

第1章

成本与管理会计概述

学 习 目 标

- 掌握成本会计、管理会计的概念；
- 掌握成本与管理会计的基本内容和基本原则；
- 能够区分财务会计和管理会计；
- 了解成本与管理会计的发展简史和未来趋势；
- 了解管理会计职业组织和道德行为准则。

章首案例 海尔财务要彻底成为规划未来的管理会计

创立于1984年的海尔是中国改革开放的产物。在改革开放大潮中，海尔引进德国先进技术，迈开持续创新的步伐。当年只有600人的资不抵债的小厂到2018年已经发展成为全球员工近8万人、营业收入达2 008亿元的全球化集团公司。在全球市场，海尔跃居白色家电第一品牌。

海尔首席执行官张瑞敏对财务的定位是“海尔财务要彻底成为规划未来的管理会计”。在海尔，你几乎找不到财务部门在哪里，共享和协同、集中和分散彻底打碎了原来的铁栏杆模式。从25秒1笔业务到25秒6 400笔业务的会计工厂解除了财务部门的后顾之忧。通过资源的集中共享，海尔的财务人员参与到为客户创造价值的前端流程，为业务发展提供协同支持。同时，海尔还进行了最具代表性的机制创新，员工从过去被动接受领导的指令到每个人都成为“自主经营体”的CEO，组成直面市场的自组织，即自主经营体。从管理会计的角度，海尔将企业的三张报表转化为以创造用户资源实现第一竞争力为中心的员工的三张报表：员工损益表、日清表和人单酬表。员工损益表反映了为用户创造的价值；日清表反映了每天预算的执行情况；人单酬表把员工报酬和其为用户创造的价值紧密结合。

资料来源：李继培．还原“人单合一”．新理财，2010（11）．

无论是在大型企业、小型企业还是非营利组织，管理者都必须理解企业的收入和成本习性。管理者使用管理会计信息做出新产品研发、定价、投资、预算、绩效评价等决策。通过研究管理会计，你将学习成功的管理者和会计师如何管理企业并提升领导力。今天，许多大企业，像阿里巴巴、中储粮、烟台万华、福田汽车，都已经拥有具备会计背景的“一把手”。

第一节 成本与管理会计的定义和基本内容

一、成本会计及其与管理会计的关系

（一）成本会计的定义

成本会计通过计量、分析和报告与成本有关的财务信息和非财务信息，帮助内外部信息使用者做出决策。

（二）成本会计的作用

公司需要成本会计信息来实现三个主要功能：（1）为财务报告评估存货（资产负债表）和计量已售商品的成本（利润表）；（2）计量作业、产品、服务和客户等不同维度的成本；（3）向管理者和运营人员提供关于战略、运营、流程、效率和履责等方面的经济反馈。可见，成本会计为财务会计和管理会计同时提供信息，第一个功能是满足财务会计需要，第二和第三个功能是满足管理会计需要。实践中，多数会计人员认为成本信息是帮助管理者制定决策的重要管理会计信息。管理会计和成本会计之间的区分并不是很清晰，对此本书并不做严格区分。

二、管理会计的定义

现代会计有财务会计和管理会计两个分支。管理会计计量和报告财务与非财务信息，帮助管理者制定决策以实现组织目标。管理者用管理会计信息选择、传达和实施战略，也用管理会计信息制定研发、设计、生产和营销决策。管理会计的重点在于内部报告。当下，企业在很多方面都会用到管理会计，如风险管理、内部控制、投资预算等。

（1）财政部关于管理会计的定义。管理会计是会计的重要分支，主要服务于单位（包括企业和行政事业单位，下同）内部管理需要，是通过利用相关信息，有机融合财务与业务活动，在单位规划、决策、控制和评价等方面发挥重要作用的管理活动。

（2）美国管理会计师协会的定义。管理会计是一门专业学科，在制定和执行组织战略中发挥综合作用。

（3）英国特许管理会计师公会的定义。管理会计是为组织创造价值和保值而收集、分析、传递和使用与决策相关的财务和非财务信息。

综上所述，管理会计通过一系列专门方法计量、分析和报告财务信息和非财务信息，帮助管理者做出决策以实现组织目标。

管理会计系统中所提供的信息具有针对性强、易于理解、编制灵活等特点。企业可以针对自身情况，灵活选择编制基础，比如在成本核算中，若企业的生产活动是大批量经营，可以选择分步法进行成本核算；若是小批量生产，则可以选择分批法进行核算。

传统的管理会计信息是以货币形式表现的财务信息。但是，目前管理会计信息除包括财务信息外，还包含越来越多的非财务信息。这些非财务信息有客观信息和主观信息，客观信息包括运营信息和实物信息，比如产品质量和生产时间；主观信息包括客户满意度评价、员工的能力和新产品绩效等。

那么，管理会计信息如何为管理者服务呢？在一个企业中，需要进行战略决策并跟踪执行，对其提供的产品和服务的成本及盈利情况进行分析，对客户满意度进行计量，对各种业务活动的成本和收益进行计量。要完成这些工作，只能利用管理会计提供的信息。此外，管理会计信息还可以用于计量各个责任单位如业务单元、职能部门的绩效。对这些部门经济活动的计量不仅直接关系到部门自身的利益，还会影响企业总体战略的实施。企业的员工和各级管理者可以从管理会计信息中获得有关他们表现的信息反馈，从而发现工作中的不足并加以改正。

总之，一个企业要想取得成功并不断地繁荣发展，必须设计和提供客户满意的产品和服务，建立高效的分销渠道，开展富有成效的市场营销活动，快速地将产品和服务提供给客户。尽管管理会计信息不能保证这些至关重要的活动取得成功，但是匮乏和扭曲的管理会计信息将使企业面临严重的困难。高效的管理会计信息系统通过及时准确地提供信息，可以为企业创造巨大价值。当然，管理者也必须权衡运用这些信息产生的效益超过其计量这些信息产生的成本。

随着现代商业环境不断向服务型经济转变、向全球化市场发展，越来越多的企业认识到管理会计的重要性，成本管理、风险控制、预算分析、投资决策、战略分析等已成为很多大型公司必须要做的事情。会计变革更加需要管理会计，企业更加重视管理会计。未来，管理会计的发展定会加快传统会计发展的脚步，使传统会计顺利转变为符合时代要求的会计。

三、管理会计的基本内容

管理会计包括两个基本组成部分，即规划与决策会计、控制与评价会计。

（一）规划与决策会计

规划与决策会计是为企业管理中的预测前景、参与决策和规划未来服务的。它首先通过内外部环境分析，帮助管理者制定战略，基于战略绘制战略地图和设计平衡计分卡，利用财务会计提供的资料和其他渠道获得的有关信息，在调查研究和判断情况的基础上，对企业在计划期间的各项重要经济指标（包括保本点、利润、销售收入、成本等）进行科学的预测分析，并对经营、投资等重要经济问题进行决策分析，形成年度运营计划和长期战略规划；其次把通过预测和决策所确定的目标和行动计划，用数量和表格形式加以协调、汇总，编成企业在一定期间的全面预算；最后按照责权利原则，将全面预算的综合指标层层分解，形成各个责任单位的责任预算，用来规划和把握未来的经济活动。总之，规划与决策会计可以保证企业的各项有限资源得到最合理、最优化的配置和使用，以获得最佳的经济效益和社会效益。

（二）控制与评价会计

控制与评价会计是为企业管理中分析过去和对现在及未来的经济活动进行控制与评价服务的。它首先通过制定控制制度和开展价值工程等活动，按照预算规定的指标，对即将发生和已经发生的经济活动进行调节和控制；其次利用标准成本制度，结合变动成本法和作业成本法，对日常发生的各项经济活动进行追踪、收集和计算；再次根据责权利原则，由各责任单位编制一定期间的业绩报告；最后通过对报告中的实际数和预算数的差异进行分析和研究，用来评价和考核各个责任单位的业绩和成果，并根据行为科学的激励理论分别确定它们应承担的经济责任和应享有的奖励，同时把发现的重要问题立即反馈给有关部门，迅速采取有效措施，及时加以解决。总之，控制与评价会计可以保证企业的各项经济活动按照预定的目标进行，合理分配利润，并充分调动全体职工的积极性和创造性，为实现企业总目标而奋斗。

相关链接 财政部管理会计指引体系

2016 年 6 月 22 日，财政部印发《管理会计基本指引》，形成了涵盖目标、原则、要素等内容的基本框架。管理会计的目标是通过运用管理会计工具方法，参与单位规划、决策、控制、评价活动并为之提供有用信息，推动单位实现战略规划。

2017 年 9 月 29 日，财政部印发《管理会计应用指引第 100 号——战略管理》等 22 项管理会计应用指引；2018 年 8 月 17 日，财政部印发《管理会计应用指引第 202 号——零基预算》等 7 项管理会计应用指引；2018 年 12 月 27 日，财政部印发《管理会计应用指引第 204 号——作业预算》等 5 项管理会计应用指引。至此，我国形成了战略管理、预算管理、成本管理、营运管理、投融资管理、绩效管理、风险管理和其他领域共八大领域管理会计应用指引（见表 1-1）。

表 1-1 管理会计应用指引体系

应用领域	管理会计应用指引
战略管理	管理会计应用指引第 100 号——战略管理 管理会计应用指引第 101 号——战略地图
预算管理	管理会计应用指引第 200 号——预算管理 管理会计应用指引第 201 号——滚动预算 管理会计应用指引第 202 号——零基预算 管理会计应用指引第 203 号——弹性预算 管理会计应用指引第 204 号——作业预算
成本管理	管理会计应用指引第 300 号——成本管理 管理会计应用指引第 301 号——目标成本法 管理会计应用指引第 302 号——标准成本法 管理会计应用指引第 303 号——变动成本法 管理会计应用指引第 304 号——作业成本法
营运管理	管理会计应用指引第 400 号——营运管理 管理会计应用指引第 401 号——本量利分析 管理会计应用指引第 402 号——敏感性分析 管理会计应用指引第 403 号——边际分析 管理会计应用指引第 404 号——内部转移定价 管理会计应用指引第 405 号——多维度盈利能力分析
投融资管理	管理会计应用指引第 500 号——投融资管理 管理会计应用指引第 501 号——贴现现金流法 管理会计应用指引第 502 号——项目管理 管理会计应用指引第 503 号——情景分析 管理会计应用指引第 504 号——约束资源优化

续表

应用领域	管理会计应用指引
绩效管理	管理会计应用指引第 600 号——绩效管理 管理会计应用指引第 601 号——关键绩效指标法 管理会计应用指引第 602 号——经济增加值法 管理会计应用指引第 603 号——平衡计分卡 管理会计应用指引第 604 号——绩效棱柱模型
风险管理	管理会计应用指引第 700 号——风险管理 管理会计应用指引第 701 号——风险矩阵 管理会计应用指引第 702 号——风险清单
其他	管理会计应用指引第 801 号——企业管理会计报告 管理会计应用指引第 802 号——管理会计信息系统 管理会计应用指引第 803 号——行政事业单位

相关链接　**全球特许管理会计师职业能力框架**

2014 年 4 月，CIMA（英国特许管理会计师协会）和 AICPA（美国注册会计师协会）联合发布了《全球特许管理会计师职业能力框架（2014）》，该框架对管理会计人才提出了全面的能力标准及要求。它以道德、诚信和专业精神为基础，构建了全球特许管理会计师的四方面职业技能：技术技能、商业技能、人际技能和领导技能，并基于此重新构建了 CIMA 管理会计职业资格框架。2019 年 1 月，《全球特许管理会计师职业能力框架（2019）》发布，在已有四项职业技能更新的基础上增加了第五项数字化技能，同时将每项技能分为四个级别：基础级、中级、高级和专家级。

1. 技术技能

技术技能包括财务会计与报告，成本会计与管理，业务规划，管理报告与分析，公司财务与财资管理，风险管理与内部控制，会计信息系统，税务策略、筹划与合规。

2. 商业技能

商业技能包括战略，业务模型，市场与法规环境，流程管理，商业关系，商业生态系统管理，项目管理，宏观经济分析。

3. 人际技能

人际技能包括影响力，谈判与决策，沟通，协作与合作。

4. 领导技能

领导技能包括团队建设，辅导与指导，推动绩效，激励与鼓舞，变革管理。

5. 数字化技能

数字化技能包括信息和数据读写能力，数字化内容创建，解决问题，数据战略和规划，数据分析，数据可视化。

四、管理会计的基本原则

管理者和管理会计师应用管理会计信息创造价值，应遵循下列基本原则：

（一）战略导向原则

管理会计的应用应以战略规划为导向，以持续创造价值为核心，促进单位可持续发展。比如，一家公司制定了成本领先战略，为客户持续提供优质低价的产品，那么该公司在内部核心业务流程上会将战略供应商、精益生产、及时交付作为未来提升的重点领域。

（二）融合性原则

管理会计应嵌入单位相关领域、层次、环节，以业务流程为基础，利用管理会计工具方法，将财务和业务等有机融合。

（三）适应性原则

管理会计的应用应与单位环境和自身特征相适应。单位自身特征包括单位性质、规模、发展阶段、管理模式、治理水平等。

（四）成本效益原则

面对不同的决策，管理者应依靠管理会计信息来量化预期收益和预期成本，并进行比较和判断，做出决策。比如，一家制造业公司经过研究发现，建立一套作业成本系统所带来的成本节约要大于系统实施和运维成本，那么管理者就可以做出实施作业成本系统的决策。

（五）技术与行为兼顾原则

管理会计师以适当的格式和要求的频率向管理者提供决策所需要的信息，比如月度预算和实际结果分析报告，从而帮助管理者制定英明的决策。这是技术因素。但是，管理活动主要是一项人参与的活动，管理者不能只是简单地告诉员工绩效好坏，而是应当与绩效不好的员工讨论改善绩效的方法。这是行为因素。

（六）目的与成本适配原则

管理者在不同的决策情景下使用不同的方法计算成本，因为不同的目的需要使用不同的成本。用于对外报告目的的成本概念可能就不适合内部的管理报告。

第二节　管理会计和财务会计的区别与联系

一、管理会计和财务会计的区别

财务会计通过定期提供财务报表为股东、债权人（银行、债券持有者和信用提供者）、政府部门等企业外部的有关组织和个人服务。财务会计向外部使用者提供的信息只是企业执行决策和改善经营的结果，是过去的信息。财务会计要受会计准则的制约，影响这些准则制定的部门是财政部会计准则委员会。财务会计倾向于被规则驱动，学生学习财务会计主要是学习科目设置、账务处理和编制财务报表。

管理会计是为企业内部的管理者提供各种经济信息。企业在设计自身的管理会计系统时有很大的灵活性。管理者利用这个灵活设计的系统可以更好地做出有关企业人力、物力、财力资源以及产品、服务、渠道、供应者和消费者的决策。来自管理会计信息系统的信息能够帮助企业员工了解如何做下述事情：（1）提高工作质量；（2）降低营运成本；(3) 增强满足消费者需要的责任感。

因此，学习管理会计的重点在于如何决策和满足管理者与员工的信息需要。表 1－2 列示了管理会计和财务会计的基本特征及两者的区别。

表 1－2　管理会计和财务会计的区别

项目	管理会计	财务会计
服务对象	企业内部各级管理者	企业外部组织和个人，如股东、债权人、税务部门等
目标	为员工和管理者提供制定决策的信息；反馈决策实施过程中的信息并进行控制	向企业外部组织和个人报告企业过去的业绩；与所有者和债权人保持联系
关注的时点	当前的、面向未来的	滞后的、历史的
时间跨度	灵活性，从小时到 10～15 年不等	固定性，常为一年、半年、一个季度
限制因素	非法定的；为满足企业战略和经营管理需要而制定的信息系统	法定的；会计准则
信息类型	财务信息；有关生产、技术、供应商、消费者和竞争者的数据；以实物形式表现的非财务信息	仅仅以货币形式表现的财务信息
信息属性	相对主观的、估计的、有效的、相关的、相对准确的	客观的、可查的、可信的、经常的、一致的、精确的
报告内容	详细的、关于局部决策和行动的信息	合计的、关于整个企业的信息
行为问题	通过设计影响员工行为	间接影响员工行为

从表 1－2 的简单描述中我们可以看出，会计过程应该是首先满足企业内部管理目标的需要，设计出优秀的管理会计系统，再将企业内部决策执行的结果总括地提供给外部的利害关系者。这样的过程才是符合逻辑的。事实上，在 19 世纪，企业设计会计系统的目的就是满足企业制定决策和实施控制的需要。

然而，在过去的一个世纪里，由于来自外部的准则和标准越来越多，对于会计来说，许多为满足外部利害关系者需要的要求已变得十分苛刻。这些要求使许多企业将注意力集中在编制对外的财务报告上，而不是将精力用于改善为企业内部管理决策和控制提供服务的信息上。结果是，面对日新月异的技术进步、激烈的市场竞争，在大多数企业中，管理会计系统显得太薄弱了。

本书的管理会计案例或练习，均源于企业管理者制定决策和员工对信息的需要，而不是为了满足企业外部利害关系者的需要去准备会计报表。

二、管理会计和财务会计的联系

从上面所讲的内容来看，管理会计与财务会计在许多方面存在差别，但应该注意的是，它们之间也互相渗透，联系密切。

(一) 原始资料相同

管理会计一般不涉及填制凭证和按复式记账法登记账簿的问题，它经常直接应用财务信息的记账、算账和报账的资料进行分析研究；有时根据这些资料进行必要的加工、调整、改制和延伸，再结合其他有关信息进行计算、对比和分析，编制各种管理会计报表，为改进企业内部经营管理、提高经济效益服务。

(二) 财务会计有时也把一些原本属于管理会计的内部报表列入对外公开发表的范围

自 1971 年起，美国财务会计准则委员会的第 19 号意见书正式把原属于企业内部管理需要、用来解释和分析资金流动情况的财务状况变动表列为必须对外编报的基本财务报表。1977 年 10 月，国际会计准则委员会（IASC）正式把该表列为第 7 号国际会计标准，认为是企业对外公开利润表和资产负债表之外的第三报表。财务会计有时还把企业内部管理需要的主要产品的实际成本与标准成本、实际利润与目标利润的对比数作为对外报表的补充资料。我国财政部在《关于修订印发 2018 年度一般企业财务报表格式的通知》（财会〔2018〕15 号）中，关于利润表项目的列报，新增研发费用项目，对财务费用项目新增利息费用和利息收入两行信息，这些做法提高了会计信息质量，便于外部信息使用者进行分析。

(三) 财务共享服务中心促进会计信息的整合

会计信息化的发展对企业财务管理产生了重要影响，有助于业财融合、管控升级、消除冗余、自动核算、效率提升。近年来，很多企业采用财务共享服务中心的模式。财务共享服务是通过将集团企业分散在各个区域运营单元中易于标准化和规范化的财务业务进行流程再造与标准化，并集中到相对独立的财务共享服务中心进行处理。因此，在数据基础方面，企业实现大数据共享，统一数据标准、形成数据仓库，为管理会计深入分析、数据挖掘提供实时、智能决策分析报告奠定基础。

第三节 组织结构与管理会计

一、首席财务官和总会计师

在西方企业中，一般设置首席财务官主管企业的会计工作，在其下设置财务长和主计长。美国高级财务管理人员协会（The Financial Executives Institute）将两者的职责作了区分（见表 1-3）。从表 1-3 中可以看出，管理会计的主要工作由主计长负责。

表 1-3 主计长与财务长的职责

主计长	财务长
1. 规划与控制	1. 筹集资金
2. 编制报表并加以说明	2. 与投资人保持良好关系
3. 评价和咨询	3. 短期融资
4. 税务管理	4. 银行往来
5. 向政府机关提供会计报告	5. 放账与收款
6. 保护资产安全	6. 投资
7. 经济评估	7. 保险

我国企业一般设置财务副总经理（或总会计师）来领导财会机构，并未设置主计长和财务长，不过表 1-3 中的各项职责都有。《中华人民共和国会计法》（简称《会计法》）规定，在国有和国有资产占控股地位或主导地位的大中型企业必须设置总会计

师。《总会计师条例》规定，凡设置总会计师的单位，在单位行政领导人员中，不设与总会计师职权重叠的副职，即总会计师相当于财务副总经理。总会计师（财务副总经理）组织领导本单位的财务管理、成本管理、预算管理、会计核算和会计监督等方面的工作，参与本单位重要经济问题的分析和决策。

二、业务部门与职能部门的关系

公司内的各个部门可以区分为业务部门和职能部门。业务部门也称为直线管理部门，这些部门直接对公司目标负责，比如生产、营销、分销、售后服务等部门。职能部门也称为参谋管理部门，这些部门向业务部门提供建议和协助，如财务部门、人力资源部门和研发部门等。

实际上，业务部门与职能部门的区分并没有那么严格，组织越来越多地使用团队实现目标，更多地采用跨部门间的团队形式，既包括业务部门人员，也包括职能部门人员。

目前，越来越多的中国企业财务组织架构正在发生变化，将会计工作与财务管理工作进行区分，尤其重视管理会计工作的开展。图1-1是某上市公司的财务组织架构。

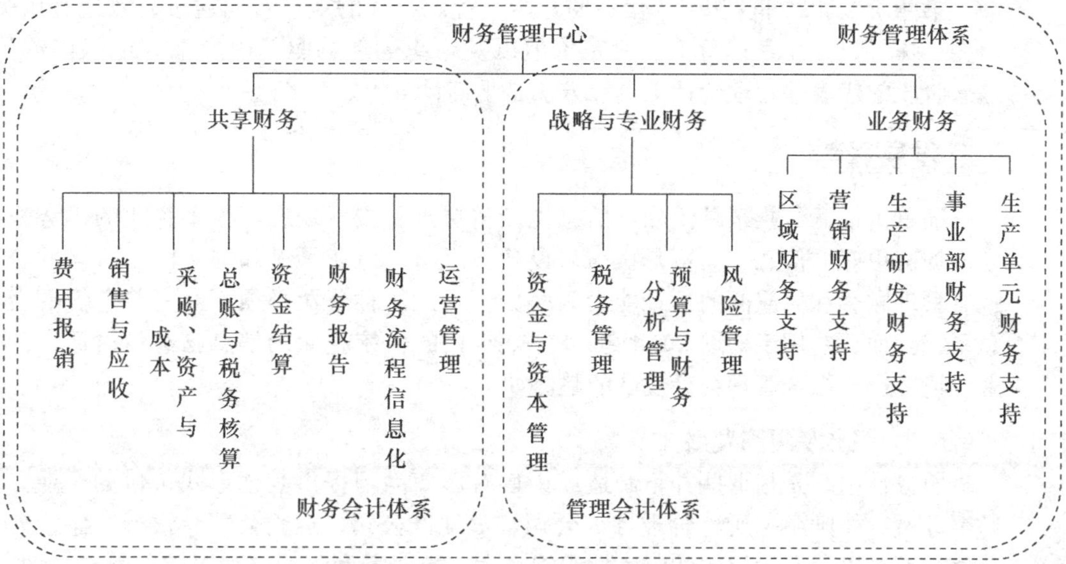

图1-1 某上市公司财务组织架构

该公司的财务管理中心分为共享财务、战略与专业财务、业务财务三大部分，前者属于财务会计体系，后两者属于管理会计体系。具体定位和职责如下：

（1）共享财务，要体现效率和标准，通过规模化和集中化的运作，提供真实、合规的财务信息，包括费用报销、订单到收款、采购到付款、存货到成本、投资到资产、资金结算、总账到报表等主要职责。

（2）战略与专业财务，要体现财务的高度专业性，从深度和精度上支持业务更加高效运作，包括资金与资本、税务、预算与财务分析、风险等职责。

（3）业务财务，要做到业务财务一体化，财务要融入业务，助力业务发展，实现价值创造，包括预算管控、决策支持、业绩评价、风险防范等职责。

第四节　成本与管理会计的发展简史和发展趋势

一、发展简史

国际会计师联合会（IFAC）在 1999 年发布的《管理会计概念》公告中，将管理会计的历史划分为四个阶段。

第一阶段：1950 年以前，管理会计的重点是通过预算和成本会计来确定成本并实施财务控制。这一阶段的代表性管理会计工具和方法是标准成本法和预算管理。

第二阶段：20 世纪 60 年代中期，受管理科学发展的影响，管理会计的主要内容是决策分析和责任会计，其重点由原来的成本控制转向为计划和控制等管理活动提供有用信息。这一阶段的代表性管理会计工具和方法是长期投资决策方法。

第三阶段：20 世纪 80 年代至 90 年代中期，管理会计注重流程分析和成本管理技术，以此来降低业务流程中的资源浪费。这一阶段的代表性管理会计工具和方法是作业成本法。

第四阶段：20 世纪 90 年代中期开始，管理会计的重点转向通过有效地利用资源，追溯、探寻、关注客户价值、股东价值以及组织创新的驱动因素来为组织创造价值。这一阶段的代表性管理会计工具和方法是平衡计分卡。

二、发展趋势

随着市场竞争越来越激烈，信息也变得更加重要。现在，很多企业的优势来源于它们拥有更好的信息，而不是机械、设备、厂房。像亚马逊和阿里巴巴这样的公司以拥有管理顾客和供应商的信息能力为骄傲，因此这种公司必须不断完善它们的会计信息系统。而那些用于辅助 20 世纪 80—90 年代的传统企业的信息已经不再适合现代企业环境。影响当今管理会计发展的趋势如下：

（一）服务型组织发展

服务性组织是指那些并不制造或销售有形商品但提供其他形式价值的企业。会计师事务所、律师事务所、管理咨询公司、房地产公司、运输公司、银行、保险公司和旅馆，都是以营利为目的的服务性组织。大多数非营利组织（如医院、学校、图书馆、博物馆和政府机构）也都是服务性组织。2019 年，我国第三产业增加值占 GDP 比重已经达到 53.9%。

服务型组织的特点如下：（1）劳动力密集。对于类似学校和律师事务所这样的组织，费用中比例最大的支出是和工资有关的支出，而不是与使用机器、设备和固定设施有关的支出。（2）产出难以计量。因为服务业的产品是无形的，所以很难准确地计量。（3）主要的投入和产出不能储存。服务不能被储存起来。例如，一个航班多余的座位不能储存起来供下次航班使用，而一家旅馆每天提供的服务和房间也同样不能储存。

服务型组织，无论是营利性组织还是非营利组织，其管理人员和会计人员都有很多共同之处。他们都需要筹集和利用资金，制定预算，设计并执行控制系统。所有管理人员都有责任有效地利用资源，灵活运用会计信息，提高经营效率，帮助组织完成目标。

(二) 全球竞争

随着全球竞争的日益加剧，为了增强竞争力，管理者必须清楚自己的决策对成本的影响，而管理会计师就可以帮助他们达到这个目的。中国很多企业如华为、中兴通讯等开始重新设计管理会计系统进而提供更精确、更及时的关于作业活动、生产和服务成本的信息。

(三) 技术进步

在过去 20 年中，对管理会计影响最大的是技术发展，它既影响生产过程也影响会计信息的使用。计算能力的增强和处理信息成本的降低使得会计人员改变了收集、存储、操作和报告信息的方法。在很多情况下，管理人员可以直接从数据库中获得信息并产生他们需要的报告和分析。现在，管理人员和会计人员一起工作，以确保所需数据的可用性并确保管理人员知道如何组织和利用数据。

技术发展对会计系统的直接影响是 ERP 系统的使用，它把用于支撑企业所有功能领域的信息都整合起来——会计、顾客关系管理、公司资产管理、公司资源利用、供应链管理和供货商管理。会计人员必须和管理人员一起工作，确保 ERP 系统提供的财务信息是管理者所需要的。

可扩展商业报告语言（XBRL）的发展，促进了财务信息的电子交流。这种语言通过使公司之间的信息对比更加简单，从而对内部报告和外部报告产生极大影响。

云计算是一种通过网络统一组织和灵活调用各种信息、通信、技术资源实现大规模计算的信息处理方式。灵活的调动、强大的计算能力和低廉的价格使得云计算成为潮流。软件即服务（SaaS）是云计算的一个常见例子。如果有一家初创公司还没有使用任何信息化系统，云计算将是最佳选择，该公司可以从供应商那里购买管理软件并通过互联网获得，而不用自己准备硬件数据库、配备 IT 维护人员。云计算平台的灵活智慧，可以根据公司的业务变化而改变，多账套设置的管理会计平台让财务人员只需一次录入就可以从多维度出具财务报表及管理分析，满足企业各种内外部口径的核算和管理需要。

区块链是一个链式数据结构存储的分布式账本（数据库），可以在弱信任环境下帮助用户分布式建立一套信任机制，保障用户业务数据难以被非法篡改、公开透明、可溯源。简而言之，每个参与者手上都有一个独立账本。每一次变化，记一次账，就要对所有参与者进行广播，所有人都确认后，才能被记录到账中。区块链具有透明可信、防篡改、可追溯、去中心化、多中心等特性，能解决多方信任问题，已广泛应用于金融、供应链、政务服务等领域，带来协作效率的提升、协作成本的降低。例如，在供应链领域，区块链技术能够通过分散的点对点网络无缝地交换数据，所有的交易都不可改变地存储起来并可用于审计，这使得供应链系统更加透明和可靠。

人工智能（AI），是研究开发用于模拟、延伸和扩展人的智能的理论、方法、技术及应用系统的一门新的技术科学。人工智能可以改善会计流程的两个方面是数据的输入和分析以及减少欺诈。在人工智能系统出现之前，处理采购订单需要手工填写纸质采购订单，手工录入公司的采购系统。然后对采购订单进行编码，转到适当的部门进行授权，并邮寄到供应商处。现在人工智能系统可以处理整个实务，从电子收集采购订单数据到在公司ERP中处理数据（包括记录和批准），再到将电子采购订单发送到供应商。除了显著提高速度和极低的错误率这样明显的好处之外，还提高了整个会计流程的透明度，专业人员能够监控整个过程并合理利用采购折扣。

（四）业务流程管理的变化

管理会计是为了帮助管理层进行企业决策，因此会计系统必须适应管理行为的改变。一些公司通过重新设计业务流程对流程进行彻底改革，也就是通过对商业流程的重新思考和根本性重新设计，完成对公司在成本、质量、服务和速度等领域的绩效提升。公司通过重新设计、简化和自动化生产过程减少了生产环节所消耗的时间，也可以使用计算机辅助设计（CAD）设计出可以高效生产的产品，并且利用计算机辅助制造技术（CAM）直接管理和控制生产设备。而计算机集成制造系统（CIM）就是一个包含了CAD、CAM、机器人和电脑控制设备的整合系统。利用这样一种系统的成本不同于那些自动化程度较低的系统的成本。安装这种系统的公司通过利用机器人和自动化设备来执行本来由生产线工人完成的日常工作，可以使用较少的劳动力。

一项促使企业高效生产的最重要的改变是适时制（JIT）。最初，它是一种存货系统。通过控制原材料和零部件到达工厂的时间（在我们正好需要生产时到达）以及产品完工的时间（在我们正好要运送给顾客时完工），从而使存货量最小化。现在，JIT已经成为更广阔的管理理念的基石。JIT起源于日本的丰田公司，现在很多美国大企业如惠普、通用电气、英特尔，以及中国大企业如海尔、北汽等公司也在应用JIT系统。JIT理念的精髓就是杜绝浪费，管理人员要努力做到：（1）减少生产环节所耗费的时间；（2）消除非增值作业所耗用的时间（如检查和等待时间）。

另一种提高效率的方法是精益生产，这种方法通过不断改进流程在整个企业中杜绝浪费。

强调质量在今天这种激烈竞争的环境中十分重要。很多公司主动采用全面质量管理系统（TQM）。TQM通过提高质量来降低成本，强调不断改进质量并满足顾客的需求。近年来许多管理者用六西格玛方法控制质量，这是一种严格用数据控制质量的方法，进而消除每一环节的缺陷。它实际上就是通过改进质量不断改进生产流程来降低成本。自20世纪80年代摩托罗拉开始，通用电气、三星、中国电信等很多公司开始利用这种管理理念来改革企业。六西格玛从根本上确保了内部流程尽可能有效地运行。在六西格玛的运用过程中，管理会计发挥着重大作用，管理会计师既是计量方面的专家，又是努力推广该方法的跨部门人员。

为什么这些业务流程的改变会影响管理会计呢？因为所有这些活动都直接影响成本，而管理会计人员就负责计量真正的成本节约、预测未来的成本节约以及计算不同的生产环境下产品或服务的不同的成本。

第五节 职业组织、管理会计师和职业道德

要想从事管理会计工作，需要考取管理会计职业证书，加入管理会计职业组织。当然，管理会计师在开展工作时必须遵守职业道德。

一、管理会计专业机构

西方国家建立管理会计专业机构的目的在于指导管理会计的研究与实务，并负责举办管理会计师资格考试以及管理会计师业务培训与管理等，在世界上有较大影响的是美国管理会计师协会（IMA）和英国特许管理会计师公会（CIMA）。

（一）美国管理会计师协会

美国管理会计师协会是一家在全球具有重要影响的国际性管理会计师组织，成立于1919年，由美国成本会计师协会（NACA）衍生而来，1991年更名为管理会计师协会，目前拥有遍布全球的265个分会的超过8万名会员。

在国际上，作为COSO委员会（全美反舞弊性财务报告委员会发起组织）的创始成员及国际会计师联合会的主要成员，IMA在管理会计、公司内部规划与控制、风险管理等领域均参与到全球前沿实践。此外，IMA还在美国财务会计准则委员会（FASB）和美国证券交易委员会（SEC）等组织中起着非常重要的作用。

成为注册管理会计师（CMA），首先必须通过注册管理会计师资格证书认证考试，而且还要符合IMA订立的学历和道德操行标准。1972年IMA首次举办注册管理会计师认证考试。注册管理会计师资格认证考试是对财务管理综合能力的考核，涉及商业分析、管理会计与报告、战略管理和商业应用等四大方面内容，以基础知识、实用知识为主，知识覆盖面广，具有很强的实用性、可操作性。

CMA资格认证的目的在于培育管理会计人员和财务管理人员的知识广度，使其能预测商业的需求及参与决策制定。而其考试内容所包含的知识范围能反映管理会计人员和财务管理人员在现今商业环境中所需要的能力。因此，取得CMA资格不仅代表其具备完整的会计及财务相关领域知识，也表明了具备高度专业标准与能力来分析企业内部财务报表，协助管理者掌握经营状况，参与财务管理与拟定未来策略及执行。

作为全球领先的国际管理会计师组织，IMA通过其注册管理会计师的资格认证、研究与实践、教育与培训、会员社交网络，以及最高的职业道德规范等，为全球管理会计和财务专业人士提供一个动态发展和交流的平台，从而推动IMA会员职业生涯的发展。

（二）英国特许管理会计师公会

英国特许管理会计师公会成立于1919年，是世界上最大的管理会计师认证、管理和监督机构，属于非营利组织，也是国际会计师联合会的创始成员之一，拥有22.9万会员和学员，遍布176个国家和地区。CIMA的发展历程浓缩了会计学的发展以及发达国家的会计团体向全世界的辐射和影响过程。

CIMA刚成立时的名称为成本和劳工会计师公会（Institute of Cost and Works Accountants），当时工业革命的兴起推动了股份公司的发展壮大，大多数发达国家的金融市场已初具规模，企业管理者对生产成本和存货计价的信息需求不断增长，此时也是以成本计算、核算为核心的成本会计的流行时期。第二次世界大战结束后，企业技术进步明显加快，劳动生产率进一步提高，产品更新换代周期缩短，市场竞争十分激烈，企业之间的利益关系变得非常复杂，企业风险进一步提高，财务管理的重点由资金筹集、运用转向涉及多方面利益关系的分配，工作范围由单一的财务管理转向注重企业的战略管理，广泛实行财务预测，加强预算控制，建立责任中心。而管理会计增加了预测与决策方面的内容，完成了由执行型向决策型转变。CIMA 此时也充分认识到管理会计的重要性及其在商业领域的相关性，从而在 1986 年正式改名为英国特许管理会计师公会。2012 年初，CIMA 与美国注册会计师协会联合推出了全球公认的管理会计师新头衔——CGMA（全球特许管理会计师）。2016 年 6 月，CIMA 与 AICPA 共同宣布将联手创建一个能够代表完整会计职业广度的全新会计师协会——国际注册专业会计师协会。新协会旨在成为全球最具影响力的会计师组织，并将代表当前和未来超过 60 万名会计专业人士。

CIMA 会员身居管理要职，以扎实的财务知识、卓越的管理能力和出色的战略思维在工商界、政府部门及各类非营利机构中发挥着举足轻重的作用。在中国，CIMA 发展迅速，已经成为聚集国际金融高管及财界领袖的最大平台。CIMA 通过与企业的紧密合作及资助前沿研究，不断更新教育认证体系、职业资格要求及职业发展计划，使 CIMA 成为企业招聘财务高管以及有财务基础的管理人才时的首选资格。CIMA 致力于不断提高财务管理人员的专业水准并加强职业道德规范，普及管理会计师的公信力。

CIMA 以“财务支持战略决策，战略融于财务管理”为理念，其资格考试并不局限于会计内容，而是涵盖了管理、战略、市场、人力资源、信息系统等多方面的商业知识和技能。通过 CIMA 三级认证考试并达到工作经验要求者可获得 CIMA 会员资格，成为特许管理会计师；而拥有三年决策管理高层工作经验的特许管理会计师可申请成为特许管理会计师公会资深会员。

CIMA 一直以来紧密结合充满活力和挑战的商界需求，坚持不懈地致力于企业财务管理及战略决策的研究和开发，提供了世界上具有权威性的高端财务职业资格认证。CIMA 资格认证不仅为企业衡量和提升财务管理人员素质和业务水平提供依据，也为各行各业的高级财务人员和管理精英提供了一个事业生涯发展和展示实力的平台。

二、管理会计师的地位

管理会计重在面向未来，履行预测、决策、规划、控制和考核的职能。管理会计职业在西方发达国家已经存在上百年历史，世界上主要市场经济国家的企业都有一大批管理会计师，在那些设有首席财务官（CFO）制度的企业中，CFO 的主要职责之一是以提高利润为目标，包括成本控制等管理会计业务，财务部门的经理大多也是管理会计师或掌握很高水平的管理会计方法与技术。

申请加入英国特许管理会计师公会者，一旦取得正式会员资格，持有特许管理会计师证书后，就会有较高的社会地位，并为社会所尊重。因为他们不仅具有广泛的理论知识，而且具有丰富的实践经验，因而是许多大公司的猎取目标。

CIMA 的认证群体以企业会计和经理为主，在培养他们扎实的财务技能的同时，重点提高他们参与经营管理和战略决策的能力，实现“财务支持战略决策，战略融于财务管理”的理念。特许管理会计师通过综合利用各类数据，为企业的经营和发展提供全面预算、财务分析、绩效评估、风险防范、组织管理和商业策略等方面的重要信息和切实方案。

全球有数以万计的公司聘用 CIMA 的会员和学员，请他们提供多种多样的培训支持；同时，CIMA 也通过权威的知识体系和商业实用性，帮助越来越多的公司提高股东价值，实现企业的可持续发展，并造就了一大批商业精英。根据著名财经猎头机构 Robert Half 的调查报告，CIMA 已经成为世界上最受欢迎的会计职业资格。

美国管理会计师协会自 1972 年开始设立注册管理会计师资格证书项目以来，已有越来越多的人同时具有注册管理会计师（CMA）和注册会计师（CPA）证书，CMA 已和 CPA 一样得到了社会的公认，备受大公司的青睐。CMA 证书持有者主要是世界各大公司及金融机构的财务主管、财务长、CFO、CEO、成本核算师、理财师、企业管理人员。美国 100 强企业的财务经理几乎都具有 CMA 等专业资格，CMA 证书成为 CEO、CFO 强有力的敲门砖，是美国年薪最高的财经专业资格之一。

三、管理会计师的职业道德

管理会计师必须严格遵守胜任能力、保密、正直和可信等方面的行为准则。表 1-4 列出了美国管理会计师协会 2017 年版的职业道德行为准则。

表 1-4　美国管理会计师协会职业道德行为准则

IMA 会员应该按道德标准行事。恪守职业道德行为的承诺包括：展现我们价值观的所有原则和指导我们行为的所有标准。
原则
诚实、公正、客观以及责任。会员应该遵守这些原则并且鼓励企业中的其他人遵守这些原则。
标准
没有遵守下列标准的会员可能会受到惩罚：
一、胜任能力
1. 通过提高知识和技能，保持与其职业能力相适应的专业知识和技能水平。 2. 严格依据相关法律、法规和专业标准履行专业职责。 3. 提供准确、清晰、简明、及时的决策支持信息和建议，识别并帮助管理风险。
二、保密
1. 对工作中获得的信息保密，除非被授权或法律要求披露。 2. 告知所有相关方要恰当使用保密信息，并监督确保他们遵守该原则。 3. 避免使用机密信息去谋求不道德或非法利益。
三、正直
1. 避免利益冲突。定期与业务伙伴进行沟通以避免明显的利益冲突，告知各方任何潜在的利益冲突。 2. 避免从事任何损害道德履行职责的行为。 3. 禁止从事或支持任何有损职业声誉的活动。 4. 为积极的道德文化做出贡献，并将职业操守置于个人利益之上。
四、可信
1. 公正、客观地交流信息。 2. 提供有理由相信会帮助使用者的报告、分析或建议及所有相关信息。 3. 报告信息、及时性、流程或内部控制的一致性在符合组织政策和/或适用法律方面的延迟或缺陷。 4. 沟通可能会阻碍责任判断、行为成功实施的职业局限性或其他约束。

道德冲突的解决

当管理会计师可能遇到不符合职业道德要求的行为和问题时，应积极寻找解决问题的办法。在决定采取何种步骤时，应考虑所有涉及的风险，以及是否存在防止报复的保护措施。当面临道德冲突问题时，管理会计师应遵循其所在组织的既定政策，包括使用匿名举报系统。如果组织尚未建立相关政策，那么管理会计师应考虑采取以下行动：

1. 与自己的直接上级讨论这些问题。在直接上级受到牵涉的情况下，应该向更高级管理层报告。
2. 通过和管理会计师协会的道德咨询部门或其他外部顾问私下交流相关道德问题来获得更好的备选方案。
3. 向律师咨询有关道德冲突的法律责任、权利和风险。

如果上述解决问题的方案不成功，那么管理会计师不妨考虑辞职。

资料来源：www. imanet. org.

一个有道德的企业通常也会实施激励道德行为的政策。高层管理人员制定基调，高层管理人员从言语和行动上做到坦言支持道德标准并完善自身的正直是对企业道德行为的重大激励。就如人们常说的，高层管理人员应当做他们应该做的，说他们应该说的。行为准则（专门用来描述企业道德标准的文件）是大多数道德工程的核心。但是，只有准则是远远不够的。

真正的政策和措施影响着人们的行为，也就是管理人员的评估必须包括对道德行为的评估。即使不道德的行为会给公司带来更好的财务表现，企业也不能容忍这种行为。例如，很多公司如安然、世通、瑞幸咖啡等都通过编造会计分录使得它们的财务报表比真实的更好看。有时，会计人员参与了这种财务舞弊。在其他的情况下，他们只是没有站出来挑战那些错误的会计信息。

行动学习

华润集团的6S管理体系

华润集团是一家拥有上千亿元资产的多元化控股企业。半个多世纪以来，华润的改革与发展历程实际上就是一个由政府附属进出口代理商逐步转变为市场化经营者的进程，同时也是一个不断探索多元化企业管理的过程。1999年，一套结合华润自身实际的管理模式——6S管理体系设计完成并开始实施，标志着华润的企业管理进入了一个新阶段。经过几年的正式运行，2003年6S管理体系进一步充实完善，华润的企业管理迈出新的一步。

在全面预算管理相对成熟的基础上，随着评价与考核导向的战略调整，华润的管理重心逐步集中到企业发展战略的实施上，为了推进战略执行力，集团于2003年引入战略性平衡计分卡，以平衡计分卡的多维视角进一步完善6S管理体系的评价与考核，以评价和考核推进战略执行，从而将6S提升到一个新高度，6S管理体系也由此发展为一套独具特色的华润战略管理系统。

6S管理体系是华润的核心管理系统，其目的是使华润的管理重心和管理方法与集团整体业务情况、资产状况相适应，由管理公司转到管理集团的主要业务和主要资产上来，由分别多元化管理转到各自专业化管理上来，最终通过整合推进集团和利润中心发展战略的实施。

6S管理体系是6个system的简称，其递进的逻辑层次为：利润中心业务编码体系、利润中心全面预算体系、利润中心管理报告体系、利润中心内部审计体系、利润中心业绩评价体系、利润中心经理人考核体系。

6S管理体系是将华润多元化的业务及资产划分为责任单位并作为利润中心进行专业化管理而加以整合的一种体系，既是一个全面预算管理体系，也是一个评价与考核体系，还是一个综合信息管理系统。它以管理会计理论为基础，以全面预算为切入点，以评价考核为落脚点，其目的不仅要解决会计管理方面的问题，还要解决集团的系统管理问题，最终确立以战略为导向的管理系统。

6S管理体系的系统化构想是：以专业化管理为基本出发点，突破财务会计上的股权架构，把集团及下属所有业务及资产按行业划分为多个利润中心及利润点，逐一编制号码，同时进行动态组合调整；在利润中心推行全面预算管理，将发展战略细化为年度经营目标，并层层分解，落实到每个责任单元的日常经营中；每个利润中心按规定格式和内容编制管理会计报告，汇总成为集团总体管理报告，作为决策的依据；对利润中心经营、预算及战略执行情况进行审计，保证管理信息的真实性；根据利润中心不同的业务性质和经营状况，建立战略导向的业绩评价体系，按评价结果确定奖惩；对利润中心负责人进行每年一次的考核，并兑现奖惩，拉开薪酬档次，同时通过实行利润中心负责人考核，逐步建立起任免经理人的科学程序。

决策指南

以下是本章知识点的总结，其中决策部分是基本问题，指南部分是这些问题的答案。

决策	指南
1. 什么是成本会计？成本会计有什么作用？	成本会计是收集、整理成本信息，并用成本信息进行成本控制的管理活动。 成本会计为管理会计和财务会计提供信息。在管理会计领域，成本会计从产品、客户、区域等多个角度对成本进行计量，提供用于运营管理和战略管理的成本信息。
2. 什么是管理会计？	管理会计是一个信息系统，其处理的信息不仅包括财务信息，还包括非财务信息。它使用一系列专门的方法对企业收集的信息进行加工处理，提供给企业管理者用于决策。
3. 管理会计的基本内容和基本原则是什么？	基本内容：（1）规划与决策会计；（2）控制与评价会计。 基本原则：（1）战略导向原则；（2）融合性原则；（3）适应性原则；（4）成本效益原则；（5）技术和行为兼顾原则；（6）目的与成本适配原则。

续表

决策	指南
4. 管理会计和财务会计有哪些区别和联系?	财务会计通过定期提供财务报表为企业外部的有关组织和个人服务，这些组织和个人包括股东、债权人（银行、债券持有者和信用提供者）、政府部门。管理会计是为企业内部的管理者提供各种经济信息。来自管理会计信息系统的信息能够帮助企业员工了解如何做下述事情：（1）提高工作质量；（2）降低营运成本；（3）增强满足消费者需要的责任感。 它们之间也经常互相渗透，存在密切联系。（1）原始资料相同；（2）财务会计有时也把一些原本属于管理会计的内部报表列入对外公开发表的范围；（3）财务共享服务中心促进会计信息的整合。
5. 管理会计如何适应组织结构?	（1）设置首席财务官或总会计师岗位；（2）设置管理会计部门。
6. 管理会计发展有哪些阶段？影响管理会计发展的趋势是什么?	发展阶段：（1）实施成本控制；（2）提供管理决策信息；（3）降低业务流程资源浪费；（4）全面创造价值。发展趋势：服务型组织；全球化竞争；技术进步；业务流程管理变化。
7. 管理会计师的职业道德准则有哪些?	胜任，保密，正直，可信，解决道德行为冲突

小测验（单项选择题）

1. 下列关于成本-效益原则的说法正确的是（　　）。

A. 成本效益分析与建立预算系统无关

B. 成本效益分析时能够十分容易地获取收益和成本

C. 成本大于收益即为可行

D. 收益大于成本即为可行

2.（　　）有行为效应，它通过激励和奖励员工来实现组织的目标。

A. 预算　　B. 执行　　C. 监督　　D. 反馈

3. 十度互联网公司随着规模增大盈利增多，正在考虑上马一套预算系统，以替代使用历史记录计量的方式。预算系统的整体报价是20万元，根据成本-效益原则，这个系统为公司带来的预期未来收益是（　　）万元时，公司不会选择该系统。

A. 5　　B. 20　　C. 25　　D. 50

4. 以下关于目标与成本适配原则的说法中，错误的是（　　）。

A. 管理者在不同的决策情景下用不同方法计算成本

B. 不同的目的需要使用不同的成本

C. 内部日常报告的成本需要与外部报告要求一致

D. 用于外部报告目的的成本概念可能不适合内部的日常报告

5. 财务会计主要关注（　　）。

A. 为政策制定提供信息

B. 经营状况分析

C. 成本构成和成本控制

D. 提供给投资者、债权人和政府机构的外部财务报告

6. 财务会计从历史视角提供数据，而管理会计重点关注（　　）。

A. 过去　　B. 当前　　C. 未来　　D. 过去和当前

7. 汽车生产公司南汽公司的财务会计需要编制（　　）。

A. 生产预算　　B. 财务报表　　C. 内审报告　　D. 管理会计报告

8. 管理会计与财务会计的共同点是（　　）。

A. 原始资料　　B. 都需要遵循会计准则

C. 都需要对外披露　　D. 受众范围相同

9. 下列公司财务组织中，不侧重于管理会计的是（　　）。

A. 专业财务　　B. 战略财务　　C. 共享财务　　D. 业务财务

10. 20 世纪 90 年代中期以来，管理会计发展的重点是（　　）。

A. 确定成本并实施财务控制

B. 为计划和控制等管理活动提供有用信息

C. 降低业务流程中的资源浪费

D. 为组织创造价值

11. 美国管理会计师协会的道德原则包括（　　）。

A. 客观、公正、诚实、及时　　B. 客观、公正、责任、诚实

C. 客观、诚实、责任、及时　　D. 公正、诚实、及时、责任

12. 下列（　　）是管理会计面对道德问题时最先应采取的行动。

A. 查询公司解决类似问题的规则

B. 与直接上司讨论该问题

C. 咨询相关律师

D. 私下与管理会计师协会的道德顾问讨论以澄清相关的道德问题

思考题

1. 简述成本会计、管理会计的概念。

2. 简述成本会计的作用。

3. 简述管理会计的基本内容和基本原则。

4. 简述财务会计和管理会计的异同。

5. 简述管理会计如何适应组织结构。自选企业单位，收集其资料并分析其财务组织架构和岗位设置。

6. 简述管理会计的发展历史及影响其发展的趋势。

7. 举例说明管理会计师如何规范自己的职业道德。

第2章

战略规划与战略执行

学习目标

- 理解战略规划及其要素；
- 能够区分成本领先与产品差异化战略；
- 能够应用战略地图和平衡计分卡；
- 理解战略运营一体化管理系统。

章首案例　字节跳动的信息找人战略

2020年1月25日，徐峥的《囧妈》绕过影院，于大年初一登陆抖音、西瓜视频、今日头条、抖音火山版等平台首播，一度引起轩然大波。有人认为这会带来电影行业变革，有人认为这只是字节跳动的一场创新营销，也有人认为这是字节跳动进军长视频领域的试水……

北京字节跳动科技有限公司2012年成立于北京，是最早将人工智能应用于移动互联网场景的科技企业之一。字节跳动是移动互联网时代典型的“后进者”，崛起于移动互联网C端红利的衰退时期。字节跳动的公司性质以及其所处的时代特点也决定了这家公司在公司战略和经营管理上的不凡。字节跳动的战略定位具有差异化，客户受众面广。

字节跳动的业务布局包含三大块：资讯分发、内容社区、短视频。资讯分发部分的明星产品是今日头条。今日头条因为不产出自己的内容，经常会受到侵权起诉。为了应对起诉风险，字节跳动推出了自己的内容社区——头条号、微头条来产生自己的内容。近几年，在短视频的风口下，字节跳动推出了3个视频平台：抖音、火山小视频、西瓜视频。其中抖音主要针对一二线城市群体，火山小视频针对草根阶层，西瓜视频定位长视频。

字节跳动全球化战略布局是其迅速发展的一个亮点。字节跳动的战略规划是：技术出海，为全球用户提供统一的产品体验，针对不同市场采取符合当地需求的本土化运营策略，建设全球创作与交流平台。2015—2018年，字节跳动创始人、CEO张一鸣带领团队一直向海外业务拓展。截至2019年底，字节跳动拥有超过6万名员工，是一家在30个国家、180多个城市有办公室的全球化公司。其旗下产品全球月活跃用户数超过15

亿，业务覆盖150个国家和地区、75个语种。以字节跳动旗下短视频社交应用TikTok为例，它已经连续两年位于全球热门移动应用（非游戏）全年下载量榜单前五名。

像字节跳动一样，制定战略是管理者工作的重要组成部分。管理会计师通过内外部环境分析，帮助管理者科学制定竞争战略。一般来讲，可以将竞争战略宽泛地划分为产品差异化和成本领先两种类型。基于不同的战略，可绘制战略地图并设计平衡计分卡，从而有效执行战略。上述一系列工作，可以整合到从战略到运营的六步闭环管理系统中，让管理会计在战略制定和战略执行中发挥重要的作用。

第一节　战略和战略规划

一、战略与战略层次

战略确定一个组织如何将自己的能力和市场机会匹配来实现目标。换句话说，战略描述一个组织与竞争对手相比如何为其客户和投资者创造价值。比如，零售巨人沃尔玛通过将商店建在市郊，提供价格低廉、种类繁多的产品，为客户创造价值。而为了保证与战略一致，沃尔玛通过与供应商协商，提高降低成本的能力，进而为投资者创造价值。战略是一个较为宽泛的概念，组织一般需要制定三个层次的战略（见表2-1）。

表2-1　战略层次

战略层次	内容
公司战略（或多元化战略）	• 关注全部商业机遇，包括地域扩张、兼并和收购、产品扩展和收缩； • 集中精力识别、建立或获得关键资源和能力； • 决定公司该进入哪个行业以及怎样把各业务单元联系起来； • 确定资源如何在公司不同部门之间分配； • 确定规范，约束公司该做什么和不该做什么。
竞争战略（或业务单元战略）	• 确定一个组织如何在特定行业竞争——如何在行业中创造价值； • 明确组织服务客户的愿景以及如何向客户传递组织价值； • 对组织活动进行协调，齐心协力加强公司竞争定位的潜在优势； • 加强公司的竞争战略。
职能战略	• 设定市场营销、财务、研究、技术、运营和其他业务职能的计划和目标； • 关注各个业务职能部门之间的协调； • 确定组织活动和流程，以帮助组织最大化竞争定位； • 阐明组织的职能是否以及如何与其竞争战略相适应。

资料来源：美国管理会计师协会. 财务规划、绩效与分析. 北京：经济科学出版社，2020.

从表2-1可以看出，尽管不同层次的战略会产生不同的结果，但必须保持连贯和协同。

二、战略规划

战略规划通常是指对与组织有关的行业、竞争对手和环境关系进行全面的分析，一般包括环境分析（包括外部环境分析和内部能力分析）、战略制定和年度商业计划制定三个核心部分。年度商业计划将在本书全面预算管理章节讲解。

(一) 外部环境分析

环境分析包括外部环境分析和内部能力分析。影响战略制定关键外部因素包括：法律和法规，市场力量、行业趋势和竞争，技术变革，利益相关者群体和它们对社会问题的关注，全球化趋势、新兴市场和非政府组织等。可以使用的分析方法包括：PESTL 分析、五力模型、SWOT 分析、波士顿矩阵、利益相关者分析、情景分析等。

1. PESTL 分析

PESTEL 分析，是指对政治（P）、经济（E）、社会（S）、技术（T）、环境（E）和法律（L）这六个对公司战略和运营产生影响的外部环境因素的综合分析。

2. 五力模型

五力模型，是指将竞争对手、潜在的市场竞争者、替代品、客户讨价还价的能力、供应商讨价还价的能力这五种决定竞争能力和盈利能力的行业因素综合分析的方法（见图 2-1）。一般而言，更大的竞争、更强的潜在进入者、相似的产品、更苛刻的客户和供应商会使盈利能力下降。

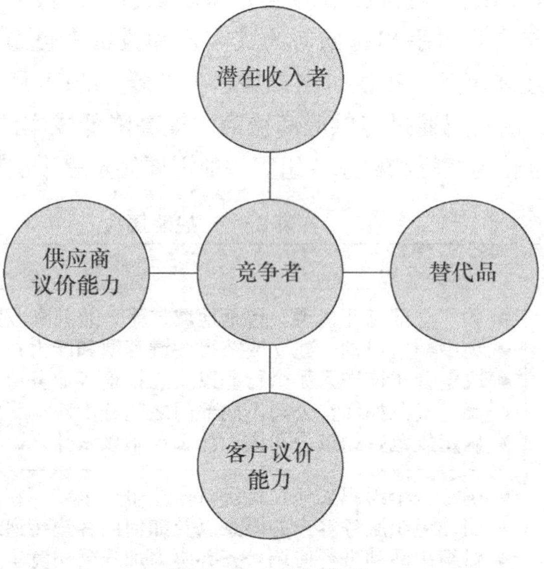

图 2-1 五力模型

3. 波士顿矩阵

波士顿矩阵是由波士顿咨询集团（BCG）在 1970 年为分析组织的业务单元和/或产品线，以便恰当地分配资源而创立的一种图表/矩阵。在坐标图上（见图 2-2），横轴代表市场占有率，纵轴代表市场增长率，将坐标图分为四个象限，对业务或产品进行分类，依次是明星业务、现金牛业务、瘦狗业务和问题业务。

(1) 明星业务。这些业务单元或产品线具有较高的市场占有率和较高的市场增长率。它们的净现金流量通常不高，但是应该投放现金给它们以支持其扩张，这是公司想要发展的业务单元或品牌。

(2) 现金牛业务。这些业务单元或产品具有较高的市场占有率，但市场增长率较低。它们的净现金流为正，不需要现金进行扩张。

(3) 瘦狗业务。这些业务单元或产品线具有较低的市场占有率和较低的市场增长率。它们有很少的净现金流，不应再扩张。

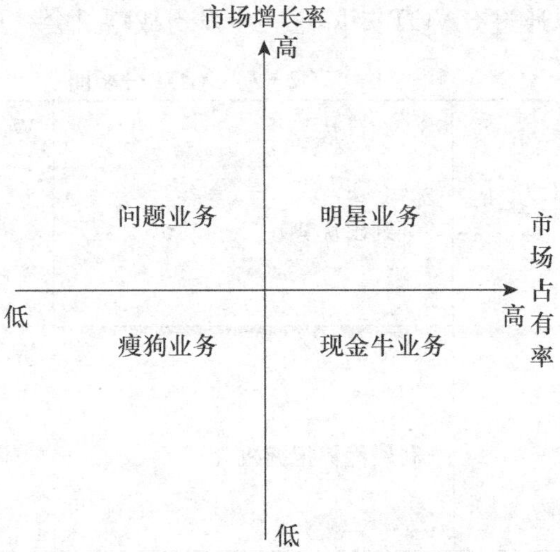

图 2-2　波士顿矩阵

(4) 问题业务。这些业务单元或产品线有较低的市场占有率和较高的市场增长率。它们的净现金流通常很差。如果认为有潜力，公司应把现金给它们以支持其扩张；如果无潜力，公司就应放弃。

4. 情景分析

情景分析，也称情景规划，是指在对企业经营管理中未来可能出现的相关事件情景进行假设的基础上，结合企业管理需求，通过模拟或博弈游戏等技术，分析相关方案发生的可能性、相应后果和影响，以做出最优决策的方法。通常包括的关键因素有：社会、技术、经济、环境、教育、政策、审美等。

5. 利益相关者分析

利益相关者分析为组织提供了一个分析框架，使其能够权衡所有不同的要求和利益相关者关注的问题，从而做出符合社会责任的决策。利益相关者分析包括以下几个步骤：

第一步：识别利益相关者，集体讨论并列出主要利益相关者。

第二步：确定利益相关者的诉求，通过访谈、焦点小组座谈、调查等手段收集相关信息。

第三步：开发出组织和利益相关者需求的矩阵。

第四步：确定组织目标对利益相关者诉求的影响（用符号＋，－，? 表示）。

第五步：根据记录的效果做出决策。

6. SWOT 分析

SWOT 是优势（strength）、劣势（weakness）、机遇（opportunity）和威胁（threat）四个单词的首字母。SWOT 分析，也称现状分析、态势分析，它提供了一种识别内外部信息并综合分析相关数据的方法。优势和劣势根据组织内部分析确定，机遇和威胁是组织所处经营环境外部分析的一部分（见表 2-2）。

表 2-2　SWOT 分析

	利于达成目标	不利于达成目标
内部	优势（S）	劣势（W）
外部	机遇（O）	威胁（T）

管理者也可以通过SWOT矩阵进一步发现战略机会（见表2-3）。

表2-3 SWOT分析图

	S：内部优势 1 2 3（列出优势） 4 5	W：内部劣势 1 2 3（列出劣势） 4 5
O：外部机会 1 2 3（列出机会） 4 5	SO战略 （利用优势把握机会）	WO战略 （利用机会克服劣势）
T：外部威胁 1 2 3（列出威胁） 4 5	ST战略 （利用优势回避威胁）	WT战略 （将劣势降到最小并避免威胁）

（二）内部能力分析

影响战略制定的关键内部能力包括资源、技能、流程等。可以使用的分析方法包括价值链分析、供应链分析、关键成功因素分析、作业成本法（在后续章节讲解）等。

1. 价值链分析和供应链分析

价值链是指一系列的业务职能顺序，随着业务的开展，有用性被不断增加到公司的产品或服务中。所谓价值是产品或服务的有用性增加以及最终对客户价值的增加。常见的价值链顺序为研发、设计、生产、营销、分销和售后服务（见图2-3）。

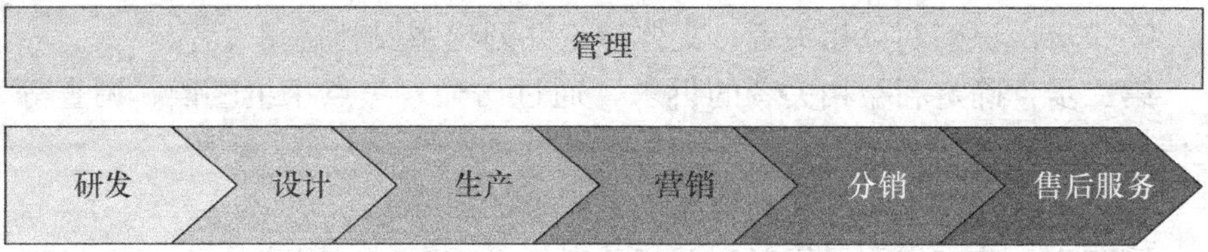

图2-3 价值链

（1）研发：形成对新产品、服务或流程的构想。

（2）产品、服务或流程的设计：对产品、服务或流程的具体设计和技术要求。

（3）生产：协调和配置资源以生产产品或提供服务。

（4）市场营销：使个人或团体了解产品或服务价值和特点的方式（例如广告和销售）。

（5）分销：企业向客户提供产品或服务的机制。

（6）售后服务：向客户提供支持活动。

除了六个基本业务职能外，还有管理职能，包括会计与财务、人力资源管理、信息技术等，以支持六个基本业务职能。

管理者追踪价值链每一个环节产生的成本，其目标是减少成本，提高效率。管理会计师要在每一环节向管理者提供决策所需的信息，帮助他们进行成本效益权衡。价值链分析的步骤如下：

第一步：识别价值链，判断价值活动的内容；

第二步：判定每种价值活动的成本动因及它们的相互作用；

第三步：通过控制成本动因或重构价值链，制定降低成本的战略；

第四步：检验成本削减战略的持久性。

供应链描述的是从最初取得材料到向消费者交货的过程中产品、服务和信息的流动，不论这些流动发生在组织内还是组织外。管理者关注供应链的成本、质量和效率，运用管理会计师提供的信息，整合和协调供应链上所有公司的作业，提高质量和效率并降低成本。

2. 关键成功因素分析

客户一般会在以下几个维度要求公司不断做出改善。

(1) 成本与效率。客户会不断要求公司降低成本并提高服务效率，公司也就面临着持续改进的压力。在成本管理方面，公司运用作业成本法可以很好地削减特定产品成本，从而使客户对产品定价满意。

(2) 质量。质量是客户对产品的核心要求。全面质量管理成为公司提高产品质量的一种工具和手段，管理人员在整个价值链上改善经营以提供超过客户预期的产品和服务。

(3) 时间。客户会要求公司以更快的速度提供产品并确保按时送货。供应链管理中，改善公司本身同上下游的关系有助于达到客户所要求的标准。

(4) 创新。持续的产品或服务创新是公司持续成功的关键，管理会计师帮助管理者对不同的投资决策和研发决策做出评价。

(三) 战略制定

战略制定包括愿景、使命、价值观、长期目标和战略等要素。

1. 愿景、使命、价值观和长期目标

(1) 愿景。愿景是一个简明的陈述，表达了企业的中长期（3～10 年）目标。愿景应该是外部的和市场导向的，通常用“憧憬”的言语传达企业想要展现给世界的形象。

华润集团的愿景：成为大众信赖和喜爱的全球化企业

在 80 多年的风雨历程中，华润顺应时代潮流和历史趋势，上下求索，积极求变，抓住机遇，不断转型，企业始终保持勃勃生机，建立了良好口碑和卓越商誉。在新的历史时期，华润顺势应势，志存高远，以“成为大众信赖和喜爱的全球化企业”作为自己的理想蓝图。

大众信赖和喜爱

华润不仅要使企业的产品和服务受到客户青睐与喜爱、企业的业绩表现令股东放心和满意、企业的文化氛围让员工快乐和自豪，而且积极履行社会责任，受到社会公众喜爱、认可和赞赏，成为同行乃至整个企业界竞相效仿的对象；不仅为股东和客户创造卓越价值，而且为社会、环境创造令人满意的价值。

全球化企业

以全球化企业为愿景，要求华润努力跻身于国际竞争的大舞台，以全球视野配置资源、拓展市场，以成熟和自信在自由、开放的经济体系中赢得商业成功。华润旗下产业要努力建立行业领导地位，拥有国际水平的人才团队、管理水平、运营效率、企业文化和产品品牌，建立国际竞争力、实现全球化发展。

资料来源：华润集团网站。

(2) 使命。使命是指企业存在的理由，通常用简洁清晰、激动人心的文字表达。使命陈述书为企业提供了行动指南，对使命陈述准确，易于理解，具有激励作用，并且能转化为具体行动。使命表达了企业将如何持续地向愿景迈进，并清晰地展示企业试图为其客户和利益相关者传递的价值。

华润集团的使命：引领商业进步，共创美好生活

这是华润作为商业机构存在的意义和动机，也是华润必须承担的责任和义务。将企业使命与商业进步和社会发展紧紧连在一起，表达了华润在促进整个社会的文明与进步中求得企业发展的价值取向，体现了华润人的崇高追求。

商业进步是推动国家富强、社会发展的重要动力，美好生活是人们的殷切向往。作为具有光荣历史的红色央企，华润在不同历史时期都承担了国家使命，始终与国家和民族的命运休戚与共，为民族振兴和社会发展作出了独特的贡献。展望未来，华润将通过持续的商业成功，努力打造投资者满意、员工自豪、大众信赖的优秀企业，在促进社会进步、实现民族复兴的征途中做出新的贡献。

华润将从以下四个方面发挥表率作用，引领商业进步：

(1) 恪守商业伦理，维护市场规则，引领构建良好的商业生态；

(2) 转变发展方式，创新商业模式，为中国企业提供成功样本；

(3) 履行社会责任，承担央企使命，努力以实际行动回报社会；

(4) 贡献商业智慧，分享最佳实践，为社会进步提供思想源泉。

华润将携手客户、股东、员工、伙伴、社会和环境，共创美好生活。

(1) 携手客户：通过提供优质产品与服务，不断超越客户期望，持续创造客户价值；

(2) 携手股东：通过依法依规治企，提高治理能力与业绩水平，实现企业稳健发展；

(3) 携手员工：通过权益保护与人文关怀，帮助员工实现价值，提升员工幸福指数；

(4) 携手伙伴：通过恪守商业道德，营造良好商业环境，开创合作共赢新局；

(5) 携手社会：通过响应国家号召，投身公益，弘扬主流价值，促进社会和谐发展；

(6) 携手环境：通过严守环保法规，节能减排，发展循环经济，建设绿色生态文明。

资料来源：华润集团网站。

(3) 价值观。价值观，也称核心价值观，体现了组织的态度、行为和特质。企业的价值观是企业持久和最根本的信仰，是企业及其每一个成员共同的价值追求、价值评价标准和所崇尚的精神。无论对于企业整体还是员工个体，价值观作为一把标尺，时刻衡量着我们自身的存在意义和行为方式。

华润集团的价值观：诚实守信，业绩导向，以人为本，创新发展

诚实守信是华润的核心价值观，是华润建基立业的根本；业绩导向是华润发展壮大的支撑；以人为本是华润价值创造的宗旨；创新发展是华润迎接挑战的动力。

1. 诚实守信

忠诚爱国，崇尚公平正义，敬畏法纪，尊重制度，坚守法律和道德底线。遵守商业伦理与契约精神，维护利益相关方合法权益，信守承诺，知行合一。倡导真诚坦率的人际沟通，不唯上、不专断，构建简单透明的管理氛围。

2. 业绩导向

华润作为商业机构，业绩是企业生存和发展的生命线，必须坚持以实力去竞争、以付出求回报、用业绩来说话，才能持续为社会创造价值。华润强调业绩的“均好性”，业绩不仅表现在经营规模、发展速度上，还要反映于组织能力的提升、管理模式的创新以及优秀人才的培养等各个方面，是全面、均衡、高质量的业绩。没有增长的业务不是好业务，没有业绩的团队不是好团队。业绩是华润选人、用人、评价人、激励人的重要标准。

3. 以人为本

尊重人的价值，开发人的潜能，升华人的心灵，从生活、情感和成长环节关爱和善待员工，为员工构建价值实现的平台，共享发展成果。顺应并满足人性的合理需求，倡导积极向上、绿色健康的生活方式，为客户提供优质的产品与服务。心怀感恩，谦卑行事，强调均衡与可持续发展，追求多方合作共赢以及人与自然、社会的和谐共生。

4. 创新发展

大力培育创新体系，健全激励机制、约束机制和容错机制，营造开放包容的氛围，持续提升创新能力。顺时应势，主动变革。坚持客户导向，勇于颠覆自我，不断寻求商业模式、技术、管理、产品与服务的全新突破。鼓励创新思维，坚持持续学习，善于借鉴先进模式、经验与方法，实现创新在基层，创新在岗位，人人创新、全员创新。

资料来源：华润集团网站。

(4) 长期目标。长期目标是组织为完成愿景和使命所希望实现的一系列目标，它指明了组织奋斗的大方向、大致的指导方针、核心优势、业务聚焦以及未来设想，往往不具体或不可量化。例如，5 年后进入世界 500 强，成为中国的哈佛等。

2. 战略

有了使命、愿景、价值观和长期目标这些简单背景知识后，就可以制定战略了。迈克尔·波特认为，战略就是选择一套行动方案使企业能够善于在市场上创造持续性差异化。持续性差异化能够向客户传递的价值超过竞争者，或者在相同价值下提供更低的成本。管理者制定的基本战略通常有两种：产品差异化战略和成本领先战略。从战略层次看，这两种战略相当于前文所述的竞争战略或业务单元战略。

产品差异化，即让客户感觉到公司的产品和服务要比竞争对手的产品和服务更优质、更独特。苹果公司在电子行业使自己的产品差异化，强生公司在制药行业、可口可乐公司在软饮料行业都是如此。通过创新产品研发、品牌推广和产品快速投放市场，这些公司实现了差异化战略。这种差异化提升了品牌忠诚度以及客户的支付意愿。

成本领先，即通过提高生产率和效率、消除浪费和严格控制成本来实现比竞争对手更低的成本。比如，沃尔玛提供与竞争对手相似而非差异化的产品，但是价格更低，从而形成竞争优势。

第二节 战略地图和平衡计分卡

为了更好地执行战略，企业可以绘制战略地图并开发平衡计分卡，为企业高大上的战略提供必要的细节，使战略更具可操作性。

一、平衡计分卡和战略地图的基本原理

平衡计分卡是一套综合的业绩衡量和管理系统，既包括传统的财务指标，又包括驱动未来财务效益的非财务指标。它通过财务、客户、内部流程、学习与成长四个相互联系的层面全方位衡量和管理企业经营业绩（见图 2-4），这四个层面取决于企业的使命、价值观、愿景和战略。

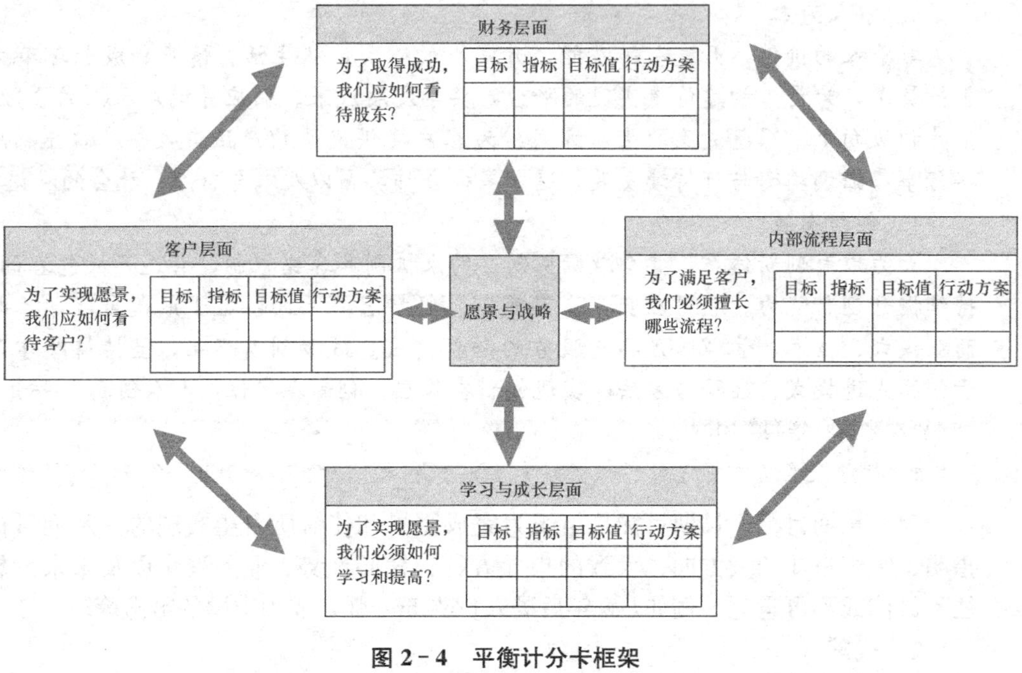

图 2-4 平衡计分卡框架

（1）财务层面：股东如何衡量企业的成功？

（2）客户层面：企业如何为客户创造价值？

（3）内部流程层面：企业必须擅长哪些关键业务流程才能让股东和客户满意？

(4) 学习与成长层面：哪些员工能力、信息系统和企业文化使我们能持续改善关键流程和客户关系？

战略地图是从平衡计分卡简单的四层面模型发展而来的，是对企业战略构成要素及其之间因果关系的可视化描述方法。通过战略地图，企业可以建立和管理平衡计分卡四个层面的目标和指标。

战略描述了一个企业打算如何为它的股东创造持续的价值。战略地图（见图2-5）提供了一个框架，用以说明企业如何为股东创造持续的价值。

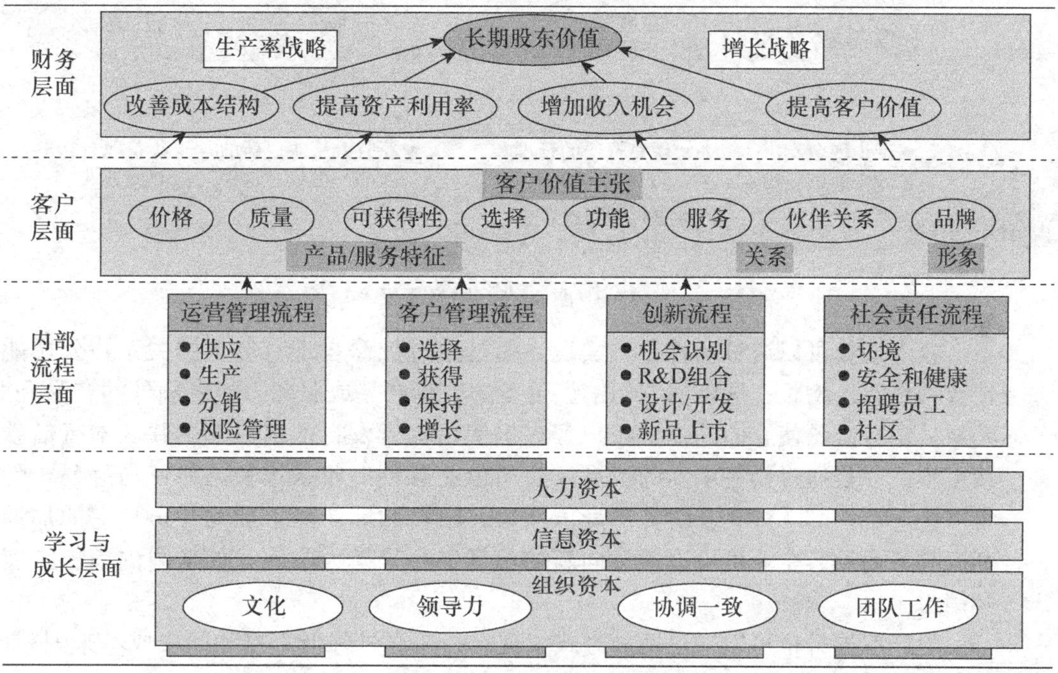

图2-5 战略地图模板

四个层面的目标通过因果关系联系在一起。从顶部开始的假设是，只有目标客户满意了，财务成果才能实现。客户价值主张描述了如何创造来自目标客户的销售额和忠诚度。内部流程创造并传送客户价值主张。然后，支持内部流程的无形资产为战略提供了基础。这四个层面目标的协调一致是价值创造的关键，也是一个重点突出、内部一致战略的关键。连接四个层面的因果框架也是开发战略地图所依赖的结构。建立战略地图迫使企业明晰这个逻辑关系：如何创造价值以及为谁创造价值。

二、描述战略的四个层面

(一) 财务层面

平衡计分卡将财务层面保留为利润最大化公司的最终目标。财务业绩指标表明了公司战略，包括战略实施和执行，是否对盈余改进有所贡献。财务目标典型地与盈利性相关，例如用经营收入和投资报酬率来衡量。基本上，财务战略是简单的，公司可以通过下列方式赚到更多的钱：(1) 开源（收入增长战略）；(2) 节流（生产率提升战略）。其他的每件事都是背景音乐。任何项目，包括亲近客户、六西格玛管理、知识管理和适时制，只有能带来销售增加和开支减少，才能为企业创造更多的价值。因此，公司的财务业绩通过两种基本方式得到改善：收入增长和生产率提升（见图 2-6）。

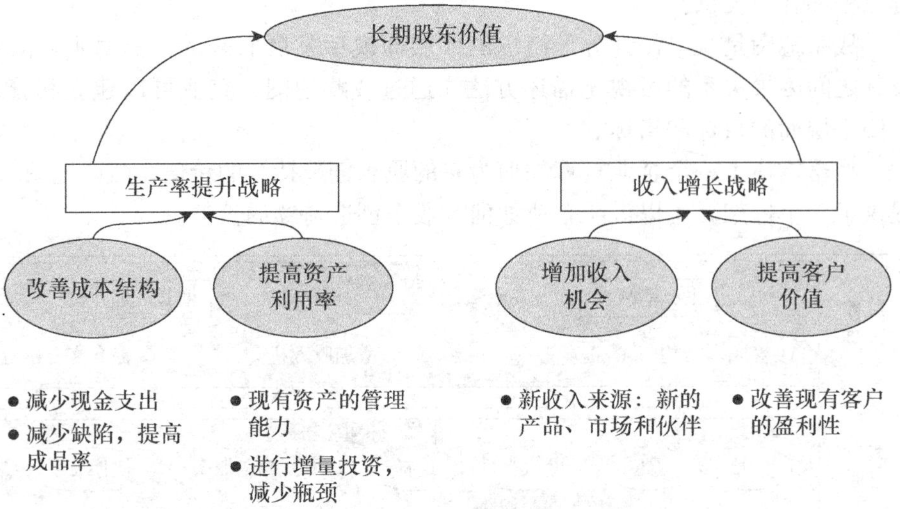

图 2-6 财务层面

收入增长可以通过两种方式实现。一是通过加深与现有客户的关系，公司能够创造盈利性收入增长。这能使它们销售更多的现有产品或服务，或者额外的产品和服务。例如，银行试图使它们的经常账户客户也使用本行发行的信用卡，并从本行借款购房或买车。二是通过销售全新的产品，公司也能够创造收入增长。如亚马逊公司除了销售书籍还销售 CD 和电子设备；美孚公司鼓励它的客户除了加油外再从它的加油站便利店购买商品。企业也可以通过向新的市场销售来扩大收入，如从国内销售扩展到国际销售。

生产率提升也可以通过两种方式实现。一是通过降低直接和间接成本来削减成本。这样的成本降低方式使企业生产同样数量的产品却消耗更少的人力、物力、能源和供给。二是通过更有效地利用它们的资金和实物资产，可以减少支持既定业务量水平所必需的营运和固定资本。例如，通过适时制，企业可以用更少的存货来支持既定的业务量水平；通过减少计划外的设备停工时间，企业可以在不增加厂房和设备投入的情况下生产更多的产品。

当企业在收入增长和生产率提升这对矛盾的力量之间进行权衡时，就引发了财务层面战略的平衡问题。改善收入增长的行动通常比改善生产率的行动花费更长的时间。出于向股东显示财务成果的日常压力，企业自然倾向于支持短期行动而非长期行动。战略地图第一层的开发，迫使企业处理这种压力。顶层的财务目标也必须是股东价值的持续增长。因此，战略的财务要素必须有长期（收入增长）和短期（生产率提升）两个维度。

（二）客户层面

在客户层面，收入增长战略要求特殊的价值主张，特殊的价值主张描述了企业将如何为目标客户创造差异化、可持续的价值。管理者确定了业务单元竞争的目标细分客户和业务单元在目标细分客户方面的业绩衡量指标。客户层面包括如下常用典型指标：客户满意度、老客户保持率、新客户获得率、客户盈利性、市场份额和客户份额等。这些指标代表了精心制定并良好实施的战略的成功结果（见图 2-7）。

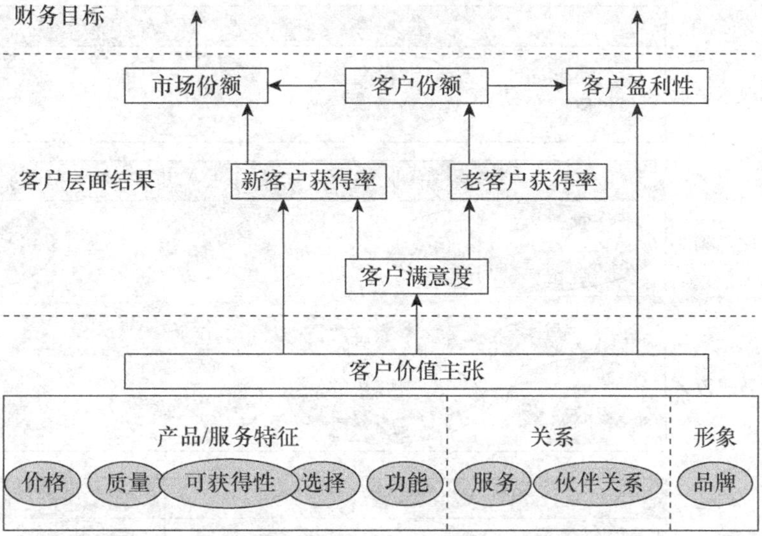

图2-7 客户层面

上述常用的客户层面指标是相互联系的。例如，客户满意度通常产生客户保持率，然后通过大家的传播，新增了客户获得率。通过保持客户，公司增加了业务份额——客户份额，当然它也需要忠诚的客户。新客户获得加之现有客户的业务增长，公司的目标客户市场份额将突飞猛进。客户保持率将带来客户盈利性的增加，因为保持一个老客户的成本将远低于获得一个新客户的成本。

实际上所有的企业都试图改善这些常用的客户指标，但只是使客户满意并保留客户几乎不可能成为战略。战略应确定特殊的细分客户，即为公司带来增长和盈利的目标客户。例如，西南航空公司以低价来满足并保留价格敏感性客户。不同的是，宝马公司的目标客户是愿意为高端产品支付高价的、具有较高可自由支配收入的群体。公司应该衡量目标客户的客户满意度、客户保持率和市场份额。只有较少可自由支配收入的价格敏感性客户不可能在宝马公司获得满意的购物体验；消费慷慨大方的商务旅行者显然不可能光顾西南航空公司的航班，因为搭乘该公司的航班要排很长的队而且该公司常常缺乏预留座位和头等舱。

一旦公司明白了谁是它的目标客户，就能确定目标和指标来反映它想要提供的价值主张。通过描述公司为目标客户群体提供的独特产品组合、价格、服务、关系和形象，价值主张定义了公司的战略。价值主张应该向客户传达这样的信息：公司期望做的事情比竞争对手更好或与众不同。

第一种类型的价值主张强调总成本最低。例如，西南航空、戴尔、沃尔玛、麦当劳、丰田、格兰仕等公司在各自的行业中都十分成功地向它们的客户提供了最佳购物或总成本最低的价值主张。总成本最低的价值主张的目标应该强调有吸引力的价格、卓越而一致的质量、较短的交货期、方便的购物和良好的选择（见图2-8的顶行）。

第二种类型的价值主张强调产品领先。像奔驰、英特尔、苹果、特斯拉这样的公司，它们的客户价值主张强调产品创新和领先。这些公司统率着高于各自行业平均水平之上的高价格领域，因为它们提供性能出众的产品。它们的价值主张目标强调独特的产品特征和性能，这些特征和性能是最前卫的客户所看重的，并愿意付出高价。目标的衡量指标可以是速度、尺寸、精确性、消耗功率或其他超出竞争产品并被客户看重的

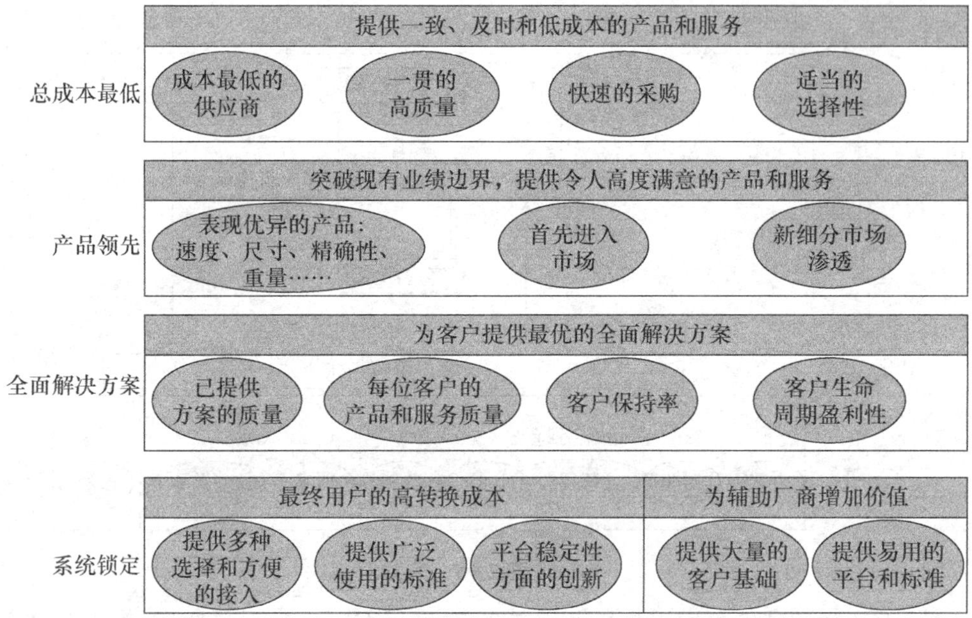

图 2-8 客户价值主张

性能特征。新特征和性能的首先上市是这些产品领先公司的另一个目标（见图 2-8 的第二行）。

第三种类型的价值主张强调提供全面解决方案。这种价值主张的成功典范当属 IBM 和高盛公司。对于这种价值主张，客户应该感受到公司了解他们并能提供客户化的、满足他们需要的产品和服务。当 IBM 主宰计算机行业时，它不提供低价计算机而且很少准时交付新产品。IBM 的产品也不是技术最先进的、最强有力的或者最快速的。但是 IBM 为目标客户提供信息技术经理和全面解决方案（包括硬件、软件、安装、现场服务、培训、教育和咨询），全面解决方案针对每个用户的需要量体裁衣。提供这种客户解决方案价值主张的公司强调与解决方案全面性有关的目标（销售多样化、产品和服务捆绑等）、售前和售后的特别服务以及客户关系质量（见图 2-8 的第三行）。

第四种类型的价值主张叫系统锁定，它是在公司为客户创造了高转换成本时发生的。理想的情况是，像计算机操作系统或微芯片硬件结构这样的私人所有产品变成行业标准。在这种情形下，买方和卖方都想让它们的产品与标准保持一致以便从庞大的用户网络中受益。变为像 eBay 和淘宝这样的主流交换平台，是另一种成功的系统锁定战略典范。买方将选择拥有大量提供产品和服务的卖方的交换平台；卖方提供产品和服务所选择的交换平台将是能够把它们展现给大量潜在购买者的交换平台。在这种情形下，一家或两家公司将有趋向主流的交换平台供应商，并且它们将创造大量的障碍阻止其他交换平台提供商进入，也给买方和卖方创造了高昂的转换成本（见图 2-8 的底行）。

特定价值主张的目标和指标定义了企业的战略。通过开发特定价值主张的目标和指标，企业将战略转化为使所有员工能够理解并通过努力工作来改善的有形指标。

（三）内部流程层面

客户层面的目标描述了战略——目标客户和价值主张，财务层面的目标描述了成功战略（收入增长以及生产率提升）的结果。一旦企业对这些财务和客户目标有了清晰的蓝图，内部流程和学习与成长层面的目标将描述战略如何实现。企业管理它的内部流程和传送战略差异化价值主张的人力、信息和组织资本，这两个层面的卓越业绩将驱动战略。

内部流程实现两个关键的企业战略要素：（1）向客户生产和传递价值主张；（2）为了财务层面的生产率要素，改善流程并降低成本。我们将无数的内部流程分为运营管理流程、客户管理流程、创新流程和社会责任流程四大类。

1. 运营管理流程

运营管理流程是基本的、日常的流程，通过这一流程公司生产产品和服务并交付给客户。制造业企业的运营管理流程包括下列内容：

（1）从供应商获得原材料；

（2）将原材料转变为产成品；

（3）向客户配送产成品；

（4）管理风险。

2. 客户管理流程

客户管理流程拓展并加深了与目标客户的关系。客户管理流程包括以下方面：

（1）选择目标客户；

（2）获得目标客户；

（3）保持目标客户；

（4）增长客户业务。

客户选择包括确定公司价值主张中最想要的目标人群。客户选择过程定义了客户特征，以描述对公司最有吸引力的细分客户。比如，对于消费品公司来讲，细分客户可以通过收入、财富、年龄、家庭规模和生活方式来界定；典型的商业细分客户是价格敏感型、尽早采用型、技术复杂型。客户获得与创造领先、沟通潜在新客户、选择入门产品、产品定价、销售结算有关。客户保持是卓越服务和客户需求响应程度的结果。及时、专业的服务是维持客户忠诚并减少客户背叛可能性的关键。增长客户业务包括高效地管理客户关系、交叉销售多种产品和服务、成为值得信赖的知名顾问和供应商。

3. 创新流程

创新流程开发新产品、方法和服务，常常能使公司渗入新的市场和细分客户。创新流程包括以下方面：

（1）识别新产品和服务的机会；

（2）管理研究和开发组合；

（3）设计与开发新产品和服务；

（4）将新产品和服务推向市场。

产品设计者和管理者产生新理念的途径有：扩展现有产品和服务的能力，运用新发现和技术，了解客户建议。一旦产生了新产品和服务的理念，管理者必须决定为哪个项目筹资，哪个项目完全利用内部资源开发，哪个项目采用合资方式合作完成，哪个项目要得到其他组织的许可或完全外包。设计和开发是核心，它将新概念带入市场。当产品达到了期望的功能，对目标市场产生了吸引力，按照稳定的质量生产并获得令人满意的边际利润时，一个成功的设计和开发流程也就达到顶点。当产品开发周期结束时，项目小组将新产品带入市场。对一个特殊的项目来讲，当公司以特定的产品功能、质量和成本水平实现了目标水平的销售和生产时，创新流程才能画上句号。

4. 社会责任流程

社会责任流程有助于企业在生产和销售所处的社区和国家持续赢得经营的权利。有关环境、员工安全和健康、招聘和解雇的国家和地方法规为公司的实践规定了标准。然而，有些公司想方设法不遵守法规确立的最低标准，希望表现得优于法规限制，从而建立声望，成为经营所在社区选择的雇主。按照下列几个关键维度，公司管理并报告它们的法规和社会表现：

（1）环境；

（2）安全和健康；

（3）员工招聘；

（4）社区投资。

对环境、健康、安全、招聘实践和社区发展进行投资的原因未必都只是无私奉献。规章和社会维度表现的卓越声望帮助公司吸引和保持高素质员工，使人力资源流程更加富有效果和效率。减少环保事故并改善员工安全和健康也提高了生产率并降低了经营成本。杰出声望通常加强了公司的客户形象和社会投资者形象。强大的人力资源、经营、客户和财务流程之间的所有联系，阐明了规章和社会表现的有效管理能够驱动长期的股东价值创造。

5. 一系列相辅相成的主题

在开发战略地图的内部流程层面时，管理者要确定对战略最为重要的流程。实行产品领先战略的公司将强调卓越的创新流程；实行总成本最低战略的公司必须擅长运营流程；实行全面解决方案战略的公司将强调它们的客户管理流程。

但即使强调四组内部流程之一，公司仍必须实行“平衡”战略并投资改善所有四组流程。财务层面受益于内部流程的改善，这四个主题不同的内部流程具有不同时间周期（见图2-9），从左至右，时间周期依次增加。运营流程的改善使得成本节约传递快速（6～12个月）；客户关系的加强使得收入增长出现在中期（12～24个月）；创新流程通常需要更长的时间才能实现收入和利润的改善（24～48个月）；社会责任流程的好处也需要较长时间才能获得，那时企业将规避诉讼和倒闭，提高社会形象，成为其经营所处社区选择的雇主和供应商。

严格来讲，在一个企业中同时存在着数以百计的流程，每个流程都以某种方式创造着价值。战略的艺术是确定并擅长少数几个关键的流程，这些流程对客户价值主张至关重要。所有流程都应被管理好，但是少数战略流程必须受到特别关注和重视，因为这些流程创造了战略的差异化。已选的战略流程也应从四组流程中画出。每个战略都应在运营管理、客户管理、创新、社会责任中确定一个或多个流程。按照这种方法，价值创造流程在长期和短期之间实现了平衡，这将确保股东价值增长得以持续。

少数关键战略流程经常被有机组成战略主题。战略主题允许企业强调行动方案并提出责任框架，它是战略执行时的构筑模块。

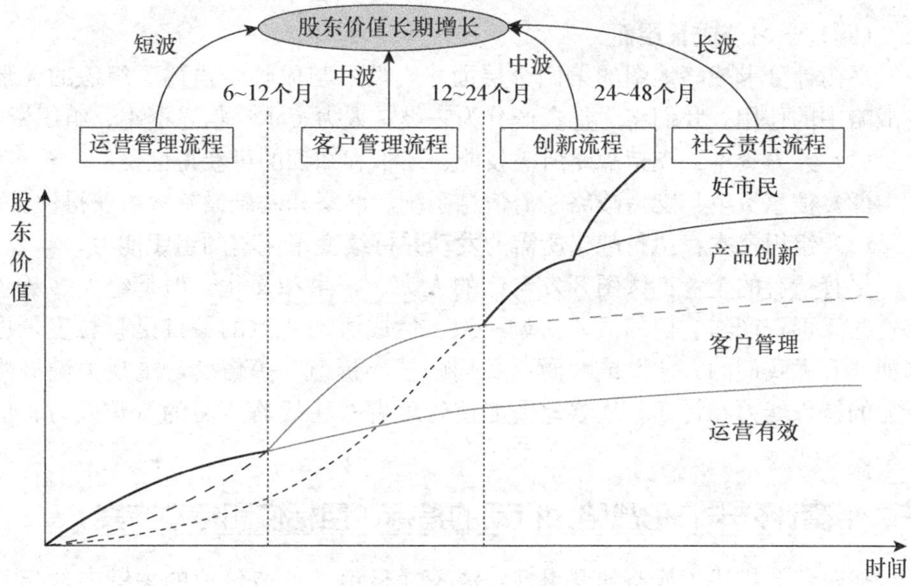

图 2-9　内部流程创造价值的周期

图 2-10 说明了一家高科技制造公司的七个战略主题。它的战略是扩大价值主张，从片面强调产品质量到传递量体裁衣的、能够解决客户问题的产品配置。这个战略的核心是两个客户管理主题——解决方案销售和关系管理，提供了新客户伙伴关系的基础；两个运营管理主题——适时制和弹性制造，确保产品能够在客户要求的较短时间内配置和交付；两个创新主题——内部产品开发和技术伙伴关系，提供了保持领先地位所需知识的两个平衡来源；战略的社会责任要素——建设社区，反映了公司作为杰出雇主的期望，即巩固影响员工生活质量的制度。这样公司将复杂的战略简化为七个战略主题，每个主题合乎逻辑地与客户价值主张和财务成果相衔接。

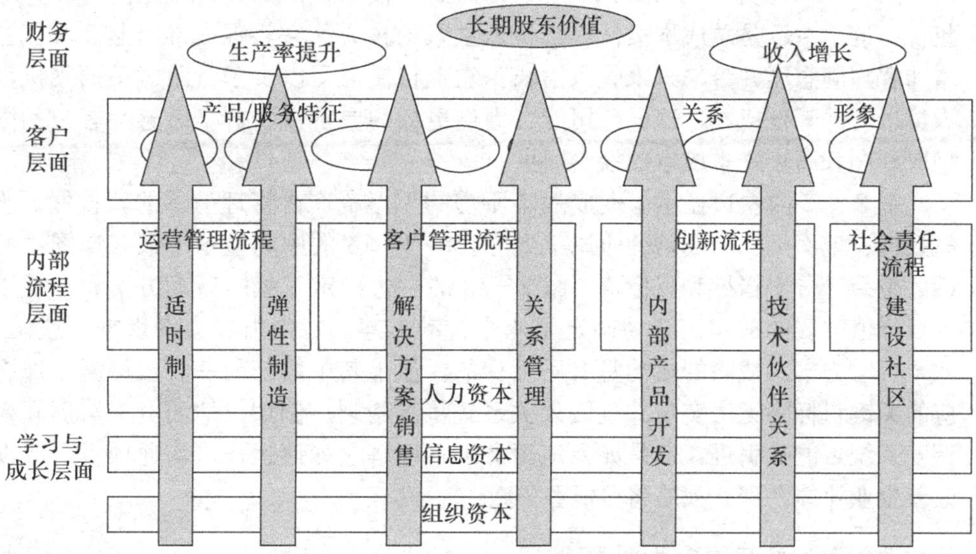

图 2-10　战略主题

(四) 学习与成长层面

平衡计分卡战略地图的第四个层面——学习与成长，描述了组织的无形资产及其在战略中的作用。我们将无形资产分为三类：人力资本、信息资本、组织资本。

(1) 人力资本：支持战略所需技能、才干和知识的可获得性。

(2) 信息资本：支持战略所需信息系统、网络和基础设施的可获得性。

(3) 组织资本：执行战略所需的发动并持续变革流程的组织能力。

尽管所有的企业都试图开发自己的人力、技术和文化，但是绝大多数企业都难以将这些无形资产与它们的战略协调一致。达成协调一致的关键是颗粒度，也就是跳出诸如"开发我们的人才"或"激活我们的核心价值"等俗套，重视关键战略内部流程所需的特殊能力和特征。战略地图能使管理者查明战略所需的特殊人力、信息和组织资本。

三、平衡计分卡：化战略为行动的指标、目标值和行动方案

战略地图描述了战略的逻辑性，清楚地显示了创造价值的关键内部流程目标以及支持关键内部流程所需的无形资产。平衡计分卡将战略地图目标转化为指标和目标值，但指标和目标值并不会只是因为它们被确定而得以实现，企业必须推出一套行动计划，这套行动计划能使所有指标的目标值得以实现。企业必须为每个行动计划提供稀有的资源——人力、资金和生产能力，这些行动计划称为战略行动方案。对于平衡计分卡的每个指标，管理者必须确定实现其目标值的行动方案，行动方案创造了结果。因此，通过执行行动方案，战略执行得以管理。

详细说明战略行动方案并为其提供资源的行动计划必须以战略主题为中心协调一致，必须被看作是一个集成的投资组合而不是一组孤立的项目。每个战略主题应该有一个独立完整的业务集合。

图 2-13 说明了一家低成本航空公司的"快速地面周转"主题的行动计划和业务集合。这个主题是总成本最低客户价值主张的核心。它将促成准时起飞和到达，从而增加客户满意度并带来未来收入增长。它也将使公司以少于竞争对手的飞机数和乘务人员运营并降低成本，这样公司能在提供更低的票价吸引价格敏感性客户的同时仍能赚取利润和高于资本成本的投资回报。

图 2-13 的左边显示了促成战略所需的无形资产：管理舷梯的新技能、改善的信息系统、地面员工与战略的协调一致等。图 2-13 的中间显示了战略地图中的战略目标的平衡计分卡指标和目标值。图 2-13 的右边确定了战略行动方案和实现平衡计分卡目标值需要的成本。公司确定了八个行动方案，每个行动方案影响一或两个目标。八个行动方案对战略的成功是必不可少的。如果其中的任何一个被删减，那么它所对应的关键目标将无法实现并且因果关系链将被割裂。例如，地面员工培训和新的员工调度系统可能被引进，但是如果地面员工不理解它如何运作（沟通项目）或没有动机改善企业业绩，那么战略将可能会失败。

四、将四个层面整合为战略地图

通过平衡计分卡的四个层面的分析，现在我们已经能够系统地开展工作，决定描述战略的目标和指标。战略地图（见图 2-11）提供了一个战略的可视化的表示方法。

战略地图		平衡计分卡		行动计划	
流程：运营管理 主题：快速地面周转	目标	指标	目标值	行动方案	预算
利润和RONA 收入增长　减少飞机	●盈利性 ●收入增长 ●减少飞机	●市场价值 ●座位收入 ●飞机租赁成本	●30%CAGR ●20%CAGR ●5%CAGR		
吸引和保持更多的客户 服务准时　最低票价	●吸引和保持更多的客户 ●航班准时 ●最低票价	●回头客数量 ●客户数量 ●FAA准时到达率 ●客户排序	●70% ●每年提高12% ●第1名 ●第1名	●实施CRM系统 ●质量管理 ●客户忠诚项目	●××× ●××× ●×××
快速地面周转	●快速地面周转	●过站时间 ●准时起飞率	●30分钟 ●90%	●周转期最优化	●×××
战略工作舷梯管理 战略系统员工安排 地面员工协调一致	●开发必要的技能 ●开发支持系统 ●地面员工与战略协调一致	●战略工作准备度 ●信息系统可用性 ●战略意识 ●地面员工持股比例	●第1年70% 第3年90% 第5年100% ●100% ●100% ●100%	●地面员工培训 ●完成员工安排系统 ●沟通项目 ●员工持股计划	●××× ●××× ●××× ●×××
				预算总额	●××××

图 2－11　基于战略主题的平衡计分卡和行动计划

它提供了一个只有一页的视图，说明四个层面的目标如何被集成在一起描述战略。每个公司都为其特殊的战略目标制定战略地图。

典型地，战略地图的四个层面带来了大约 20～30 个相互关联的平衡计分卡指标。一些人批评平衡计分卡，认为人们不能关注 25 个不同的指标。如果平衡计分卡被看作 25 个独立的指标，那么对企业和员工来讲它确实太复杂以至于无法被消化吸收，但是这样考虑平衡计分卡是错误的。战略地图显示了结构适当的平衡计分卡中的多个指标如何为单个战略提供使用工具。公司能够在一个有二三十个指标的集成系统中制定并沟通它们的战略，这些指标确定了关键变量之间的因果关系，关键变量包括领先变量、滞后变量和反馈循环，即描述战略的轨迹或飞行计划。

第三节　战略运营一体化管理系统

绩效卓越的企业不但能够制定科学的战略规划，而且可以有效地在运营中执行战略。图 2－12 给出了将战略制定和规划与运营执行有机结合的一体化管理系统。

运用该系统，管理者可以将年度管理工作分为六个步骤。

第一步：制定战略

制定战略是年度管理流程的起点。在本步骤，管理者要回答三个问题：

第一，我们存在的价值是什么？这要求管理者澄清企业的使命、价值观和愿景。这三个要素是制定和执行战略的指导原则。

第二，我们的关键问题是什么？这要求管理者进行战略分析。管理者可以应用 PESTEL（政治、经济、社会、技术、环境和法律）模型进行外部环境分析，同时对

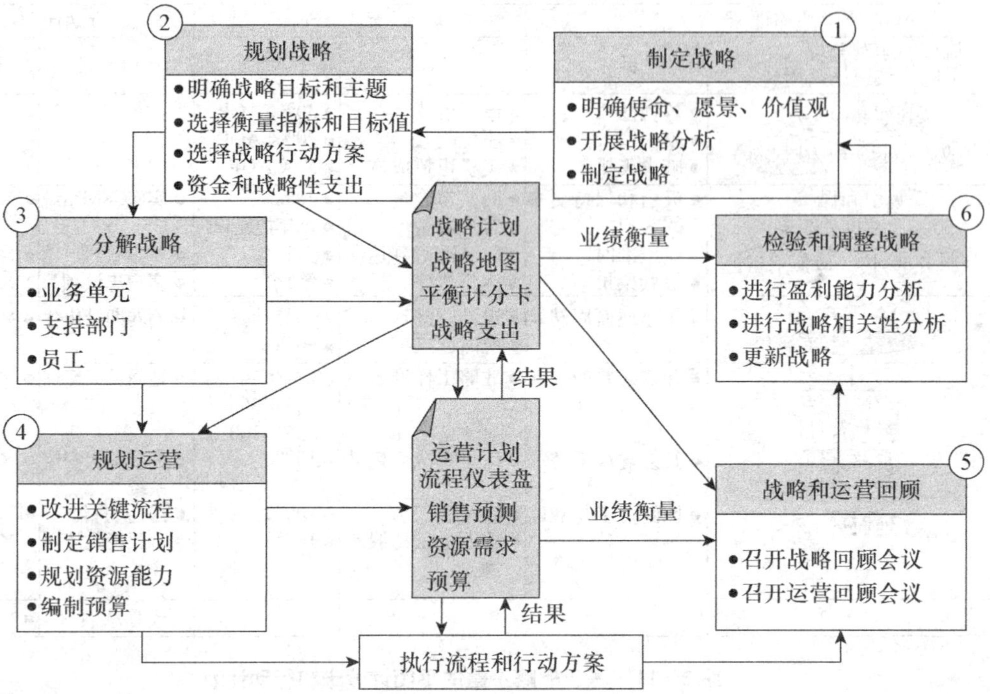

图 2－12 战略运营一体化管理系统

内部条件（如运营、创新、技术、人力资源等）和现有战略进行分析。通过分析管理者可以形成企业的 SWOT（优势、劣势、机会和威胁）分析表。最后管理团队可以制定战略变革议程并沟通达成共识。

第三，我们如何更好地竞争？这要求管理者制定战略。管理者可以通过回答下列具体问题制定战略：(1) 我们竞争的细分市场是什么？(2) 在细分市场上形成差异化的客户价值主张是什么？(3) 创造差异化的关键流程是什么？(4) 实施关键流程所需要的人力资本能力、技术能力和组织能力是什么？

第二步：规划战略

在本步骤，管理者通过开发战略目标、指标、目标值、行动方案和预算来规划战略。为此，企业需要回答下面五个典型问题：

第一，我们如何描述战略？管理者可以通过绘制战略地图来描述战略。战略地图通过可视化的方式将所有的战略维度或战略主题清晰地表达出来，每个战略主题下又包含了 4～6 个相关的战略指标，从而管理者可以有效地管理战略。

第二，我们如何衡量计划？针对战略地图中的战略主题和目标，管理者采用平衡计分卡将其转化为衡量指标、目标值和差距。整体价值差距由战略制定步骤中雄心勃勃的愿景决定，进而分解为每个战略主题在未来 3～5 年需弥补的差距。

第三，我们的战略需要什么行动计划？行动计划是完成战略目标和指标的目标值应采取的行动。各项行动计划之间是相辅相成的。

第四，我们如何资助行动计划？战略行动计划通常是跨职能和跨部门的，为其安排的支出称为战略预算。战略预算需从传统的年度经营预算中分离出来，由管理团队单独管理。

第五，谁来领导战略执行？管理层需为每个战略主题找到一个主导者，为其安排战略预算。战略主题主导者对战略主题的执行负责并提供信息反馈。

第三步：分解战略

本步骤需将整体战略分解至各个业务单元和职能部门，并最终分解至每位员工。所有的员工必须理解其所负责指标和战略之间的联系。企业根据员工负责指标的完成情况进行奖惩。为此，企业需要回答三个问题：

第一，我们如何确保所有业务单元协调一致？在多部门多业务的公司中，公司战略确定了各个业务单元战略是如何通过集成创造协同效应的，公司级战略地图中清晰地描述了协同效应的源泉。公司管理层将公司级战略地图纵向分解至各业务单元。各业务单元的战略反映了：(1) 与局部战略相关的目标；(2) 与公司战略和其他业务单元战略集成的目标。在此基础上，各业务单元开发各自的战略地图和平衡计分卡。

第二，我们如何确保支持部门与业务单元和公司战略协调一致？传统上，支持部门或职能部门被视为费用中心，其目标是最小化各自的管理费用。这将导致支持部门的战略和运营无法有效地与其所支持的公司和业务单元保持协调一致。为发挥价值创造功能，支持部门需要与各业务单元共同开发服务水平协议，以确定支持部门需要提供的服务数量和质量。在此基础上，支持部门开发出各自的战略地图和平衡计分卡。

第三，我们如何激励员工从而有效执行战略？归根结底，员工是改善流程、实施项目和行动方案的主体，他们必须理解他们是否成功地将其日常行动与公司战略联系在一起。公司需采用各种形式的沟通项目帮助员工理解战略并激励他们去实现战略。管理者可以通过将员工的目标和激励与业务单元和公司战略目标协调一致来强化沟通项目的效果。同时，培训和职业发展规划帮助员工获得成功执行战略的各项能力。

第四步：规划运营

本书所用的六步管理法特别强调长期战略与日常运营之间的清晰联系。公司需要将各项流程改善活动与战略优先行动进行协同。同时，业务运营所需的资源配置必须与战略规划保持一致。在本步骤，管理层必须回答下列两个关键问题：

第一，在战略执行中哪项业务流程改善是最为关键的？是否为关键业务流程主要看该流程能否对战略性客户和财务目标有重大改善。关键内部流程有新产品开发、客户关系管理、全面质量管理、六西格玛和流程再造等。确定了关键流程后，管理者需要为流程拥有者制定反映流程改善的业绩指标体系或仪表盘。

第二，我们如何将运营计划和预算与战略联系起来？流程改善计划和高层级的平衡计分卡指标及目标值必须转化为年度经营计划。年度经营计划包含三个要素：详细的销售预测、资源能力计划、运营费用和资本支出预算。在销售预测中，管理者可以运用滚动预测方法，同时体现预期销量、销售组合、订单特征、生产运行要求、交易特点等多个维度；在资源能力计划中，管理者可以运用作业成本法来编制预算，明晰不同作业对人员、设备设施等多项资源的需求；在运营费用和资本预算中，用货币方式对资源需求进行量化表达。

第五步：战略和运营回顾

一旦制定和规划了战略，并将其与运营计划相结合，公司就可以开始执行战略和运营计划，监督业绩结果，并基于新的信息和组织学习采取行动以改善运营和战略。通常，公司要召开诸如经济活动分析会这样的运营回顾会议来检查部门和职能业绩并确定相应的问题。公司也可通过半年工作会或年度工作会等战略回顾会议来讨论和评价平衡计分卡中的指标、行动方案执行情况以及相应的障碍。两种不同形式的会议需解决两种不同的问题：

第一，我们的运营处于控制之中吗？通过运营回顾会议，公司发挥员工的特长和经验解决销售、采购、物流、财务和运营等部门的日常问题。这种会议通常时间短、问题高度集中、受数据驱动并且以行动为导向。

第二，我们的战略执行有效吗？通过战略回顾会议，公司的领导团队讨论战略执行是否处于轨道之上，检查执行中的问题将会发生在哪里，力图确定问题的成因，提出消除问题成因的行动，并为实现目标业绩配置权责利。

第六步：检验和调整战略

除了管理会议外，公司需要单独召开一个会议以检验其基本战略假设是否有效。从运营和战略回顾会议中，公司已获得大量数据、环境变化信息、员工贡献的新思想和机会，从而可以检验战略有效性，进而决定是否需要调整战略。在本步骤，公司需要回答一个关键问题：我们的战略发挥作用了吗？公司的管理团队需定期质疑和挑战现有战略，如果有必要就调整现有战略。在检验战略时，企业可以运用作业成本法提供作业基础的盈利报告汇总不同产品线、客户、细分市场、渠道和区域的损益数据，以看到现有战略在哪些地方是成功的，在哪些地方是失败的。此外，企业也可通过相关性分析等统计学分析方法来发现不同指标之间的相关性。当管理层看到与战略预期不符的负相关或不相关情形时，可能会调整战略。在一个持续经营的公司中，本步骤和年度管理循环中的第一步是结合在一起的。

至此，本章构建了包括制定战略、规划战略、分解战略、规划运营、战略和运营回顾、检验和调整战略六个步骤的闭环管理系统，前四个步骤聚焦于战略规划和年度计划以及对应的资源配置，这些步骤中会使用到本书后面章节中的成本分类、本量利分析、变动成本法、作业成本法、短期经营决策、长期投资决策和全面预算管理等知识点。后两个步骤聚焦于战略规划和年度计划执行过程中的各种信息反馈，这些步骤中会使用到本书后面章节中的成本分类、弹性预算、差异分析、业绩评价等知识点。

行动学习

华润河北医药平衡计分卡战略管理体系

华润河北医药有限公司（简称华润河北医药）是一家以西药、中成药、医疗器械批发、物流配送为核心业务的有限责任公司，是华润医药商业集团有限公司（简称华润医药商业）的全资子公司。2011年6月，华润河北医药成立，这是华润医药商业在河北省收购的第一家公司。为了布局省内医药市场，先后又有6家公司相继加入华润医药商业。为落实“省级建平台，市级搭网络”的发展战略，2015年1月4日，华润医药商业正式授予华润河北医药为华润医药商业河北省省级平台。在2015年商业计划书中，华润河北医药确定了“以信息化增值服务的核心模式为基础，将华润河北医药打造成省内医药纯销第一品牌”的愿景。根据这一愿景，公司提出了新战略。2015年华润河北医药营业收入37亿元，与2014年相比增长35%，净资产收益率（ROE）达到20.9%。同时公司的市场份额快速增加，已经成为省内医药商业领域的第二名，主要竞争对手为国药控股股份有限公司以及上海医药集团股份有限公司。为了继续拓展销售市场，华润河北医药继续通过并购的方式打开空白地级市场。公司从高效配送、信息化增值服务、金融创新服务三个方面为客户提供卓越的体验。由于7家地级市公司在平台成立之前并不是特别熟悉，且各地级市公司负责人的成长背景、思维方式、个人所处的发展阶段也不尽相同，让这些管理者融入平台的管理中来，而且在战略思想上尽快达到高度的统一，成了省平台面临的首要问题。

为了解决公司在内外部遇到的问题，华润河北医药领导寻找了许多方法，但效果都不够明显。一筹莫展之时，2015年7月初，华润河北医药总经理李建中在华润医药集团有限公司组织的第一期“润药领航”经理人培训班了解到了平衡计分卡，发现这正是公司现在需要的一剂良药。为了有效实施平衡计分卡，李建中亲自登门邀请中央财经大学刘俊勇教授以培训师和催化师的角色全程指导项目。项目自2015年9月起正式启动。通过中高层管理者的行动学习，绘制了公司战略地图并开发了平衡计分卡，四个层面包含了5大战略主题、17项战略目标和21项业绩指标。这些战略主题、战略目标和业绩指标又进一步分解至7家地级市公司和省平台10个业务部门及职能部门。

至2016年2月，在各地级市公司平衡计分卡体系设计完毕后，华润河北医药省平台出台了《华润河北医药公司战略绩效管理办法》。办法中明确了管理机构、责任人、管理工作的程序等一系列内容。

2016年4月15日，华润河北医药省平台会议室，公司举行了平衡计分卡实施以来的第一次季度运营分析会。省平台运营管理部陈经理对2016年第一季度经营业绩的分析报告令李建中总经理和参会的各地级市公司总经理以及省平台各部门负责人欢欣鼓舞，平衡计分卡各项指标执行情况均显示为“绿灯”，各项指标对应的行动方案有序执行。

2016年5月4日，为期一年的“润药领航”首期培训班结业仪式在华润医药集团有限公司总部举行。作为优秀学员代表，李建中总经理向与会代表分享过去一年的学习成果，“华润河北医药引入平衡计分卡后，实现了全省战略的高度统一，省公司与六个子公司在业务上表现出统一的步调，极大地提升了整体竞争力!”

资料来源：刘俊勇，孙瑞琦，李恩聪．管理层如何执行战略：CR医药商业公司管理控制系统构建．中国管理会计，2018（2）.

决策指南

以下是本章知识重点的总结，其中决策部分是基本问题，指南部分是这些问题的答案。

决策	指南
1. 如何开展战略规划？	(1) 环境分析；(2) 战略制定；(3) 年度商业计划制定。
2. 外部环境分析有哪些方法？	(1) PESTL 法；(2) 五力模型；(3) 波士顿矩阵；(4) 利益相关者分析；(5) 情景分析；(6) SWOT 分析。
3. 管理者可以选择的基本战略类型有哪些？	产品差异化战略和成本领先战略。
4. 价值链包括哪些环节？	业务价值链：(1) 研发；(2) 设计；(3) 生产；(4) 营销；(5) 分销；(6) 售后服务。管理价值链：会计与财务、人力资源管理、信息技术。
5. 客户视角的企业关键成功因素有哪些？	(1) 成本与效率；(2) 质量；(3) 时间；(4) 创新。基于这些关键成功因素，企业可以明晰客户价值主张，如：(1) 总成本最低；(2) 产品领先；(3) 全面解决方案；(4) 系统锁定。
6. 平衡计分卡包含哪些层面？	(1) 财务；(2) 客户；(3) 内部流程；(4) 学习与成长。
7. 战略地图和平衡计分卡的区别？	战略地图描述战略；平衡计分卡衡量战略。
8. 战略运营一体化系统的步骤？	(1) 制定战略；(2) 规划战略；(3) 分解战略；(4) 规划运营；(5) 战略与运营回顾；(6) 检验和调整战略。

小测验（单项选择题）

1. 兼并和收购属于哪个战略层次（　　）。

A. 业务战略　B. 公司战略　C. 职能战略　D. 竞争战略

2. 化妆品集团非莱雅近期进行了一次定向增发，以筹措资金收购美美面膜公司，从而丰富其产品种类，完善战略布局。这主要针对以下（　　）重要问题。

A. 公司战略　B. 业务战略　C. 竞争战略　D. 财务战略

3. 外部环境分析方法不包括（　　）。

A. PESTL 分析　B. 五力模型　C. 价值链分析　D. SWOT 分析

4. 价值链是一个业务职能序列，共有（　　）项基本业务职能。

A. 3　B. 4　C. 5　D. 6

5. 以下选项中不是价值链的管理职能的是（　　）。

A. 产品和流程设计　B. 会计与财务　C. 人力资源管理　D. 信息技术

6. 客户一般不会要求公司在下列（　　）方面做出改善。

A. 成本和效率　B. 质量　C. 创新　D. 利润增长

7. 处理订单，向顾客提供产品或服务属于价值链模型中的（　　）环节。

A. 生产　B. 营销　C. 分销　D. 客户服务

8. MBB咨询公司正在为美美面膜公司进行行业分析。据悉一直在销售美白保湿产品的雪精灵公司正在研发面膜，以期在未来进入面膜市场。对于美美面膜来说，雪精灵公司是（　　）。

A. 供应商　　B. 竞争者　　C. 替代品　　D. 潜在进入者

9. 汽车生产公司飞驰公司一直以低价吸引刚工作的年轻消费群体。但是近年来，由于汽车价格普遍降低，毕业生平均薪酬提高，飞驰公司的销量越来越差。于是飞驰公司研发出更加符合年轻人审美的车型外观，以获得更多消费者的青睐。飞驰公司原来和现在分别属于（　　）战略。

A. 成本领先和成本领先　　B. 差异化和差异化

C. 成本领先和差异化　　D. 差异化和成本领先

10. 平衡计分卡的第四个层面是（　　）。

A. 客户　　B. 供应商　　C. 内部业务流程　　D. 学习与成长

11. 公司的产品创新属于（　　）维度。

A. 客户　　B. 财务　　C. 内部流程　　D. 学习与成长

12. 战略运营一体化管理系统的第三步是（　　）。

A. 制定战略　　B. 分解战略　　C. 回顾战略　　D. 调整战略

思考题

1. 简述战略规划及其要素。

2. 简述价值链原理，自选企业单位找出其价值链关键环节。

3. 简述成本领先与产品差异化战略及其区别，并举例说明。

4. 简述战略地图和平衡计分卡原理，自选企业单位为其绘制战略地图并开发平衡计分卡。

5. 简述战略运营一体化管理系统及其步骤。

第3章

成本概念、分类及其用途

学　习　目　标

- 能够识别成本对象；
- 区分直接成本和间接成本；
- 掌握生产成本分类方法；
- 掌握成本费用化和资本化；
- 区分变动成本和固定成本；
- 理解什么是混合成本；
- 掌握混合成本分解方法；
- 理解成本会计系统的作用；
- 区分分批成本法和分步成本法。

章首案例　玉柴股份的成本核算体系的四个主维度

广西玉柴机器股份有限公司（简称玉柴股份）位于广西玉林市，是中国最大的内燃机生产基地。公司生产车用、船用、工程机械、农业机械、发电设备、柴油动力等6大类22大系列2 000多个品种的轻、中、重型多缸柴油机。玉柴股份的成本核算既需要计算公司整体的成本，又需要计算分部门、分车间的成本；既需要计算不同产品的成本，又需要计算不同订单、不同客户、不同地区的成本；既需要计算最终产品的成本，又需要计算半成品、在制品及生产过程中各个环节的成本；既需要汇总的成本数据，又需要分解为料、工、费的成本结构数据，甚至需要分解物料清单的材料成本结构。与玉柴股份类似，北汽福田、徐工集团等制造业企业的成本核算系统中，以下四个维度是必须考虑的：(1) 成本对象维：建立成本核算体系首先要明确成本对象，成本核算可能的成本对象包括分产品（服务）成本、分客户成本、分（批）订单成本、分地区成本等。(2) 成本中心维：成本中心是成本核算的基本概念，决定了成本归集的范围，也确定了成本责任的范围。(3) 成本过程维：绝大多数企业的产品（服务）都是经过多个步骤完成的，分环节和工序进行核算也是成本核算的基本要求。从作业成本的角度看，成本过程维也就是从活动（作业）的角度进行核算。(4) 成本结构维：

企业需要核算成本的组成结构，比如制造业产品成本里面的料、工、费结构，材料费里各种配套件和材料的构成。从作业成本法的角度需要知道不同资源消耗的结构。

本章将从多种维度分析成本费用的结构。

第一节　成本会计术语和概念

一、成本

成本是指人们在经济活动过程中，为达到一定目的而耗费的各种资源，包括人、财、物、时间、信息、机会等。从价值角度来讲，成本是为达到一定目的而付出的（或可能付出的）用货币计量的价值牺牲。成本可以是获取一件商品或一项服务要付出的货币数额、产生的一项新债务或是牺牲的一项资产。

二、成本对象

当考虑成本时，不可避免地想到某个特定事项的成本，这个特定事项就是成本对象。成本对象是任何需要独立计量成本的事项，如产品、顾客、生产线、网上零售商的货运部门、公司内部的职能部门等。凡是管理者认为有必要计算的对象都可以成为成本对象。成本对象是成本会计的基本问题，它决定了成本数据计人的对象。

以北汽福田欧曼重卡工厂为例，欧曼重卡生产多种型号的重型卡车，其成本对象如表3-1所示。

表3-1　欧曼重卡成本对象示例

成本对象	描述
产品	一辆欧曼6系雄狮重卡
服务	400热线电话，为欧曼客户提供信息支持
项目	加强欧曼重卡动力系统的研发项目
顾客	购买了多种型号欧曼重卡的经销商——上海长顺汽车销售公司
作业	装配生产卡车、维修生产线设备
部门	质量安全部门

三、直接成本和间接成本

一套成本系统如何决定不同成本对象的成本呢？通常有两个基本步骤：归集和分派。成本归集是通过会计系统以有组织的方式进行成本数据的收集。例如，在欧曼重卡工厂，北汽福田公司首先归集不同范围的成本，如不同材料类型、不同人工类别和生产管理。成本分派就是将归集的成本分派到成本对象，由此成本分为直接成本和间接成本。成本分派包括：（1）分配间接成本到成本对象；（2）追溯直接成本到成本对象。

直接成本是指仅用于单个成本对象的资源或者活动的成本。它能够以方便、经济的方式，直接追溯至成本对象。比如，钢材或轮胎成本是欧曼重卡的直接成本，因为钢材和轮胎成本能方便地追溯到成本对象。欧曼6系重卡生产线上的工人要求仓库发料，领料单确认供应给6系重卡的材料成本。同样，工人在工时卡片上记录花费在6系重卡上的工作时间。这样人工成本被方便地追溯到6系重卡上。一般来说，直接成本包括直接材料和直接人工，但是在实际生产过程中也有例外。例如，如果某管理人员被雇用来监督重型卡车的生产，那么该管理人员的工资也是生产重型卡车的直接成本，该项管理费用也属于直接成本。成本追溯这一术语用来描述将直接成本分派到特定成本对象的过程。

间接成本是指不能直接归集到某一成本对象，而是由多个成本对象进行分担的资源成本。比如，在欧曼重卡工厂监控不同型号重卡生产的工厂管理人员的工资就是6系重卡的间接成本。因为监控管理对6系重卡的生产是必要的，所以生产管理成本与成本对象（6系重卡）相关；又因为生产管理人员也监控其他产品的生产，如5系重卡，所以生产管理成本是间接成本。与钢材和轮胎成本不同，生产管理服务没有领料单，实际上不可能将生产管理成本追溯到6系重卡上。一般来说，生产经营过程中耗用的制造费用、管理费用和营销费用等属于间接成本，但也有例外。例如，如果生产产品所耗费的制造费用仅仅是为了生产一种定制产品，那么这种制造费用就属于直接成本而不是间接成本。成本分派这一术语用来描述将间接成本分派到特定成本对象的过程。

除直接成本和间接成本外，有些企业可能还会发生一些不需要归集分配的成本，如研发费用、公司法律咨询费用、内部信息服务系统成本、高层管理人员的薪水等，诸如这样的费用在某些情况下是不需要进行分配的，尤其当这些费用对企业产生的影响不重要时。

成本分派决定了某个特定成本对象中直接成本和间接成本的构成比例。图3－1以欧曼6系重卡为例，描述了直接成本和间接成本以及成本分派的两种形式——成本追溯和成本分配。

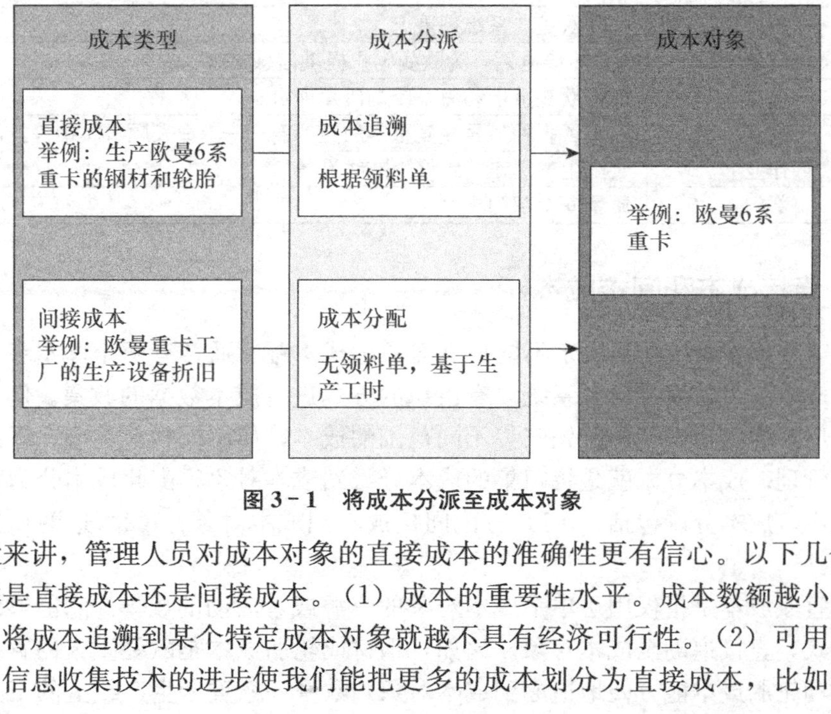

图3－1　将成本分派至成本对象

一般来讲，管理人员对成本对象的直接成本的准确性更有信心。以下几个因素影响着成本是直接成本还是间接成本。（1）成本的重要性水平。成本数额越小，成本越不重要，将成本追溯到某个特定成本对象就越不具有经济可行性。（2）可用的信息收集技术。信息收集技术的进步使我们能把更多的成本划分为直接成本，比如，条形码技术。(3) 运营设计。如果公司的生产设施（或一部分）专门用于一种特定的成本对象，如一种特定产品或特殊顾客，那么就能简单地把它发生的成本划为直接成本。需要注意的是，直接成本和间接成本的划分取决于成本对象的选择。

第二节　财务会计中的成本分类

一、制造成本和非制造成本

按照成本功能，可将成本分为制造成本和非制造成本。

（一）制造成本

制造成本，也称生产成本，是指企业内发生的所有与产品生产相关的成本，包括与原材料、人工及生产能力有关的成本。根据制造成本的发生方式，可进一步将其分为直接制造成本和间接制造成本。

直接制造成本是指可以将成本形成的原因直接追溯至形成这些产品的成本，例如生产产品耗费的原材料、按照工作量支付报酬的工人工资等。

间接制造成本是指很难将成本形成的原因追溯到某一具体的产品中去的那部分成本，原因在于间接制造成本与产品生产能力有一定的关系，而与单位产品生产所发生的原材料以及人工成本却没有具体的关系，例如固定资产的折旧费用、机器保修和保养费用、生产制造车间的管理费用等。

（二）非制造成本

非制造成本，是指企业内发生的与产品的制造没有直接关系的费用支出，具体包括配送成本、销售成本、营销成本、售后服务成本、研究和开发成本、管理成本等。

(1) 配送成本，涉及把产成品送至客户手中的成本，例如运费以及运输工人的工资等。

(2) 销售成本，涉及销售人员工资和佣金，以及销售部门的其他费用。

(3) 营销成本，包括广告费和促销费。

(4) 售后服务成本，包括产品销售以后处理顾客业务、产品质量保证、修理费用以及后续服务和投诉费用等。

(5) 研究和开发成本，包括面向市场设计和引进新产品的费用。

(6) 管理成本，包括没有被计入以上任何一类的费用，如首席执行官的薪酬、法律和会计部门的费用等。

制造成本和非制造成本的划分可与第2章讲解的价值链联系起来理解。此处的配送成本、销售成本、营销成本和售后服务成本，合起来相当于下面期间费用中的销售费用；研究和开发成本、管理成本（不含财务费用）合起来相当于期间费用中的管理费用。

二、产品成本和期间费用

按成本的经济用途，可将成本分为产品成本和期间费用。

（一）产品成本

产品成本，也称制造成本，是指为生产（制造）产品或提供劳务而发生的成本。产品成本又可根据其具体的经济用途分为直接材料、直接人工、制造费用等。

1. 直接材料

直接材料，指在生产过程中直接用来构成产品主要实体的材料成本。

2. 直接人工

直接人工，指在生产过程中直接改变原材料的性质或形态所耗用的人工成本。

3. 制造费用

制造费用，指在生产过程中发生的不能归入直接材料和直接人工两个成本项目的所有其他成本支出。制造费用也称工厂间接费，包括的内容繁杂，可进一步细分为：

（1）间接材料，指在生产中耗用但不宜归属于某一特定产品的材料成本，如各种机物料消耗等。

（2）间接人工，指为生产服务而不直接进行产品加工的人工成本，如车间管理人员、技术人员、维修人员等的工资。

（3）其他制造费用，指不属于上述两者的其他各种间接费用，如固定资产折旧费、保险费、维护和修理费等。

（二）期间费用

期间费用，也称期间成本，是指本期发生的不能直接或间接归入某种产品成本的、直接计入损益的各项费用，如销售费用、管理费用和财务费用。

1. 销售费用

销售费用，是指企业在销售商品和材料、提供劳务的过程中所发生的各种费用，包括企业在销售商品过程中发生的保险费、包装费、展览费和广告费、商品维修费、装卸费等，以及为销售本企业商品而专设的销售机构（含销售网点、售后服务网点等）的职工薪酬、业务费、折旧费、固定资产修理费等。

2. 管理费用

管理费用，是指企业为组织生产经营所发生的各项费用，包括企业在筹建期间发生的开办费、董事会和行政管理部门在企业的经营管理中发生的或者应由企业统一负担的公司经费（包括行政管理部门职工工资及福利费、物料消耗、低值易耗品摊销、办公费和差旅费等）、工会经费、董事会费（包括董事会成员津贴、会议费和差旅费等）、聘请中介机构费、咨询费（含顾问费）、诉讼费、业务招待费、技术转让费、矿产资源补偿费、研究费用、排污费以及企业生产车间（部门）和行政管理部门等发生的固定资产修理费用等。

3. 财务费用

财务费用，是指企业为筹集生产经营所需资金等发生的筹资费用，包括利息支出（减利息收入）、汇兑损益以及相关的手续费、企业发生的现金折扣或收到的现金折扣等。

制造成本与产品成本、非制造成本与期间费用，从内容上看有些类似，但其含义不同。制造成本与非制造成本是针对成本归集范围而言，制造成本基本上只归集制造车间发生的成本。产品成本则是指计入产品成本中的成本，当产品成本计算方法采用完全成本法（第5章讲述）时，产品成本与制造成本内容一致，但采用变动成本法（第5章讲述）等方法时，产品成本与制造成本内容不一致。

一般来讲，对于制造业企业而言，利润表中的所有非制造成本都是期间费用。对于商业企业来说，利润表中所有与商品销售无关的成本都是期间费用，例如售货员人工成本和广告费用。对于服务业来讲，利润表中的所有成本都是期间费用。

三、主要成本与加工成本

主要成本与加工成本是在生产成本系统常用的成本分类术语。主要成本是所有的直接生产成本。

主要成本＝直接材料成本＋直接人工成本

与直接成本相似，企业成本结构中主要成本的比重越大，管理人员对产品成本的准确性就越有把握。随着信息收集技术的进步，企业能增加更多的直接成本种类。例如，电力成本能在工厂的特定区域、特定时段进行计量并与特定产品建立联系。在这种情况下，主要成本将包括直接材料、直接人工和直接计量到的电力成本。另外，如果一条生产线专门生产一种特定产品，那么生产设备的折旧就是直接生产成本，应该包括在主要成本中。

加工成本是指直接材料以外的其他生产成本。加工成本反映了为把直接材料转换成产成品而发生的所有生产成本。

加工成本＝直接人工成本＋制造费用

需要注意的是，直接人工成本既是主要成本也是加工成本。有些高科技、自动化程度高的企业，如计算机芯片制造工厂，只有很少的工人。工人的职责是监控生产流程并维护生产多种产品的设备。这些工厂的成本系统中没有直接人工成本种类，因为直接人工成本很少，也很难追溯到产品。这些工厂唯一的主要成本就是直接材料成本，加工成本仅包含制造费用。

四、产品成本的多种含义

在实务中，对于产品成本的理解是有分歧的，这主要取决于成本计量的目的，不同目的导致不同的产品成本计量方法，如图3-2所示。

(1) 定价与产品组合决策。为制定有关价格，做出产品组合利润最大化的决策，管理人员比较关心不同产品的整体盈利能力，进而把价值链上所有业务职能发生的成本分配给不同的产品。

(2) 政府合同。政府合同通常在产品成本的基础上加上事先确定的边际利润来补偿承包商。因为合同的这种成本加成的特殊性质，政府部门通常会提供详细的解释，说明哪些成本项目能作为成本，哪些不能。例如，某些政府部门从产品成本中明确剔除营销、分销和客服成本，并可能只补偿部分研发成本。这些部门只想针对与承包商提供的合同产品密切相关的那些成本进行补偿。

(3) 对外财务报告。在基于会计准则的对外财务报告中，只有生产成本能被计入财务报表的存货项目中。为计算存货项目，产品成本只包括制造成本。

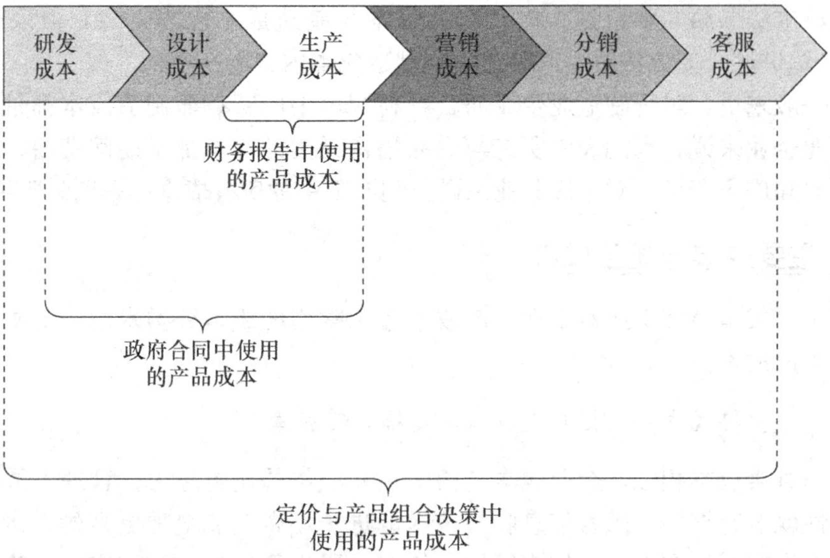

图 3-2　目的不同，成本不同

第三节　变动成本与固定成本

成本性态也称成本特性、成本习性，是指成本总额的变动与业务量之间的依存关系。这里的业务量可以是生产或销售的产品数量，也可以是反映生产工作量的直接人工小时或机器工作小时等。

按照这种依存关系，我们可以把成本分为固定成本和变动成本两大类。按成本性态将成本划分为变动成本、固定成本，这是管理会计的一个基本特征。成本按性态分类有重要的意义，便于利用成本资料进行预测和决策，有利于控制成本和分析差异原因。本量利分析、短期经营决策、标准成本法和全面预算编制等内容中，都以这种分类方法为基础。

一、变动成本及其相关范围

变动成本是指其总额随着业务量的变动而成比例变动的成本。例如，直接材料、直接人工、包装材料等都属于变动成本。以北京汽车公司为例，如果北京汽车公司花费 600 元为每一辆绅宝汽车配置车灯，那么车灯的总成本就是 600 元乘以绅宝汽车的产量（见表 3-2）。

表 3-2　绅宝车灯变动成本

绅宝的产量（辆） (1)	每辆绅宝的车灯变动成本（元） (2)	绅宝车灯的总变动成本（元） (3)＝(1)×(2)
1	600	600
1 000	600	600 000
3 000	600	1 800 000

从表3-3可以看出，绅宝汽车的车灯成本随着其产量的变化同比例发生变化，而每辆绅宝汽车的车灯成本是不变的。如果绘制成函数图，绅宝车灯成本的情况如图3-3、图3-4所示。

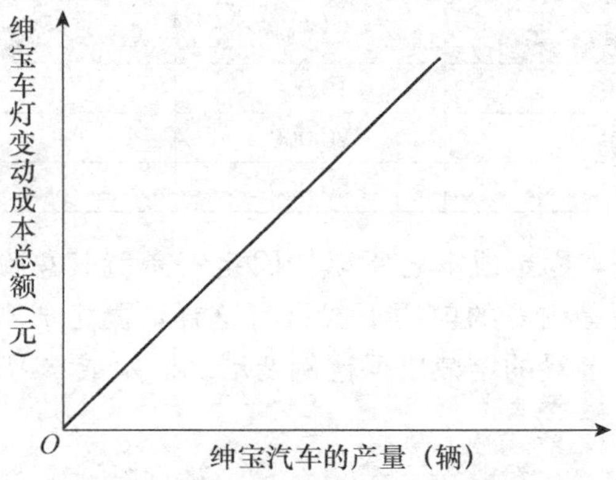

图3-3　绅宝车灯变动成本总额

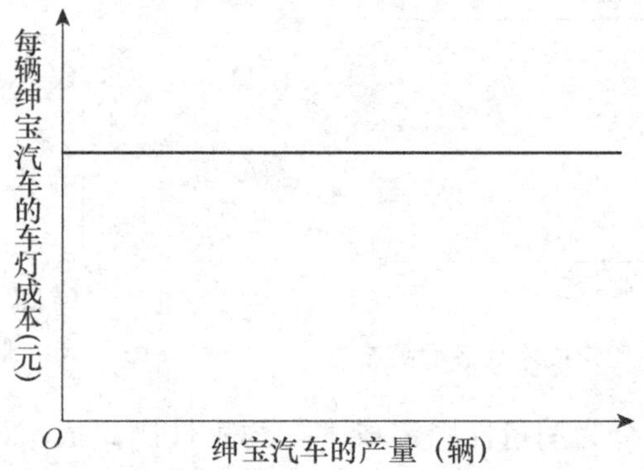

图3-4　每辆绅宝汽车的车灯成本

应当注意的是，变动成本存在相关范围的问题，也就是说，在相关范围内，变动成本定额与业务量之间保持完全的线性关系；超出相关范围，它们之间可能就是非线性关系了。例如，在生产初期阶段，生产还处于不成熟状态，单位产品可能因为产量较低而成本较高。随着产量的增加，技术、生产等各方面条件逐渐成熟，单位产品消耗的直接材料、直接人工等逐渐降低。但这时，变动成本总额不一定与产量完全成同比例变化，而是表现为小于产量增减幅度。当产量增长到相关范围以内时，单位产品耗用的直接材料、直接人工等较为稳定，从而变动成本总额与产量之间完全呈线性关系。如果产量超出范围，继续增长或出现萎缩，则可能出现一些新的因素使单位产品变动成本的变化与之不成比例。

二、固定成本及其相关范围

固定成本是指总额在一定时期和一定业务范围内，不受业务量增减变动影响而保持不变的成本。例如，按直线法计提的固定资产折旧、管理人员的工资、厂房设备的租金等。

仍以北京汽车公司的绅宝汽车为例，假设北京汽车公司每年花费100万元来管理绅宝汽车的生产线。在短时间内，对于绅宝汽车来说管理生产线的成本是不会发生变化的，可以通过表 3－3 来观察管理绅宝汽车生产线的成本情况。

表 3－3　绅宝汽车生产线管理成本

绅宝汽车生产线管理成本（元）(1)	绅宝汽车产量（辆）(2)	每辆绅宝汽车负担的生产线管理成本（元）(3)＝(1)÷(2)
10 000 000	10 000	1 000
10 000 000	20 000	500
10 000 000	50 000	200

需要注意的是，固定成本之所以“固定”是就其总额而言的，而且是在“一定时期和一定业务范围内”的前提下。只有这样，固定成本才保持不变。从单位固定成本来看，它与业务量的增减成反比例变动，固定成本习性模型如图 3－5 和图 3－6 所示。

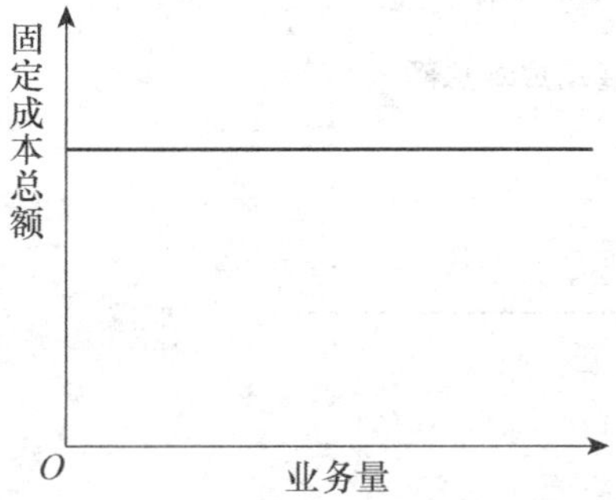

图 3－5　业务量与固定成本总额的关系

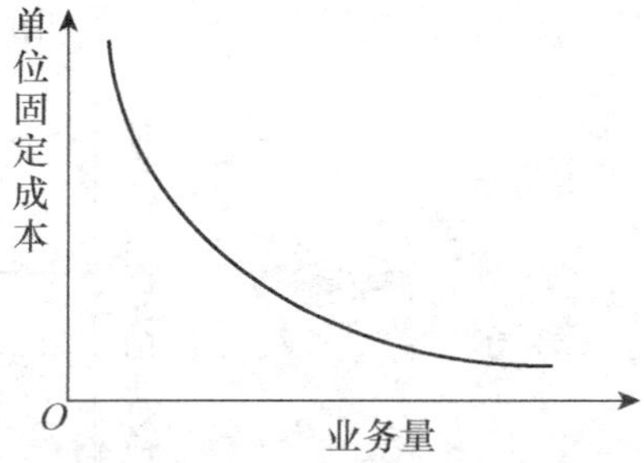

图 3－6　业务量与单位固定成本的关系

固定成本又可分为酌量性固定成本与约束性固定成本两类。酌量性固定成本是指企业根据经营方针由高层领导确定一定期间的预算额而形成的固定成本，如职工培训费、广告宣传费和研究开发费等。这类成本的发生及其数额，服从于企业不同时期生产经营的实际需要，取决于管理层对不同费用项目所作的具体预算，具有较大的随意性，因此也称为随意性固定成本。约束性固定成本主要是指同企业的生产经营能力的形成及其正常维护相联系的固定成本，如厂房和机器设备的保险费、折旧费，企业管理人员的基本工资等。这类成本受到企业生产经营能力的约束，在一定时期内很难改变，因此，也称为经营能力成本。

三、成本类型之间的关系

根据前面两种主要成本分类方式，可能存在 4 种成本组合（见表 3－4）。

表 3－4　成本组合

		将成本分派至成本对象	
		直接成本	间接成本
成本性态	变动成本	轮胎	绅宝汽车工厂的电力成本。用电量只按工厂计量，工厂装配多种产品
	固定成本	绅宝汽车总装线上管理人员的工资	绅宝汽车工厂的年租赁成本。此为整个工厂的租金，工厂生产多种产品

第四节　混合成本及其分解

一、混合成本的定义和类型

在所有类型的成本当中，还有一类成本，其总额虽受业务量变动的影响，但其变动的幅度并不与业务量的变化保持严格的比例，这类成本由于同时具有固定成本与变动成本两种特性，所以叫作混合成本。其表现形式通常有以下两种：

（1）半变动成本。它有一个初始量，这类似于固定成本，在此基础上业务量增加，成本也会增加，这又类似于变动成本。在日常生活中最常见的例子就是移动通话费，如果没有其他优惠业务，我们常常需要每月支付一定的月租费用，通话时再按照每分钟一定的费用乘以通话时长来收费。在企业生产中，机器设备的维护保养费就是典型的半变动成本，既包括与业务量无关的计划内的运行维护成本，也包括同业务量直接相关的变动性因素，其成本模型如图3-7所示。

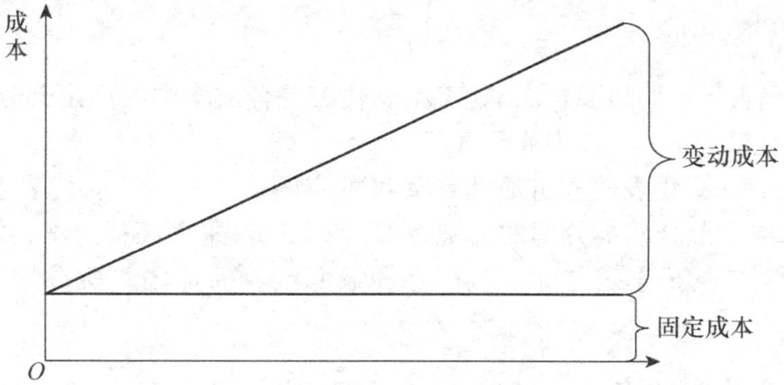

图3-7　业务量与半变动成本之间的关系

（2）阶梯式成本，也叫半固定成本，这类成本随产量的变化呈阶梯式增长。其特点是，业务量在一定范围内增长，其发生额固定不变；当业务量增长超过一定限度，其发生额就会跳跃到一个新的水平，然后在业务量增长的一定限额内保持不变。生活中常见的例子就是出租车费，在生产中化验员和检验员的工资等就属于阶梯式成本。这种成本的模型如图3-8所示。

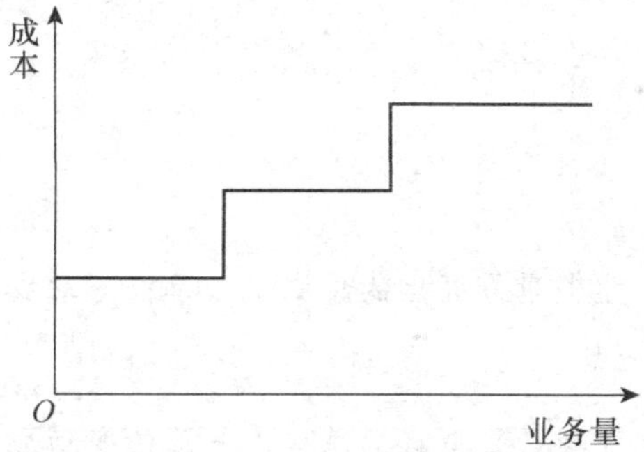

图3-8　业务量与半固定成本关系

根据混合成本的不同特点，可以采用不同的方法将其分解为变动部分和固定部分。这样，按照成本性态，最终可将企业的所有成本分为变动成本和固定成本两部分。可以说，管理会计的许多方法，如变动成本法、本量利分析法等，都是建立在这种成本划分的基础之上的。

二、混合成本分解

在传统的会计核算中，没有变动成本与固定成本的区分。在管理会计中，为了掌握成本与产量之间的依存关系，便于企业的经营管理和核算，以规划和控制企业的经济活动，适应管理会计各种方法的需要，必须将全部成本划分为固定成本和变动成本。混合成本包含固定成本和变动成本两种性质，为此，需要对混合成本进行分解，具体分解为“固定”与“变动”两个部分，最终企业的全部成本被划分为变动成本和固定成本两个部分。下面介绍几种混合成本的分解方法。

（一）高低点法

高低点法是指根据历史资料中业务量最高和最低期间的成本数据分解成本的方法。

由于混合成本中兼有固定成本与变动成本的特点，因而其数学模型可表示为：

$$y=a+bx$$

式中，y 代表一定期间混合成本总额；a 代表混合成本中的固定部分；b 代表混合成本中的单位变动部分；x 代表业务量。

假设 x_1，y_1 代表业务量最低点及其对应的成本；x_2，y_2 代表业务量最高点及其对应的成本。混合成本分解的关键是求出 a 和 b。采用高低点法，将最高点和最低点业务量所对应的成本之差除以最高点和最低点业务量之差所得的商，就是单位变动成本 b。

$$b=\frac{\Delta y}{\Delta x}=\frac{y_2-y_1}{x_2-x_1}$$

式中，Δy 代表高低点混合成本之差；Δx 代表高低点业务量之差。即

$$\text{单位变动成本}=\frac{\text{高低点混合成本之差}}{\text{高低点业务量之差}}$$

然后将 b 值代入高点或低点的混合成本公式，移项即可求得 a 的值。

$$a=y_2-bx_2$$

或

$$a=y_1-bx_1$$

也即

固定成本＝业务量最高点的总成本－单位变动成本×最高点业务量

或

固定成本＝业务量最低点的总成本－单位变动成本×最低点业务量

综上所述，高低点法的基本步骤是：首先通过计算出高低点的成本之差与高低点

的产量之差之比，求得单位变动成本；然后再将单位变动成本代入总成本的方程式中推算出固定成本的数值。

【例3-1】 假设北京汽车公司绅宝汽车的生产线2020年7—12月的维修成本数据如表3-5所示。

表3-5 维修成本的历史资料

摘要	7月	8月	9月	10月	11月	12月
业务量 x（千机器小时）	6	8	4	7	9	5
维修成本 y（元）	110	115	85	105	120	100

根据表3-5有关数据，可得出该企业维修成本在相关范围内的变动情况，其最高业务量与最低业务量实际发生的维修成本数据如表3-6所示。

表3-6 高低点的维修成本资料

摘要	高点（11月）	低点（9月）	差额
业务量（千机器小时）	9	4	5
维修成本（元）	120	85	35

$$b=\frac{\Delta y}{\Delta x}=\frac{y_2-y_1}{x_2-x_1}=\frac{120-85}{9-4}=7(\text{元/千机器小时})$$

将 b 值代入高点混合成本公式，并移项：

$$a=y_2-bx_2=120-7\times 9=57(\text{元})$$

或将 b 值代入低点混合成本公式，并移项：

$$a=y_1-bx_1=85-7\times 4=57(\text{元})$$

通过以上计算，可以得到该企业的混合成本（维修成本）。采用高低点法进行分解，其固定成本总额（a）为57元，其余部分就是变动成本总额（$7x$）。

最后，把维修成本的上述关系归纳为下列混合成本公式：

$$y=57+7x$$

值得注意的是，高低点法选用的历史成本数据，应能代表该项业务活动的正常情况，不得含有任何不正常状态的成本。此外，通过高低点法分解求得的混合成本公式（$y=57+7x$），只适用于相关范围内的情况。在例3-1中只适用于4 000～9 000机器工时的相关范围，超出相关范围就不再适用。

在实际工作中，如果混合成本的变动部分与业务量基本保持正比例关系，采用高低点法进行分解最为简便。但这种分解法仅仅以高低两点决定成本性态，因而带有一定偶然性，这种方法通常只适用于各期成本变动趋势较稳定的情况。如果各期成本波动较大，仅以高低两点的成本代表所有成本的特性，没有考虑其他数据的影响，其结果会有较大偏差。

（二）散点图法

散点图法是根据历史成本数据，在坐标图上作图，绘出各期成本点，并根据目测，在各成本点之间绘出一条反映成本变动趋势的直线，其与纵轴的交点即为固定成本，再据此计算单位变动成本。

散点图法可按以下步骤分解混合成本：

(1) 把过去某一期间混合成本的历史数据逐一标在坐标图上，一般以横轴代表业务量（x），纵轴代表混合成本金额（y）。这样，各个历史成本数据就形成若干个成本点散布在坐标图上，形成散点图。

(2) 通过目测，在各个成本点之间画一条能反映成本平均变动趋势的直线。注意应尽量使画出的这条直线两边的成本点数量相同，而且使各点到直线的距离之和最小。

(3) 确定固定成本的平均值，所画出的直线与纵轴的交点即为固定成本（a）。

(4) 计算单位变动成本。在所画出的直线上任取一点产量，即可对应查出混合成本的值。这时单位变动成本（b）就可通过$b=\frac{y-a}{x}$求得。

【例 3-2】 根据例 3-1 所给出的数据（见表 3-5），绘出的散点图如图 3-9 所示。

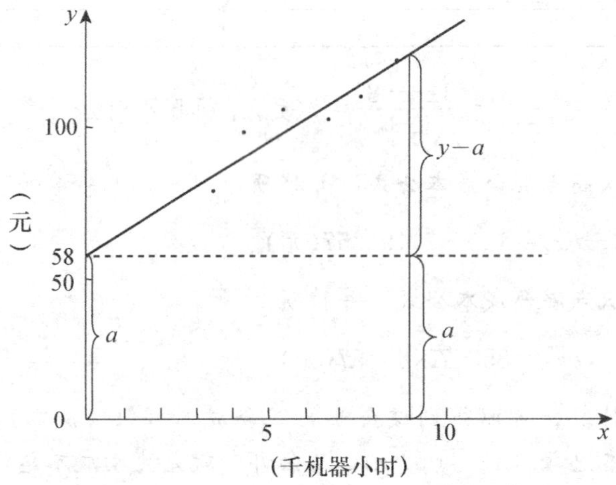

图 3-9 维修成本的散点图

在图 3-9 中，通过目测，在 6 个成本点之间画出一条能反映维修成本的平均变动趋势直线，该直线与纵轴相交之处，就是维修成本的固定成本总额（a）。在图 3-9 中，固定成本为 58 元。

图 3-9 上所画出的混合成本平均变动趋势直线的斜率即单位变动成本（b），其计算方法为：

在直线（$y=a+bx$）上任取一点，如令 $x=9$（千机器小时），此时 $y=120$（元），则

$$b=\frac{y-a}{x}=\frac{120-58}{9}=6.89(\text{元/千机器小时})$$

这样在 a 和 b 值已知的情况下，就可把维修成本的公式确定为：

$$y=58+6.89x$$

与高低点法相比较，散点图法的主要优点在于全面考虑已知的所有历史成本数据，排除只由高低两点确定成本带来的偶然性，因而计算结果比高低点法要精确一些。同

时，用图示反映成本性态更为直观、易于掌握。但由于目测画出的反映成本平均变动趋势的直线，仍带有一定的主观随意性，不十分精确。

(三) 回归直线法

回归直线法是根据过去一定期间的业务量（x）和混合成本（y）的历史资料，应用最小平方法原理，算出最能代表 x 与 y 关系的回归直线，借以确定混合成本中固定成本和变动成本的一种成本分解方法。

回归直线法的基本原理为：先按散点图法把过去某一期间的混合成本历史数据，逐一在坐标图上标明；然后通过目测，在各个成本点之间画一条能反映 x 与 y 关系的平均变动趋势直线。但如前所述，画这种直线时，往往会因人而异，难以确定哪条较为准确。从数学的观点来看，选用全部观测数据（即成本点）的误差平方和最小的直线最为准确，这条直线在数理统计中称为回归直线。正因为这种方法要使所有成本点的误差平方和达到最小值，故也称为最小平方法。

回归直线法运用于混合成本的分解，通常只需要采用以下简便方法：

假设混合成本的直线方程式为：

$$y=a+bx$$

式中，y 代表混合成本总额；x 代表业务量；a 代表混合成本中的固定成本总额；b 代表混合成本中的单位变动成本。

根据上述混合成本的基本方程式及实际所采用的一组 n 个观测值，即可建立回归直线的联立方程式。

先把上述基本方程式用 n 个观测值的和的形式来反映，得

$$\sum y = na + b\sum x \tag{1}$$

再将式（1）的左右双方各项用业务量（x）来加权，得

$$\sum (xy) = a\sum x + b\sum x^2 \tag{2}$$

把式（1）移项化简，即得

$$a = \frac{\sum y - b\sum x}{n} \tag{3}$$

式（3）代入式（2），并移项化简，即得

$$b = \frac{n\sum (xy) - \sum x\sum y}{n\sum x^2 - (\sum x)^2} \tag{4}$$

根据式（4）和式（3），将有关数据代入，先求 b，后求 a。最终就可把混合成本分解为固定成本和变动成本。

【例 3-3】 根据例 3-1 的资料，现采用回归直线法加以分解。

首先，对绅宝汽车生产线 2020 年 7—12 月的维修成本的历史数据进行加工，x 代表业务量（千机器小时），y 代表维修成本（元），得到为求出 a 和 b 的值所需要的有关数据（见表 3-7）。

表 3-7　回归直线法基础数据

月份	业务量 x（千机器小时）	维修成本 y（元）	xy	x^2
7	6	110	660	36
8	8	115	920	64
9	4	85	340	16
10	7	105	735	49
11	9	120	1 080	81
12	5	100	500	25
$n=6$	$\sum x=39$	$\sum y=635$	$\sum(xy)=4\,235$	$\sum x^2=271$

其次，将表 3-7 最后一行的合计数代入式（4）和式（3），分别确定 b 和 a 的值：

$$b=\frac{n\sum(xy)-\sum x\sum y}{n\sum x^2-(\sum x)^2}=\frac{6\times4\,235-39\times635}{6\times271-39^2}\approx6.14(\text{元/千机器小时})$$

$$a=\frac{\sum y-b\sum x}{n}=\frac{635-6.14\times39}{6}\approx65.92(\text{元})$$

根据计算得到 a 和 b 的值，则绅宝汽车生产线维修成本的混合成本公式可确定为：

$$y=a+bx=65.92+6.14x$$

回归直线法利用了离差平方和最小的原理，计算结果比较准确，但计算的工作量较大。在计算机上利用应用软件，如 Excel，则可以十分方便地应用这种方法。

最后还应注意，上述三种数学分解方法均包含有估计成分，带有一定的假定性，其分解结果均不可能绝对准确，而且要求有相应的历史成本数据为前提，所以在实际运用时，必须考虑运用的条件是否具备。如果条件不具备，就应考虑其他混合成本分解方法。

第五节　设计成本会计系统的框架

在本节我们要使用前文所述的基本概念构建一个成本会计系统框架，这一框架能够服务于诸多专题研究，比如战略规划、市场营销、质量管理以及投资决策。

一、成本会计系统的作用

成本会计系统有三方面的作用。

（一）计算产品、服务等成本对象的成本

我们已经看到了产品成本的不同目的与不同计量方法。无论目的如何，成本会计系统都要追溯直接成本、分配间接成本到产品。本书第 6 章分批成本会计系统、第 7 章分步成本会计系统、第 9 章作业成本会计系统讲述了计算产品、服务等成本对象的基本系统。从满足企业对外报告的要求来讲，成本会计系统要解决存货计价和生产成本分配问题，这些问题影响了生产成本如何在资产负债表和利润表之间分配。从满足对内管理的要求来讲，成本会计系统要为制定战略以及定价、产品组合和成本管理等决策提供信息。

（二）为计划、控制和业绩评价提供信息

在预算管理、业绩评价等管理活动中，需要将实际成本与计划成本进行比较，计算成本差异，寻找差异产生的原因，并将上述信息提供给相关部门用于学习与改进。在本书第13章进行差异分析时，需要将成本分为变动成本和固定成本，根据其不同成本性态进行差异分析。本书第14章对责任中心进行业绩评价时，要考虑哪些成本是责任中心可控的，哪些是不可控的，以便分清责任，科学评价业绩。

（三）为制定决策分析相关信息

在制定战略和实施战略时，管理者必须明白哪些收入和成本是要考虑的，哪些成本是不需要考虑的。比如在外购与自制决策中，管理会计师要帮助管理者区分哪些信息是相关的，哪些信息是无关的。这些决策问题在第10章和第11章进行讨论。

二、制造业成本会计系统

（一）成本会计系统中的基本术语

在制造业产品成本会计系统中，我们将使用成本对象、直接成本、间接成本、成本库和成本分配基础这几个基本术语。

管理者和管理会计师选择成本对象帮助他们做决策。成本会计系统的一类主要成本对象是产品或服务；另一类主要成本对象是责任中心，比如部门、区域、分公司等，最常见的责任中心是部门，确定部门成本帮助管理者控制他们需要负责的成本，这也使上级管理者能够评估下属的业绩。

当成本对象确定后，就可以将成本分为直接成本和间接成本两大类。直接成本被追溯到成本对象，间接成本被分配到成本对象。管理者利用成本会计系统提供的产品或服务成本指导运营和战略决策。为了讨论清楚成本会计系统，我们还要介绍和解释两个新术语。

成本库，也叫成本池，是指单个间接成本项目的组合。成本库有宽有窄，宽的如整个工厂的所有成本，窄的如某台机床的运行成本。成本库通常与成本分配基础结合使用。

成本分配基础是一个以系统方式将间接成本与成本对象联系起来的因素。比如，某台车床的运行成本是10 000元，运行机时是500小时，则成本分配率就是20元/机时，机时就是成本分配基础。公司常用间接成本的成本动因作为成本分配基础。成本动因是在一定时间内影响成本的变量，如作业或数量的水平等，这个变量反映了作业或数量水平变化和总成本变化之间的因果关系。例如，如果产品设计成本随着产品零件数的变化而变化，那么零件数就是产品设计成本的一个成本动因。成本分配基础可以是财务的（如直接人工成本），也可以是非财务的（如机时）。

上述五个术语所代表的概念组成了我们用来设计成本会计系统的基础。

（二）分批成本法和分步成本法

管理会计师用两种基本的方法分派产品或服务的成本。

1. 分批成本法

在此方法中，成本对象是独特的产品或服务的一个或几个单位，也称为一个批次。每一批次通常耗用不同数量的资源。如联想生产的一台专用服务器、首开股份的一个房地产项目、奔驰4S店的一次汽车保养服务，或立信会计师事务所的一次年报审计服务。联想生产的每一台专用服务器都是独特的、唯一的；立信会计师事务所给每个客户做的年报审计都是不同的。分批成本法也适用于独特产品的多个单位，如中国航天科技集团有限公司生产长征火箭的多个部件。因为产品和服务是独特的，分批成本法为每一个产品或服务单独计算成本。

2. 分步成本法

在此系统中，成本对象是大规模同质或近似的产品或服务。例如，中国工商银行在处理个人存款业务时向所有个人存款客户提供相同的服务；玉柴股份向每个客户提供相同的产品（如柴油发动机）；三元的所有客户都收到同样的早餐奶。在每个会计期间，分步成本法用总成本除以总产量来得到单位成本，这一单位成本是对每一个同质或近似的产品单位都使用的平均成本。

表3－8列出了在制造业、商业和服务业中分批成本法和分步成本法的示例。这两种成本会计系统是一个连续统一体的两个极端，而在中间，两者有不同程度的交叉。许多公司的成本会计系统既不是纯粹的分批成本法也不是纯粹的分步成本法，而是兼有两者的特点。因此成本会计系统必须适合基本的生产运营。例如，旺旺食品公司使用分批成本法来计算生产不同产品的总成本，同时用分步成本法来计算相同的每一包旺旺雪饼的成本。

表3－8 制造业、商业和服务业中分批成本法和分步成本法示例

	制造业	商业	服务业
分批成本法	● 西安飞机制造公司的飞机组装 ● 青岛造船厂的造船	● 华润万家的新产品促销 ● 新华书店的邮购业务送货	● 信永中和的审计业务 ● 北巴传媒的广告代理业务 ● 大地传媒制作的电影 ● 奔驰4S店的汽车维修
分步成本法	● 中石化的炼油业务 ● 王老吉的饮料生产	● 中粮粮油粮贸部的粮食交易 ● 中化集团的石油交易	● 中国工商银行的账单结算 ● 顺丰速运的标准快递业务

（三）制造业成本核算的一般程序

成本核算的一般程序是指对企业在生产经营过程中发生的各项费用，按照成本核算的要求，逐步进行归集和分配，最后计算出各种产品的成本和各项期间费用的基本过程。一般程序可以归纳如下：

（1）对企业的各项支出进行严格的审核与控制，并按照有关规定确定是否计入产品成本、期间费用，以及应计入产品成本还是期间费用。

（2）正确处理费用的跨期摊提工作。主要包括将本月实际支出而应该留待以后月份摊销的费用，记为待摊费用；将以前月份开支的待摊费用中应由本月负担的份额，摊入本月成本；将本月尚未开支但应由本月负担的费用，预提计入本月的成本。

（3）将应计入本月产品成本的各项费用，在各种产品之间按照成本项目进行分配和归集，计算出按成本项目反映的各种产品的成本。

（4）对于月末既有完工产品又有在产品的产品，将该种产品的生产费用在完工产

品与月末在产品之间进行分配，计算出该种产品的完工产品成本和月末在产品成本。

（四）制造业成本核算的主要会计科目

为了进行成本核算，企业一般应设置“基本生产成本”“辅助生产成本”“制造费用”“销售费用”“管理费用”“财务费用”“待摊费用”“长期待摊费用”“预提费用”等科目。

1. “基本生产成本”科目

“基本生产成本”科目，借方登记企业为进行基本生产而发生的各项费用，贷方登记转出的完工入库的产品成本；余额在借方，表示基本生产的在产品成本，即基本生产在产品占用的资金。

2. “辅助生产成本”科目

辅助生产是指为基本生产服务而进行的产品生产和劳务供应。该科目借方登记为进行辅助生产而发生的各项费用，贷方登记完工入库产品的成本或分配转出的劳务成本；余额在借方，表示辅助生产在产品的成本，即辅助生产在产品占用的资金。

3. “制造费用”科目

为了核算企业为生产产品和提供劳务而发生的各项制造费用，设置“制造费用”科目，借方登记实际发生的制造费用，贷方登记分配转出的制造费用。除季节性生产企业外，该科目月末无余额。

4. “销售费用”科目

为了核算企业在产品销售过程中所发生的各项费用以及为销售本企业产品而专设的销售机构的各项经费，设置“销售费用”科目。该科目借方登记实际发生的各项产品销售费用，贷方登记期末转入“本年利润”科目的产品销售费用。期末结转后该科目无余额。

5. “管理费用”科目

为核算企业行政管理部门为组织和管理生产经营活动而发生的各项管理费用，设置“管理费用”科目。该科目借方登记发生的各项管理费用，贷方登记期末转入“本年利润”科目的管理费用。期末结转后该科目应无余额。

6. “财务费用”科目

为了核算企业为筹集生产经营所需资金而发生的各项费用，设置“财务费用”科目。该科目借方登记发生的各项财务费用，贷方登记应冲减财务费用的利息收入、汇兑损益以及期末转入“本年利润”科目的财务费用。期末结转后该科目应无余额。

7. “待摊费用”科目

为了核算企业已经支付但应由本期和以后各期成本共同负担且分摊期在一年以内的各项费用，设置“待摊费用”科目。该科目借方登记实际支付的各项待摊费用，贷方登记分期摊销的待摊费用。该科目余额在借方，表示已经支付但尚未摊销的费用。

8. “长期待摊费用”科目

为了核算企业已经支付但摊销期在一年以上的各项费用，设置“长期待摊费用”科目。该科目借方登记实际支付的各项长期待摊费用，贷方登记分期摊销的长期待摊费用。该科目余额在借方，表示企业尚未摊销的各项长期待摊费用的摊余价值。

9. “预提费用”科目

为了核算企业按照规定预提计入成本但尚未支付的费用，设置“预提费用”科目。

该科目借方登记实际支付的费用，贷方登记预先计入成本的预提费用。该科目余额在贷方，表示已经预提但尚未实际支付的费用；余额在借方，则表示实际支付费用数额大于已预提数额的差额，应视为待摊费用。

（五）制造业成本核算的基础资料

为有效地进行成本控制与分析，必须做好成本核算的基础资料准备工作。

1. 制定和修订定额

产品的各项消耗定额，是编制成本计划、分析和考核成本水平的依据，也是控制耗费的标准。定额的重要性不言而喻。企业必须建立健全定额管理制度，凡是能够制定定额的各项消耗，都应该制定定额。在欧曼重卡工厂，制造一辆卡车需要 1 万多种零部件，这些零部件都有定额成本。需要注意的是，产品消耗定额并非一成不变，需要根据企业外部和内部环境的变化，适时加以调整和修订。

2. 材料物资的计量、收发、领退和盘点制度

做好材料物资的计量、收发、领退和盘点工作，是正确核算产品成本和期间费用的前提条件。材料物资、在产品和半成品的内部转移，以及产成品的入库，均应填制相应的凭证，办理审批手续，防止任意领发和转移。只有如此，才能做到账实相符，保证成本核算的正确性。

3. 做好原始记录

原始记录是反映生产经营活动的原始资料，是成本预测、编制成本计划、成本核算的依据。为了进行成本核算和管理，对于企业在生产经营过程中领用的材料、耗费的工时和动力、支出的费用，均应真实记录。成本核算人员应会同有关部门，制定符合各方面管理需要的原始记录制度。

4. 制定和修订计划价格

为分析和考核内部各单位成本计划的完成情况和管理业绩，企业需要对原材料、半成品和厂内各车间相互提供的劳务制定厂内计划价格，作为内部结算和考核的依据。厂内计划价格应尽可能接近实际并相对稳定，年度内一般不做变动。

行动学习

石家庄车辆有限公司的“三色成本管理”

石家庄车辆有限公司（简称石家庄车辆），曾面临铁路货车修理行业生产能力严重过剩、竞争加剧、利润空间缩小等难题。与此同时，用户技术政策变化和物价上涨，导致企业成本大幅增加。原材料、配件、能源等价格不断上涨，也导致企业产品成本不断增加。

石家庄车辆作为老牌国有企业，员工虽然经过多年市场观念的影响，但市场经济的成本观还没有完全树立起来，特别是基层员工成本观念淡薄，降低成本的积极性、主动性、创造性还没有释放出来。成本管理粗放，成本控制体系不完善，企业缺少对各部门的成本监控、业绩考核评价和奖惩机制，还未使企业和员工形成一个真正的利益共同体。

货车修理与货车制造区别很大，必须等待产品入厂，经过解体和分解检查，方能确定实际检修和更换内容，有较大的不确定性。由于这种特殊性，采用标准化降低成本的方法显然行不通，因此，需要一种新的经营理念来统领员工的成本管理思想和方法。

石家庄车辆的“三色成本管理”应运而生。其基本做法是：将成本费用按照不同的属性和影响因素的可控程度进行分类归集，划分出红、黄、蓝三色成本，形成一种直观的、形象化的成本“三色图”，对其分别进行管理与控制。“三色成本管理”主要侧重于成本管理的功能，不改变成本核算模式。“三色成本管理”中的成本，不仅指财务核算中的成本，还包括各种费用。

生产经营总成本中有不可控成本和可控成本之分。对于不可控成本，责任主体通过自身的行为和主观上的努力也不能改变该成本的数额。比如，生产成本中用户指定采购的原材料、配件的价格，以及按照标准要求必须更换新件所发生的成本和税金等都属于不可控成本，用红色来表示，称为红色成本；可控成本又可分为人工可控成本和其他可控成本，分别用黄色和蓝色表示，称为黄色成本和蓝色成本。红色成本不作为控制的重点，归集起来统一进行管理；黄色成本将按照一定的增长比例提取，作为相对固定的部分与蓝色成本按比例挂钩；剩余的蓝色成本作为控制的重点，制定并采取相应的方法和措施，落实控制责任。

需要明确的是，红色成本的划分是相对特定责任主体而言的，同一项成本，相对于不同的责任主体，因管理责任不同，所呈现的红、蓝成本也不同。如自主采购的某种车辆配件所发生的费用，对公司和采购部门来说是蓝色成本，而对使用车间来说，在必须更换的情况下则是红色成本。

为使不同层次的员工都能理解“三色成本管理”的内涵，石家庄车辆借助人们日常比较熟悉又对比鲜明的红、黄、蓝三种颜色来表示“三色成本”。红色表示禁止，要求单位和员工不过多关注红色成本；黄色表示警示，提醒员工要想保持现有收入水平或实现增长，完全取决于自身对黄色成本控制的好与坏；蓝色表示搏击，喻示员工只有通过搏击，在降成本和企业发展中有所为，才能实现员工与企业双赢的目标。

根据“三色成本”代表的不同含义，绘制“三色图”，作为教育、引导员工正确认识和理解“三色成本管理”的重要工具。“三色图”中圆圈总面积表示总销售收入，外环橙色部分表示目标利润，内圈以红、黄、蓝三个区域分别代表红、黄、蓝三色成本。红色区与黄色区、蓝色区之间为实线，界线不可变动；黄色区与蓝色区之间为虚线，界线可以随时调整。降低蓝色成本，除按比例增加黄色区域外，还可增大橙色区域面积，即增加公司的目标利润。

通过对红、黄、蓝三色成本的划分，使不同的责任主体清楚各自能够控制的范围和对象，抓住矛盾的主要方面，有针对性地进行管理与控制；同时还可以有效地衡量不同责任主体降低成本费用、增加经济效益的贡献程度，便于考核各责任主体的绩效。

资料来源：中国南车集团石家庄车辆厂.“三色成本”管理. 企业管理，2008（9）.

决策指南

以下是本章知识要点的总结，其中决策部分是基本问题，指南部分是这些问题的答案。

决策	指南
1. 管理者如何确定成本对象?	成本对象是任何需要独立计量成本的事项，如产品、顾客、生产线、网上零售商的货运部门、公司内部的职能部门等。管理者认为有必要计算的任何对象都可以成为成本对象。
2. 管理者如何区分一项成本是直接成本还是间接成本?	直接成本是与某一成本对象相关，并能以经济可行的方式追溯到该成本对象的成本。间接成本是与某一成本对象相关，但不能经济可行地追溯到该成本对象的成本。
3. 如何区分制造业、商业和服务业公司?	制造业公司购买材料和零部件，并将它们加工成不同的产成品。商业公司购入并销售有形产品，不改变其基本形态。服务业公司向顾客提供服务（无形产品）。
4. 如何对生产成本进行分类?	直接材料成本、直接人工成本和间接生产成本。
5. 在对外报告中，哪种成本要先被当做资产，哪种成本直接在发生时作为费用?	可盘存产品成本是指所有发生时先作为资产，然后在销售时变成销售成本的产品成本。不可盘存期间费用是在发生时全部费用化的产品成本，包括利润表中除产品销售成本外的所有成本。
6. 管理者如何确定一项成本是变动成本还是固定成本?	变动成本是总额随着业务量变动而成比例变动的成本。固定成本是指其总额在一定时期和一定业务范围内，不受业务量增减变动影响保持不变的成本。
7. 成本性态的分类有何意义?	便于利用成本资料进行预测和决策，而且有利于控制成本和分析差异原因。
8. 什么是混合成本?	成本总额虽然受业务量变动的影响，但其变动的幅度并不与业务量的变化保持严格比例关系的成本。
9. 为何要进行成本分解?	为了掌握成本与产量之间的依存关系，便于企业的经营管理和核算，以规划和控制企业的经济活动，适应管理会计各种方法的需要。
10. 混合成本分解的方法有哪几种?	高低点法、散点图法、回归直线法。
11. 设计一个成本会计系统需要哪些基本术语?	成本对象、直接成本、间接成本、成本库和成本分配基础。
12. 成本会计系统的作用有哪些?	(1) 计算产品、服务等成本对象的成本；(2) 为计划、控制和业绩评价提供信息；(3) 为制定决策分析相关信息。
13. 如何区分分批成本法和分步成本法?	分批成本法把成本分派到不同的单位产品或服务上。分步成本法把成本分派到大批同质或近似产品上，按平均成本计算单位成本。两种成本系统代表了两种极端，多数公司的成本系统整合了两种系统的元素。

小测验（单项选择题）

1. 下列关于直接成本和间接成本分类的表述中，错误的是（　　）。

A. 间接成本通常可以追溯

B. 间接成本通常可以归集

C. 直接成本通常可以追溯

D. 经营设计会影响直接成本和间接成本的分类

2. 对直接成本和间接成本的区分取决于（　　）。

A. 成本追溯系统　　B. 成本对象的选择
C. 会计系统　　D. 分配系统

3. 江南刺绣公司雇用了8位绣工，绣工的工资由每个月完成的绣品数决定，每人每件绣品的工资是2 000元。这些绣工的人工成本按照成本性态的分类属于（　　）。

A. 变动成本　　B. 混合成本
C. 固定成本　　D. 相关范围内是固定成本

4. 江南皮革厂有30位鞋底加工工人，工人每月的基本工资是2 000元，每加工10双鞋底能够得到200元的提成。这些加工工人成本按成本性态应该是（　　）。

A. 固定成本　　B. 变动成本　　C. 混合成本　　D. 直接成本

5. 所有与成本对象（在产品和产成品）相关但不能经济可行地追溯到成本对象的生产成本是（　　）。

A. 直接材料成本　B. 直接人工成本　C. 间接生产成本　D. 研发费用

6. 安徽皖食公司生产和销售零食锅巴，本月共生产1 000千克锅巴，尚未装袋塑封，这些锅巴属于皖食公司的（　　）。

A. 直接材料存货　B. 在产品存货　　C. 产成品存货　　D. 商业存货

7. 宏软软件公司的程序员小王本月为将要上线的新软件系统加了班，公司将要付给他的加班工资属于（　　）。

A. 直接材料成本　B. 直接人工成本　C. 制造费用　　D. 管理费用

8. 管理者对成本函数的估计基于在相关范围内可以用（　　）很好地估计出成本性态这个假设。

A. 所有成本函数　　B. 线性成本函数
C. 非线性成本函数　　D. 阶梯成本函数

9. 二汽汽车生产公司的零件冲压机床的月成本函数是$Y=100X+10\,000$，自变量是机器小时。本月，该机床使用了1 000机器小时，那么本月该机床发生的总成本是（　　）元。

A. 10 000　　B. 100 000　　C. 110 000　　D. 1 000 000

10. 宏软公司向香蕉公司提供了两种企业云计算服务方案，两种方案的成本都由CPU使用时间决定。第一种方案的成本函数是$y=100x+10\,000$，第二种方案的成本函数是$y=50x+20\,000$。CPU使用时间是（　　）小时时，两种方案的成本相同。

A. 100　　B. 150　　C. 200　　D. 250

11. 南纺公司主要生产和销售地毯，其管理会计师使用生产过程中的数据，采用高低点法估计出以生产设备运转小时为成本动因的成本函数$y=15x+24$。然而由于最近水污染严重，南纺公司被迫停产10天（240运转小时），那么南纺公司停产期间的总成本是（　　）万元。

A. 3 624　　B. 3 600　　C. 24　　D. 无法确定

12. 直美家具通过自动化流水线批量生产标准化的实木家具，其木材供货商最近为直美家具提供了一种进货折扣方案，即直美家具的月进货量在0～10吨时，木材单价是20万元/吨；月进货量在10.1～20吨时，木材单价是18万元/吨；月进货量在20吨以上时，木材单价是15万元/吨。这时，以木材采购吨数为成本动因的直接材料（木材）成本函数（　　）。

A. 是线性成本函数
B. 是阶梯变动成本函数
C. 是阶梯固定成本函数
D. 在更窄的相关范围内是线性成本函数

思考与计算题

1. 结合已知的行业，试分析该行业可能存在的成本对象有哪些。
2. 论述直接成本和间接成本的异同。
3. 简述生产成本的分类。
4. 简述成本费用化、资本化的条件。
5. 什么是成本性态？成本按成本性态应该怎样分类？这种分类有什么优越性？
6. 什么是固定成本？如何理解固定成本的特征、分类和性态模型？
7. 什么是变动成本？如何理解变动成本的特征、分类和性态模型？
8. 什么是相关范围？如何理解固定成本和变动成本的相关范围？
9. 什么是混合成本？混合成本的种类有哪些？
10. 对混合成本进行分解的方法有哪些？请逐一给予评价。
11. 把下列成本分成固定成本、变动成本和混合成本：
(1) 生产监督人员的工资；
(2) 自动化生产耗用的钢铁；
(3) 制造家具所用的木料；
(4) 办公大楼管理人员的工资；
(5) 支付给销售人员的工资；
(6) 广告费；
(7) 开票人员的工资；
(8) 运输所耗用的汽油；
(9) 机器润滑油；
(10) 机器维修费用。
12. 简述成本会计系统的作用。
13. 论述分批成本法和分步成本法的区别，举例说明两种分配方式适用的企业生产情况。
14. 中华工厂 2020 年 1—12 月的动力费用数据如表 3-9 所示。

表 3-9 动力费用数据

月份	业务量 x（千机器小时）	动力费 y（元）
1	9	300
2	8	250
3	9	290
4	10	310
5	12	340

续表

月份	业务量 x（千机器小时）	动力费 y（元）
6	14	400
7	11	320
8	11	330
9	13	350
10	8	260
11	6	200
12	7	220

要求：

(1) 采用高低点法将动力费用分解为变动成本和固定成本。

(2) 采用散点图法将动力费用分解为变动成本和固定成本。

(3) 采用回归直线法将动力费用分解为变动成本和固定成本。

(4) 若2021年1月份的业务量为10 000千机器小时，动力费为多少？

第4章

本量利分析

学 习 目 标

- 掌握本量利分析的方法并理解本量利分析对管理的影响；
- 理解贡献毛益的概念；
- 掌握保本点的概念及其表现形式；
- 掌握安全边际的概念及其表现形式；
- 了解经营杠杆及其用途；
- 掌握管理者进行利润预测的方法。

章首案例　TCL销售的本量利

1999年年末，TCL销售总部领导邀请几位管理会计专家为全国几个大区的经营部、分公司经理及财务、计划人员讲授本量利原理。培训手册形象地阐明了成本性态、如何划分成本细目、竞争中要素（利润、价格、销售量、变动成本、固定成本）之间的关系及敏感程度，一个经营单位如何进行保本销售额分析等。在培训中也提出了很多问题，比如，在某次大区培训会议上，经营部经理对管理会计专家提出不同意见："按照专家的讲法就是要利润，但市场竞争如此激烈，其他厂家某款机型的价格低于我们××元，我们能完成销售任务已经很困难，如果涨价将损失市场份额""不断投建经营部、办事处要花很多钱，这些钱应由总部先投入，没有前期投入就不会有今后的收获""经销商没有很多钱，只能铺货（赊销）""广告投入是必需的，否则没有产品知名度"。本量利培训深受各级管理者的欢迎，并成为各级人力资源部门培训销售员的核心课程之一。

经过多年的连续培训，TCL销售业务人员非常清楚本量利关系，他们能自测出自己一个月的销售数量、价格及费用或给公司创造的利润是多少。加之本量利与预算管理的有效结合，绝大多数经营者对财务的认识发生了根本性转变，财务经理成为各业务部门实质性的"二把手"。

第一节　本量利分析概述

一、本量利分析的定义

本量利（CVP）分析是成本-业务量-利润分析的简称，是研究企业在一定期间内的成本、业务量、利润三者之间的变量关系的一种专门方法。用公式来代表三者之间的关系为：

销售单价×销售量－(固定成本总额＋单位变动成本×销售量）＝利润

设销售单价为 p，销售量为 x，固定成本总额为 a，单位变动成本为 b，利润为 P，则上式可以表述为：

$$px-(a+bx)=P$$

在该式中，涉及五个因素，即 p，a，b，x，P，如果企业待求的数值是 P 以外的其他变量，则可通过移项，把待求变量放在等号左边，其他参数放在右边，也就可以推出 CVP 分析的四个模型变式：

$$p=\frac{a+bx+P}{x}$$

$$b=\frac{px-a-P}{x}$$

$$a=px-bx-P$$

$$x=\frac{a+P}{p-b}$$

二、本量利分析的用途

本量利分析是管理会计中一个重要的定量分析方法，具有简便易行的特点，其主要用途表现在以下几个方面：

(1) 对保本点进行预测；

(2) 对保证目标利润实现的目标销售量和目标销售额进行预测；

(3) 通过利润敏感性分析，估计销售单价、销售量和成本水平的变动对目标利润的影响；

(4) 规划目标利润，编制利润预算和责任预算；

(5) 对全面预算和责任预算的执行情况进行业绩评价。

第二节　贡献毛益

贡献毛益（contribution margin，CM），也叫边际贡献，是本量利分析中的一个重要概念，它是指产品的销售收入扣除变动成本后的余额。它首先应该用于补偿固定成本，补偿固定成本之后如果还有余额，才能为企业创造利润。如果贡献毛益不足以补偿固定成本，企业将发生亏损。

贡献毛益有两种表现形式，即贡献毛益总额和单位贡献毛益。贡献毛益总额就是各种产品的销售收入总额减去各种产品的变动成本总额。单位贡献毛益就是每种产品的单位售价减去各产品的单位变动成本。贡献毛益是反映产品盈利能力的一个重要指标。贡献毛益和固定成本及利润之间的关系可用如下公式列示：

利润＝销售收入总额－总成本
　　＝销售收入总额－变动成本总额－固定成本总额
　　＝贡献毛益总额－固定成本总额
　　＝(单位售价－单位变动成本)×销售量－固定成本总额
　　＝单位贡献毛益×销售量－固定成本总额

贡献毛益总额＝销售收入总额－变动成本总额
　　　　　　＝(单位售价－单位变动成本)×销售量
　　　　　　＝单位贡献毛益×销售量
　　　　　　＝利润＋固定成本总额

【例 4-1】 某企业 3 月份某产品的销售量为 2 500 件，每件产品售价为 50 元，单位变动成本为 20 元，固定成本总额为 50 000 元。该企业 3 月份的损益情况如下：

销售收入(50×2 500)	125 000 元
减:变动成本总额(20×2 500)	50 000 元
贡献毛益	75 000 元
减:固定成本	50 000 元
利润	25 000 元

贡献毛益率和变动成本率是两个与贡献毛益有关的概念。贡献毛益率（contribution margin ratio）是用单位贡献毛益除以单位售价，或用贡献毛益总额除以销售收入总额。用公式表示如下：

$$贡献毛益率=\frac{单位贡献毛益}{单位售价}=\frac{贡献毛益总额}{销售收入总额}$$

变动成本率是用单位变动成本除以单位售价，或用变动成本总额除以销售收入总额。用公式表示如下：

$$变动成本率=\frac{单位变动成本}{单位售价}=\frac{变动成本总额}{销售收入总额}$$

贡献毛益率与变动成本率之和是 100%，它们的关系可以用公式表示为：

贡献毛益率＝1－变动成本率

【例 4-2】 某企业 4 月份某产品的销售量为 1 000 件，每件单价为 40 元，单位变动成本为 18 元，固定成本总额为 20 000 元。

根据上述资料，可以计算出贡献毛益率为：

$$贡献毛益率=\frac{40-18}{40}=55\%$$

或 $\text{贡献毛益率}=1-\frac{18}{40}=55\%$

第三节 盈亏临界点分析

一、盈亏临界点

盈亏临界点（break-even point，BEP），也叫保本点，是指在某一销售量下，企业的销售收入和销售成本相等，不盈也不亏。当销售量低于盈亏临界点的销售量时，企业就会发生亏损；反之，当销售量高于盈亏临界点的销售量时，企业就能获得利润。

盈亏临界点有两种表现形式：一是用实物量来表示，即盈亏临界点的销售量；二是用金额来表示，即盈亏临界点的销售额。

盈亏临界点销售量的计算公式如下：

$$\text{盈亏临界点销售量}=\frac{\text{固定成本总额}}{\text{单位售价}-\text{单位变动成本}}=\frac{\text{固定成本总额}}{\text{单位贡献毛益}}$$

盈亏临界点的销售额可以通过两个不同的公式来计算。

$$\text{盈亏临界点销售额}=\text{单位售价}\times\text{盈亏临界点销售量}$$

$$\text{盈亏临界点销售额}=\frac{\text{固定成本总额}}{\text{贡献毛益率}}$$

【例 4-3】 假设某公司的有关部门数据如下：

单位售价	35 元
单位变动成本	25 元
固定成本总额	50 000 元

为了不盈不亏，企业必须销售多少产品呢？

$$\text{盈亏临界点销售量}=\frac{50\,000}{35-25}=5\,000(\text{个})$$

盈亏临界点销售量 5 000 个正确与否，可以通过以下计算加以验证。

销售收入总额(35×5 000)	175 000 元
减：变动成本总额(25×5 000)	125 000 元
贡献毛益总额	50 000 元
减：固定成本总额	50 000 元
利润	0 元

因此，当销售量为 5 000 个时，企业不盈也不亏。

下面，我们来计算盈亏临界点的销售额。

根据第一种方法：

$$\text{盈亏临界点销售额}=35\times5\,000=175\,000(\text{元})$$

根据第二种方法，首先要求出贡献毛益率：

$$贡献毛益率=\frac{单位贡献毛益}{单位售价}=\frac{35-25}{35}\times 100\%=28.57\%$$

然后利用贡献毛益率来求出盈亏临界点销售额：

$$盈亏临界点销售额=\frac{50\,000}{28.57\%}=175\,000(元)$$

两种方法算出来的结果一致。

二、与盈亏临界点有关的指标

与盈亏临界点有关的指标有：达到盈亏临界点的作业率、安全边际和安全边际率以及销售利润率等。

（一）达到盈亏临界点的作业率

达到盈亏临界点的作业率就是盈亏临界点的销售量除以企业正常开工能达到的销售量。这个指标表示企业处于盈亏临界点时，其生产开工应达到正常开工水平的百分比。这个指标越低，表明企业的盈利潜力越大；反之，则表明该企业的盈利潜力越小。它对于企业安排生产有一定的指导意义。

$$达到盈亏临界点的作业率=\frac{盈亏临界点的销售量}{正常开工的销售量}$$

【例 4-4】 假设某企业盈亏临界点的销售量为 20 000 件，企业正常开工能达到的销售量为 40 000 件，则企业达到盈亏临界点的作业率为：

$$达到盈亏临界点的作业率=\frac{20\,000}{40\,000}\times 100\%=50\%$$

这说明该企业要想获得利润，其作业率必须达到 50%以上，否则就会发生亏损。

（二）安全边际和安全边际率

安全边际是指实际销售量超过盈亏临界点销售量的差额。这个差额表示从现有的实际销售量再降低多少，企业就会发生损失。差额越大，说明企业发生亏损的可能性越小，企业经营的安全程度就越高。安全边际有两种表现形式：一是用绝对数表示，其计算公式为：

$$安全边际=实际销售量-盈亏临界点销售量$$

二是用相对数表示，即安全边际率，是用安全边际除以实际销售量的比率，其计算公式为：

$$安全边际率=\frac{安全边际}{实际销售量}\times 100\%$$

【例 4-5】 假设某企业实际完成的销售量为 8 000 件，其盈亏临界点的销售量为 5 000 件，则该企业的安全边际和安全边际率为：

$$安全边际=8\,000-5\,000=3\,000(件)$$

$$安全边际率=\frac{8\,000-5\,000}{8\,000}\times 100\%=37.5\%$$

上面的数据说明，现有的实际销售量再减少3 000件或37.5%，企业就将处于不盈不亏的状态。如果降低的销售量大于上述数字，则企业将会发生亏损。因此，安全边际这个指标可以反映出企业经营的安全程度。

（三）销售利润率

销售利润率是利润和销售收入的比率，表示实现的销售收入中能产生多少利润，反映销售收入的收益水平，其计算公式为：

$$销售利润率=\frac{销售收入-变动成本-固定成本}{销售收入}$$

【例4-6】 3月份某企业某产品的销售量为5 000件，产品单位售价为5元，单位变动成本为3元，固定成本总额为6 000元，则该企业该产品的销售利润率为：

$$销售利润率=\frac{5\times5\,000-3\times5\,000-6\,000}{5\times5\,000}\times100\%=16\%$$

上面的数字说明，该企业每实现1元的销售收入，可以获得0.16元的利润。

在盈亏临界点上，企业的利润为0，因此，其销售利润率为0。因为只有在盈亏临界点以上的销售量（即安全边际）才能为企业提供利润，所以销售利润可以表示为：

$$销售利润=安全边际销售量\times单位贡献毛益$$

于是，销售利润率还可以表示为：

$$销售利润率=安全边际率\times贡献毛益率$$

因此，在例4-6中，企业的安全边际率也可以这样计算：

$$盈亏临界点销售量=\frac{6\,000}{5-3}=3\,000(件)$$

$$安全边际率=\frac{5\,000-3\,000}{5\,000}\times100\%=40\%$$

$$贡献毛益率=\frac{5-3}{5}\times100\%=40\%$$

$$销售利润率=40\%\times40\%=16\%$$

三、盈亏临界图

为了形象具体地表现出本量利分析中所需的各种数据，围绕盈亏临界点，将影响企业利润的有关因素及其相关关系集中反映在直角坐标系中，这样绘制而成的图形称为盈亏临界图。盈亏临界图的优点是直观、简明，利用它可以一目了然地看到有关因素的变动对利润产生的影响。盈亏临界图根据不同的目的和掌握的不同资料可以绘制成不同形式的图形，主要有基本式、贡献毛益式和量利式三种。

（一）基本式盈亏临界图

在图4-1中，横轴表示销售量，纵轴表示销售收入及成本。固定成本不随销售量的变动而变动，因此，固定成本线是一条以固定成本额为起点，平行于横轴的水平线。

销售收入随着销售量的增加而增加，因此，销售收入线是以原点为起点，单位售价为斜率的一条直线。变动成本线则是以原点为起点，单位变动成本为斜率的一条直线。将变动成本线向上平移至固定成本线的起点，就得到了总成本线。销售收入线和总成本线的交点就是盈亏临界点。超过盈亏临界点的销售量将给企业带来利润，构成盈利区；相反，未超过盈亏临界点的销售量尚不能弥补企业的固定成本，不能给企业创造利润，构成亏损区。

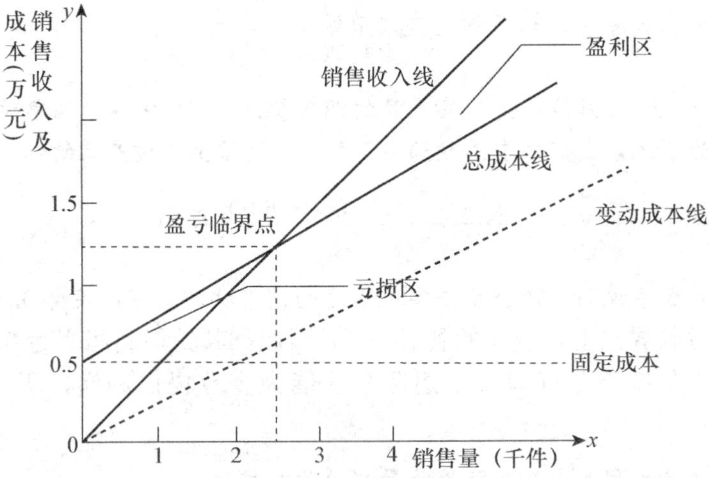

图 4-1 基本式盈亏临界图

基本式盈亏临界图形象地反映了销售量、成本和利润之间的相互关系，从中我们可以看出以下规律：

(1) 盈亏临界点是企业盈利和亏损的分界点，销售量只有超过了盈亏临界点销售量，企业才能盈利，并且销售量越大，利润越大；销售量低于盈亏临界点销售量时，企业亏损，并且销售量越小，亏损越大。

(2) 盈亏临界点的位置由销售收入线和总成本线共同决定。当销售收入既定，或者产品单位售价既定时，固定成本越高，或产品单位变动成本越大，盈亏临界点的位置越高；反之，盈亏临界点的位置就越低。其中，产品单位变动成本对盈亏临界点的影响是通过变动成本线的斜率的变动表现出来的。当总成本既定时，产品单位售价越高，则盈亏临界点的位置越低；反之，盈亏临界点的位置越高。产品单位售价对盈亏临界点位置的影响是通过销售收入线的斜率的变动表现出来的。

(3) 当销售量既定时，盈亏临界点的位置越低，实现的利润就越多，或亏损越少；盈亏临界点的位置越高，则实现的利润越少，或亏损越多。

(二) 贡献毛益式盈亏临界图

贡献毛益式盈亏临界图可以使人直观地了解贡献毛益的数值。从图 4-2 中可以看出贡献毛益式盈亏临界图和基本式盈亏临界图的主要区别：贡献毛益式盈亏临界图没有把固定成本表示成以固定成本额为起点的平行于横轴的水平直线，而是表示为总成本线和变动成本线之间的竖直距离，这样可以形象地反映出贡献毛益的形成过程及其构成；销售收入线和变动成本线之间的竖直距离就是贡献毛益。

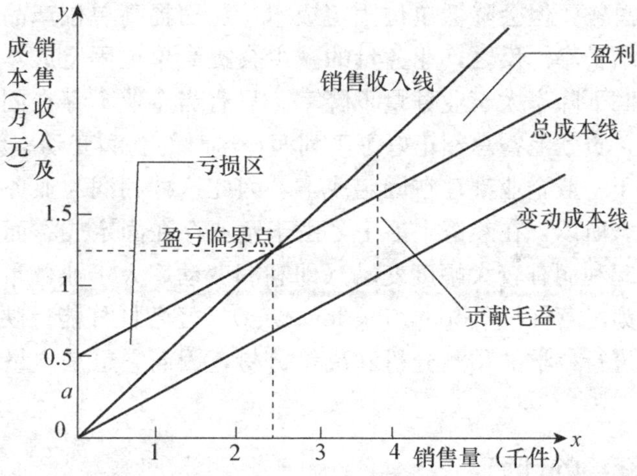

图 4-2 贡献毛益式盈亏临界图

（三）量利式盈亏临界图

量利式盈亏临界图（见图 4-3）可以使管理者一目了然地认识到利润为 0 的平衡点。量利式盈亏临界图与其他两种分析方法的区别就是不反映销售收入与成本动因之间的关系，而是在图中反映利润与销售量之间的关系。在直角坐标系中，横轴表示产销业务量（自变量 x），纵轴表示利润（因变量 y），利润线与 y 轴交点即为固定成本，其与 x 轴交点即为盈亏平衡点。对应绘出利润线，可以得到本量利分析的量利式几何模型。

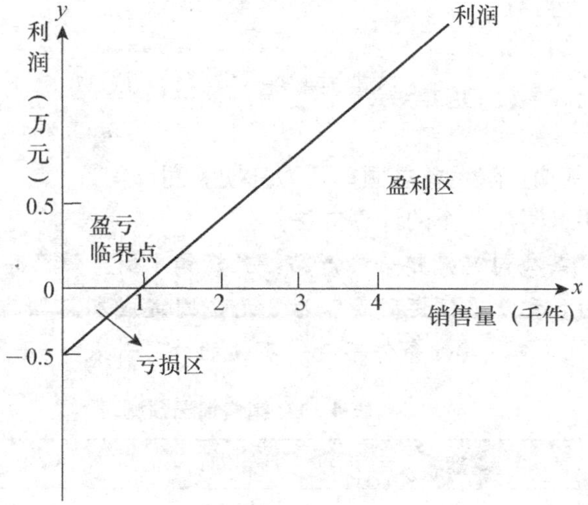

图 4-3 量利式盈亏临界图

第四节 经营杠杆

一、经营杠杆的含义

根据成本性态分析的原理，在一定业务量的相关范围内，业务量的增加一般不会改变固定成本总额，但会降低单位固定成本，从而提高单位产品的利润，使利润增长率大于业务量增长率。反之，业务量的减少会提高单位固定成本，从而降低单位产品的利润，使利润下降率大于业务量下降率。只有当企业不存在固定成本时，即所有成本都是变动的，贡献毛益总额正好等于利润，这时的利润变动率就等于业务量变动率。但实际上，由于一般企业都存在固定成本，因此这种利润与业务量同步增减的现象是不可能发生的。所以，在经济生活中，由于企业存在固定成本而出现的销量有较小幅度变动就会引起利润有较大幅度变动（即利润变动率大于业务量变动率）的现象，在管理会计中称为经营杠杆（operating leverage）。经营杠杆能反映企业经营的风险，并帮助管理部门进行科学的预测分析和决策分析，因而它也是本量利分析中的一个重要概念。

二、经营杠杆率的计算

为了便于对经营杠杆进行定量分析，管理会计把利润变动率相当于业务量变动率的倍数，叫作经营杠杆率（the degree of operating leverage，DOL），其计算公式如下：

$$经营杠杆率(DOL)=\frac{利润变动率}{业务量变动率}=\frac{\Delta P/P}{\Delta S/S}$$

式中，ΔP 为计划期利润与基期利润的差额；P 为基期利润；ΔS 为计划期业务量与基期业务量的差额；S 为基期业务量。

为了便于实际工作的计算和预测分析，通常将上述公式进一步推导转化为下列公式：

$$经营杠杆率(DOL)=\frac{基期贡献毛益总额}{基期利润}=\frac{TCM}{P}$$

式中，TCM 为基期贡献毛益总额；P 为基期利润。

现举例说明经营杠杆率的计算方法。

【例 4-7】 某公司只产销一种产品，且产销平衡。该产品基期产销量为 20 000 件，单位销售价格为 5 元，单位变动成本为 3 元，固定成本总额为 20 000 元；计划期该产品产销量为 22 000 件，其他条件不变。有关的计算如表 4-1 所示。

表 4-1 销售情况预测表　　单位：元

项目	基期	计划期	变动额	变动率
销售额	100 000	110 000	10 000	10%
变动成本	60 000	66 000	6 000	10%
贡献毛益	40 000	44 000	4 000	10%
固定成本	20 000	20 000	0	0
利润	20 000	24 000	4 000	20%

$$DOL=\frac{\Delta P/P}{\Delta S/S}=\frac{4\,000/20\,000}{10\,000/100\,000}=2$$

或 $$DOL=\frac{TCM}{P}=\frac{40\,000}{20\,000}=2$$

三、经营杠杆率的用途

在管理会计中，经营杠杆率主要有以下三个方面的用途。

（一）反映企业经营风险

尽管市场需求和成本等因素的不确定性是引起企业经营风险的主要原因，而经营杠杆本身并不是利润不稳定的根源。但是，由于“利润变动率＝产销量变动率×经营杠杆率”，如果企业的 DOL 增加，就意味着该企业在销售量增加时，利润将以 DOL 倍数的幅度增加；反之，当销售量减少时，利润将以 DOL 倍数的幅度减少。由此可见，经营杠杆率扩大了市场和生产等不确定因素对利润变动的影响，经营杠杆率越大，利润变动越剧烈，企业的经营风险就越大。于是影响经营杠杆率的因素，也就成为影响企业经营风险的因素。

影响经营杠杆率的因素主要有固定成本总额和销售量。

1. 固定成本总额对经营杠杆率的影响

从公式 $DOL=\frac{TCM}{P}=\frac{P+a}{P}=1+\frac{a}{P}$ 可以看出，只要企业有固定成本 a 存在，经营杠杆率 DOL 就总是大于 1，并且 DOL 随着固定成本 a 的变动同方向变动。当利润水平给定时，固定成本越大，经营杠杆率就越大，反之亦然。就例 4－7 来说，如果该公司的固定成本总额由基期 20 000 元降为 10 000 元或升为 30 000 元，则经营杠杆率也会由 2 倍随之降为 4/3 倍或上升为 4 倍，即

当 $a=10\ 000$ 元时：

$$DOL=\frac{40\ 000}{40\ 000-10\ 000}=4/3$$

当 $a=30\ 000$ 元时：

$$DOL=\frac{40\ 000}{40\ 000-30\ 000}=4$$

可见，在可实现的销售量的相关范围内，降低固定成本总额，不仅可以提高等额利润，而且能够降低企业的经营风险。

2. 产销量对经营杠杆率的影响

产销量对经营杠杆率的影响可以从以下公式来看：

$$DOL=\frac{TCM}{P}=\frac{CM\cdot x}{CM\cdot x-a}=\frac{1}{1-\frac{a}{CM\cdot x}}$$

式中，CM 为单位贡献毛益；x 为销售量；a 为固定成本。

从上述公式可以看出，DOL 随着产销量 x 的变动反方向变动，即当一定相关范围内的固定成本相对稳定时，销售量增加会使经营杠杆率下降，从而使经营风险降低；反之亦然。就例 4－7 来说，当该公司的销售量由基期 20 000 件上升为计划期 22 000 件时，经营杠杆率就由基期的 2 倍下降为计划期的 1.83 倍，即

$$\text{计划期 } DOL=\frac{\text{计划期 } TCM}{\text{计划期 } P}=\frac{44\ 000}{24\ 000}=1.83$$

相反，如果该公司的销售量由基期 20 000 件下降为计划期 12 000 件，计划期的变动成本总额应为 36 000 元（按原变动成本率 60%），固定成本总额仍为 20 000 元，计划期的贡献毛益总额则为 24 000 元，利润为 4 000 元，此时有：

$$计划期\ DOL=\frac{计划期\ TCM}{计划期\ P}=\frac{12\,000\times(5-3)}{12\,000\times(5-3)-20\,000}=\frac{24\,000}{4\,000}=6$$

以上两种情况充分证明了在其他条件不变的情况下，销售量上升使经营杠杆率下降，经营风险降低；销售量下降使经营杠杆率上升，经营风险增大。由此可见，充分利用现有生产能力增加产销量，不仅可以增加利润，还可以降低企业的经营风险。

（二）帮助管理者进行预测分析

利用经营杠杆的基本原理，可根据产销量的计划增减率，预测计划期的利润，也可以根据计划期的目标利润，测算计划期应达到的产销量增减率。

按经营杠杆率预测计划期利润，其计算公式如下：

$$计划期利润=基期利润\times(1+销售量变动率\times经营杠杆率)$$

即

$$P'=P\cdot(1+R\cdot DOL)$$

式中，P' 为计划期利润；P 为基期利润；R 为销售量变动率；DOL 为经营杠杆率。

仍依例 4-7，当该公司的计划期销售量预计增加 30%（即 $R=30\%$），则计划期利润将是：

$$P'=P\cdot(1+R\cdot DOL)=20\,000\times(1+30\%\times2)=32\,000(元)$$

相反，如果利用经营杠杆率预测实现目标利润应该达到的销售量变动率，其计算公式可由以上公式推导得：

$$R=\frac{P'-P}{P\cdot DOL}$$

即

$$销售量变动率=\frac{计划期目标利润-基期利润}{基期利润\times经营杠杆率}=\frac{利润变动率}{经营杠杆率}$$

以例 4-7 来看，当该公司要求计划期目标利润达到 30 000 元（或计划期利润增长 50%）时，销售量的变动率应为：

$$R=\frac{P'-P}{P\cdot DOL}=\frac{30\,000-20\,000}{20\,000\times2}=25\%$$

即

$$R=\frac{50\%}{2}=25\%$$

（三）有助于管理者做出正确的经营决策

应用经营杠杆的基本原理，还能帮助企业管理者做出正确的经营决策。例如，企业引进新设备、采用先进工艺技术等，虽然能增加花色品种，提高产品的产量和质量，降低单位变动成本，提高贡献毛益率，但会使固定成本总额增加，经营杠杆率提高。因此，只有在该产品处于成长或成熟的发展阶段，市场上能够畅销，销售额持续增长的情况下，才宜作出引进新设备、采用先进技术的决策，并随着产销量的增加，可充分发挥较强的经营杠杆效应，使利润迅速增长。若该产品在市场上已达到或接近饱和，或者市场疲软，销售量不能保持持续增长，甚至还会出现下降时，对于引进新设备、采用先进技术等，则应持慎重态度。因为经营杠杆率提高，风险也随之增大；若市场销售量略有下降，企业将会面临利润大幅下降的风险。

又如，通过降价扩大销售来增加利润，本是企业为了应对竞争而经常采用的营销策略之一，但其效果对不同类型的企业却并不相同。对于技术密集型企业，固定成本总额高，单位变动成本低，经营杠杆的作用大。采用降价销售，单位产品利润虽有所下降，但由于销售量的增长，仍可使企业的营业利润大幅提高。可是，对于劳动密集型企业来说，单位变动成本高，固定成本总额低，经营杠杆的作用小，采用降价销售，往往不能大幅提高企业的利润，甚至会使利润下降。

第五节　多品种的本量利分析

企业同时生产和销售多种产品时，也可以进行本量利分析。多品种本量利分析的核心是计算多种产品的综合贡献毛益率。决定多品种贡献毛益率的因素是各种产品的贡献毛益率和企业的产品构成。

如果企业生产的多种产品的贡献毛益率相同，问题就比较简单，可以视同企业只生产和销售一种产品来处理。但实际上，企业生产的多种产品的贡献毛益率往往是不同的。此外，企业的产品构成也不是一成不变的。因此，在进行多品种本量利分析时，必须考虑两个问题：

（1）当企业生产的各种产品的贡献毛益率不同时，如何确定企业的综合贡献毛益率？

（2）企业产品构成的变动将对企业的盈亏临界点产生什么样的影响？

一、多品种本量利分析的基本程序

首先假设企业的产品构成保持不变。由于各种产品的贡献毛益率不同，企业的盈亏临界点就不能用实物数量来表示，只能用金额来表示，即需计算企业盈亏临界点销售额。计算多品种盈亏临界点销售额最常用的方法是加权平均法。其基本原理是，在各种产品的贡献毛益率的基础上，以各种产品销售额占企业全部产品销售额的比重为权数进行加权平均，计算出企业加权贡献毛益率作为企业的综合贡献毛益率。其计算步骤如下：

（1）计算企业的销售总额和各种产品的贡献毛益率。

（2）计算各种产品销售额占企业总销售额的比重。

（3）以各种产品的贡献毛益率为基础，以各种产品销售额占企业销售总额的比重为权数加权平均计算，从而求出各种产品综合加权贡献毛益率。其计算公式可表示为：

$$\text{综合贡献毛益率}=\sum\left(\begin{matrix}\text{各种产品}\\\text{贡献毛益率}\end{matrix}\times\begin{matrix}\text{各种产品销售额占全部}\\\text{产品总销售额的比重}\end{matrix}\right)$$

（4）计算整个企业综合盈亏临界点销售额，即

$$综合盈亏临界点销售额=\frac{固定成本总额}{综合贡献毛益率}$$

(5) 计算各种产品的盈亏临界点销售额，即

$$\frac{各种产品的盈亏}{临界点销售额}=\frac{产品综合盈亏}{临界点销售额}\times\frac{各种产品销售额占全部}{产品总销售额的比重}$$

现举例说明其计算过程。

【例4-8】 假设某企业在计划期内固定成本总额为50 000元，同时生产和销售A，B两种产品（假定产销平衡），其产量、售价和成本数据如表4-2所示。

表4-2 A，B两种产品的有关资料

项目	A产品	B产品
产销量（件）	3 000	7 000
单位售价（元）	100	30
单位变动成本（元）	80	18

根据表4-2中的资料，计算如下：

第一步，计算全部产品的销售总额以及各种产品的贡献毛益率。

全部产品的销售总额=3 000×100+7 000×30=510 000(元)

$$A产品贡献毛益率=\frac{100-80}{100}\times100\%=20\%$$

$$B产品贡献毛益率=\frac{30-18}{30}\times100\%=40\%$$

第二步，计算各种产品销售额占全部产品销售总额的比重。

$$A产品比重=\frac{3\,000\times100}{510\,000}\times100\%=58.8\%$$

$$B产品比重=\frac{7\,000\times30}{510\,000}\times100\%=41.2\%$$

第三步，计算企业综合加权贡献毛益率。

综合贡献毛益率=20%×58.8%+40%×41.2%=28.24%

第四步，计算整个企业的盈亏临界点销售额。

$$综合盈亏临界点销售额=\frac{50\,000}{28.24\%}=177\,053.82(元)$$

第五步，计算各种产品盈亏临界点销售额。

A产品盈亏临界点销售额=177 053.82×58.8%=104 107.65(元)

B产品盈亏临界点销售额=177 053.82×41.2%=72 946.17(元)

由此可知，该企业销售收入总额要达到177 053.82元，其中A产品的销售收入要达到104 107.65元，B产品的销售收入要达到72 946.17元，这样才可以保本。

二、产品构成变动对盈亏临界点的影响

现实中，企业的产品构成并非一成不变。消费者需求、市场占有率及其他因素

的变动往往会导致企业产品构成的变动。因此，在进行多品种本量利分析时，必须考虑企业产品构成的变动对其盈亏临界点的影响，这样才能使分析结果符合实际情况。

企业产品构成的变动会引起企业综合贡献毛益率的变动，从而使企业的利润发生变动，并引起盈亏临界点的变动。在其他条件不变的情况下，企业的产品构成中贡献毛益率较高的产品变为贡献毛益率较低的产品，将使综合贡献毛益率降低，总利润减少，盈亏临界点升高；相反，企业若减少生产贡献毛益率较低的产品，增加生产贡献毛益率较高的产品，则会使综合贡献毛益率升高，总利润增加，盈亏临界点降低。

【例4-9】 假设例4-8中，由于A产品的贡献毛益率较低，企业准备减少对A产品的生产投入，而扩大生产贡献毛益率较高的B产品。A产品的销售额占企业销售总额的比重由原来的58.8%降低到30%，B产品的销售额占企业销售总额的比重由原来的41.2%提高到70%。

$$企业综合贡献毛益率=20\%\times30\%+40\%\times70\%=34\%$$

$$企业综合盈亏临界点销售额=\frac{50\,000}{34\%}=147\,058.82(元)$$

与例4-8中的相应指标相比，显然企业综合贡献毛益率提高了，盈亏临界点降低了，这意味着企业新的产品组合具有更高的盈利能力。

第六节 利润敏感性分析及实现目标利润的措施

一、实现目标利润的销售量

盈亏临界点只能表明企业避免亏损的最低销售量，而无法揭示企业要实现目标利润应达到的产销水平。企业经营的目的是盈利而不仅仅是保本，因此，管理者有必要了解，企业预计需要完成多少销售量才能实现目标利润。为了测算实现目标利润的销售量，我们可以依据盈亏临界点销售量的计算方法进行推导，从而得到实现目标利润销售量的模型。这种模型又可以分为两种情况。

（一）实现税前目标利润的销售量

由于目标利润和固定成本一样，都需要贡献毛益额来弥补，因此，只要把计算盈亏临界点销售量的公式略加变化，即可得到计算实现税前目标利润销售量的模型。其计算公式如下：

$$实现目标利润的销售量=\frac{固定成本总额+目标利润}{单位产品的贡献毛益}=\frac{固定成本总额+目标利润}{单位售价-单位变动成本}$$

与盈亏临界点相似，实现目标利润的销售量也可以用金额来表示，即实现目标利润的销售额。其计算公式如下：

$$实现目标利润的销售额=\frac{固定成本总额+目标利润}{贡献毛益率}$$

下面举例来说明实现目标利润的销售量和销售额的计算过程。

【例4-10】 假定例4-3中，该企业在计划期的目标利润为30 000元，则其实现目标利润的销售量和销售额为：

$$实现目标利润的销售量=\frac{50\,000+30\,000}{35-25}=8\,000(个)$$

$$实现目标利润的销售额=8\,000\times35=280\,000(元)$$

或 $$=\frac{50\,000+30\,000}{28.57\%}=280\,000(元)$$

（二）实现税后目标利润的销售量

上面所讲的目标利润是企业缴纳企业所得税前的利润。但现实中，真正影响企业生产经营中现金流量的因素，不是税前利润，而是税后利润。所以，从税后利润着眼，进行目标利润的规划和分析，更符合企业生产经营的实际。为此，需要进一步计算实现税后目标利润的销售量。

所得税税率通常是指所得税税额占税前利润的百分比，税后利润的计算公式可以表示为：

$$税后利润=税前利润\times(1-所得税税率)$$

则 $$税前利润=\frac{税后利润}{1-所得税税率}$$

将上面的公式代入实现税前目标利润销售量的计算公式，即可得到实现税后目标利润销售量的计算公式。

$$实现税后目标利润的销售量=\frac{固定成本总额+\dfrac{税后目标利润}{1-所得税税率}}{单位售价-单位变动成本}$$

下面举例说明实现税后目标利润销售量的计算过程。

【例4-11】 假设例4-10中该企业的税后目标利润是40 000元，所得税税率为25%，则该企业实现税后目标利润的销售量及销售额为：

$$实现税后目标利润的销售量=\frac{50\,000+\left(\dfrac{40\,000}{1-25\%}\right)}{35-25}=10\,333(个)$$

$$实现税后目标利润的销售额=10\,333\times35=361\,655(元)$$

所计算出来的实现税后目标利润的销售量10 333个是否正确，可以通过以下计算加以验证。

销售收入(10 333×35)	361 655元
减：变动成本总额(10 333×25)	258 325元
贡献毛益	103 330元
减：固定成本总额	50 000元
税前利润	53 330元
减：税金(53 330×25%)	13 333元
税后利润(约为)	40 000元

二、利润敏感性分析

敏感性分析是一种“如果……会怎么样”的分析技术，有广泛应用。它要研究的是，当模型中的因子发生变动时，因变量将会发生怎样的变动。它要回答以下问题：在一定条件下，求得模型的满意（可行）解之后，模型中的一个或几个参数发生多大的变化，仍能使原来的满意（可行）解不变；或者当某个参数的变化超出允许的范围，原来的满意（可行）解已经不是满意（可行）解时，如何用最简便的方法求得新的满意（可行）解。

在本量利分析中，进行敏感性分析的主要目的是：研究和提供能引起目标发生质变，也即由盈利变为亏损时各因素变化的界限；各个因素的变化对利润变化的敏感程度；当其他因素变动时如何调整销量和单价，以保证原定的目标利润得以实现。

（一）影响利润的有关变量的临界值

影响利润的主要因素有：单位售价、单位变动成本、销售量和固定成本总额。追求利润是企业的根本目的，因此，当企业不盈不亏即处于盈亏临界点时，其单位售价和销售量实际上达到了最小允许值，而其单位成本和固定成本总额也就达到了最大允许值。当其他条件不变时，超越了这些临界值，企业就会由盈利变为亏损。因此，求得这些因素的临界值对管理者的决策很有意义。

如何来求这些因素的临界值呢？本章第一节介绍了利润的基本模型：

$$利润=(单位售价-单位变动成本)\times销售量-固定成本总额$$

令利润=0，并对这一基本模型略加变形，就可得到上述因素的临界值。

$$固定成本总额=(单位售价-单位变动成本)\times销售量$$

$$销售量=\frac{固定成本总额}{单位售价-单位变动成本}$$

$$单位售价=\frac{固定成本总额}{销售量}+单位变动成本$$

$$单位变动成本=单位售价-\frac{固定成本总额}{销售量}$$

下面举例说明这几个因素临界值的界定。

【例4-12】 假设某企业生产一种产品，单位售价为50元，单位变动成本为30元，全年固定成本总额预计为200 000元，计划销售量为30 000件，目标利润为400 000元。

（1）固定成本的最大允许值为：

$$固定成本的最大允许值=(50-30)\times30\,000=600\,000(元)$$

即其他条件不变的情况下，当企业的固定成本总额超过600 000元时，企业将亏损。

（2）销售量的最小允许值为：

$$销售量的最小允许值=\frac{200\,000}{50-30}=10\,000(件)$$

即实际销售量只要完成原计划销售量的1/3（10 000÷30 000），企业就不会亏损。

(3) 单位售价的最小允许值为：

$$单位售价的最小允许值=\frac{200\ 000}{30\ 000}+30=36.67(元)$$

即产品的单位售价不能低于36.67元，否则企业将亏损。

(4) 单位变动成本的最大允许值为：

$$单位变动成本的最大允许值=50-\frac{200\ 000}{30\ 000}=43.33(元)$$

即当企业的单位变动成本从目前的30元升高到43.33元时，企业的利润将从400 000元降为0；当企业的单位变动成本超过43.33元时，企业将亏损。

(二) 敏感系数和敏感分析表

固定成本、销售量、单位售价和单位变动成本的变动都会引起利润的变化，但各个因素的单位变动所引起的利润变动的程度是不同的，也就是说各个因素对利润的敏感度是不同的。有些因素只要有较小的变动就会引起利润较大的变化，称为强敏感因素；有些因素即使发生较大的变动，对利润的影响也不是很大，称为弱敏感因素。我们通常用敏感系数来表示各个因素的敏感度。

$$敏感系数=\frac{目标值变动百分比}{因素值变动百分比}$$

确定各个因素的敏感系数的意义在于，管理者可以清楚地了解哪些因素对利润的影响比较大，哪些比较小，从而可以分清主次，采取合理的措施以实现目标利润。

【例4-13】 在例4-12的基础上，假设原来的固定成本总额、销售量、单位售价和单位变动成本都增加10%，由此测算各个因素的敏感系数。

(1) 固定成本的敏感系数。

$$变动后的固定成本总额=200\ 000\times(1+10\%)=220\ 000(元)$$

其他条件不变，企业的利润将变为：

$$利润=(50-30)\times 30\ 000-220\ 000=380\ 000(元)$$

$$利润变动百分比=\frac{380\ 000-400\ 000}{400\ 000}\times 100\%=-5\%$$

则

$$固定成本的敏感系数=\frac{-5\%}{10\%}=-0.5$$

(2) 销售量的敏感系数。

$$变动后的销售量=30\ 000\times(1+10\%)=33\ 000(件)$$

其他条件不变，企业的利润将变为：

$$利润=(50-30)\times 33\ 000-200\ 000=460\ 000(元)$$

$$利润变动百分比=\frac{460\ 000-400\ 000}{400\ 000}\times 100\%=15\%$$

则

$$销售量的敏感系数=\frac{15\%}{10\%}=1.5$$

(3) 单位售价的敏感系数。

变动后的单位售价＝50×(1＋10%)＝55(元)

其他条件不变，企业的利润将变为：

利润＝(55－30)×30 000－200 000＝550 000(元)

$$利润变动百分比=\frac{550\,000-400\,000}{400\,000}\times100\%=37.5\%$$

则 $$单位售价的敏感系数=\frac{37.5\%}{10\%}=3.75$$

(4) 单位变动成本的敏感系数。

变动后的单位变动成本＝30×(1＋10%)＝33(元)

其他条件不变，企业的利润将变为：

利润＝(50－33)×30 000－200 000＝310 000(元)

$$利润变动百分比=\frac{310\,000-400\,000}{400\,000}\times100\%=-22.5\%$$

则 $$单位变动成本的敏感系数=\frac{-22.5\%}{10\%}=-2.25$$

将上述四个因素按其绝对值的大小排列：单位售价 (3.75)，单位变动成本 (－2.25)，销售量 (1.5)，固定成本 (－0.5)，即单位售价对企业利润的影响最大，固定成本对企业利润的影响最小。

将各个因素都降低10%，得出来的结果与上面是一致的。

为了更直观地观察各个因素的敏感度，可以编制敏感分析表（见表4-3）。

表4-3　敏感分析表

因素	＋10%	0	－10%
固定成本	380 000	400 000	420 000
销售量	460 000	400 000	340 000
单位售价	550 000	400 000	250 000
单位变动成本	310 000	400 000	490 000

从表4-3可以看到，固定成本、销售量、单位售价和单位变动成本同等幅度的变动所引起的利润的变动是不同的。其中，单位售价的变动引起的利润变动的幅度最大，即单位售价对利润的影响最大；固定成本的变动引起的利润变动的幅度最小，即固定成本对利润的影响最小。单位售价和单位变动成本是较敏感因素，管理者要对这两个环节给予足够重视。值得注意的是，管理者也不能过于迷信敏感系数，而忽视销售量和固定成本对利润的影响。

三、实现目标利润的措施

进行敏感分析的根本目的是为管理者提供决策依据，使其了解可以采取哪些措施来实现企业的目标利润，或者说为保证企业目标利润的实现，各有关因素（固定成本、销售量、单位售价和单位变动成本等）应如何变动。

可以通过对利润的基本模型进行适当的变形来推导目标利润确定时各个因素的计算公式。

$$目标利润=(单位售价-单位变动成本)\times销售量-固定成本总额$$

因此

$$目标固定成本总额=(单位售价-单位变动成本)\times销售量-目标利润$$

$$目标销售量=\frac{目标利润+固定成本总额}{单位售价-单位变动成本}$$

$$目标单位售价=\frac{目标利润+固定成本总额}{销售量}+单位变动成本$$

$$目标单位变动成本=单位售价-\frac{目标利润+固定成本总额}{销售量}$$

与计算各个因素临界值的公式相比，两组公式的形式是基本一致的，不同的是，前者的利润为0，而后者是目标利润。只要将后者中的目标利润用0代入，就得到了各个因素临界值的计算公式。

下面举例说明要实现目标利润，各因素应如何变动。

【例4-14】 假设某企业预计某产品年产销20 000件，每件售价为45元，单位变动成本为25元，全年固定成本总额为200 000元，原预计利润为200 000元。根据该企业的生产能力（最大生产能力为50 000件）和市场预测，要求在现有基础上利润增加20%，即达到240 000元。为保证目标利润的实现，企业可以采取哪些措施，或者说各个因素应如何变动？

(1) 其他条件不变，固定成本应如何变动？

$$目标固定成本=(45-25)\times20\,000-240\,000=160\,000(元)$$

$$固定成本变动额=160\,000-200\,000=-40\,000(元)$$

$$固定成本变动率=\frac{-40\,000}{200\,000}\times100\%=-20\%$$

从计算结果看，其他条件不变，要实现企业的目标利润，固定成本总额必须减少40 000元或必须降低20%。

(2) 其他条件不变时，销售量应如何变动？

$$目标销售量=\frac{240\,000+200\,000}{45-25}=22\,000(件)$$

$$销售量变动数=22\,000-20\,000=2\,000(件)$$

$$销售量变动率=\frac{2\,000}{20\,000}\times100\%=10\%$$

其他条件不变，要实现目标利润，企业必须把销售量增加到22 000件或在现有的基础上增加10%。从该企业现有的生产能力看，是可以实现的。

(3) 其他条件不变，单位售价应如何变动？

$$目标单位售价=\frac{240\,000+200\,000}{20\,000}+25=47(元)$$

$$单位售价变动额=47-45=2(元)$$

$$单位售价变动率=\frac{2}{45}\times100\%=4.4\%$$

其他条件不变，企业必须提价2元或者提价4.4%，才能保证目标利润的实现。

(4) 其他条件不变，单位变动成本应如何变动?

$$目标单位变动成本=45-\frac{240\ 000+200\ 000}{20\ 000}=23(元)$$

$$单位变动成本变动额=23-25=-2(元)$$

$$单位变动成本变动率=\frac{-2}{25}\times100\%=-8\%$$

其他条件不变，企业要实现目标利润，必须将单位变动成本降低2元或8%。

以上所述的是为保证实现目标利润，分项逐一计算各有关因素所应采取的相应措施。但在现实生活中，各有关因素往往不是孤立存在的，而是相互制约、相互影响的，企业采取的策略也往往涉及多个因素。因此，我们还有必要综合计算各有关因素同时变动对利润的影响。

(1) 提高单位售价，同时增加固定成本（广告费）。假设单位售价由原来的45元提高到50元；同时由于增加广告投入，固定成本总额由原来的200 000元增加到300 000元；单位变动成本不变。

1) 企业实现目标利润的销售量变为：

$$实现目标利润的销售量=\frac{240\ 000+300\ 000}{50-25}=21\ 600(件)$$

比原来的22 000件降低了400件。

2) 如果企业完成销售22 000件，可比原定目标多实现利润：

$$实现的利润=(50-25)\times22\ 000-300\ 000=250\ 000(元)$$

$$原目标利润=240\ 000(元)$$

$$多实现利润=250\ 000-240\ 000=10\ 000(元)$$

因此，若企业完成销售22 000件，可比原定目标多实现利润10 000元。

(2) 扩大生产规模，降低单位产品所负担的固定成本，同时降低单位售价。假设企业达到满负荷生产（50 000件)，并全部实现销售。产品单位变动成本不变，单位售价降为40元。

1) 实现目标利润的销售量变为：

$$目标销售量=\frac{240\ 000+200\ 000}{40-25}=29\ 333(件)$$

企业的实际产销量远远大于目标销售量，因此，企业实际实现的利润将超过目标利润。

2) 完成产销量50 000件，企业能实现的利润为：

$$实现的利润=(40-25)\times50\ 000-200\ 000=550\ 000(元)$$

由于企业的生产能力得到充分挖掘，规模效应使得产品所负担的单位固定成本大大降低，从而使企业在成本上处于相对优势，降价带来了利润的增长。

(3) 技术创新，降低产品单位变动成本，降价销售。假设产品单位变动成本由原来的25元降为20元，单位售价由原来的45元降为40元。根据调查研究，售价降低5元，销售量预计会增长5 000件，即由原来的22 000件增加到27 000件。

1) 实现目标利润的销售量变为：

$$实现目标利润的销售量=\frac{240\,000+200\,000}{40-20}=22\,000(件)$$

实现目标利润的销售量与原来一样，都是22 000件。

2) 完成销售27 000件，可比原定目标多实现利润：

$$实现的利润=(40-20)\times 27\,000-200\,000=340\,000(元)$$

降价带来的销售量的增加将使企业获得超过目标100 000元（340 000－240 000）的利润。

固定成本、销售量、单位售价和单位变动成本变动的组合在理论上还有许多种，现实中也会出现上述三种情况之外的组合。要注意的是，这些基本因素本身又是受到各种条件限制的，理论上成立并不等于现实中可行。此外，影响目标利润实现情况的，除了这四个基本因素以外，还有产品品种结构、税率等。例如，企业也可以通过改变产品品种结构来实现目标利润，如增加生产贡献毛益率高的产品，减少生产贡献毛益率低的产品，从而提高产品组合的综合贡献毛益率，并提高产品组合的整体盈利能力。

行动学习

本量利分析法在GXRH医院产科核算中的具体运用

一、产科情况介绍

GXRH医院产科2020年上半年实现利润48.25万元，成本收益率为5.59%，其中门诊利润160.10万元，住院利润－111.85万元；门诊通过较大的工作量及较高的利润水平弥补了住院的亏损。该科病床使用率达到97.50%，病人平均住院日为5.90天，上半年门诊量达到19 188人次，属于较高水平。该科上半年每门诊人次收费186.82元，每门诊人次成本支出103.39元，每门诊人次利润为83.43元。住院平均每床日收入779.05元，平均每床日成本支出936.56元，每床日利润为－157.51元，亏损较为严重。

二、本量利分析

该科室上半年门诊保本人次为6 627人次。假设每门诊人次收入水平及单位变动成本维持不变，科室门诊人次每高于此保本人次1人次，科室可获利127.45元（每门诊人次收入水平186.82元－每门诊人次变动成本59.37元）。

该科室上半年住院保本床日数为10 268床日。假设每床日收入水平及单位变动成本维持不变，科室住院床日数每高于此保本床日数1日，科室可获利353.17元（每床日收入水平779.05元－每床日变动成本425.88元）。该科上半年实际开放床日数仅为7 280床日，如果科室仅通过提高床位使用率来实现住院服务盈利目标，则科室病床使用率至少要达到141.04%。如果科室能维持目前的床位使用率、单位收入及成本水平，通过降低平均住院日来实现科室住院保本经营，则科室上半年需增加548个病人，平均住院日要缩短1.82天。如果其他指标维持不变，科室通过提高每床日收入水平来实现住院保本经营，则每床日收入需提高347.47元；通过降低每床日成本来实现住院保本经营，则每床日成本需下降157.51元。

1. 住院服务指标影响收益因素变动分析

假设除分析指标以外的指标维持不变，科室病床使用率每提高1%，则科室可增加73个床日收入，总利润可增加2.58万元；科室平均住院日每下降1天，科室可增加1 170个床日收入，总利润可增加41.32万元；每床日收入水平提高100元，则科室利润增加32.19万元；每床日成本下降100元，则科室利润增加71.01万元。如果住院服务指标实现如下综合变动：病床使用率提高2%，平均住院日下降0.9天，床日收费提高50元，床日成本下降50元，则科室住院服务利润增加（减亏）93.93万元，基本上能接近住院服务保本经营状态。

2. 门诊服务指标影响收益因素变动分析

假设除分析指标以外的指标维持不变，门诊人次每增加1%，则科室利润增加2.45万元；每门诊人次收入水平提高100元，则科室利润增加130.90万元；每门诊人次成本下降100元，则科室利润增加191.88万元。同样，如果门诊服务指标实现如下综合变动：通过简化流程、增强出诊力量等手段使门诊人次增加5%，通过提高服务的附加值（增值服务）使门诊人次收入提高20元，通过成本节约使门诊人次成本下降20元，则科室门诊服务将增加利润76.80万元。

三、本量利分析建议

通过上述分析发现，门诊服务是该科实现收益的主要方面，产科经营策略应遵循“门诊为主、病房为辅”的思路；扩大门诊服务场所、增强医生出诊力量，应成为产科今后的主要任务。在此基础上，适当增加病床数量，以满足门诊工作量增加后的后续服务（分娩服务）。要避免门诊或住院服务单方面扩张，否则，一旦门诊服务工作量维持原状或增长不明显，门诊服务带来的利润增加将很难弥补住院服务扩张所引起的成本增加（或者说是亏损增加）。当然，随着住院服务工作量的增加，每床日成本应该能相应下降（主要是单位固定成本下降）；但仅靠工作量增加来影响成本降低的力度对产科住院服务环节来说还远远不够，如何在提升工作量、降低床日固定成本的同时降低每床日的变动成本（适当增加一些变动成本较低的检查及治疗项目），是该科住院服务实现盈利（或者减亏）的关键。在做好上述工作的基础上，提高病床使用率及周转率，通过提高收治危重产妇的能力来提高每床日收入水平，也是该科室提高收益的有效途径。

四、本量利分析应用效果

通过本量利分析方法在该科室成本管理中的应用，该科室对自身的经营状况有了更深入的了解，该科室的各种决策更有针对性。该产科下半年实现利润85.94万元，比上半年增长78.11%；下半年门诊量达到23 181人次，比上半年增长20.81%；下半年病床使用率为114.10%，比上半年增长17.03%；下半年门诊单位成本为82.67元，比上半年减少20.72元；下半年每床日成本为917.93元，比上半年减少18.63元。可见下半年科室各指标比上半年均有较大程度优化。

资料来源：吴强．本量利分析在医院全成本核算中的应用．中国卫生经济，2009（7）．

决策指南

以下是本章知识要点的总结，其中决策部分是基本问题，指南部分是这些问题的答案。

决策	指南
1. 什么是本量利分析？本量利分析对管理者有什么作用？	本量利分析是成本-业务量-利润分析的简称，是研究企业在一定期间内的成本、业务量、利润三者之间的变量关系的一种专门方法。用公式来表示三者之间的关系为： $销售单价\times销售量-\left(\begin{matrix}固定成本\\总额\end{matrix}+\begin{matrix}单位变动\\成本\end{matrix}\times销售量\right)=利润$ 其主要用途表现在以下几个方面： (1) 对保本点进行预测； (2) 对保证目标利润实现的目标销售量和目标销售额进行预测； (3) 通过利润敏感性分析，估计销售单价、销售量和成本水平的变动对目标利润的影响； (4) 规划目标利润，编制利润预算和责任预算； (5) 对全面预算和责任预算的执行情况进行业绩评价。
2. 什么是贡献毛益？	贡献毛益，也叫边际贡献，是本量利分析中的一个重要概念，是指产品的销售收入扣除变动成本后的余额。
3. 什么是盈亏临界点？它有哪几种表现形式？	盈亏临界点，也叫保本点，是指在某一销售量下，企业的销售收入和销售成本相等，不盈也不亏。当销售量低于盈亏临界点的销售量时，企业亏损；反之，当销售量高于盈亏临界点的销售量时，企业盈利。 盈亏临界点有两种表现形式：一是用实物量来表示，称为盈亏临界点的销售量；二是用金额来表示，称为盈亏临界点的销售额。
4. 什么是安全边际？其表现形式有哪几种？	安全边际是指实际销售量超过盈亏临界点销售量的差额。这个差额表示从现有的实际销售量再降低多少，企业就会亏损。差额越大，说明企业亏损的可能性越小，企业经营的安全程度就越高。 安全边际有两种表现形式：一是用绝对数表示；二是用相对数表示。 用绝对数表示，其计算公式为： $安全边际=实际销售量-盈亏临界点销售量$ 用相对数表示，称为安全边际率，是用安全边际除以实际销售量的比率。用公式表示为： $安全边际率=\frac{安全边际}{实际销售量}\times100\%$
5. 什么是经营杠杆？其用途是什么？	在经济生活中，由于企业存在固定成本而出现的在销售上有较小幅度变动就会引起利润上有较大幅度变动（即利润变动率大于业务量变动率）的现象，在管理会计中称为经营杠杆。 经营杠杆主要有以下三个方面的用途： (1) 反映企业经营风险； (2) 帮助管理者进行预测分析； (3) 有助于管理者作出正确的经营决策。

小测验（单项选择题）

1. 本量利分析是分析（　　）在产品的销量、售价和单位变动成本或固定成本变动时的性态以及它们之间的关系。

A. 总收入和总成本

B. 总收入、总成本和营业利润

C. 总收入、总成本、营业利润和现金流

D. 总收入

2. 本量利分析中的保本点销售量在数值上等于（　　）。

A. 固定成本除以总收入　　B. 固定成本除以单位贡献毛益

C. 收入减变动成本　　D. 总收入除以变动成本

3. 对于经营杠杆较低的公司，下列说法正确的是（　　）。

A. 固定成本高，变动成本低

B. 销量的变动幅度大于净利润的变动幅度

C. 亏损的可能性比经营杠杆高的公司更大

D. 相对于经营杠杆高的公司经营风险较低

4. 下列关于固定成本的说法中，正确的是（　　）。

A. 长期来看可以视为变动成本　　B. 会降低经营杠杆

C. 会降低亏损的风险　　D. 在图表中是一条斜线

5. 如果产品组合中各产品销售比例发生变化，则（　　）。

A. 净利润不会改变　　B. 保本点会变化

C. 每种产品的单位贡献毛益会上升　　D. 每种产品的单位贡献毛益会下降

6. 生产单一品种产品的企业，保本销售额等于（　　）。

A. 保本销售量×单位利润

B. 固定成本总额÷贡献毛益率

C. 固定成本总额÷(单价－单位变动成本)

D. 固定成本总额÷单位贡献毛益

7. 从本量利分析图上可知，对单一产品分析时，（　　）。

A. 单位变动成本越大，总成本线斜率越大，保本点越高

B. 单位变动成本越大，总成本线斜率越小，保本点越高

C. 单位变动成本越小，总成本线斜率越小，保本点越高

D. 单位变动成本越小，总成本线斜率越大，保本点越低

8. 产品的单价与单位变动成本上升的比率相同，其他条件不变，则保本销售量（　　）。

A. 上升　　B. 下降　　C. 不变　　D. 不确定

9. 威尔运动器材公司只生产一种篮球，篮球单价为 60 元，单位变动生产成本为 40 元，单位销售管理费用为 5 元，销量为 50 000 件，则其产品贡献毛益为（　　）元。

A. 650 000　　B. 750 000　　C. 850 000　　D. 950 000

10. 艾马妮公司生产钱包，钱包单价为 40 元，固定成本为 40 000 元，变动成本占销售单价的 75%。在预计销量为 5 000 件时，艾马妮公司的安全边际是（　　）元。

A. 20 000　　B. 40 000　　C. 60 000　　D. 80 000

计算题

1. 大峡谷铁路公司提供长途客车客运服务，每位乘客的往返票价为 90 元。假设每位乘客的变动成本为 20 元，公司每月的固定成本为 412 500 元。该公司预计 6 月份为 8 000 位乘客提供服务。

要求：

(1) 计算单位贡献毛益；

(2) 计算贡献毛益率；

(3) 计算盈亏临界点的乘客量；

(4) 计算安全边际率；

(5) 计算达到盈亏临界点的作业率；

(6) 计算销售利润率。

2. 凯利服装公司生产高、中、低档三种服装，当期固定成本总额为 18 000 元，三种服装的有关资料如表 4-4 所示。

表 4-4　高、中、低档三种服装相关资料

品种	销售单价（元）	销售量（件）	单位变动成本（元）
低档	900	40	720
高档	2 000	80	1 800
中档	1 000	20	600

要求：

(1) 计算凯利服装公司的综合贡献毛益率；

(2) 计算凯利服装公司综合盈亏临界点的销售额以及各种服装的盈亏临界点销售额。

3. 派克招贴画公司原生产普通招贴画，现计划引入大幅招贴画，其单位变动成本为 30 元，新增加固定成本 5 000 元，预计可销售 1 000 幅。

要求：

(1) 如果市场预测大幅招贴画的销售单价最高只能是 40 元，在不扩大销售的条件下，公司应采取什么措施才能保证实现利润 10 000 元？

(2) 假设大幅招贴画的单位售价为 40 元，在固定成本和单位变动成本不变的情况下，销售量应达到多少幅，才能实现利润 10 000 元？

4. 通达公司只产销一种汽车零部件，2019 年生产和销售 20 000 件，销售单价为 40 元，其变动成本率为 65%，固定成本总额为 60 000 元。若该公司 2020 年该零部件的售价和成本水平均无变动，但根据市场调查，预计销售量将增长 20%。

要求：利用经营杠杆，预测通达公司 2020 年将实现多少利润？

第5章

变动成本法和完全成本法

学习目标

- 理解变动成本法和完全成本法的基本概念；
- 能够分别计算变动成本法和完全成本法下的损益；
- 掌握变动成本法和完全成本法的差别；
- 理解变动成本法和完全成本法各自的优缺点；
- 理解两种核算方法对企业行为的影响。

章首案例　先科公司的变动成本法

先科公司是一家位于广东深圳的电子元件生产厂家，为众多知名电子和数码品牌提供相应的电子元件。公司借着消费性数码产品行业蓬勃发展的东风，不断开拓市场，得到了长足发展。由于先科公司客户众多，且每个客户对电子元件的要求不尽相同，先科公司为了赢得市场份额，投入大笔资金用于研发和产品的模块化。先科公司可以骄傲地宣布，其可以最大限度地满足客户的定制需求。

但与此同时，先科公司的利润率在逐步下降，这引起了公司管理层的担忧。经过分析和讨论，先科公司认为利润率下降的问题在于公司盲目扩大市场份额致使整个产品线过于庞大，需要明确实际为公司带来利润的产品，放弃其他产品，以增强公司的盈利能力。这使得对产品成本的核算极为关键。

在这种情况下，先科公司决定采用变动成本法对公司的存货进行核算，以转变先科公司重生产轻销售的状况。在改用变动成本法核算的过程中，先科公司进一步梳理了企业生产运作流程，明确了各个部门的责任划分，既提高了企业的运营效率，又使相关的考核更加科学合理且易被员工接受。

第一节 变动成本法与完全成本法概述

一、完全成本法概述

完全成本法，亦称全部成本法、归纳成本法或吸收成本法，是计算企业产品成本的主要方法之一。吸收成本法这种说法十分形象，这种存货的核算方法就好像是存货将某个时期的全部生产成本吸收进来。详细来说，它是在计算产品成本和存货成本时，认为一定期间内在生产过程中所消耗的直接材料、直接人工、制造费用等是产品最终形成所必不可少的，所以应当成为产品成本的组成部分。在完全成本法下，单位产品成本受产量的直接影响，产量越大，单位产品成本越低，这样就能刺激企业提高生产积极性。但是采用完全成本法计算出来的单位产品成本，不仅不能反映生产部门的真实业绩，反而会掩盖或夸大其生产实绩；在产销量不平衡的情况下，采用完全成本法计算确定的当期税前利润，往往不能准确反映企业当期实际发生的费用，从而导致企业片面追求高产量，盲目生产；另外，采用这种方法不便于管理者预测分析、参与决策以及编制弹性预算等。在完全成本法下，虽然固定性制造费用只同企业生产能力的形成有关，不与产品生产直接联系，但它仍是产品最终形成必不可少的，所以应当成为产品成本的组成部分。

二、变动成本法概述

变动成本法是指在产品成本计算过程中，以成本性态分析为前提，只将变动生产成本作为产品成本的构成内容，而将固定性制造费用及非生产成本作为期间成本的一种成本计算方法。虽然完全成本法有一些固有缺点，但要注意的是，变动成本法也不是一种完美的存货成本核算方法，比如一些具有变动性态的非制造成本在这种核算方法下依然被计入期间费用。变动成本法，也称直接成本法，但这种叫法存在一定的误导性，例如，直接销售费用就不计算在存货当中。

变动成本法的特点主要表现在以下几个方面。

（一）变动成本法的前提

变动成本法建立在成本性态分析的基础之上，它把全部成本划分为变动成本和固定成本两大部分，尤其把混合成本性质的制造费用按其是否与产量有关划分为变动性制造费用和固定性制造费用。

（二）变动成本法对产品成本和期间成本的界定

第一，产品成本应该只包括变动成本。变动成本法认为，产品成本必然和产品产量密切相关。在生产工艺没有发生实质性变化、成本水平不变的条件下，所发生的产品成本总额应与相应的产品产量成正比例变动。也就是说，没有相应的产品实体存在，就不应当有产品成本存在。在变动成本法下，只有变动成本才构成产品成本的内容。固定性制造费用由于在相关范围内与产品产量没有直接关系，不随产品产量的变动而变动，因此不应作为产品成本。

第二，固定性制造费用应作为期间成本处理。固定性制造费用在相关范围内与产品产量的多少无关，只是定期地创造了可供利用的生产能量，与期间的关系更为密切。在这点上，固定性制造费用和财务费用、管理费用以及销售费用等非生产成本一样表现出一定的时效性。这些能量和条件是否在当期被利用或利用是否有效，丝毫不影响这种成本、费用的发生额，而其效益也随着时间的推移逐渐消失，不能递延到下期。因此，固定性制造费用应当与非生产成本一样作为期间成本处理，直接在发生当期扣除。

（三）销售成本和存货的成本构成

在变动成本法下，产品成本只包括变动生产成本，即直接材料、直接人工和变动性制造费用，而当期发生的全部固定性制造费用直接计入当期损益，月末在完工产品和在产品之间进行分配的也只是变动生产成本。因此，变动成本法下，无论是本期销售的产品成本还是期末存货成本都只包括变动生产成本，即直接材料、直接人工和变动性制造费用，而不包括固定性制造费用。

（四）贡献毛益

变动成本法计算产品的贡献毛益，即销售收入减去变动成本。贡献毛益不是企业的营业净利，它要先用来补偿企业的固定成本，然后才能为企业创造利润。贡献毛益是衡量产品盈利能力的重要指标，是衡量各种产品为企业的营业净利贡献大小的重要指标，也是本量利分析的基础。

从目前来看，各国的权威会计机构还是主张采用完全成本法来计算产品的单位成本、存货和利润。企业编制的对外报表，现在也是采用完全成本法。因此，目前这两种方法并没有相互取代，而是同时使用。

第二节　两种成本计算法的营业利润差异及解释

完全成本法和变动成本法对固定性制造费用的处理不同，对当期损益的影响也不同。

（1）完全成本法下：

利润＝销售收入－销售成本－期间成本
＝销售收入－（直接材料＋直接人工＋制造费用）
－（财务费用＋管理费用＋销售费用）　　（1）
＝（单价－单位产品直接材料－单位产品直接人工－单位产品制造费用）
×销售量－（财务费用＋管理费用＋销售费用）　　（2）

（2）变动成本法下：

利润＝销售收入－销售成本－期间成本
＝销售收入－（直接材料＋直接人工＋变动性制造费用）
－（财务费用＋管理费用＋销售费用＋固定性制造费用）　　（3）
＝（单价－单位产品直接材料－单位产品直接人工
－单位产品变动性制造费用）×销售量
－（财务费用＋管理费用＋销售费用
＋单位产品固定性制造费×产量）　　（4）

比较式（1）和式（3）时，由于制造费用等于变动性制造费用和固定性制造费用之和，因此，看不出完全成本法和变动成本法下的利润计算有何不同。进一步比较式（2）和式（4），则可以看出完全成本法和变动成本法对利润的影响的决定性因素是产销量，当产量等于销售量时，两种方法计算出来的利润是相同的；当产量不等于销售量时，两种方法计算出来的利润就可能会不同。下面具体讨论造成这种情况的实际原因。

（一）产销平衡

按变动成本法计算，本期发生的固定性制造费用是全额从本期的销售收入中扣除的，与销售量无关；按完全成本法计算，本期发生的固定性制造费用先计入本期生产的产品成本中，并且只有本期销售的产品的固定性制造费用才从本期的销售收入中扣除。在产销平衡时，本期生产的产品在本期全部销售出去，本期发生的固定性制造费用就是本期销售的产品所负担的固定性制造费用。因此，在销售收入一样、扣减数也一样的情况下，完全成本法和变动成本法计算出的利润是一样的。

采用完全成本法，本期发生的固定性制造费用同产品变动生产成本一起要在完工产品和在产品之间进行分配，完工产品在销售时，全部成本（包括计入完工产品成本的固定性制造费用）要在已售产品和未售产品之间进行分配。这样，已售产品、库存产成品、在产品均吸收了一部分固定性制造费用，即会计期末的产成品和在产品都是按照全部成本计价的，既包括变动成本，也包括一部分固定性制造费用。采用变动成本法，产品成本只包括变动生产成本，期末在完工产品和在产品之间进行分配的只有变动生产成本，无论是在产品、库存产成品还是已售产品，其成本都只包括变动生产成本。因此，变动成本法下的期末存货是按照变动生产成本计价的，不包括固定性制造费用。由此可见，两种成本计算方法对存货的计价不同，完全成本法的存货计价必然高于变动成本法的存货计价。

（二）产量相同，销量不同

当本期的产量和销售量不同时，两种成本计算方法计算出来的利润是不同的。下面将分两种情况进行具体分析。

（1）当产量大于销售量时，按完全成本法计算的利润大于按变动成本法计算的利润。这是因为按变动成本法计算，本期发生的固定性制造费用全额从本期销售收入中扣除；而采用完全成本法计算，当产量大于销售量时，意味着本期生产的部分产品没有全部销售出去，产成品的期末存货增加，因此，本期发生的固定性制造费用中有一部分随着产品的销售转化为销售成本，从销售收入中扣除，其余部分则以期末存货的形式结转到下期。可见，本期发生的固定性制造费用并没有全部从本期的销售收入中扣除。所以，在销售收入一样的情况下，采用变动成本法扣除了全部的固定性制造费用；而采用完全成本法，仅扣除了部分固定性制造费用，由此计算出来的利润，前者会小于后者。

（2）当产量小于销售量时，按完全成本法计算的利润小于按变动成本法计算的利润。这是因为按变动成本法计算，本期发生的固定性制造费用要全额从本期的销售收入中扣除；而按完全成本法计算，在本期产量小于销售量的情况下，则意味着期末产成品存货减少，本期销售的产品中，不仅包括本期生产的全部产品，而且包括上期结转下来的部分产品，也就是说，本期产品销售成本中，不仅包括本期发生的全部固定性制造费用，还包括上期产品结转下来的部分固定性制造费用。所以，在销售收入一样的情况下，前者扣除的成本少，而后者扣除的成本多，由此计算出来的利润，前者会大于后者。

下面举例说明。为了简化，假设各月份均无期初、期末在产品，因此，不涉及各项费用在完工产品和在产品之间分配的问题。同时假设各月的生产水平一致，单位产品成本一致，因此，销售成本和期末存货不受存货成本流动假设（先进先出法、加权平均法等）的影响。此外，假设所有产量都是在相关范围内，固定性制造费用不受产量的影响。

【例 5-1】 某企业三个会计年度的有关资料如表 5-1 所示。

表 5-1 三个会计年度有关资料

项目	第一年	第二年	第三年
期初存货（件）	—	—	1 000
产量（件）	5 000	5 000	5 000
销售量（件）	5 000	4 000	6 000
期末存货（件）	—	1 000	—
单位产品售价（元）	40	40	40
单位产品变动成本（元）	22	22	22
固定性制造费用（元）	30 000	30 000	30 000
固定的销售与管理费用（元）	6 000	6 000	6 000

分别采用变动成本法和完全成本法计算各年的利润，计算过程详见表 5-2 和表 5-3。

表 5-2 按变动成本法计算 单位：元

项目	第一年	第二年	第三年
产品销售收入	200 000	160 000	240 000
减：产品变动成本	110 000	88 000	132 000
贡献毛益	90 000	72 000	108 000
减：期间成本			
固定性制造费用	30 000	30 000	30 000
固定的销售和管理费用	6 000	6 000	6 000
期间成本合计	36 000	36 000	36 000
利润	54 000	36 000	72 000

表 5-3 按完全成本法计算 单位：元

项目	第一年	第二年	第三年
销售收入	200 000	160 000	240 000
减：销售成本			
期初存货成本	—	—	28 000
本期变动成本	110 000	110 000	110 000
固定性制造费用	30 000	30 000	30 000
可供销售的产品成本	140 000	140 000	168 000
减：期末存货成本*	—	28 000	—
销售成本合计	140 000	112 000	168 000

续表

项目	第一年	第二年	第三年
销售毛利	60 000	48 000	72 000
减：固定的销售和管理费用	6 000	6 000	6 000
利润	54 000	42 000	66 000

$$*\text{期末存货成本}=\left(\text{单位变动成本}+\frac{\text{固定性制造费用}}{\text{本期产量}}\right)\times\text{期末存货数量}$$
$$=(22+30\,000\div5\,000)\times1\,000=28\,000(\text{元})$$

以上计算结果表明：

(1) 第一年，本期的产量和销售量相等，也就是本期生产的产品在本期全部销售出去，变动成本法和完全成本法计算出来的利润是相等的，都是 54 000 元。因为完全成本法下，每件产品分摊的固定性制造费用 6 元（30 000÷5 000），全部在当年随着产品的销售而实现，所以两种方法所计算出来的利润相等。

(2) 第二年，本期的产量大于销售量，即本期生产的产品在本期没有全部销售出去，完全成本法计算出来的利润（42 000 元）大于变动成本法计算出来的利润（36 000 元）。原因是，在完全成本法下，有一部分固定性制造费用被期末存货吸收，不像变动成本法那样全部从本期销售收入中直接扣除。基于这一思路，完全成本法与变动成本法的利润差异就可直接通过计算得出：完全成本法比变动成本法多吸收或少分配的固定性制造费用。如在产量大于销售量的情况下，完全成本法比变动成本法少“负担”未售出商品中包含的那部分固定性制造费用。少“负担”的这部分固定性制造费用＝每件产品应分摊的固定性制造费用（6 元）×未售出产品数（1 000 件）＝6 000（元）。以上计算思路与方法同样适用于下文所述情况的利润差异计算。

(3) 第三年，本期的产量小于销售量，也就是不仅本期生产的产品全部销售出去，本期还销售了期初存货，或者说是以前各期生产的产品，完全成本法计算出来的利润（66 000 元）小于变动成本法计算出来的利润（72 000 元）。原因是，在完全成本法下，期初存货不仅包括变动成本，还包括固定性制造费用，这两部分都要作为销售成本从本期的销售收入中扣除；而在变动成本法下，期初存货只包括变动成本，从本期的销售收入中扣除的固定性制造费用仅是本期发生的，而不像完全成本法那样还包括一部分前期发生的固定性制造费用。具体为，完全成本法下的期初存货吸收了第二年流转过来的固定性制造费用 6 000 元（1 000×6）。因此，完全成本法的成本比变动成本法多 6 000 元，从而利润少 6 000 元（66 000－72 000）。

（三）销量相同，产量不同

【例 5－2】 假设某企业只生产一种产品，有关资料如表 5－4 所示。

表 5－4 三个会计年度有关资料

项目	第一年	第二年	第三年
期初存货（件）	—	—	4 000
销售量（件）	12 000	12 000	12 000
产量（件）	12 000	16 000	8 000
期末存货（件）	—	4 000	—
产品单位售价（元）	40	40	40

续表

项目	第一年	第二年	第三年
单位变动成本（元）	22	22	22
固定性制造费用（元）	48 000	48 000	48 000
固定的销售和管理费用（元）	10 000	10 000	10 000

现分别采用变动成本法和完全成本法计算利润，计算过程详见表5-5和表5-6。

表5-5 按变动成本法计算 单位：元

项目	第一年	第二年	第三年
销售收入	480 000	480 000	480 000
减：产品变动成本	264 000	264 000	264 000
贡献毛益	216 000	216 000	216 000
减：期间成本			
固定性制造费用	48 000	48 000	48 000
固定的销售和管理费用	10 000	10 000	10 000
期间成本合计	58 000	58 000	58 000
利润	158 000	158 000	158 000

表5-6 按完全成本法计算 单位：元

项目	第一年	第二年	第三年
销售收入	480 000	480 000	480 000
减：销售成本			
期初存货成本	—	—	100 000
本期变动成本	264 000	352 000	176 000
固定性制造费用	48 000	48 000	48 000
可供销售的产品成本	312 000	400 000	324 000
减：期末存货成本*	—	100 000	—
销售成本合计	312 000	300 000	324 000
销售毛利	168 000	180 000	156 000
减：固定的销售和管理费用	10 000	10 000	10 000
利润	158 000	170 000	146 000

*期末存货成本＝(22＋48 000÷16 000)×4 000＝100 000(元)

从上面的例子中，我们可以看到：

(1) 当销量相同、产量不同时，按变动成本法计算出来的利润是相同的，都是158 000元，这意味着影响变动成本法的是销售量，而产量对变动成本法没有影响。要注意，这一结论的前提是尽管产量不同，但固定性制造费用是相同的，也就是在相关范围内，否则这一结论不成立。

(2) 当产量等于销售量时，按变动成本法计算出来的利润（158 000元）和按完全成本法计算出来的利润（158 000元）是相同的。

(3) 当产量大于销售量，按完全成本法计算出来的利润（170 000元）大于按变动成本法计算出来的利润（158 000元）。

（4）当产量小于销售量时，按变动成本法计算出来的利润（158 000 元）大于按完全成本法计算出来的利润（146 000 元）。

导致上述结论的原因，可以参考前面产量相同而销量不同的有关分析。

以上是对变动成本法和完全成本法的概念、理论根据、成本计算流程、利润计算公式、销售成本和存货成本以及计算出来的利润等几个方面进行的比较。

第三节　对两种方法的评价

一、变动成本法的优缺点

（一）变动成本法的优点

（1）能够提供各种产品盈利能力的资料，有利于管理人员的决策分析。每种产品的盈利能力资料是管理会计要提供的重要信息之一，因为在利润规划和经营管理中有许多重要的决策都是以产品的盈利能力为依据的，而每种产品的盈利能力可以通过贡献毛益来表现。以贡献毛益为基础，进行盈亏临界点和本量利分析，有助于揭示产量和成本变动的内在规律，找出生产、销售、成本、利润之间的关系，并用于预测前景、规划未来，有利于正确地制定短期经营决策。而产品贡献毛益的确定，有赖于变动成本的计算，变动成本法提供了这方面的资料。

（2）便于分清各部门的经济责任，有利于成本控制。一般来说，变动成本是生产车间和供应部门的可控成本，可以通过制定标准成本和建立弹性预算进行控制。固定成本则往往是管理部门的可控成本，可以通过制定费用预算的办法进行控制。各部门只对自己的可控成本负责，有利于分清各部门的经济责任。

（3）便于正确进行不同期间的业绩评价。当采用完全成本法时，如果本期的生产能力没有得到充分利用，单位产品成本就将随产量的下降而上升。当其中部分产品转入下期销售时，这种损失还会部分地转嫁到下期，减少下期的利润。反之，则会增加下期的利润，使盈亏不能正确反映当期的工作业绩。而采用变动成本法时，在相关范围内，其利润只受销量的影响，不受产量的影响，因此，不会出现这种情况。

（4）促使管理层更加重视销售，防止盲目生产。采用完全成本法会出现销量下降、利润反而增长的反常情况，容易助长管理层只重视生产、忽视销售的不良倾向。变动成本法可以排除产量对利润的影响，使利润的增长只与销量的增长同方向变动。这会促使管理层更加重视销售，而不是片面重视生产。

（5）可以简化成本计算，避免固定成本分摊中的主观随意性。由于变动成本法中的固定性制造费用不包括在产品成本中，而是列作期间成本从当期销售收入中全部扣除，这样就省掉了许多间接费用的分配过程，大大简化了产品成本的计算过程，同时也可避免间接费用分配中的主观随意性。完全成本法中间接费用的分配的主观随意性往往会使不同产品的获利能力变得模糊，而变动成本法则可以避免这种情况。

（二）变动成本法的缺点

变动成本法也存在一些局限性，主要表现在：

（1）所提供的成本数据不符合对外会计报表编制的要求。按照传统观念，产品成本是指在生产领域为生产产品而发生的全部生产成本，当然也应包括固定性制造费用。这种观念长期以来在世界范围内得到广泛的支持和认可，并被吸收进企业会计准则，作为对外报告的标准。所以按变动成本法确定的产品成本显然不能满足这一要求。

(2) 所提供的成本资料较难适应长期决策的需要。变动成本法建立在成本性态分析的基础上，因此以相关范围假定为存在前提。但成本的性态受多种因素影响，固定成本和变动成本的水平不可能长期不变。长期决策要解决的是企业生产能力的增加或减少和经营规模的扩大或缩小的问题，涉及的时间较长，必然超出相关范围。因此，从长期来看，变动成本法提供的资料不能适应长期决策的需要，只能对短期经营决策提供选择最优方案的有关资料。

二、完全成本法的优缺点

(一) 完全成本法的优点

(1) 有助于提高企业发展生产的积极性。按照完全成本法，产量越大，单位固定成本越低，整个单位产品成本随之降低，超额利润就越大，客观上有助于刺激生产。

(2) 便于企业编制对外报表。目前对外会计报表要求企业按照完全成本法提供有关成本资料。

(二) 完全成本法的缺点

完全成本法的最大缺陷是计算出的分期损益不易理解，不便于为决策、控制和分析提供直接有关的资料。在完全成本法下，当期发生的固定性制造费用并不全部从当期的销售收入中扣除，期末存货吸收了一部分固定性制造费用，结转到下期，也就是说，当期的生产状况将影响下期的利润，因此，完全成本法所计算出来的利润不能真实地反映销售量、成本和利润之间的正常关系。

(1) 不同会计年度的销售量相同，单位售价、单位产品变动成本和固定成本总额均无变动，但按照完全成本法计算的各个会计年度的利润却可能变动较大。

(2) 销量增加，在产品的单位售价、成本不变的情况下，利润反而减少。

(3) 在单位售价、成本不变的情况下，产成品期末存货增加，企业利润也会增加。

总之，完全成本法和变动成本法各有优缺点，在某种程度上，两者的优缺点又是可以相互转化的。因此，完全成本法主要适用于财务会计系统，用来编制对外财务报表，而变动成本法是为了满足企业内部经营管理的需要，对成本进行事前规划和日常控制而产生的，主要适用于管理会计系统，用来编制对内管理报表，为参与决策提供有用的信息。这两种方法并不能相互替代，而是同时使用，互相补充。

第四节　贡献式利润表

在变动成本法与完全成本法这两种成本核算方式下，自然会产生不同的利润表格式。按变动成本法编制的利润表叫贡献式利润表；按完全成本法编制的利润表叫传统式利润表。两种利润表的格式及其提供的中间指标是不同的。贡献式利润表的中间指标为贡献边际；传统式利润表的中间指标为营业毛利。具体如表 5-7 所示。

表 5-7 贡献式利润表与传统式利润表的比较

贡献式利润表	传统式利润表
营业收入	营业收入
减：变动成本	减：营业成本
变动生产成本	期初存货成本
变动销售费用	本期生产成本
变动管理费用	可供销售的商品生产成本
变动成本合计	期末存货成本
贡献边际	营业成本合计
减：固定成本	营业毛利
固定性制造费用	减：营业费用
固定销售费用	销售费用
固定管理费用	管理费用
固定财务费用	财务费用
固定成本合计	营业费用合计
营业利润	营业利润

营业毛利衡量的是减去生产或获取产品所花费的成本后，企业可以获得什么。大型制药公司之类的企业，其营业毛利是非常高的，因为其为消费者提供了独一无二、不可替代的产品。而像家电企业，处在一个近乎完全竞争的市场环境中，其营业毛利通常很低。相对于营业毛利，贡献边际更重视表达企业的收入在多大程度上可以覆盖企业的固定成本，其最大的作用在于评估企业亏损的风险。当贡献边际超过固定成本时，即使销售额很低，其亏损的风险也是比较小的。所以贡献式利润表与传统式利润表不同，提供了一个评价企业经营状况的全新视角。

【例 5-3】 根据表 5-8 分别编制一份贡献式利润表与传统式利润表，结果如表 5-9 和表 5-10 所示。

表 5-8 产品数据信息

产品生产数量（件）	1 000
产品销售数量（件）	750
单位变动制造成本（元）	35
单位变动销售成本（元）	25
单位固定制造成本（元）	20
固定销售成本（元）	20 000
期初存货（元）	0
期末存货（元）	250
单位售价（元）	150

表 5-9 贡献式利润表 单位：元

营业收入	112 500
减：变动成本	
变动制造成本	26 250
变动销售成本	18 750
总变动成本	45 000
贡献边际	67 500

减：固定成本	
固定制造成本	20 000
固定销售成本	20 000
总固定成本	40 000
营业利润	27 500

表 5-10　传统式利润表　　单位：元

营业收入	112 500
减：营业成本	
期初存货	0
变动制造成本	35 000
固定制造成本	20 000
可供销售的商品的成本	55 000
期末存货*	(13 750)
总营业成本	41 250
毛利	71 250
减：期间费用	
变动销售成本	18 750
固定销售成本	20 000
总期间费用	38 750
营业利润	32 500
完全成本法与变动成本法下的营业利润差异	5 000

*包含固定成本与变动成本。

行动学习

变动成本法在燃煤发电企业应对竞价上网中的应用实践

北京能源集团有限责任公司（简称京能集团）成立于2004年12月，是由北京市国资委履行出资人职责的大型能源企业。

2015年开始，国家深入推进电力体制改革，有序放开发用电计划，逐步扩大发电侧市场化交易。传统条件下煤电企业按电网企业下达的计划排产发电、按政府核定的标杆电价结算收入的局面被打破，发电量安排和电价结算更多地由参与市场竞争而配置。随着发电企业和用电企业市场交易规模的增加，年度电量竞价、月度电量竞价、外送电投标定价占比越来越大，集中竞价、低价中标等方式被直接引入到发电企业经营过程中。因此，如何动态掌握产品成本、制定竞价策略、测算交易成果成为煤电企业经营决策的重要环节。

煤电企业的产品具有不同于其他行业的特征，其产供销同时完成，没有半成品、在产品等各种中间形态，而且产品单一，没有差异。变动成本法按照成本与业务量的关系进行成本性态划分，适合产品差异小的企业，能够精确分析产品的实时盈利能力，为对外精准制定报价策略参与市场竞争和对内精细化成本控制提供了有用信息。

京能集团的变动成本法实践主要如下：

(1) 按照成本发生是否与电量有关划分固定成本和变动成本。固定成本主要包括材料费、折旧费、修理费、职工薪酬、其他费用等，变动成本主要包括燃料费、水费、燃油费、外购电费等。在成本结构方面，燃料（煤炭）成本一般占到总成本的60%左右，在煤炭价格处于高位时占比会更高。

(2) 利用度电变动成本分析确定拟争取交易电量的最低电价。每年年初根据当年预计的经营形势测算各种情况下的边界条件。通过对照不同边际条件下对应的度电变动成本，确保参与的电力市场交易报价不低于变动成本。同时，以此作为定价基础尽可能提高报价，以取得边际贡献弥补固定成本。

(3) 利用边际贡献分析全年及各月的盈亏平衡点确定全年及各月争取电量最低目标。每年年初根据预计的固定成本，测算全年盈亏平衡点的发电量；每月月初根据预计的固定成本，滚动测算每月的盈亏平衡点发电量。盈亏平衡点的发电量是仅能弥补固定成本的发电量，作为发电企业电量营销部门制定月度营销计划的指导性目标。如果当月煤价偏低，将在完成盈亏平衡点发电量的基础上争取提高发电量；如果当月煤价偏高，则将视交易电价行情在盈亏平衡点发电量基础上适当调整。

(4) 综合利用成本信息进行敏感性分析指导制定关键控制指标。根据分析得出对利润总额最敏感因素依次是平均上网电价、发电利用小时和综合标煤单价。通过敏感性分析，将关键指标逐级分解，压实到具体工作部门和工作人员，增加了业绩实现和成本管控的针对性。

2018年，全国火电企业亏损面接近一半。京能集团下属煤电平台上市公司京能电力以精细化成本管理为基础，加强用电客户营销和电量争取，多措并举，发电量、机组利用小时数以及平均上网电价均同比提高。公司2018年争取市场交易上网电量197.83亿千瓦时，占整体上网电量43.73%，交易电量占比同比扩大5.32%，平均结算电价同比上升0.027元/千瓦时，公司毛利率比上年增加5.22个百分点，扣除非经常性损益后的基本每股收益同比增长71.43%，实现了2017年业绩触底后的强劲反弹。

资料来源：根据中央财经大学2019年中国管理会计论坛获奖案例改编。

决策指南

决策	指南
1. 变动成本法与完全成本法产生差异的原因	变动成本法将固定性制造费用作为期间费用；完全成本法将固定性制造费用作为生产成本。
2. 变动成本法的优缺点	有利于决策分析、业绩评价、成本控制，但不符合对外会计报表的编制要求。
3. 完全成本法的优缺点	提高企业生产的积极性，便于企业编制对外报表，但不便于决策、分析、成本控制。

小测验（单项选择题）

1. 使用变动成本法时，(　　) 被包含在存货成本中。

A. 变动销售成本　　B. 固定制造费用

C. 直接制造成本　　D. A和B均正确

2. 使用完全成本法时，(　　) 被包含在存货成本中。

A. 直接制造成本　　B. 变动销售成本

C. 固定制造费用　　D. A和C均正确

3. 在计算存货成本时，将变动制造成本都包括在成本中，而将固定制造成本费用化的成本计算方法是 (　　)。

A. 混合成本法　　B. 完全成本法

C. 标准成本法　　D. 变动成本法

4. 下列关于完全成本法的相关说法中，正确的是 (　　)。

A. 能够满足内部管理的全部需求

B. 将固定制造费用列入存货成本中

C. 将管理费用列入存货成本中

D. 将直接制造费用列为期间费用

5. 变动成本计算法下，固定制造费用 (　　)。

A. 在已销售产品、库存产品之间分配

B. 在已销售产品、库存产品和在产品之间分配

C. 结转到下期

D. 全额直接从本期销售收入中扣减

6. 比较完全成本法和变动成本法下的营业利润时，期末存货数量上升，则 (　　)。

A. 本期销售收入下降

B. 完全成本法下的营业利润高于变动成本法下的营业利润

C. 有利的数量差异产生

D. 单位变动成本高于单位固定成本

7. 下列各项中，不属于完全成本法的缺点的是 (　　)。

A. 管理层可以通过操控生产计划来改变营业利润

B. 操控生产计划最终会导致公司长期的运营成本增加

C. 营业利润仅仅反映了销售量的变化，而没有体现生产计划的变化

D. 管理层可能通过减少维修活动、增加存货产量来提高营业利润

8. 很多公司的内部报告将完全成本法改为变动成本法，目的是 (　　)。

A. 减少囤积存货的激励因素　　B. 提高经理的奖金

C. 满足对外报告的需求　　D. 制定更准确的标准

9. 如果一个会计期间，期初没有存货，当期产量大于销量，则 (　　)。

A. 变动成本法下得到的营业利润更高

B. 变动成本法下得到的营业利润更低

C. 完全成本法和变动成本法下得到的营业利润相同

D. 无法判断完全成本法和变动成本法对营业利润的影响

10. 某企业只生产一种产品，本月生产该产品100件，共发生直接生产成本10 000元，变动管理费用和变动销售费用为1 890元，固定制造费用为8 000元。按变动成本法计算，该产品的单位成本为 (　　) 元。

A. 118.9　　B. 198.9　　C. 100　　D. 238.9

11. 大风制造公司今年有以下信息：期初存货中的固定制造费用为 23 000 元，变动制造费用为 15 000 元；本期发生变动制造费用 10 000 元、固定制造费用 20 000 元；期末存货中固定制造费用为 22 500 元，变动制造费用为 18 000 元。完全成本法下的营业利润与变动成本法下的营业利润差异为（　　）元。

A. 500　　B. 3 000　　C. 2 500　　D. 2 000

12. 假设期初单位产成品负担的固定性制造费用为 12 元，本期单位产品负担的固定性制造费用为 10 元，期初产成品结存 200 件，本期产量为 3 000 件，本期销售 3 100 件，期末产成品结存 100 件，存货发出按先进先出法。在其他条件不变时，按变动成本法确定的营业利润与按完全成本法确定的营业利润相比，前者较后者（　　）。

A. 多 1 600 元　　B. 少 1 600 元　　C. 多 1 400 元　　D. 少 1 400 元

计算题

1. 飞达公司生产杯状蛋糕模具，本期有关成本的资料如下：单位直接材料成本为 40 元，单位直接人工成本为 20 元，单位变动性制造费用为 28 元，固定性制造费用总额为 16 000 元，单位变动性销售及管理费用为 16 元，固定性销售及管理费用为 4 000 元。该公司的期初存货为 0，本期产量为 4 000 件，销售量为 2 400 件，单位销售价为 160 元。

要求：分别按变动成本法和完全成本法计算下列指标：

(1) 单位产品生产成本；

(2) 期间成本；

(3) 销售成本；

(4) 税前利润。

2. 保佳公司 2020 年度只产销一种办公用的文件夹。公司年初无存货，本年度该产品的生产、销售和成本资料如下：

生产量	50 000 件
销售量	40 000 件
直接材料	200 000 元
直接人工	150 000 元
变动性制造费用	20 000 元
固定性制造费用	10 000 元
固定性销售及管理费用	10 000 元
变动成本率	55%

要求：

(1) 分别按完全成本法和变动成本法计算单位产品生产成本。

(2) 分别按完全成本法和变动成本法编制传统式利润表和贡献式利润表。

(3) 比较上述两张利润表的税前利润相差多少，如何验算？

3. 安康公司专门生产运动护膝，2×21 年和 2×22 年的有关数据如表 5－11 所示。

表 5-11

	2×21 年	2×22 年
生产量（件）	3 000	2 000
期初存货量（件）	—	1 000
期末存货量（件）	1 000	—
销售单价（元）	50	50
单位变动生产成本（元）	18	18
固定性制造费用（元）	60 000	60 000
固定销售及管理费用（元）	15 000	15 000

要求：

(1) 分别按完全成本法和变动成本法计算 2×21 年和 2×22 年该运动护膝的单位产品成本。

(2) 分别按完全成本法和变动成本法编制 2×21 年和 2×22 年的利润表。

第6章

分批成本会计系统

学习目标

- 了解分批成本法的含义及其特点；
- 概述分批成本法的基本流程；
- 简述制造费用在各批产品之间分配的方法；
- 区分实际成本法和常态成本法；
- 描述分批成本法的优点和局限性。

章首案例　镇泰玩具制造公司的第一要务——分批成本法

没人会做赔本的生意，项目能否获利取决于定价是否正确。为了恰当定价，产品设计者需要计算一个订单（或批次）的成本，以及在成本的基础上加多少利润。

在镇泰玩具制造公司，制造副总裁黄先生负责分批成本核算。作为合同批准程序的一部分，黄先生仔细检查每一订单，确认订单成本。合同协调人张先生复核所有的数字，特别注意可能对订单净利润造成重大影响的非正常成本。黄先生说，如果某一批次的成本太高，合同就不会得到批准。

每周四，销售、制造和管理人员详细讨论计划开工的每一订单。项目一旦启动，参与项目的所有员工就会在一份书面报告中详细说明生产的每一阶段。黄先生使用一份有40个阶段分类的清单，如工程设计和模具制造，以准确地追溯每一阶段。每天，每一个工作地点的工人记录每一阶段的完工百分比，这样，客户、工人和镇泰管理层对已完成的工作就了如指掌。

从事各批次生产的每个人都要参加每周五的会议。会上，车间统计员提供批次的工时记录并由主管核对每一项目上的所有作业。黄先生把它们张贴出来供所有人查看。

每一批次使用的所有材料必须通过采购订单购买，订单副本交给车间统计员、项目主管、供应商和应付账款会计。记录材料有助于黄先生严格控制公司在材料上的花费。

每一批次的所有信息都记录在一个笔记本上，黄先生将其视为“宝典”。每一批次都有一个编号，与批次相关的每一件事情，从采购订单到每天日志，必须都有一个编号。

像镇泰公司一样，徐工集团管理层需要知道花费多少成本生产徐工 QY160K 型汽车起重机，诺亚舟财务咨询公司需要知道花费多少成本为海尔集团实施预算管理系统。知道批次的成本和获利能力有助于管理者实现他们的经营战略、制定价格计划和满足外部报告要求。当然，在制定决策时，管理者应该把成本信息与非成本信息结合考虑，如质量、客户满意度、生产周期等非财务业绩指标。

第一节 分批成本法的特点和成本流程

一、分批成本法的定义和特点

分批成本法（简称分批法），也称订单法，是按照产品的批别或订单归集生产费用、计算成本的一种方法。它主要适用于提供独特产品，单件、小批量生产的企业，如专用设备、船舶及精密仪器制造等，也适用于提供个性化产品和服务的商业及服务业公司，如会计师事务所的审计业务。

分批法的特点主要有：

1. 成本计算对象的确定

成本计算对象就是独特的产品或服务的一个或几个单位，称为一个批别，会计部门根据产品批号设立产品成本明细账。生产费用发生后，按照产品批别进行归集。直接成本直接计入；间接成本采用适当的分配方法，在各批产品之间进行分配，然后计入各产品成本明细账。

2. 成本计算期的确定

分批法核算各批产品的成本总额，在其完工以后计算确定。因而，完工产品成本计算是不定期的，其成本计算期与产品的生产周期基本一致，而与核算报告期不一致。

3. 费用在完工产品与在产品之间的分配

在小批、单件生产下，由于完工产品成本计算期与产品的生产周期一致，因而在月末计算产品成本时，不存在完工产品与在产品之间分配费用的问题。

在单件生产中，产品完工前，产品成本明细账所记录的生产费用均为在产品成本；产品完工时，产品成本明细账所记录的生产费用就是完工产品成本，因而在月末计算成本时，不存在完工产品与在产品之间分配费用的问题。

二、分批成本法的基本流程

（1）确认被作为成本对象的批次，设置产品成本明细账。分批法下，首先按照产品的批别设置产品成本明细账，汇集各批产品的各项生产费用。特定的批次通常用独一无二的代码或用几位索引加日期的方式来识别。

（2）追溯该批次的直接成本（直接材料、直接人工）。直接生产费用根据订单号或产品批次，直接计入各批产品成本明细账的直接材料、直接人工等项目。

（3）确认和批次相关的间接成本库（间接费用）。间接生产费用先在“制造费用”

账户归集，月末按照一定的标准分配计入各批产品成本明细账。

(4) 选择成本分配基础（成本动因），以便将间接成本分配到该批次中。不同批次需要不同数量的间接成本。我们的目标是以一种系统的方式把间接成本分配到相关的批次上。公司常常使用多个成本分配基础来分配间接成本，因为不同的间接成本有不同的成本动因。例如，机器的折旧和修理费与机器小时更相关，管理和生产支持与直接人工小时更相关。

(5) 计算每一成本分配基础的分配率。对每一个间接成本库，实际间接成本分配率由库内的实际总间接成本（由（3）确定）除以实际总成本分配基础数量（由（4）确定）得到。

$$实际制造费用分配率=\frac{间接成本}{成本分配基础数量}$$

(6) 计算分配到批次的间接成本。批次的间接成本用与批次相关的各个分配基础的实际数量（每一个成本库只有一个分配基础）乘以各分配基础的间接成本率（由(5) 确定）得到。

(7) 加总批次的所有直接成本和间接成本得到成本对象的总成本。

(8) 月末结算各批产品发生的生产费用。会计期末，对于已经完工的各批产品，产品成本明细账中归集的累计生产费用，即为完工产品总成本；未完工的各批产品，产品成本明细账中归集的累计生产费用，即为月末在产品成本。对于陆续完工交货的产品，应采取一定的方法在完工产品与月末在产品之间分配，计算当月完工产品成本和月末在产品成本。

(9) 完工产品成本结转。月末，应将完工产品成本从产品成本明细账中结转出去，记入“产成品”账户。

第二节　分批成本法实例

一、实际成本法下的分批成本法实例（制造业企业）

实际成本法是一种成本计量方法，它记录发生的所有实际成本，包括直接人工、直接材料和间接成本。实际成本直到会计期末才能确定，它用实际直接成本率乘以直接成本动因投入的实际数量来追溯直接成本；用实际间接成本率乘以实际的成本分配基础来分配间接成本。

AB公司是制造业企业，使用订单法核算产品成本。对于AB公司，每一个客户订单都是一项单独的工作。AB公司使用订单成本来归集每项任务的直接材料、直接人工、制造费用。具体资料如下：

1. 材料购买

在2019年12月31日，AB公司的库存账户余额如下：

原材料		在产品		产成品	
56 000		60 000		0	

2020年，AB公司购买了400 000元直接材料和20 000元间接材料，编制分录（1）：

借：原材料（直接） 400 000

原材料（间接） 20 000

贷：应收账款 420 000

原材料

2019.12.31	56 000	
（1）购买	400 000	
（1）购买	20 000	

原材料是一个总账科目，但是AB公司也需要一个明细科目来记录原材料。明细科目包括每一种类型的材料。例如，软件、空DVD盘、纸张、包装。表6-1展示了AB公司每种类型包装的明细科目。总账科目原材料的余额应与分类账明细科目的总和相等。

表6-1 原材料明细账

材料编号：C-101　　说明：5×6包装

日期	收			付			余		
	数量	单价（元）	金额（元）	数量	单价（元）	金额（元）	数量	单价（元）	金额（元）
2021年									
1月20日							20	14	280
1月23日	20	14	280				40	14	560
7月24日				10	14	140	30	14	420

2. 使用材料

2020年，AB公司完成了许多订单，共使用材料400 000元，包括DVD 90 000元、软件200 000元、包装物110 000元。材料、软件和包装物都是直接材料，能直接追溯到某一订单。纸张的成本则很难追溯到某一订单，因为纸张是间接成本。间接材料开始时会被计入制造费用。分录（2）记录了在产品材料的使用：

借：在产品（直接材料） 400 000

制造费用（间接材料） 20 000

贷：原材料 420 000

对于直接材料和间接材料，生产组需要填写领料单以便将原材料运输到生产车间。表6-2展示了AB公司的领料单，其内容是为了16批次订单制作10张DVD需要10个包装盒。

表6-2 领料单

编号：334　　日期：2020年7月24日　　订单号：16

项目	数量（个）	单价（元）	金额（元）
包装盒	10	14	140

3. 人工成本

AB公司在2020年共发生人工成本200 000元，编制分录（3）：

借：制造工资　　200 000

　贷：应付工资　　200 000

这笔分录包括了直接人工和间接人工的成本。

提供直接人工的雇员要填写一张其参与生产的该批产品的工时卡。表 6－3 是雇员甲的工时卡。从表 6－3 可以看出，雇员甲在 16 批次产品上共花费 5 个小时，得到的总工资是 60 元（5×12）。

表 6－3　工时卡

日期：7 月 24 日　订单号：16

时间：	
开始 1：00	工资率 12 元
结束 6：00	归属于订单的人工费 60 元
工时 5：00	
雇员签字：甲	主管签字：乙

AB 公司对每个批次通过累加劳动时间来计算和分配该批次的人工成本。表 6－4 表明该公司是如何将直接人工成本转到该批次的成本记录中的。工时卡反映了 7 月 24 日有三个工人在生产 16 批次产品。251 号工时卡记录的是工人甲的劳动时间情况。没有显示的 236 号和 258 号工时卡表明有两个其他的工人也在生产 16 批次产品。所以共分配到该批产品的直接人工也就是三个人的人工成本总和 200 元。

表 6－4　直接人工的批次成本记录表

订单号：16

交货日期：7 月 31 日			开始日期：7 月 24 日		完成日期		
日期	直接材料		直接人工		分配的制造费用		
	领料数量	金额	记录的工时	金额	日期	分配率	金额
7 月 24 日	334 个	140 元	236，251，258	200 元			
					所有成本合计 直接材料……………… 直接人工……………… 分配的制造费用…………		
合计					订单成本合计……………		

利用工时卡来建立分类账进而建立生产成本的总账，所以生产成本账户直接人工成本总额就等于工时卡上生产产品的直接人工的总成本。

2020 年，AB 公司共发生直接人工 170 000 元、间接人工 30 000 元（制造费用），包括本年度 16 批次产品和其他批次产品的人工成本。

AB 公司的会计人员要求公司：

（1）将人工成本分配到每个批次上，就和 16 批次上的工人甲一样。

（2）将制造工资中的人工成本转到在产品（直接人工）和制造费用（间接人工）中去。

分录（4）将制造工资账户的金额结转到在产品和制造费用：

借：在产品（直接人工）　　170 000

　　制造费用（间接人工）　　30 000

　贷：制造工资　　200 000

这笔分录将制造工资结清。它的账户余额被分配到在产品（170 000 元，直接费用）和制造费用（30 000 元，间接费用）当中去。

许多公司已经能够自动完成以上会计程序。人工费用、间接制造费用与原材料加在一起叫做转换成本，因为是人的劳动力和制造费用将原材料转移到产成品当中去的。

二、常态成本法下的分批成本法实例（制造业企业）

（一）常态成本法

实际上，计算每周或每月的实际间接成本率十分困难，这意味着管理人员无法在批次完工时计算其实际成本。但是，管理人员需要定期知道不同批次的生产成本近似数，而不是等到年末才知道准确数。常态成本法在一定程度上解决了这一问题。

常态成本法对工作、流程或其他成本对象的直接材料和直接人工采用实际成本，同时采用预计间接成本分配率将间接成本分摊到成本对象上。采用常态成本法，可以计算当期的产品成本，同时又消除了间接成本分配率在各期之间的波动，使各期之间的比较成为可能。表 6－5 列示了实际成本法与常态成本法的比较。

表 6－5　实际成本法与常态成本法

	实际成本法	常态成本法
直接成本	实际直接成本率×实际直接成本项目投入数	实际直接成本率×实际直接成本项目投入数
间接成本	实际间接成本率×实际成本分配基础数量	预计间接成本率×预计成本分配基础数量

（二）常态成本法在制造业企业的应用实例

接“一、实际成本法下分批成本法实例（制造业企业）”中的 AB 公司数据，利用常态成本法对其制造费用进行会计处理。

1. 制造费用的归集

所有的制造费用都会被累积，借记同一个总分类账户（制造费用账户）。前文已将间接材料（20 000 元）和间接人工成本（30 000 元）记入“制造费用”科目。除此之外，AB 公司还发生了以下制造费用：

（1）固定资产折旧 10 000 元；

（2）设备水电费用 7 000 元；

（3）设备保险 6 000 元；

（4）设备财产税 5 000 元。

分录（5）至分录（8）记录了 AB 公司所发生的其他制造费用。括号内是费用的具体项目，它们均被借记到制造费用的明细账。

分录（5）：

借：制造费用（折旧费——厂房设备）　10 000

　贷：累计折旧——厂房设备　10 000

分录（6）：

借：制造费用（车间水电费）　7 000

贷：现金 7 000

分录（7）：

借：制造费用（车间保险费） 6 000

贷：预付保险费——车间 6 000

分录（8）：

借：制造费用（财产税——车间） 5 000

贷：应付财产税 5 000

一年内实际发生的制造费用（例如间接材料、间接人工成本、折旧费、水电费和车间财产税）都要在发生的当时借记“制造费用”账户。到年末时，“制造费用”账户累积了所有实际已发生的费用。

制造费用

（2）间接材料	20 000	
（4）间接人工成本	30 000	
（5）折旧——厂房设备	10 000	
（6）车间水电费	7 000	
（7）车间保险费	6 000	
（8）财产税——车间	5 000	
总成本	78 000	

以上介绍了制造费用是如何在会计记录中进行归集的，但制造费用是如何在各批产品之间分配的呢？制造费用账户里包含着很多不能直接归属于某一批产品成本的项目。例如，无法确定车间的水电费用应归入16批次产品的确切金额。但是，制造费用同直接材料和直接人工成本一样是产品成本中不可缺少的，不进行分配，某些批次就会承担一些不属于它的成本。AB公司就有可能设定不合理的价格，从而使得辛辛苦苦赚的钱遭受损失。下面将介绍常态成本法下制造费用分配的具体操作过程。

2. 制造费用的分配

第一步：计算预计制造费用分配率。只有在年底知道制造费用总额之后，才能精确地分配制造费用。但管理者要即时进行决策，而不能等到年末得到这一数据后再做决策。为解决这一问题，AB公司的会计人员需要在年初估计一个制造费用分配率，公司使用预计制造费用分配率将制造费用分摊到每个批次上。预计制造费用分配率的确定基于两个因素：（1）本年估计的制造费用总额；（2）本年预计制造费用分配基础的数量。因此，其计算分式为：

$$预计制造费用分配率=\frac{预计制造费用总额}{预计制造费用分配基础的数量}$$

将间接制造费用分配到批次上的主要环节是确定制造费用分配基础。制造费用分配基础是将制造费用和产品联系在一起的分母，也即制造费用分配基础越多，制造费用就会越多，反之亦然。成本动因是引起成本的主要因素，制造业企业一般使用如下方面作为成本动因：

（1）直接人工工时（对于劳动密集型生产环境）；

（2）直接人工成本（对于劳动密集型生产环境）；

（3）机器工时（对于机器密集型生产环境）。

AB 公司仅使用直接人工成本作为单一分配基础来进行制造费用的分配。

第二步：将制造费用分配到不同批次上。将制造费用分配到不同批次上的计算方法如下：

已分配的制造费用＝预计制造费用分配率×每批次真实发生的成本基础数量

正和我们所看到的一样，AB 公司利用成本跟踪把直接成本分配到诸如产品批次等的成本计算对象上。下面来看看该公司是如何将各种各样的间接制造费用分配到各批次产品中的。回想一下，间接费用包括厂房和设备的折旧、水电费、保险费、财产税、间接材料和间接人工。

AB 公司使用直接人工成本作为分配基础。在 2019 年，AB 公司估计 2020 年总的制造费用将会达到 80 000 元，而直接人工将会达到 200 000 元。利用这些信息，可使用下面的公式计算出预计制造费用分配率：

$$预计制造费用分配率=\frac{预计制造费用总额}{总的直接人工成本}=\frac{80\ 000}{200\ 000}\times 100\%=40\%$$

AB 公司将会对订单发生的每一单位人工成本分配制造费用 0.40 元（40×1）。AB 公司使用相同的预计制造费用分配率（40%）向全年的订单分配成本。现在再看一下 16 批次产品。

16 批次产品直接人工成本是 200 元，预计制造费用分配率是 40%，因此，AB 公司将会对 16 批次产品分配制造费用 80 元（200×0.40）。如表 6－6 所示，完工产品记录单显示 16 批次产品订单的总成本是 420 元，其中 140 元是直接材料，200 元是直接人工，80 元是分配的制造费用。16 批次共产出 10 张 DVD，所以 AB 公司每张 DVD 的成本是 42 元（420÷10）。

表 6－6　完工产品记录单的制造费用

交货日期：7 月 31 日			开始日期：7 月 24 日		完成日期：7 月 29 日		
日期	直接材料		直接人工		分配的制造费用		
	领料数量	金额	记录的工时	金额	日期	分配率	金额
7 月 24 日	334 个	140 元	236，251，258	200 元	7 月 29 日	直接人工费的 40%	80 元
					所有成本合计 直接材料…………………140 直接人工…………………200 分配的制造费用…………80		
合计		140 元		200 元	订单成本合计……………420		

AB 公司有多个批次产品，其中包括 16 批次。2020 年，公司需要对其他批次产品的制造费用都进行分配。各批次产品的制造费用总额是总直接人工成本 170 000 元的 40%，即 68 000 元。将分配的制造费用转至生产成本的会计分录如下：

借：在产品　68 000

　贷：制造费用　68 000

第三步：差异处理。

分配完毕后，制造费用科目仍有 10 000 元的借方余额。这意味着 AB 公司实际发生的制造费用（78 000 元）超过了分配到在产品账户的制造费用总额（68 000 元）。我们说 AB 公司的制造费用尚待分配，因为发生额是 78 000 元，但只有 68 000 元分配到各批次中。

在这一年内，AB 公司的会计人员按公司实际发生数借记制造费用账户，按在产品的数额贷记制造费用账户。但借方合计很少与贷方合计相等。为什么？因为制造费用是按照预计分配率分配到各批产品的，而预计分配率表示的是预计制造费用与预计分配标准数之间的关系。在例子里，制造费用账户的 10 000 元借方余额称为尚待分配的制造费用，因为分配到生产成本科目的制造费用少于实际发生的数额（制造费用超额分配，将会有贷方余额）。

会计人员会在年末结转制造费用时处理尚待分配的制造费用或者超额分配的制造费用。当制造费用尚待分配时，要贷记制造费用账户以使其余额为零。在上例中，制造费用贷方余额 10 000 元需要结转为 0，那么应借记什么账户呢？对此余额（差异），有三种会计处理方法：

方法一：一次冲销法。将所有差异由当期产品销售成本承担。

AB 公司当年低估了各批产品成本，所以在矫正误差时，应增加（借记）产品销售成本账户，分录如下：

借：产品销售成本　　10 000

　贷：制造费用　　10 000

T 型账户显示制造费用目前的余额为零。

制造费用

实际值	78 000	分配值	68 000
		结转数	10 000
	0		

表 6－7 汇总了各个时期的制造费用的会计核算。

表 6－7　制造费用的会计核算总结

期初：

$$预计制造费用分配率=\frac{预计制造费用总额}{预计分配标准总数}$$

期间：

制造费用分配数额＝实际的制造费用标准数量×预计制造费用分配率

期末：转销制造费用账户的期末余额

批别成本被低估：如果实际的＞分配的→需要在产品销售成本中增加被低估的制造费用部分

借：产品销售成本

　贷：制造费用

批别成本被高估：如果实际的＜分配的→需要在产品销售成本中抵减被高估的制造费用部分

借：制造费用

　贷：产品销售成本

方法二：调整分配率法。使用实际成本分配率代替预计成本分配率来重做所有总分类账和明细账。首先，年末计算出实际间接成本分配率；然后用这个成本分配率计算一年中分配给各批次的间接成本；最后进行各账户的年末结转。这项工作通常由计算机完成。

方法三：按比例调整法。按比例调整法在期末在产品、产成品和产品销售成本中直接分摊少分配或多分配的制造费用，在在产品、产成品和产品销售成本账户的期末余额中按比例进行调整。会计分录为：

借：在产品
　　产成品
　　产品销售成本
　　已分配制造费用
　贷：制造费用

三、分批法在服务业企业中的应用

分批成本法在诸如会计师事务所、咨询公司、广告代理公司、汽车维修店和医院这样的服务业企业中也十分有用。在会计师事务所，每一笔审计业务就是一个批次，每一笔审计业务的成本都在一个批次成本记录中累计。在人工时间记录的基础上，专业人员（审计合伙人、审计经理和审计员）的直接人工成本可以追溯到各独立批次上，其他直接费用如差旅费、工作餐费、住宿费等也都追溯到各批次上。文秘后勤的成本、办公室人员费用、租金以及家具和设备的折旧是间接成本，因为不可追溯到各批次上，需用常态成本法计算。

以信通会计师事务所为例。2020年年初，信通会计师事务所预计总直接人工成本为14 400 000元，总间接成本为12 960 000元，总直接人工小时数为288 000小时。

$$\text{预计直接人工成本率}=\frac{\text{预计直接人工成本}}{\text{预计直接人工小时}}=\frac{14\,400\,000}{288\,000}$$
$$=50(\text{元/直接人工小时})$$

假设以总直接人工成本为成本分配基础，则

$$\text{预计间接成本率}=\frac{\text{间接成本库中的总预算成本}}{\text{预计总成本分配基础数量(直接人工小时)}}\times 100\%$$
$$=\frac{12\,960\,000}{14\,400\,000}=90\%$$

假设信通会计师事务所的客户兴国电器的审计工作于2020年3月使用了800直接人工小时。

信通会计师事务所计算兴国电器审计的直接人工成本为：

$$\text{直接人工成本}=\text{预计直接人工成本率}\times\text{实际直接人工小时}$$
$$=50\times 800=40\,000(\text{元})$$

分配的间接成本为：

$$\text{间接成本}=\text{预计间接成本率}\times\text{直接人工成本}=90\%\times 40\,000=36\,000(\text{元})$$

假设没有差旅费等其他直接成本，则兴国电器的审计成本为：

兴国电器的审计成本＝直接人工成本＋分配的间接成本
＝40 000＋36 000
＝76 000(元)

年末，用预计直接人工成本率追溯的直接成本通常不等于实际的直接成本，少分配或多分配的直接成本需要进行年末调整。

四、分批成本法的优点和局限性

分批成本法能够对特定批次或营运状况提供详细结论，所以它是特定批次理想的成本计算方法。对于大规模生产，分批成本法的使用价值有所降低，因为将单个成本分配到每日大量生产的产品中是不现实的。分批成本法能融合多种成本计算方法，如实际成本法、常态成本法、标准成本法，因而可以足够灵活地在更多类型的公司中应用。

分批成本法对企业具有战略价值，因为它对所有不同种类的成本都给出了详细的分解说明。毛利和毛利率能够用来比较不同批次下公司的盈利情况，对于盈利较差的批次，公司可以分析其过高的成本究竟来自直接人工、直接材料还是其中的一个间接成本库。

行动学习

戴尔应用分批法实现以客户为中心

当下，客户及其需求是企业发展的基础。如何更好地满足客户的需求，是企业成功的关键。戴尔计算机公司的崛起在全球商界掀起了一场革命，即要真正按照顾客的要求设计和制造产品，并在尽可能短的时间内送到客户手上。戴尔在这场战斗中，运用了分批法。通过分批法戴尔公司获得了巨大的成功。

公司网站戴尔在线的目的是最大限度地满足客户的需要，使公司更快捷高效地运转，产生更高的效益。以下是戴尔在线的主要目标：

(1) 更准确快捷地了解客户需求，有计划地组织生产；

(2) 提供直销服务、网上查询和预订；

(3) 降低公司库存，根据客户订货组织生产；

(4) 提供客户个性化服务；

(5) 提供网上故障诊断和技术支持；

(6) 降低公司运营成本。

戴尔公司不断改进自己的网站，获得了巨大成功。在戴尔公司诸多成功因素中，我们主要剖析其成本核算与其经营理念的契合。

戴尔公司在创始之初就坚持“黄金三原则”：第一，摒弃库存；第二，坚持直销；第三，让产品与服务贴近顾客。这三项原则极大地降低了公司的成本，产生了一种新的经营方式，一种不同于传统企业的生产模式——直接掌握销售信息，确定销售标准，与客户直接联络，满足客户的个性化设计，接受订单之后投产。

戴尔公司的目标是零库存。公司精确迅速地获得客户需求信息，不断缩短生产线和客户家门口的时空距离，因为在计算机行业技术的快速变革意味着每台库存的计算机从生产出来可能就过时了。与零库存对应的便是戴尔公司分批法的成本核算方式。戴尔公司允许客户自定义设计其喜欢的产品，客户可以自由选择和配置计算机的各种功能、型号和参数，戴尔公司根据客户的要求进行生产，满足客户的个性化需求。戴尔公司能够根据客户特定的需求为他们量身定做，在这一过程中，戴尔公司按每一订单核算成本，做到以客户为中心的同时，也使公司的成本管理实现了精准、高效和便捷。

对应分批方式，戴尔在门户网站也开发了配置和订货、用户订单查询等多项可以称为DIY的现代商务平台。

戴尔公司的成功案例为其他企业提供了分批法在现实中与公司战略完美结合的范例。

决策指南

以下是本章知识要点的总结，其中决策部分是基本问题，指南部分是这些问题的答案。

决策	指南
1. 什么是分批成本法？分批成本法有什么特点？	分批成本法，也称订单法，是按照产品的批次或订单归集生产费用、计算成本的一种方法。 其特点包括： （1）成本计算对象是一个批次。 （2）成本计算期与产品生产周期基本一致，与核算报告期不一致。 （3）月末不存在完工产品与在产品之间分配费用的问题。
2. 分批成本法的基本流程是什么？	（1）确认作为成本对象的批次，设置产品成本明细账。 （2）追溯该批次的直接成本。 （3）确认和批次相关的间接成本库。 （4）选择成本分配基础（成本动因），以便将间接成本分配到该批次中。 （5）计算每一成本分配基础的分配率。 （6）计算分配到批次的间接成本。 （7）加总批次的所有直接成本和间接成本，得到成本对象的总成本。 （8）月末结算各批产品发生的生产费用。 （9）完工产品成本结转。
3. 如何分配制造费用？	制造费用分配率是将制造费用与成本对象连接起来的比率，制造费用分配率的计算公式为： $\text{制造费用分配率}=\frac{\text{待分配费用总额}}{\text{分配标准总额}}$

续表

决策	指南
4. 怎样区分实际成本法和常态成本法?	实际成本法，记录发生的所有实际成本，包括直接人工、直接材料和间接成本。常态成本法对工作、流程或其他成本对象的直接材料和直接人工采用实际成本，同时采用预计间接成本分摊率将间接成本分摊到成本对象上。
5. 简述分批成本法的优点和缺点。	分批成本法能够对特定批次或营运状况提供十分详细的结论，所以它是特定批次理想的成本计算方法。对于大规模生产，分批成本法的使用价值有所降低，因为将单个成本分配到每日大量生产的产品中去是不现实的。分批成本法能融合多种成本计算方法，如实际成本法、常态成本法、标准成本法，因而可以足够灵活地在更多类型的公司中得到应用。

小测验（单项选择题）

1. (　　) 被企业用于对不同订单的独特产品进行定价。

A. 实际成本法　B. 传统成本法　C. 分批成本法　D. 分步成本法

2. 下列适用分批法核算产品成本的是(　　)。

A. 精密仪器　B. 小型水泥厂　C. 发电　D. 采掘

3. (　　) 将成本对象与间接成本连接起来。

A. 成本池　B. 成本分配基础　C. 成本分配　D. 成本追溯

4. 分批法的成本计算对象是(　　)。

A. 产品品种　B. 产品类别　C. 产品生产步骤　D. 产品批别

5. 实际成本法是通过(　　) 将直接成本追溯到成本对象的一种成本系统。

A. 使用预算直接成本分配率乘以预算直接成本投入数量

B. 使用实际直接成本分配率乘以预算直接成本投入数量

C. 使用实际直接成本分配率乘以实际直接成本投入数量

D. 使用预算直接成本分配率乘以实际直接成本投入数量

6. 采用分批法计算产品成本，作为某一成本计算对象的批别，可以按以下方法确定(　　)。

A. 同一订单中的多种产品　B. 不同订单中的同种产品

C. 同一订单中不同产品的组成部分　D. 不同订单中的不同产品

7. 运用常态成本法下的分批法进行成本计算时，首先要做的是(　　)。

A. 确定该批次的直接成本

B. 确定与各成本分配基础相关联的间接成本

C. 确定被选为成本对象的批次

D. 计算单位分配率

8. 实际成本法和常态成本法的相同点是(　　)。

A. 分配间接成本的方法相同　B. 追溯直接成本的方法相同

C. 使用的间接成本率相同　D. 分配基础相同

9. 恒山公司本年实际发生的制造费用为280万元，按照直接人工小时为成本分配基础分摊，在该期间内发生的直接人工小时数为50 000小时，则制造费用分配率为（　　）元/直接人工小时。

A. 47　　B. 56　　C. 75　　D. 以上均不正确

10. 欧派公司制造专业防滑瓷砖，每单位产品需要2 950元直接材料、2 000元直接人工成本（20元/小时），制造费用分摊采用每直接人工小时35元的分配率，则每单位产品的成本为（　　）元。

A. 4 950　　B. 9 950　　C. 8 450　　D. 11 950

计算题

1. 顺风公司是一家轮胎生产企业，主要产品为：货车轮胎、普通汽车轮胎、豪华汽车轮胎。公司采用分批法计算产品成本。2020年7月份的生产和生产费用支出的资料如下：

（1）普通汽车轮胎4条，5月份投产，本月全部完工。产品批次为2119。

（2）豪华汽车轮胎10条，6月份投产，本月完工6条，未完工4条。产品批次为2120，原材料是在生产开始时一次投入的，在产品完工程度为60%。

（3）货车轮胎8条，本月投产，计划8月份完工，本月提前完工2条。产品批次为2131。

2131批次货车轮胎本月末完工产品成本按计划成本转出，每台计划成本为：原材料1 160元，燃料及动力费920元，工资及福利费612元，制造费用328元，合计3 020元。

要求：根据上述材料，登记各批产品的成本计算单（见表6-8、表6-9、表6-10）。

表6-8　普通汽车轮胎成本计算单

批次：2119　批量：4条　　单位：元

项目	原材料	燃料及动力	工资及福利费	制造费用	合计
月初在产品费用	6 560	7 200	6 340	1 780	21 880
本月生产费用		3 150	2 980	970	7 100
累计					
完工产品成本					
完工产品单位成本					

表6-9　豪华汽车轮胎成本计算单

批次：2120　批量：10条　　单位：元

项目	原材料	燃料及动力	工资及福利费	制造费用	合计
月初在产品费用	12 800	10 280	5 870	3 890	32 840
本月生产费用		3 820	6 120	2 730	12 670
累计					
完工6条产品成本					
完工产品成本					
完工产品单位成本					

表 6-10　货车轮胎成本计算单

批次：2131　批量：8 条　　单位：元

项目	原材料	燃料及动力	工资及福利费	制造费用	合计
本月生产费用	9 360	8 180	5 740	3 010	26 290
单台计划成本					
完工 2 条产品成本					
月末在产品成本					

2. 万利公司是一家生产首饰盒的企业。该公司的主要材料和直接人工均直接归集到产品上。2020 年该公司的成本数据资料如表 6-11 所示。

表 6-11　万利公司成本数据资料　　单位：元

	计划值	实际值
机器小时（小时）	18 000	24 000
辅助人工（机器修理）	10 000	20 000
资产保管费	36 000	40 000
螺丝、钉子、螺帽	29 000	44 000
设备水电费	48 000	92 850
运输费用	33 000	48 000
固定资产折旧	85 000	76 000
广告费用	37 000	42 000

要求：

(1) 计算预计制造费用分配率。

(2) 将制造费用实际值和分配的制造费用列示到制造费用 T 型账户。

(3) 结转尚待分配的制造费用或超额分配的制造费用到产品销售成本账户。

(4) 预计制造费用分配率常常被证明是不准确的，那么会计人员为什么不用实际的制造费用分配率呢？

3. 创达设计有限公司是一家网页设计和咨询公司。该公司采用分批法，每一位顾客被当作“一批”。该公司将直接人工、认证成本、差旅费直接追溯到各批（顾客），将间接成本按照以直接人工成本为分配标准计算的间接费用分配率分配到各批。

2020 年初，管理者编制的预算如表 6-12 所示。

表 6-12　　单位：元

直接人工小时（小时）	20 000
直接人工成本	2 800 000
内勤人员工资	340 000
计算机租赁费	98 000
办公必需品	58 000
办公室租赁费	120 000

2020 年 9 月，该公司为几位顾客提供了服务。其中两位顾客的相关记录如表 6-13 所示。

表 6-13

单位：元

	顾客 A	顾客 B
直接人工小时（小时）	600	55
认证成本	1 700	300
差旅费	7 800	5 600

要求：

(1) 计算 2020 年该公司间接费用计划分配率。

(2) 计算各批产品的总成本。

(3) 如果该公司想要得到相当于销售收入 30% 的利润，那么应分别向这两位顾客收取多少服务费？

(4) 该公司为什么要将成本分配到各批？

4. 哈利公司是一家制造简易木屋的建筑公司。该公司采用永续盘存制和分批法核算成本，每一间房屋被视为“一批”。由于公司属于建筑行业，公司使用建筑人工薪酬和建筑制造费用进行核算。以下是发生在 3 月份的业务。

(1) 购买材料 235 000 元。

(2) 发生制造工人工资 115 000 元。

(3) 领用的直接材料和耗用的直接人工如表 6-14 所示。

表 6-14

单位：元

	直接材料	直接人工
101 号房屋	29 000	20 000
102 号房屋	30 000	17 000
103 号房屋	30 000	26 000
104 号房屋	44 000	25 000

(4) 建筑设备折旧费用 3 400 元。

(5) 101～104 号房屋耗用的其他制造费用如表 6-15 所示。

表 6-15

单位：元

间接人工	53 000
以现金支付的设备租赁费	53 000
到期保险负债	7 000

(6) 按照以直接人工为分配标准计算出的预计制造费用分配率为 40%。

(7) 完工房屋：101 号，103 号。

(8) 销售房屋：103 号，售价为 200 000 元。

要求：

(1) 在总账上记录上述业务。

(2) 为在产品和产成品开设 T 型账户。将相应的分录填列到这两个账户中，用字母为每一个分录编号。假设期初余额为 0，试确定期末余额。

(3) 加总未完工房屋的成本，看其是否与在产品账户期末余额相等。

(4) 加总已完工尚未售出房屋的成本，看其是否与产成品账户期末余额相等。

(5) 计算每幢已售出房屋的毛利。

第7章

分步成本会计系统

学习目标

- 识别分步成本法的使用范围；
- 描述分步成本法的计算流程；
- 计算约当产量并理解如何使用；
- 在分步成本法中使用加权平均法；
- 在分步成本法中使用先进先出法；
- 理解转入成本的概念；
- 理解运营成本法及其应用；
- 理解适时制下倒推成本法的使用。

章首案例　北京汽车株洲分公司

北京汽车股份有限公司（简称北京汽车）是北京汽车集团有限公司乘用车资源聚合和业务发展的核心平台。北京汽车股份有限公司株洲分公司始建于2009年，是北京汽车第一个自主品牌乘用车基地。株洲分公司以“超越用户期望，引领行业发展，实现员工成长”为使命，不断推进企业运营创新、转型和升级。产品已覆盖A+级轿车、SUV、新能源汽车和小型发动机等极具市场前景的热销细分领域，年总产值近100亿元。

汽车制造分为四个步骤：冲压、焊接、涂装和总装。冲压，顾名思义，就是将新购入的钢板通过模具压成车的各种零部件，例如车门、车身板等。这些零部件将转入下一个车间，也就是焊接车间，利用焊接工具将各种零部件焊接成整个车体。车体再投放到涂装车间，进行喷漆打磨，此时，一辆汽车的雏形已经出现。最后，经过喷漆打磨的车体来到总装车间，根据车体所定的型号进行各种内饰和发动机的安装和调整。这样，一辆漂亮的汽车就出现在我们眼前。

对于北京汽车株洲分公司整车制造这种具有单一性和重复性的业务流程，按照生产流程步骤进行成本核算，能够帮助企业分析和考核各步骤成本计划的完成情况，有利于各步骤的成本管理和相关负责人的经济责任。

第一节 分步成本法的特点和成本流程

一、分步成本法的特点

分步成本法，简称分步法，是指按照产品的生产步骤归集生产费用，计算产品成本的一种方法。它适用于大量、大批多步骤生产，且管理上要求按生产步骤计算产品成本的企业或工厂，比如食品、纺织、汽车制造和炼油行业的企业。其特点如下：

(1) 分步成本法的成本计算对象就是各种产品的生产步骤，因此在计算产品成本时，应按照产品的生产步骤设立产品成本明细账。如果只生产一种产品，成本计算对象就是该种产品及其所经过的生产步骤，产品成本明细账应按照产品的生产步骤开设；如果生产多种产品，成本计算对象应是各种产品及其所经过的各生产步骤，产品成本明细账应按照每种产品的各个步骤开设。

(2) 分步成本法的成本计算期与会计报告期一致，以日历月份为成本计算期。在大量、大批多步骤生产的企业中，生产是连续不断的，从开工一直到不再生产该种产品为止，产品的生产周期相当长。而成本计算的目的是控制成本的发生，如果到不再生产该种产品时才能计算出产品的成本，那么就达不到控制成本的目的。为了达到控制成本的目的，企业需要对多步骤、生产周期长的产品成本定期进行计算。另外，每个会计报告期都要向外部报告企业的经营状况。因此，分步成本法的成本计算期应该与会计报告期一致。

(3) 费用在完工产品和在产品之间分配。在大量、大批多步骤生产企业中，由于生产周期长，因此在月末计算各种产品成本时各步骤一般都存在未完工的产品。为了计算完工产品成本和在产品成本，需要采用适当的分配方法，将汇集在生产成本明细账中的生产费用，在完工产品与在产品之间进行分配。

(4) 由于产品生产是分步骤进行的，为了计算各种产品的产成品成本，需要按照产品品种结转各步骤成本。

二、分批成本法与分步成本法的比较

在第6章中，镇泰玩具制造公司采用分批成本法，以每个客户订单为成本计算对象确认订单成本。本章中，类似汽车公司等生产相同或相似产品或者服务的公司则更为普遍地采用分步成本法。下面从成本流转入手，讨论并归纳分批成本法与分步成本法的不同（见图7-1和图7-2）。

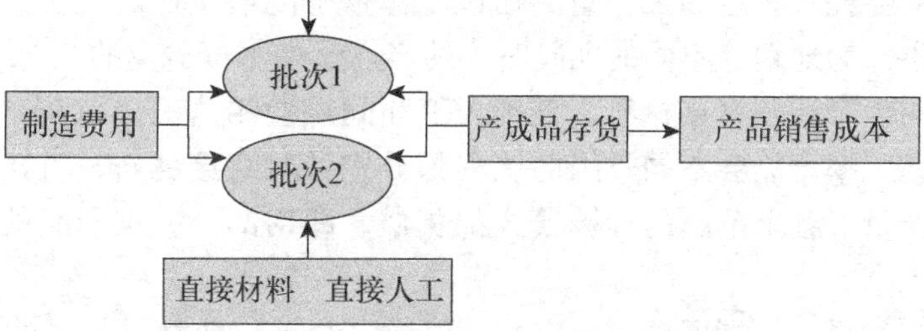

图7-1 分批成本法的成本流转

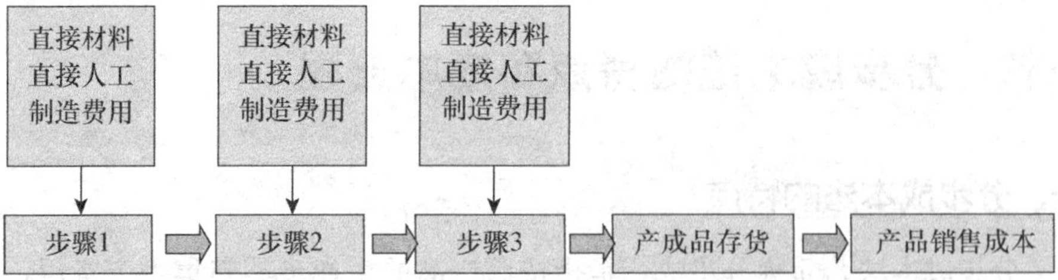

图 7-2　分步成本法的成本流转

从图 7-1 和图 7-2 可以看出，分批成本法和分步成本法的成本计算对象不同：分批成本法的成本计算对象为产品批次或订单，分步成本法的成本计算对象为产品生产步骤。正因为两者的成本计算对象不同，两者的成本计算周期也就不同：分批成本法的成本计算周期与该批产品的生产周期一致，因而是不定期的，与会计报告期并不一致；分步成本法下企业对生产成本定期进行核算，因而成本计算周期是定期的，与生产周期不一致，与会计报告期一致。两种方法对于费用在产成品与在产品之间的分配也存在不同：分批成本法由于成本计算期与产品批次的生产周期一致，因此在进行期末成本核算时并无或只有少量在产品，费用不需要在产成品与在产品之间分配；而分步成本法的成本计算期与生产周期不一致，导致在期末核算成本时还需要将费用在产成品与在产品之间分配。

第二节　分步成本法中的约当产量

一、约当产量

在分批成本法下，部分完工的产品有相匹配的成本。与分批成本法不同，分步成本法不容易确定部分完工的产品价值，因为分步成本法的会计处理重视的是流程成本或部门成本，并不是各个批次的成本和产品成本。因此，分步成本法必须确定所有产品单位的合并成本，包括期初和期末部分完工的产品。部分完工的产品意味着这些产品仍处于在产品存货中，因此一个部门完工的产品并不是真的完工了，直到它们转入产成品存货中才算完工。在期末，生产经理和工程师应对仍处于生产线上的在产品的占比或在产品的存货占比进行估计。

由于产品成本的计算取决于每一部门的单位成本，部分完工的产品必须纳入计算。在会计期末，分步成本法应将在产品的存货视为约当产量。约当产量是指，为生产部分完工产品会耗用一定的工作量，在该工作量下能够生产的完工产品数量。在持续的加工生产中人为地划分不同的期间时，约当产量是不可避免的。

产品的生产涉及直接材料、直接人工和间接费用这三个范畴，由于相同产品其各个范畴的完工率可能会不同，因此工程师分别针对直接材料、直接人工和间接成本来计算约当产量，各个范畴的计算模式都相似，即用部分完工产品的数量乘以各个范畴的估计完工率。

例如，如果 200 桶网球已经完成，但尚未装箱，即材料成本的完工率为 95%，那么直接材料的约当产量相当于生产 190 桶已完工的网球。如果 200 桶网球已完成 40%

的直接人工工作量，那么直接人工的约当产量相当于生产80桶已完工的网球。

二、期初存货

期初存货是上一会计期间的期末存货。在上一会计期间，计算部分完工产品期末存货的约当产量时，不能使用完工率，应采用未完工率，即（1－完工率）。也就是说，部分完工产品的期初存货的约当产量，等于部分完工产品的数量乘以（1－完工率）。比如，网球的完工产品期初存货完工率为30%，那么在计算约当产量时应采用未完工率即70%。当然，并不是所有的方法都要在计算中考虑期初存货。

总约当产量的计算公式如下：

产品的约当产量＝[期初存货数量×(1－期初存货的完工率)]
＋当期投入并完工的数量＋期末在产品存货的约当产量

三、加工成本

一些公司只单独计量直接材料，并将直接人工和间接成本称作加工成本。当高度自动化生产造成直接人工已不再是成本的重要组成部分时，这些公司就会在计算过程中，例如在确定约当产量时，将直接人工和间接成本合并计算。

加工成本比较适用于以人工作为成本动因的公司，但是那些采用非人工动因的公司，例如安装的次数和机器工时数作为成本分配基础的公司，最好将直接人工和间接成本分开计算。

第三节 生产成本报告的编制步骤和编制方法

一、生产成本报告的编制步骤

单个部门的生产成本报告包含所有实物产量、约当产量、期末在产品存货、当期成本、分配给已完工产品的成本以及分配给结转出产品的成本。

编制生产成本报告包括以下五个步骤：

（1）确定实物量。在确定期初产品的数量、本期新加工的或实际收到的产品数量、完工并结转的产量和期末在产品存货的数量时，投入和产出的产量都应考虑到。期初在产品存货和当期转入装配部门的数量属于投入数量；对于某个具体部门，完工并结转的产量和期末在产品存货属于产出产量。

（2）确定约当产量。

以上两个步骤分析了生产数量并计量了生产的总工作量。

（3）计算总制造成本。期初在产品存货以及任何当期成本都应包括在总制造成本当中，领料单、工时计算单和工厂间接成本分摊表共同归集了这些成本。

（4）计算约当产量的单位成本。将总成本分别除以直接材料和加工成本的约当产量，计算出单位直接材料成本和单位加工成本以及单位总成本。

（5）将总制造成本分配给产成品和期末在产品存货。根据步骤（3）和步骤（4）的计算结果，将总制造成本分配给完工并结转出的产品和期末在产品存货。

以LT电子公司生产的N30手机为例。假设2020年9月份期初在产品有2 250部，当期投产2 750部，9月份装配部门的有关数据如表7－1所示。

表7－1　2020年9月份装配部门有关数据

	实物量（部）(1)	直接材料（元）(2)	加工成本（元）(3)	总成本（元）(4)＝(2)＋(3)
期初在产品	2 250	180 000	81 000	261 000
完工程度		100%	60%	
本期投产	2 750			
本期完工并转出	4 000			
期末在产品	1 000			
完工程度		100%	50%	
本期投入成本		198 000	163 800	361 800

注：期初直接材料成本＝2 250×100%×80＝180 000(元)
期初加工成本＝2 250×60%×60＝81 000(元)

二、生产成本报告的编制方法

使用分步成本法时，生产成本报告可以用先进先出法和加权平均法来编制。

（一）加权平均法

加权平均法是指将截至本期末所有产品的平均约当单位成本（不管产品何时生产）分配到本期完工产品和期末存货中。

步骤1：汇总实物量。表7－2的实物量说明了它们的来源（期初在产品存货（2 250部）和本期投产（2 750部））与去向（本期完工并结转（4 000部）和期末在产品存货（1 000部））。

表7－2　9月份装配部门实物量与约当产量计算单（加权平均法）　　单位：部

生产流程	步骤1	步骤2	
		约当产量	
	实物量	直接材料	加工成本
期初在产品	2 250		
本期投产	2 750		
应计产量	5 000		
本期完工并结转	4 000	4 000	4 000
期末在产品	1 000		
		1 000	500
实计产量	5 000		
约当产量		5 000	4 500

步骤2：计算约当产量。由于在加权平均法中，期初在产品存货已经包含在实物产量下，所以不应包含在约当产量中。表7－2中，在1 000部期末在产品存货中直接材料已经完工100%，而加工成本只完工50%，所以直接材料的约当产量是1 000部，而加工成本的约当产量为500部。这一数值加上已完工产品数量4 000部，得出直接材料约当产量为5 000部，加工成本的约当产量为4 500部。

这一步利用了下列等式中的关系：

$$\text{期初在产品约当产量}+\text{本期约当产量}=\text{本期完工并结转的约当产量}+\text{期末在产品约当产量}$$

步骤 3：汇总待分配总成本（见表 7－3）。2020 年 9 月待分配总成本数据为：

期初在产品成本＝直接材料成本＋加工成本＝180 000＋81 000＝261 000(元)
当期投入成本＝直接材料成本＋加工成本＝198 000＋163 800＝361 800(元)
待分配总成本＝261 000＋361 800＝622 800(元)

表 7－3　9 月份装配部门成本计算单（加权平均法）　单位：元

		总成本	直接材料	加工成本
步骤 3	期初在产品	261 000	180 000	81 000
	本期投入成本	361 800	198 000	163 800
	待分配总成本	622 800	378 000	244 800
步骤 4	待分配总成本		378 000	244 800
	约当产量		5 000	4 500
	约当产量单位成本		75.60	54.40
步骤 5	成本分配			
	完工结转产品	520 000	302 400	217 600
	期末在产品	102 800	75 600	27 200
	已分配总成本	622 800	378 000	244 800

步骤 4：计算约当单位成本。表 7－3 中步骤 4 说明了按直接材料和加工成本分别计算的约当产量的单位平均成本，由期初在产品成本加上本期投入成本除以本期全部约当产量得出。具体计算如下：

直接材料待分配总成本＝期初在产品成本＋本期投入成本
＝180 000＋198 000＝378 000(元)
直接材料约当单位成本＝直接材料待分配总成本÷直接材料总约当产量
＝378 000÷5 000＝75.60(元/部)
加工成本待分配总成本＝期初在产品成本＋本期投入成本
＝81 000＋163 800＝244 800(元)
加工成本约当单位成本＝加工成本待分配总成本÷加工成本总约当产量
＝244 800÷4 500＝54.40(元/部)

步骤 5：将总成本在产成品和在产品之间分配。

表 7－3 中步骤 5 说明了完工转出产品与期末在产品的约当产量，与按照步骤 4 计算的约当产量单位成本相乘，计算出完工产品与期末在产品分配的成本。

完工结转产品：

直接材料分配成本＝约当产量×约当产量平均成本
＝4 000×75.60＝302 400(元)
加工成本分配成本＝约当产量×约当产量平均成本
＝4 000×54.40＝217 600(元)
完工结转产品分配成本＝302 400＋217 600＝520 000(元)

期末在产品：

直接材料分配成本＝约当产量×约当产量平均成本

＝1 000×75.60＝75 600(元)

加工成本分配成本＝约当产量×约当产量平均成本＝500×54.40＝27 200(元)

期末在产品分配成本＝75 600＋27 200＝102 800(元)

根据表 7－3，图 7－4 汇总了待分配总成本以及它们是如何分配的。

待分配总成本		已分配总成本	
期初在产品	261 000元	完工结转产品	520 000元
本期投入成本	361 800元	期末在产品	102 800元
待分配总成本	622 800元	已分配总成本	622 800元

图 7－4　成本流转图

需要说明的是，表 7－2 只是处理了实物产量与约当产量，不是成本，表 7－3 则说明了成本金额。根据表 7－3 中的数据，LT 公司 9 月份的有关会计分录如下：

(1) 记录 9 月份采购并投入生产的直接材料。

借：在产品——装配部门　　198 000

　贷：应付账款　　198 000

(2) 记录 9 月份装配部门投入的加工成本，包括能源、制造费用、制造人工和设备折旧等。

借：在产品——装配部门　　163 800

　贷：其他相关账户　　163 800

(3) 记录 9 月份装配部门完工并结转至检测部门的产品。

借：在产品——检测部门　　520 000

　贷：在产品——装配部门　　520 000

加权平均法下，“在产品——装配部门”的 T 型账户如下：

在产品——装配部门

期初存货，9 月 1 日	261 000	(3) 完工并结转至在产品	520 000
(1) 直接材料	198 000		
(2) 加工成本	163 800		
期末存货，9 月 30 日	102 800		

(二) 先进先出法

先进先出法是将期初在产品已完成的工作量与本期的工作量进行区分，用本期发生的成本与本期的生产数量来计算本期的约当单位成本。具体分配顺序是：(1) 将期初在产品的约当产量成本分配给首先完工并转出的产品；(2) 本期的成本首先分配给期初存货的完工产品，然后是本期投入并完工的产品，最后是期末在产品。简单来讲，就是设定期初在产品存货被首先加工完工并转出。

继续使用 LT 公司案例来说明先进先出法。

步骤1：汇总实物量。

表7-4中步骤1追溯了产品实物量流转，并且解释了先进先出法下的实物量计算。具体如下：

(1) 假设本期首先完工并结转的实物量是2 250件期初在产品。

(2) 9月份的数据表明完工了4 000件产品。先进先出法假设其中1 750件（4 000－2 250）产品是9月份投入的。

(3) 期末在产品为1 000件，即本期投入的2 750件减去在9月份投入并完工的1 750件。

(4) 应计实物量等于实计实物量（5 000件）。

表7-4　9月份装配部门实物量与约当产量计算单（先进先出法）　单位：件

生产流程	步骤1	步骤2	
		约当产量	
	实物量	直接材料	加工成本
期初在产品	2 250		
本期投产	2 750		
应计产量	5 000		
本期完工并结转			
来自期初在产品	2 250		
		0	900
投入并完工	1 750		
		1 750	1 750
期末在产品	1 000		
		1 000	500
实计产量	5 000		
约当产量		2 750	3 150

步骤2：计算约当产量。

表7-4也说明了步骤2的计算。每一种成本类别的约当产量只是本期（9月份）完工的约当产量。

在先进先出法下，9月份对期初存货加工的约当产量等于2 250件乘以剩下的需要9月份完成的工作量，即0的直接材料与40%的加工成本，因为对于直接材料期初存货已经100%完工，对于加工成本已经60%完工。结果是，直接材料是0件（2 250×0）的约当产量，加工成本是900件（2 250×40%）的约当产量。

本期投入并完工的1 750件实物约当产量对于直接材料与加工成本都是1 750乘以100%，因为这些产品的工作都是本期完成的。

1 000件的期末在产品的约当产量对于直接材料等于1 000乘以100%，对于加工成本等于1 000乘以50%。因为直接材料在本期已全部投入，而加工成本投入50%。

步骤3：汇总待分配总成本（见表7-5）。

2020年9月待分配总成本数据为：

期初在产品成本＝直接材料成本＋加工成本＝180 000＋81 000＝261 000(元)

当期投入成本＝直接材料成本＋加工成本＝198 000＋163 800＝361 800(元)

待分配总成本＝261 000＋361 800＝622 800(元)

表 7-5　9 月份装配部门成本计算单（先进先出法）　　单位：元

		总成本	直接材料	加工成本
步骤 3	期初在产品	261 000	180 000	81 000
	本期投入成本	361 800	198 000	163 800
	待分配总成本	622 800	378 000	244 800
步骤 4	本期投入成本		198 000	163 800
	本期约当产量		2 750	3 150
	约当产量单位成本		72	52
步骤 5	成本分配			
	完工结转产品（4 000 件）			
	期初在产品（2 250 件）	261 000	180 000	81 000
	本期投入成本	46 800	0	46 800
	来自期初存货的总成本	30 780		
	本期投入并完工（1 750 件）	217 000	126 000	91 000
	期末在产品	98 000	72 000	26 000
	已分配总成本	622 800	378 000	244 800

步骤 4：计算约当单位成本。

表 7-5 中步骤 4 说明了按直接材料和加工成本分别计算的约当产量的单位平均成本，由期初在产品成本加上本期投入成本除以本期全部约当产量得出。具体计算如下：

直接材料约当单位成本＝直接材料本期投入成本÷直接材料本期约当产量
＝198 000÷2 750＝72(元/件)

加工成本约当单位成本＝加工成本本期投入成本÷加工成本本期约当产量
＝163 800÷3 150＝52(元/件)

步骤 5：将总成本在产成品和在产品之间分配。

表 7-5 中步骤 5 说明了完工转出产品与期末在产品的约当产量，与按照步骤 4 计算的约当产量单位成本相乘，计算出完工产品与期末在产品分配的成本。

在完工并结转的 4 000 件产品的成本中，2 250 件的产品成本来自期初存货，1 750 件的产品成本是本期投入并完工的。先进先出法从将期初在产品存货成本 261 000 元分配给最先完工并结转的产品开始。如在步骤 2 中看到的，本期还需 900 件约当产量的加工成本投入完成这些产品，由于本期约当产量单位加工成本是 52 元，所以还需 46 800 元（900×52）来完成期初在产品。期初在产品的总成本是 307 800 元（261 000＋46 800）。本期投入并完工的 1 750 件产品由 1 750 件产品的直接材料与 1 750 件产品的加工成本组成。这些产品本期的单位成本是直接材料 72 元、加工成本 52 元，总成本是 217 000 元（1 750×72＋1 750×52）。

期末在产品存货一定是本期投入生产但尚未完工的产品。期末 1 000 件部分完工的在产品存货的总成本包括：直接材料成本 72 000 元（1 000×72），加工成本 26 000 元（500×52）。

根据表 7-5，图 7-5 汇总了待分配总成本以及它们是如何分配的。

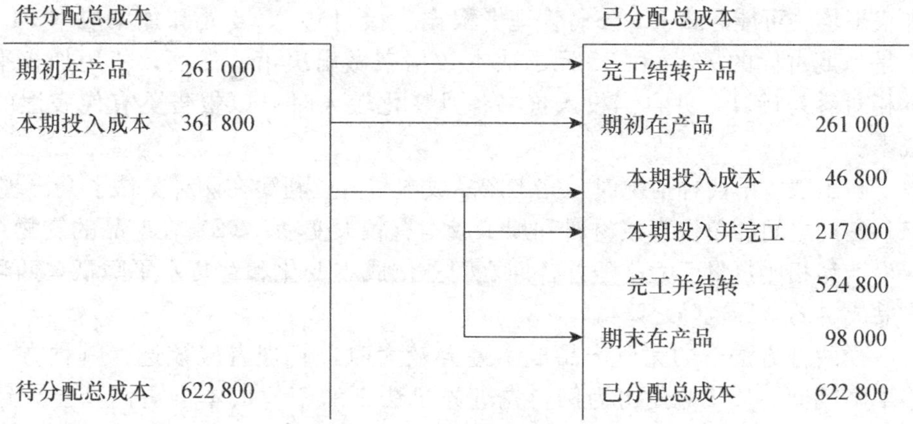

图 7-5　成本流转图

除了一个差异外，先进先出法下的会计分录与加权平均法下的会计分录相同。在先进先出法下，记录完工与转出产品的成本是 524 800 元，而加权平均法下是 520 000 元。

需要说明的是，先进先出法只对本车间转出的产品使用。在实务中，给定期间转入的产品经常使用较为简单的加权平均法。

三、加权平均法与先进先出法比较

表 7-6 总结了 LT 公司 2020 年 9 月份加权平均法和先进先出法下产成品和在产品之间的成本分配结果。

表 7-6　加权平均法与先进先出法比较　　单位：元

项目	加权平均法（根据表 7-3）	先进先出法（根据表 7-5）	差异
完工与转出产品的成本	520 000	524 800	＋4 800
期末在产品	102 800	98 000	－4 800
实际总成本	622 800	622 800	

加权平均法下的期末存货比先进先出法下的期末存货高出 4 800 元，比例为 4.9％（4 800÷98 000）。如果同时考虑 LT 公司生产的上千种商品，这一差异将变得很大。本例中，加权平均法下的销售成本低于先进先出法下的销售成本，从而使得相应的营业利润和所得税支出都较高。为了查明差异的原因，让我们回顾一下表 7-5 中的数据，期初存货的直接材料约当单位成本是 80 元，加工成本的约当单位成本是 60 元，这些成本分别比本期直接材料约当单位成本 72 元、加工成本约当单位成本 52 元高。由于直接材料和加工成本投入的价格下降，或者由于 LT 公司的加工过程更有效率，使用较少的投入可以得到相同的产出，那么成本就可能更低。

管理者使用分步成本法提供的信息来支持定价和产品组合决策，并了解业务流程的实施情况。先进先出法为管理者提供各期单位成本变化的信息，管理者可以利用这些数据来调整价格，也可以通过与预算或前期业绩比较来评价公司的成本绩效。通过集中于本期工作量与成本，先进先出法为计划和控制目的提供了有用的信息。

加权平均法综合了不同会计期间的产品成本，掩盖了各期数据之间的比较。例如，加权平均法可能导致LT公司管理者根据直接材料75.6元和加工成本54.40元，而不是当期占优的72元和52元的成本数据来做出决策。然而，使用加权平均法，成本相对容易计算，并且当投入价格各月变化较大时可以报告更有代表性的单位平均成本。

当出现以下两种情况时，完工产品成本与营业利润在两种方法下会出现重大差异：(1) 各期之间的单位直接材料和加工成本有较大变动；(2) 在产品的实物存货水平与转出产品相比数量巨大。随着各期之间单位成本变化和存货水平降低，两种方法完工产品成本的差异也随之降低。

当两种方法下的完成产品成本差异较大时，管理者应该选择哪种方法呢？在价格下降期间，以LT公司为例，先进先出法下的销售成本会更高，会导致营业利润更低，税款更低，节约了公司现金，增加了公司价值。显然，先进先出法是优先选择，但是从业绩评价和薪酬激励角度来看，管理者可能不会做出这种选择。比如，管理者薪酬只和营业利润挂钩，不与税款和现金流挂钩时，管理者可能会选择加权平均法。

第四节 转入成本

一、转入成本概述

在分步成本法下，产品从一个部门转移到下一个部门时，相关成本也会随之转出。转入成本是先前部门积累下来的所有成本。基于该产品是部分完工并在当前部门继续加工的假设，先前部门的成本需要结转至当前部门。因此，前一个部门就像是向下一个部门提供半成品的卖家，每一个部门都视为一个独立的实体。

下面继续以LT电子公司的检测部门为例来介绍转入成本的核算。LT公司装配部门将加工完成的产品N30直接转入检测部门。假设检测部门的加工成本是在整个生产期间均匀投入的。在检测工序结束时，还会对产品投入直接材料，主要是包装材料，使产品可以准备好起运。检测部门的产品一旦完成立即转入产成品。检测部门的成本包括检测中追加的直接材料和加工成本，还有转入成本。图7-6展现了这些关系。

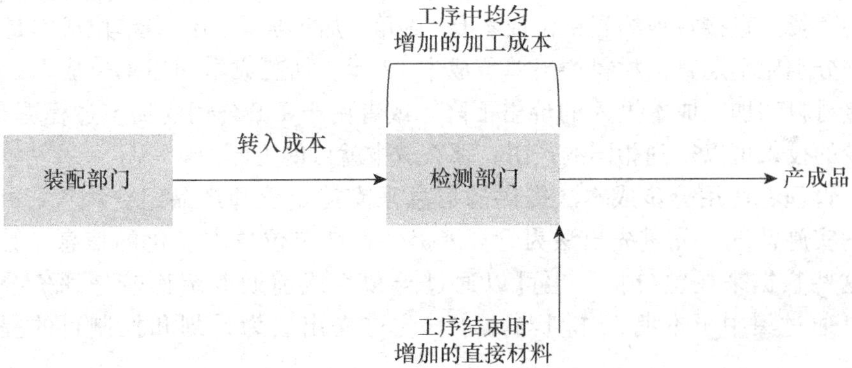

图7-6 检测部门成本流转图

2020年10月，检测部门的数据如表7-7所示。

表7-7 检测部门有关数据

	实物数量（部）	转入成本（元）	直接材料（元）	加工成本（元）
在产品期初存货（10月1日）	2 400	336 000	0	180 000
期初在产品完成率		100%	0%	62.5%
10月份转入	4 000			
10月份完工并转出	4 400			
在产品期末存货（10月31日）	2 000			
期末在产品完工率		100%	0%	80%
10月份实际追加的总成本				
直接材料和加工成本			132 000	486 000
转入成本（加权平均法，来自表7-3）		520 000		
转入成本（先进先出法，来自表7-5）		524 800		

我们可将转入成本视为在加工开始时投入的一种单独类型的直接材料，也即转入成本在新部门工序开始时总是100%的完工率。当涉及连续多个部门时，从上一部门转入的产品成为下一部门的全部或部分直接材料，只不过称为转入成本而不是直接材料成本。

二、加权平均法下的转入成本

下面沿用前述的五步骤程序介绍加权平均法下的转入成本核算，将检测部门的成本分配给产成品和期末在产品。

表7-8描述了步骤1和步骤2。计算原理与表7-2中的在加权平均法下对装配部门的约当产量计算相同，此处的区别是将转入成本视为一种单独投入的直接材料。所有产品，不管是当期完工转出还是期末在产品，对于转入成本来说，产品总是已经完工。原因在于，转入成本是在装配部门发生的成本，检测部门收到的任何产品都必须先在装配部门完工。然而，在检测部门无论是期初还是期末在产品存货，其直接材料均在加工的最后一道工序才投入，所以完工率为零。

表7-8 10月份检测部门实物量与约当产量计算单（加权平均法） 单位：件

生产流程	步骤1	步骤2		
		约当产量		
	实物量	转入成本	直接材料	加工成本
期初在产品	2 400			
本期转入	4 000			
应计产量	6 400			
本期完工并结转	4 400	4 400	4 400	4 400
期末在产品	2 000			
		2 000	0	1 600
实际产量	6 400			
约当产量		6 400	4 400	6 000
本部门完工程度：转入成本100%，直接材料0，加工成本80%。				

表 7－9 描述了加权平均法的步骤 3、步骤 4 和步骤 5。为了计算转入成本、直接材料与加工成本的约当单位成本，期初在产品与本期投入合并计算。

表 7－9　10 月份检测部门成本计算单（加权平均法）　　单位：元

		总成本	转入成本	直接材料	加工成本
步骤 3	期初在产品	516 000	336 000	0	180 000
	本期投入成本	1 138 000	520 000	132 000	486 000
	待分配总成本	1 654 000	856 000	132 000	666 000
步骤 4	待分配总成本	1 654 000	856 000	132 000	666 000
	约当产量		6 400	4 400	6 000
	约当产量单位成本		133.75	30.00	111.00
步骤 5	成本分配				
	完工结转产品（4 400 件）	1208 900	588 500	132 000	488 400
	期末在产品（2 000 件）	445 100	267 500	0	177 600
	已分配总成本	1 654 000	856 000	132 000	666 000

从检测部门转到产成品的会计分录如下：

借：产成品　　120 890

　贷：在产品——检测部门　　120 890

加权平均法下，“在产品——检测部门”的 T 型账户如下：

在产品——检测部门

期初存货（10 月 1 日）	516 000	转出成本	1 208 900
转入成本	520 000		
直接材料	132 000		
加工成本	486 000		
期末存货（10 月 31 日）	445 100		

三、先进先出法下的转入成本

沿用前述的五步骤程序介绍先进先出法下的转入成本核算。表 7－10 描述了步骤 1 和步骤 2。除了核算转入成本，约当产量的计算与表 7－4 中在先进先出法下对装配部门的计算相同。

表 7－10　10 月份检测部门实物量与约当产量计算单（先进先出法）　　单位：件

生产流程	步骤 1	步骤 2		
	实物量	约当产量		
		转入成本	直接材料	加工成本
期初在产品	2 400			
本期转入	4 000			
应计产量	6 400			
本期完工并结转				
来自期初在产品	2 400			
		0	2 400	900
本期投入并完工	2 000			
		2 000	2 000	2 000

续表

生产流程	步骤1	步骤2		
	实物量	约当产量		
		转入成本	直接材料	加工成本
期末在产品	2 000			
		2 000	0	1 600
实际产量	6 400			
约当产量		4 000	4 400	4 500

本部门期初在产品完工程度：转入成本100%，直接材料0，加工成本62.5%。
本部门期末在产品完工程度：转入成本100%，直接材料0，加工成本80%。

表7-11描述了步骤3、步骤4和步骤5。

表7-11　10月份检测部门成本计算单（先进先出法）　单位：元

		总成本	转入成本	直接材料	加工成本
步骤3	期初在产品	516 000	336 000	0	180 000
	本期投入成本	1 142 800	524 800	132 000	486 000
	待分配总成本	1 658 800	860 800	132 000	666 000
步骤4	本期投入成本		524 800	132 000	486 000
	本期约当产量		4 000	4 400	4 500
	约当产量单位成本		131.20	30	108
步骤5	成本分配				
	完工结转产品（4 400件）				
	期初在产品（2 400件）	516 000	336 000	0	180 000
	本期投入成本	169 200	0	72 000	9720
	来自期初存货的总成本	685 200			
	本期投入并完工（2 000件）	538 400	262 400	60 000	216 000
	总计完工并结转产品成本	1 223 600			
	期末在产品（2 000件）	435 200	262 400	0	172 800
	已分配总成本	1 658 800	860 800	132 000	666 000

在步骤3中，先进先出法下的待分配总成本1 658 800元不同于加权平均法下的1 654 000元，因为在加权平均法和先进先出法下装配部门完工转入检测部门的成本不同，加权平均法是520 000元，先进先出法是524 800元。在步骤4中，本期约当单位成本是以本期在产品和转入成本为基础计算的，步骤5将1 658 800元的待分配总成本分配给转出的产成品和期末在产品，同样不考虑转入成本，这种计算与装配部门先进先出法下的计算是一样的。

需要注意的是，在一系列部门之间的转移中，从会计角度考虑，每一个部门都应相互独立可识别。从检测部门转入产成品的有关会计分录如下：

借：产成品　　122 360

　贷：在产品——检测部门　　122 360

先进先出法下，“在产品——检测部门”的T型账户如下：

在产品——检测部门

期初存货（10月1日）	516 000	转出成本	1 223 600
转入成本	524 800		
直接材料	132 000		
加工成本	486 000		
期末存货（10月31日）	435 200		

四、转入成本核算要点

在转入成本核算时，应注意以下要点：

（1）确认把前一部门转入的成本包括在核算内。

（2）在用先进先出法计算转入成本时，将前一期间分配给本期期初在产品的成本包含在转入成本中。例如，表7-11中的516 000元不可忽视。

（3）单位成本在各期之间可能会波动，因此，转入的产品可能包括以不同的单位成本累积的批次。

（4）产量在各部门可能按不同的计量单位来表示，应分别考虑每一部门的具体情况。

第五节 其他成本计算方法

一、运营成本法

运营成本法（operation costing）是一种将分批成本法和分步成本法相结合的成本计算方法。与分批成本法类似，它将直接材料分配给每个作业或批次，但直接人工和制造费用（加工成本）的分配与分步成本法类似。这种混合成本计算方法适用于批量生产相似但不相同的产品，不同批次需要使用不同的直接材料或定制材料。例如，服装厂具有标准的生产流程——选择款式、裁剪和缝制，但不同衣服选用的面料千差万别，衣服尺寸、颜色和价格以及其他很多因素也各不相同。适用于该方法的还有纺织业、金属加工业、家具业、制鞋业和电子设备业的企业。

运营成本法采用工作任务单，工作任务单详细规定了需要的直接材料与生产步骤。产品成本根据工作任务单而定。

SDK公司是一家服装生产商，生产两种夹克衫：一种使用羊毛面料，一种使用聚酯纤维面料。前者使用更高档的原料、经过更多的生产步骤。生产500件羊毛夹克衫的工作任务单910和生产1 000件聚酯纤维夹克衫的工作任务单911的有关信息如表7-12所示。

表7-12 工作任务单相关信息

	工作任务单910	工作任务单911
直接材料	羊毛面料 绸缎全衬里 高档拉链	聚酯纤维面料 仿绸局部衬里 普通拉链

续表

	工作任务单 910	工作任务单 911
生产步骤：		
1. 裁剪面料	使用	使用
2. 检测布边	使用	不使用
3. 缝纫主体	使用	使用
4. 检测接缝	使用	不使用
5. 机器缝制领子	不使用	使用
6. 手工缝制领子	使用	不使用

2020 年 9 月投入并完工的成本数据如表 7-13 所示。

表 7-13　工作任务单成本数据　　单位：元

	工作任务单 910	工作任务单 911
生产数量（件）	500	1 000
直接材料成本	60 000	30 000
生产步骤：		
1. 裁剪面料	5 800	11 600
2. 检测布边	4 000	—
3. 缝纫主体	19 000	38 000
4. 检测接缝	5 000	—
5. 机器缝制领子	—	8 750
6. 手工缝制领子	7 000	—
总生产成本	100 800	88 350
单位成本	201.6	88.35

从表 7-13 可以看出，对某一特定生产步骤，单位加工成本都是相同的，与工作任务单无关，而直接材料成本则因工作任务单不同而不同，因为每一工作任务单的直接材料不同。

下面介绍运营成本法下的会计分录。

1. 记录加工成本

假定 2020 年 9 月份生产步骤 1 的实际加工成本是 244 000 元，并按此计入加工成本账户。

分录（1）：

借：加工成本　　244 000

　　贷：应付职工薪酬和其他账户　　244 000

2. 记录原材料

假定聚酯纤维夹克衫（工作任务单 911）的 30 000 元直接材料中有 29 500 元用在生产步骤 1 中，剩下的 500 元用在其他生产步骤中。9 月份，1 000 件聚酯纤维夹克衫使用直接材料的分录如下：

分录（2）：

借：在产品——生产步骤 1　　29 500

贷：原材料 29 500

3. 分配加工成本

假定生产步骤 1 的加工成本分配率为 11.60 元/件，则加工成本为 11 600 元（11.60×1 000）。

分录（3）：

借：在产品——生产步骤 1 11 600

贷：加工成本 11 600

4. 结转生产步骤 1 的成本至生产步骤 3

生产步骤 1 的成本为 41 100 元（29 500＋11 600），因为不在生产步骤 2 加工，所以直接结转至生产步骤 3。

分录（4）：

借：在产品——生产步骤 3 41 100

贷：在产品——生产步骤 1 41 100

在产品——生产步骤 1 的 T 型账户如下：

在产品——生产步骤 1

2. 计入直接材料	29 500	4. 转入生产步骤 3	41 100
3. 分配加工成本	11 600		
期末存货	0		

二、倒推成本法

倒推成本法（backflush costing）是一种只在生产完成时才将成本分配至产成品的会计系统。它适用于采用适时制成本系统的公司，这种公司保持着很低的存货水平。

倒推成本法只包括两种成本：原材料和加工成本，其特点是没有在产品账户。会计人员将实际的原材料成本记入原材料账户，实际人工和间接费用记入加工成本账户；再将成本由这两个账户转入产成品存货账户。一些使用倒推成本法的企业甚至删去了产成品存货账户而将成本直接计入销售成本，特别是没有产成品存货，而是在生产之前已经把它销售出去，以至于一旦完工就可以直接将产品转入运输。倒推成本法假设产品开始加工后很快就完工了，以至于加工成本账户总是保持于 0 附近，成本几乎是刚刚记入账户就被转出了。

STI 公司生产迷你蓝牙音箱，最近引入了适时制生产系统和倒推成本法。以 NL39 型号音箱 9 月份的生产情况为例，原材料单位成本为 14 元，单位加工成本为 21 元。9 月份，STI 公司购买原材料 5 600 元，发生的加工成本为 8 400 元（包括所有人工成本和制造费用），生产和销售 400 个产品。

倒推成本法计算分三个步骤。

（1）记录原材料和加工成本。当购进原材料时，倒推成本法将其成本记入原材料账户。

借：原材料 5 600

贷：应付账款 5 600

当发生直接人工和制造费用时，将其记入加工成本账户。

借：加工成本	8 400
贷：应付职工薪酬和其他账户	8 400

(2) 将成本分配至完工产品。当生产完成时，根据完工产品数量和单位产品成本，将成本从原材料账户和加工成本账户转入产成品存货账户。

借：产成品	14 000
贷：原材料	5 600
加工成本	8 400

由于生产周期短，从加工成本的发生到转至产成品之间几乎没有间隔，因而加工成本账户余额接近于0。

(3) 记录当期的销售成本。售出的400个产品成本，单位成本为35元（14+21），将所售产品的成本从产成品存货账户转入销售成本账户。

借：销售成本	14 000
贷：产成品	14 000

假设完工产品立即发货给客户，则产成品账户可以忽略，步骤2和步骤3可以合并，产成品账户可以省略为：

借：销售成本	14 000
贷：原材料	5 600
加工成本	8 400

行动学习

中国生物上海公司的精细化成本管理系统

上海生物制品研究所有限责任公司（简称中国生物上海公司）隶属于中国医药集团有限公司中国生物技术股份有限公司，成立于1949年9月，是国家医学微生物学、免疫学、细胞工程、基因工程、血液制品的主要研究机构，是生物制品产学研销一体化的大型高新技术企业。

一、生物制品的生产工艺及成本管理特点

生物制品是以微生物、寄生虫、动物毒素、生物组织作为起始材料，采用生物学工艺或分离纯化技术制备，并以生物学技术和分析技术控制中间产物和成品质量制成的生物活性制剂。生物制品生产过程中的部分材料为活性物质，具有不可控性，这导致生物制品再投入和产出不具备完全的对应关系。生物制品的同一个品种有多种剂型，一种原液既需要生产单苗又需要生产联苗，同一批材料可以分离出多种不同的产品。这些特点要求成本核算和管理精细化到“批次”“工序”，才能更准确地体现制品的成本构成。

生物制品行业的质量管理体系，要求所有生产活动必须完全按照GMP（药品生产质量管理规范）的要求进行，主要的原辅料及其供应商不得随意变更，从原辅料到中间品再到产成品的检定、存放、收发等都有严格规定。生产过程对技术、环境等因素的依赖程度特别高，这使得企业不仅在基本生产环节投入非常大，而且在检定、储运、维修维保等辅助作业方面投入也非常大，辅助作业成本核算规则直接影响产品成本核算的准确性、合理性。所以，对辅助作业成本核算和管理的提升是企业成本精细化管理提升的重要环节。

生物制品企业在厂房和设施设备方面投资巨大，属于“重资产”行业。生产车间一旦使用，就必须全年维持符合规定的温度、湿度等生产环境，即使生产车间没有生产任务，系统也不能停止运行，生产环节的能源、维修等运行成本高。因此，生物制品的成本项目构成比例不同于一般生产制造业，中国生物上海公司的变动成本占比为18%，固定成本占比为28%，混合成本占比为54%。

二、建立成本精细化管理组织架构

中国生物上海公司自2012年开始采用SAP系统作为会计核算和管理系统，成本核算人员的计算和账务处理工作量大幅减少，而对成本核算过程的动态监控和异常变动原因的查找、分析成为工作重点。财务部成立了成本管理组，配备一名组长和四名业务骨干，明确工作职责和内容以及对接的生产和辅助部门。每月主动深入生产科室，及时了解当月生产运行情况及存在的问题。装配部门在分管领导的监督指导下专门配备成本管理人员。财务部与装配部门共同修订和完善成本精细化管理的各项制度，明确责任权限，共同制定实施方案。

公司通过培训和相互沟通将成本管理行为上升到企业各部门共同的管理行为，而不仅局限于财务成本管理行为，以此来推动财务人员实现由“算”到“管”的转型，业务部门由“干”到“管”的转变，实现业务财务同步提升。

三、管理会计信息化实现业财融合

SAP各模块独立操作并互相融合，财务数据与业务数据共享一个系统流程（见图7-7）。业务数据的每一个变化都会对财务数据产生影响，前端业务模块操作的数据最终集成到FICO模块实现，并且PP模块与FICO模块共同操作进行生产订单计算以及物料成本核算，最终完成档期完整的成本核算（见图7-8）。

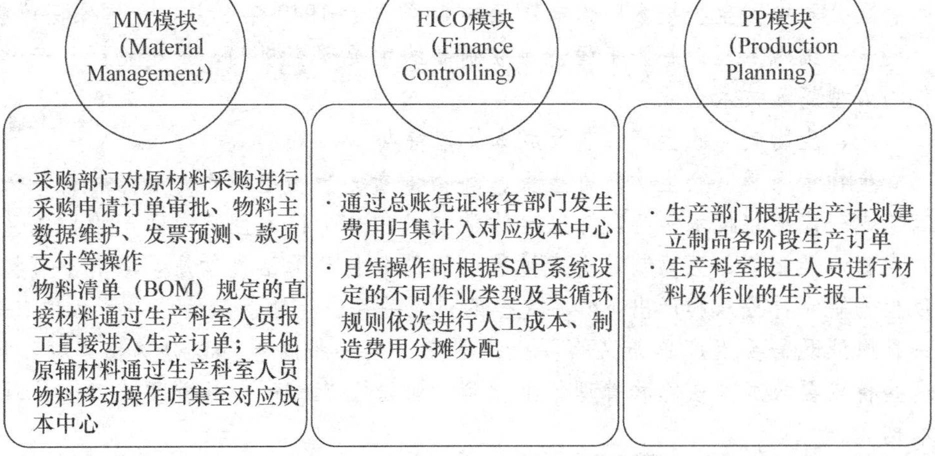

图7-7 SAP系统成本相关模块

在数据已经共享融合的前提下，业务人员和财务人员共同关注成本，形成公司“大成本”概念，将成本控制前移到形成过程。同时与生产科室共同探讨成本精细化实

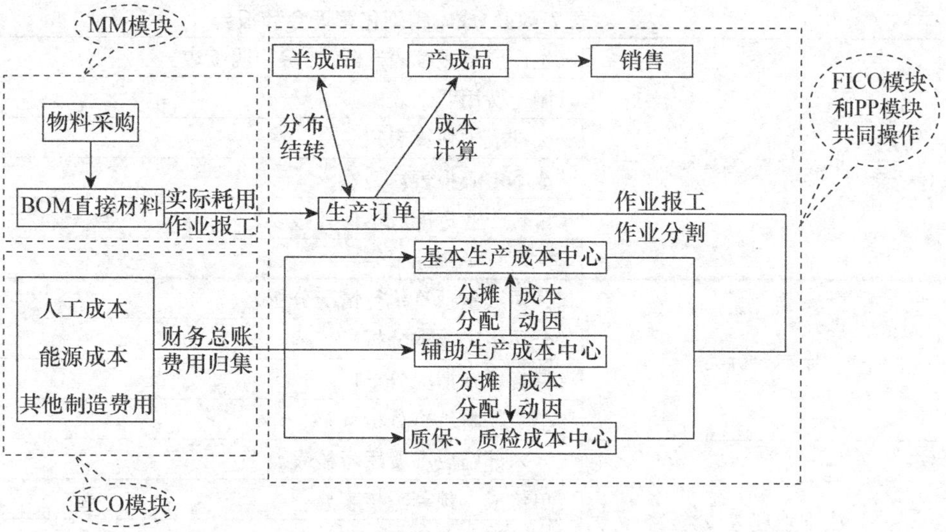

图7-8 成本核算业务财务流转过程

注：质保部、质检部作为辅助生产成本中心归集的质检作业成本不再分摊至基本生产成本中心，而是直接分摊至生产订单。

施角度和方法，有针对性地开展成本精细化管理，实现业财高度融合，促进公司全面成本管控体系的形成（见图7-9）。

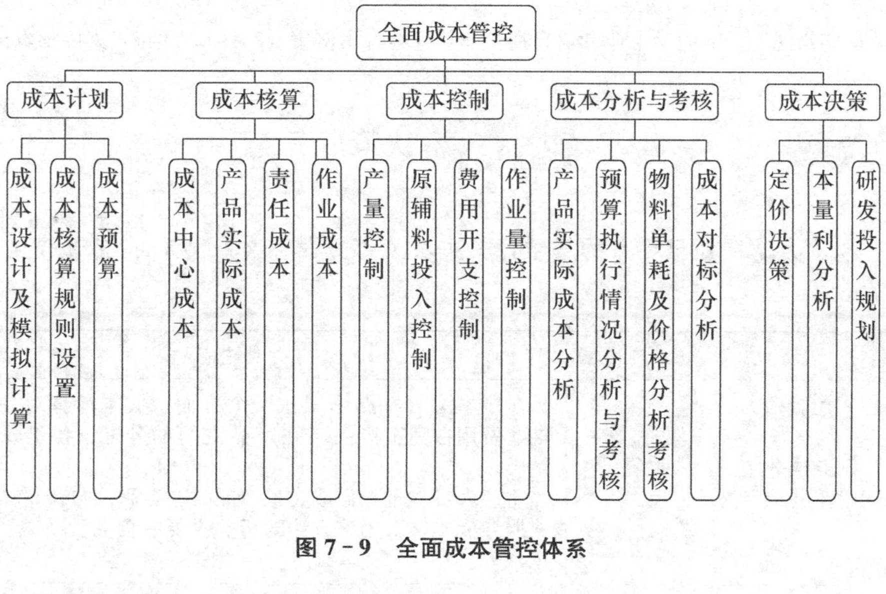

图7-9 全面成本管控体系

四、搭建成本精细化管理会计报告体系

成本管理方面的会计报告体系如表7-14所示。各部门通过成本专项报告的形式将本月成本费用管理情况及存在的问题向公司领导及装配部门反馈。每月对当期生产成本进行数据汇总整理，对当月影响成本的因素进行重点分析；从生产订单报工情况、费用归集情况以及影响成本变动的重要因素等方面进行档期成本核算分析。在做好成本分析的同时，强化成本预算管控、成本费用考核指标分解下达和考核工作。

表 7－14 成本精细化管理会计报告

成本核算管理类	《生产成本跟踪表》《待摊费用明细表》
	《制造费用明细表》
	《标准成本估算表》
	《成本中心报表》
	《单位作业标准成本计算报表》
	《生产订单跟踪报表》
成本分析类	《公司成本预算执行情况分析》
	《公司生产成本分析》
	《存货增减情况分析》
	《单个物料价格分析》
成本管理考核类	《××部门成本费用考核表》
	《单位成本预算考核表》
	《产品得率考核表》
	《物料定额消耗考核表》

五、实施精细化成本核算的效果

中国生物上海公司在成本管理方面经历了从粗放到精细的提升过程，有效地支撑了公司的经营管理和战略管理，公司毛利率指标和成本费用率指标均显著提高。在此过程中，不仅锻炼了一支训练有素的成本管理队伍，而且使成本管理思想在公司得到广泛的推广和认同，成本核算结果更加科学合理，成本管理水平得到明显提高。

资料来源：盛继明．工业和信息通信业管理会计案例集（2019）．北京：人民邮电出版社，2019.

决策指南

以下是本章知识要点的总结，其中决策部分是基本问题，指南部分是这些问题的答案。

决策	指南
1. 分步成本法有哪些特点？适用条件是什么？	分步成本法的特点体现在四个方面：成本计算对象、成本计算期、费用在完工产品与在产品之间的分配、各步骤之间成本的结转。 当生产大量大批相似或类似产品时一般采用分步成本法确定产品或服务成本。采用该方法的行业主要有食品、纺织、汽车制造和炼油等。
2. 什么是约当产量？	约当产量是指为生产部分完工产品会耗用一定的工作量，在该工作量下能够生产的完工产品数量。在持续的加工生产中人为地划分不同的时间期间时，约当产量是不可避免的。
3. 如何确定期初存货？	期初存货是上一会计期间的期末存货。在上一会计期间，计算部分完工产品的期末存货的约当产量时，不能使用完工率，而应采用未完工率，即（1－完工率）。也就是说，部分完工产品的期初存货的约当产量，等于部分完工产品的数量乘以（1－完工率）。

续表

决策	指南
4. 什么是加工成本？	一些公司只单独计量直接材料，并将直接人工和间接成本称作加工成本。
5. 编制生产成本报告的步骤有哪些？	(1) 确定实物量；(2) 确定约当产量；(3) 计算总制造成本；(4) 计算约当产量单位成本；(5) 将总制造成本分配给产成品和期末在产品存货。
6. 分步成本法下的加权平均法和先进先出法如何应用？两者在什么情况下会产生不同水平的营业利润？	加权平均法通过在产品账户待分配总成本除以截至本期期末完工的约当产量计算出单位成本，并将单位成本运用到产成品和期末在产品的成本分配中。 先进先出法根据本期发生的成本与本期投入得到的约当产量计算单位成本。 以下两种情况下两种方法计算的营业利润差异较大：(1) 不同期间单位约当产量直接材料和加工成本变化较大时；(2) 在产品实物量相对于转出产品数量很大时。
7. 什么是转入成本？	转入成本是先前部门积累下来的所有成本。
8. 什么是运营成本法？其适用条件是什么？	运营成本法是一种将分批成本法和分步成本法相结合的成本计算方法，适用于批量生产相似但不相同的产品，不同批次需要使用不同的直接材料或定制材料，但同一生产步骤的单位加工成本是相同的。比如，服装业、纺织业、金属加工业、家具业、制鞋业和电子设备业的企业。
9. 什么是倒推成本法？其适用条件是什么？	倒推成本法是一种只在生产完成时才将成本分配至产成品的会计系统。它适用于采用适时制成本系统的公司，这种公司保持着很低的存货水平。

小测验（单项选择题）

1. 分步成本法不适用于（　　）行业。

A. 食品　　B. 纺织　　C. 汽车制造　　D. 会计师事务所

2. 下列表述不是分步成本法的特点的是（　　）。

A. 分步成本法的成本计算对象就是各种产品的生产步骤

B. 分步成本法的成本计算期与会计报告期一致

C. 分步成本法的成本计算期与生产周期一致

D. 通常月末要在完工产品与在产品之间进行成本分配

3. 下列表述中错误的是（　　）。

A. 约当产量是指为生产部分完工产品会耗用一定的工作量，在该工作量下能够生产的完工产品数量

B. 部分完工产品的期初存货的约当产量，等于部分完工产品的数量乘以（1－完工率）

C. 加工成本比较适用于以机器工时作为成本动因的公司

D. 先进先出法是将期初在产品已完成的工作量与本期的工作量进行区分，用本期发生的成本与本期的生产数量来计算本期的约当单位成本

4. 生产成本报告编制的第二步是（　　）。

A. 确定实物量　　B. 确定约当产量

C. 计算总制造成本　　D. 分配成本

5. 下列表述中错误的是（　　）。

A. 由于在加权平均法中，期初在产品存货已经包含在实物产量下，所以不应包含在约当产量中

B. 加权平均法下的约当产量单位成本由期初在产品成本加上本期投入成本除以本期全部约当产量得出

C. 先进先出法是将期初在产品已完成的工作量与本期的工作量进行区分，用本期发生的成本与本期的生产数量来计算本期的约当单位成本

D. 通过集中于本期工作量与成本，加权平均法为计划和控制目的提供了有用的信息

6. 当出现以下（　　）情况时，完工产品成本与营业利润在加权平均法和先进先出法下差异较小。

A. 各期之间的单位直接材料有较大变动

B. 各期之间的单位加工成本有较大变动

C. 在产品的实物存货水平与转出产品相比数量较小

D. 在产品的实物存货水平与转出产品相比数量巨大

7. 下列表述中，正确的是（　　）。

A. 先进先出法为管理者提供各期单位成本变化的信息

B. 管理者可以加权平均法的单位成本数据来调整价格，也可以通过与预算或前期业绩比较来评价公司的成本绩效

C. 先进先出法综合了不同会计期间的产品成本，掩盖了各期数据之间的比较

D. 在价格下降期间，如果高管薪酬只与营业利润挂钩，管理者会选择先进先出法

8. 下列关于转入成本的描述，错误的是（　　）。

A. 转入产品的单位成本在各期之间比较稳定

B. 转入成本是先前部门积累下来的所有成本

C. 可将转入成本视为加工开始时投入的一种单独类型的直接材料

D. 转入成本在新部门工序开始时总是100%的完工率

9. 下列关于运营成本法的描述，错误的是（　　）。

A. 运营成本法是一种将分批成本法和分步成本法相结合的成本计算方法

B. 与分批成本法类似，它将直接材料分配给每个作业或批次

C. 直接人工和制造费用（加工成本）的分配与分批成本法类似，与工作任务单密切相关

D. 运营成本法适用于批量生产相似但不相同的产品，不同批次需要使用不同的直接材料或定制材料

10. 下列关于倒推成本法的描述，错误的是（　　）。

A. 倒推成本法是一种只在生产完成时才将成本分配至产成品的会计系统

B. 倒推成本法需要设置在产品账户

C. 倒推成本法适用于采用适时制成本系统的公司

D. 倒推成本法只包括两种成本：原材料和加工成本

思考与计算题

1. 简述分步成本法的计算特点。

2. 简述约当产量、期初存货和加工成本的定义。

3. 简述生产成本报告的编制步骤。

4. 简述分步成本法下加权平均法和先进先出法的应用，以及两者在何种情况下对营业利润的影响较大。

5. 简述转入成本及其核算要点。

6. 简述运营成本法及其适用条件。

7. 简述倒推成本法及其适用条件。

8. 朗醇葡萄酒厂有两个生产车间——发酵车间和包装车间。直接材料在各车间一次性投入，加工成本在各步骤均匀投入。7月份该酒厂的成本资料如下：

(1) 产量记录（见表7-15）。

表7-15　　单位：瓶

	发酵车间	包装车间
月初在产品	1 200（完工60%）	200（完工70%）
本月投入	4 800	5 000
本月完工	5 000	4 000
月末在产品	1 000（完工40%）	1 200（完工50%）

(2) 各步骤月初在产品成本资料（见表7-16）。

表7-16　　金额单位：元

	直接材料	自制半成品	直接人工	制造费用
第一步	53 400		4 800	10 000
第二步		19 500	820	1 840

(3) 本月各步骤发生的生产费用（见表7-17）。

表7-17　　金额单位：元

	直接材料	直接人工	制造费用
第一步	429 600	49 200	98 000
第二步		35 060	72 220

要求：根据以上资料，采用分步成本法计算完工产品成本。

(1) 各步骤在产品成本按加权平均法计算；

(2) 各步骤在产品成本按先进先出法计算。

9. 长河公司是一家生物技术公司，通过一个简单的工序车间生产一种治疗癌症的药物，直接材料在工序初期投入，加工成本均匀投入。公司采用加权平均法下的分步成本法。表7-18展示了2020年7月份的有关资料。

表 7-18 单位：件

	约当产量		
	实物产量	直接材料	加工成本
期初在产品（7 月 1 日）	12 500[a]	12 500	8 750
7 月份投入	50 000		
7 月份完工并结转	42 500	42 500	42 500
期末在产品（7 月 31 日）	20 000[b]	20 000	10 000[a]

a. 完工程度：直接材料 100%，加工成本 70%。
b. 完工程度：直接材料 100%，加工成本 50%。

2020 年 7 月份的总成本如表 7-19 所示。

表 7-19 金额单位：元

期初在产品		
直接材料	75 000	
加工成本	875 000	162 500
7 月投入的直接材料		350 000
7 月投入的加工成本		463 000
应计总成本		9 760

要求：

（1）计算直接材料和加工成本的约当产量；

（2）汇总应计总成本，并将成本分配给产成品与期末在产品。

第8章

成本会计系统的其他相关问题

学　习　目　标

- 掌握间接成本的分配方法；
- 区分联产品和副产品；
- 掌握联合成本的分配方法和计算程序；
- 掌握副产品成本的计算；
- 区分废品、返工品和废料。

章首案例　抵制浪费的武器：北京汽车用差异分析降低产品成本、提高利润

北京汽车股份有限公司北京分公司（简称北汽北分）生产国内自主品牌——北京汽车绅宝系列。为了使绅宝系列汽车在市场上占有一席之地，北汽北分必须使汽车成品以尽可能低的成本进入市场。汽车行业竞争十分激烈，对汽车成本的复杂精细的理解尤为关键。差异分析可以帮助管理者估计和维持汽车成品的获利能力。

在汽车制造厂，北汽北分的管理者利用汽车成品的标准成本来预测汽车的总成本。为了监测和控制成本，汽车制造厂的审计员定期审查生产部门经理送来的详细成本信息，然后利用差异分析来改善经营。差异分析帮助支持制造过程的改进，预测财务成果，并设定制造标准。最为重要的是，它还帮助管理者找到流程缺陷的根本原因。下面让我们来近距离看管理者是如何使用差异分析的。

材料成本的变化一周审查一次，并针对成品率损失进行分析。成品率损失是一种测量直接材料效率的指标，即测量材料的实际使用数量与预期使用数量之差。

北汽北分的管理会计师每周都要分析：哪种车型的价值最高，哪种车型耗费材料最多。他们将对有关产品的一些发现送去审查。工程师和研究员对年初开始的趋势进行考察，以决定工艺过程、材料和设备是否需要改进，或者设定的标准是否需要修改。由于管理者按照标准来安排直接材料的采购，所以维持精确的标准是十分重要的。直接材料需求的不精确可能会导致直接材料缺货、生产周期延长以及向销售公司延期交货。

但直接材料成本并不是唯一需要引起重视的成本，直接生产人工成本也需要考虑。管理会计师为每个生产车间计算标准的直接劳动生产率（例如，冲压、焊接、涂装、总装），经管理人员审查直接劳动生产率的差异，管理会计师报告并追踪始终具有高不利变动的产品和工作中心。工作小组分析其根本原因并建议改良生产工艺和设备，以提高直接劳动生产率和制定标准劳动时间调整。精确的劳动时间标准很关键，因为它们影响着生产劳动人员的编制。

伴随着汽车市场竞争的日益加剧，这些实践将应用于整个汽车公司，制造商必须积极地在高产量、低盈利的环境下控制成本。但是差异成本和标准成本具体是怎样帮助北汽北分的呢？我们将在下面的内容中具体学习。

第一节　间接成本的分配方法

间接成本对企业而言十分重要，因为间接成本中包含除直接材料和直接人工以外的所有制造成本。间接成本是产品成本，流经存货账户，如原材料存货、在产品存货和成品存货。当产品被出售，产品成本将流向利润表。

多年前，直接材料和直接人工是大多数公司的最大成本。如今，自动化企业，例如，戴尔、海尔却有较少的直接人工和极大的间接成本。因此，分配间接成本到产品上是精确计量产品成本很重要的环节。在将间接成本分配到产品的环节中，需要分清生产部门与服务部门。生产部门，也就是以生产产品为主要工作的部门，车间是最典型的生产部门。服务部门即为生产部门提供支持辅助作用的产品或服务的部门，例如，人力资源部门为生产部门安排工人、进行员工培训等；清洁卫生部门为生产部门提供清洁服务；食堂为生产部门的员工提供可口的饭菜。虽然服务部门并未直接参与生产活动，但对企业的生产活动起到了辅助作用，因此服务部门发生的费用也应分配到产品中去，这样才能正确地反映产品成本信息。间接成本的分配方法很多，通常采用的有直接分配法、顺序分配法、交互分配法、代数分配法和计划成本分配法。

一、直接分配法

直接分配法，顾名思义，就是最直接和最简单的服务部门成本分配方法。这种方法不能用于将成本分配到其他服务部门，只能用于将成本分配至生产部门。即当一个服务部门为另一服务部门提供了数量可观的服务时，直接分配法也不会考虑这一事实，而是直接将所有成本分配至生产部门。

【例 8-1】 表 8-1 展示了某金属加工公司 4 个部门的相关情况。

表 8-1　部门成本和成本动因

	服务部门		生产部门	
	人力资源部门	清洁卫生部门	金属加工部门	镀铬部门
分摊前部门成本（元）	200 000	80 000	400 000	100 000
人工工时数（小时）	10 000	5 000	20 000	5 000
占用面积（平方米）	15 000	500	60 000	20 000

在表 8-1 中，人力资源部门的成本应使用生产部门的人工工时数进行分配，清洁

卫生部门的成本应使用生产部门的面积指标进行分配，计算如下：

$$\text{特定服务部门成本的分配}=\frac{\text{某生产部门耗用的成本动因数量}}{\text{所有生产部门耗用的成本动因总数量}}\times\text{该服务部门的成本}$$

$$\text{金属加工部门分摊的人力资源成本}=\frac{20\,000}{20\,000+5\,000}\times 200\,000=0.8\times 200\,000=160\,000(\text{元})$$

镀铬部门分摊的人力资源成本＝200 000－160 000＝40 000(元)

$$\text{金属加工部门分摊的清洁卫生成本}=\frac{60\,000}{60\,000+20\,000}\times 80\,000=0.75\times 80\,000=60\,000(\text{元})$$

镀铬部门分摊的清洁卫生成本＝80 000－60 000＝20 000(元)

由此可知，金属加工部门的总成本是 620 000 元（400 000＋160 000＋60 000），镀铬部门的总成本是 160 000 元（100 000＋40 000＋20 000）。这种分摊建立在仅有两个生产部门的假设基础上。同时，直接分配法并没有考虑服务部门间交叉服务的情况。例如，清洁卫生部门同时也为人力资源部门提供清洁服务，这意味着两个部门间的分摊比例并不准确。

采用直接分配法分配辅助生产费用，计算过程比较简单，但它是在假定各辅助生产部门的产品或劳务都被辅助生产部门以外的其他部门所耗用的条件下进行的。因此，当辅助生产部门相互提供产品或劳务数量较多时，这种方法误差较大。

二、顺序分配法

顺序分配法，也称按步向下分配法或阶梯分配法，这一方法逐个分配服务部门的成本，最先得到分摊的是为其他服务部门提供服务最多的部门，最后分摊的是为其他服务部门提供服务最少的部门。后续部门需要分摊的成本逐步降低。

顺序分配法考虑了服务部门之间的相互服务问题。和直接分配法一样，成本动因分摊比例的计算仅涉及那些接受成本分摊的部门。

【例 8－2】 接例 8－1，就该金属加工公司而言，人力资源部门成本将首先分摊，然后是清洁卫生部门的成本。现实中的公司可能拥有几百个服务部门。

表 8－2 展示了采用顺序分配法分摊成本的过程。

表 8－2　顺序分配法　　单位：元

	服务部门		生产部门	
	人力资源部门	清洁卫生部门	金属加工部门	镀铬部门
分摊前部门成本：	200 000	80 000	400 000	100 000
第一步：	(200 000)	33 333	133 334	33 333
小计	0	113 333	533 334	133 333
第二步：		(113 333)	85 000	28 333
总计	0	0	618 334	161 666
人工工时数	10 000	5 000	20 000	5 000
占用面积（平方英尺）	15 000	500	60 000	20 000

说明：部分数据取的是近似值。

人力资源部门的成本被分配给其他三个部门。分配方法如下所示：

步骤 1：确定其他三个部门接受人力资源部门成本的比例（百分比或因子）。计算方法是用单个部门的人工工时数除以三个部门人工工时数的总额。

用清洁卫生部门的人工工时数5 000作分子，用清洁卫生、金属加工和镀铬三个部门人工工时数的总和30 000（5 000+20 000+5 000）作分母，得出清洁卫生部门的成本分摊因子为0.167（5 000÷30 000）。同理，金属加工部门和镀铬部门的成本分摊因子分别为0.667和0.167。

用三个部门各自的成本分摊因子乘以人力资源部门的成本200 000元，由此可算出每个部门分摊的成本额。由于其他三个部门均受人力资源部门的服务，因此人力资源部门的服务成本应分摊给其他三个部门。清洁卫生部门接受的成本分摊额为33 333元（0.167×200 000）；金属加工部门接受的成本分摊额为133 334元（0.667×200 000）；镀铬部门接受的成本分摊额为33 333元（0.167×200 000）。

步骤2：由于接受了来自人力资源部门的成本分摊额33 333元，现在清洁卫生部门的总成本为113 333元。接下来应将清洁卫生部门的成本113 333元分摊给其他两个生产部门，即金属加工部门和镀铬部门，分摊基础是占用面积。

将以上成本分摊结果和直接法下的分摊结果相比，金属加工部门在直接法下分摊的成本略高，镀铬部门在直接法下分摊的成本略低。顺序分配法提供了更为准确的成本分配结果，但正如以上所看到的，部门成本的分摊仍然是扭曲的。例如，即使人力资源部门有很大的空间需由清洁卫生部门提供清洁服务，但清洁卫生部门的成本并未分摊给人力资源部门。

顺序分配法计算简便，各种间接成本只计算一次，一般适用于辅助生产车间相互提供产品或劳务有明显顺序的情况。

三、交互分配法

交互分配法使用联立方程对部门间服务成本进行全面确认。顺序分配法仅确认了部分成本，因为顺序分配法并不向前分摊成本，只向后分摊，而交互分配法会进行全面分摊。

【例8-3】 根据表8-2中的数据，应用交互分配法进行成本分摊。

步骤1：建立方程组。各服务部门的总成本等于分摊前服务部门成本加上分摊给该服务部门的其他服务部门的成本。

$$\text{人力资源部门的总成本}(HR)=200\,000+\frac{15\,000}{15\,000+60\,000+20\,000}\times J$$

$$\text{清洁卫生部门的总成本}(J)=80\,000+\frac{5\,000}{5\,000+20\,000+5\,000}\times HR$$

$$HR=200\,000+0.157\,89\times J$$

$$J=80\,000+0.166\,67\times HR$$

$$HR=200\,000+0.157\,89\times(80\,000+0.166\,67\times HR)$$

$$HR=200\,000+12\,631.20+0.026\,32\times HR$$

$$HR-0.026\,32\times HR=212\,613.20$$

$$HR\approx 218\,379(\text{元})$$

步骤2：解出人力资源部门的总成本（HR）并将其分摊到清洁卫生、金属加工和镀铬部门。人力资源总成本（HR）将大于分摊前人力资源部门成本200 000元。

步骤3：将清洁卫生部门新的总成本分摊给人力资源部门、金属加工部门和镀铬部门。最后将所有成本仅分摊到生产部门（见表8-3）。

表8-3　交互分配法成本分摊

单位：元

	人力资源部门	清洁卫生部门	金属加工部门	镀铬部门
分摊前部门成本	200 000	80 000	400 000	100 000
步骤1	(218 379)	36 397	145 586	36 397
步骤2	18 379*	(116 397)	73 514*	24 505*
	0	0	619 100	160 902

* 四舍五入的近似值。

交互分配法是一种真实确认的方法，而且是最精确的方法。这种方法克服了直接分配法在辅助生产车间不分配费用的缺点，使辅助生产车间的成本计算更加准确。但由于其计算较为复杂，同时顺序分配法更具成本效益而又相对合理，所以交互分配法很少使用。

四、代数分配法

代数分配法是指运用代数中多元一次联立方程的原理分配间接成本的一种方法。首先根据各生产车间相互提供劳务的数量，构建并求解联立方程，计算生产车间劳务的单位成本；然后根据各受益单位耗用的劳务数量和单位成本，计算分配间接成本。

该种方法下，当企业的生产车间较多时，需设的未知数较多，计算起来比较麻烦。代数分配法适用于生产车间较少或会计工作实现信息化的企业。

五、计划成本分配法

计划成本分配法是指在分配间接成本费用时，根据事先确定的产品及劳务的计划单位成本和各车间耗用的数量，计算各车间应分配的间接成本费用的一种方法。按计划成本计算的分配额和各生产车间的实际费用之间的差额，可记入“管理费用”科目。

该种方法要求制定准确的计划单位成本，否则会影响间接生产费用分配的准确性。因此，它适合计划成本制定比较准确的企业。

第二节　联产品和副产品的成本分配

一、联产品、副产品概述

联产品是指使用同一种原材料，经过同一生产过程同时生产出具有同等经济地位的两种或两种以上的主要产品。它是企业生产活动的主要目标，如乳制品加工厂同时生产牛奶、奶油等联产品。副产品是与一种产品或者联产品共享相同工序，但与主要产品相比价值相对较低的产品。如木材可做成板材，废料可用来做合板（一种联产品），而锯屑则用于其他产品（副产品）。联产品和副产品均共享至少某些相同的原材料和初始工序成本。

在联产品的生产中，存在某一分离点，分离点后联产品有的可以直接出售，有的还需继续加工后再出售（见表8-4）。分离前的成本称为联合成本或共同成本，继续加工成本称为可分成本或可归属成本。

表8-4 联产品举例

行业	分离点处可分离的产品
农业与食品加工	
小麦	面粉、次粉、麸皮
生猪	火腿、排骨、烤肉、熏肉
生牛奶	奶油、脱脂牛奶
木材	各种等级、形状的木材
化工业	
液化石油气	丁烷、乙烷、丙烷

显然，联产品成本的计算分为三部分：联产品分离点前的联合成本计算、分离点的联合成本分配和分离点后加工成本（可归属成本）的计算。因此，在分离点联产品之间分配联合成本是计算联产品成本的关键。

将联合成本分配给联产品可采用两种基本方法：使用市场基础数据（如收入）或使用物理指标基础数据（如重量或者数量）。

为了对不同的方法进行比较，我们将说明单个产品在每一种方法下的毛利率。

二、联产品成本计算程序

（一）市场基础法

1. 分离点销售价值法

分离点销售价值法，也称销售价值法，是根据各产品总产量在分离点的相对销售价值来分配联合产品成本的方法，其计算比较简单，使用广泛。

【例8-4】 华泰纸业购买秸秆并加工到分离点，生产两种产品：成品纸张和半成品纸张。然后将这两种纸张卖给销售公司。

2020年3月，华泰纸业加工大量秸秆，生产过程中产出1 000千克成品纸张和3 000千克半成品纸张。简要数据如表8-5所示。

表8-5 成品纸张与半成品纸张生产简要数据

	联合成本	
联合成本（分离点）（元）	80 000	
	成品纸张	半成品纸张
期初存货（千克）	0	0
生产量（千克）	1 000	3 000
销售量（千克）	1 000	3 000
期末存货（千克）	0	0
每千克售价（元）	40	20

80 000 元的联合成本应如何在成品纸张和 3 000 千克半成品纸张之间分配?

(1) 计算每种联产品的总销售价值，即用单位价格乘以数量。销售价值不是实际的销售额记录而是价值的计算。

成品纸张的销售价值=1 000×40=40 000(元)
半成品纸张的销售价值=3 000×20=60 000(元)

(2) 计算每种联产品销售价值占总销售价值的比例。

40 000÷100 000×100%=40%
60 000÷100 000×100%=60%

(3) 用联合成本乘以销售价值的比例，得到每种联产品的销货成本，即应分给每个联产品的成本。

80 000×40%=32 000(元)
80 000×60%=48 000(元)

(4) 计算单位成本，用前一步中的销货成本（比例成本）除以数量（注意，虽然其余的方法没有显示这一步，但是单位成本可按相同的方法计算)。

32 000÷1 000=32(元/千克)
48 000÷3 000=16(元/千克)

每种联产品的毛利均能用销售价值减去比例成本来计算:

40 000−32 000=8 000(元)
60 000−48 000=12 000(元)

假设销售价格的估计值正确无误，且联产品不需要额外加工，那么销售价值法的优势在于为联产品提供了相同的毛利率。毛利率可用毛利除以销售价值来计算。

8 000÷40 000×100%=20%
12 000÷60 000×100%=20%

销售价值法使用广泛，因为它不但易于计算而且根据产品价值来分配成本。其他方法，如物理指标法，并不按照价值来分配成本，因此有时可能对一个产品分配了过多成本，使之没有了毛利，而另一个联产品却有很高的边际利润。销售价值法的局限在于不能用于分离点后在价值形成前需要额外加工的产品。销售价值法对于市场价值变化频繁的产品不是很有用。

2. 毛利率法

毛利率法也称不变毛利率法，通过分配联合成本以使各联产品拥有相同的毛利率。

【例 8-5】 接例 8-4，其他数据不变，不同的是，这里假设联产品共享 50 000 元的联合成本，成品纸张在分离点后有 20 000 元的额外加工成本，半成品纸张在分离点后有 10 000 元的额外加工成本。毛利率法的步骤如下:

(1) 计算毛利率。首先确定最终的销售价值，用单位价格乘以生产数量。

成品纸张的销售价值＝1 000×40＝40 000(元)
半成品纸张的销售价值＝3 000×20＝60 000(元)

总金额（100 000 元）减去联合成本及单独成本，就得到毛利。

毛利＝100 000－50 000－20 000－10 000＝20 000(元)

毛利率即用毛利除以总销售价值。

毛利率＝20 000÷100 000×100%＝20%

(2) 每种产品负担的总成本，用毛利率乘以单个产品的销售价值得出一个金额，然后用销售价值减去这个金额来确定。

40 000×20%＝8 000(元)
60 000×20%＝12 000(元)
成品纸张负担的总成本＝40 000－8 000＝32 000(元)
半成品纸张负担的总成本＝60 000－12 000＝48 000(元)

(3) 从总成本中减去额外加工成本，得出分配到每种产品的联合成本。

分配给成品纸张的联合成本＝32 000－20 000＝12 000(元)
分配给半成品纸张的联合成本＝48 000－10 000＝38 000(元)

毛利率法的最后一步将毛利率法与其他方法区别开来，因为它考虑了分离点前后发生的成本。因此，这种方法不仅可用于联合成本的分配，还是一种利润分配的方法。联合成本和总毛利都分配给联产品以保持不变毛利率。

毛利率法的一个好处是，即使存在额外成本也可使用。分配给每种联产品的联合成本金额并不总是正数；一种联产品可能得到负的联合成本，以使毛利率与整个实体的平均水平相同。这对于那些想让不同产品保持相同毛利率的公司来说是个优势，但它可能导致成本分配的扭曲。

3. 净变现价值法

净变现价值法，也称作估计净变现价值法，用于当一种或多种联产品市场价格在分离点不能确定的情况，通常是因为需要额外的加工。产品的最终销售价值减去额外加工成本就是产品的净变现价值（*NRV*）。

NRV＝销售价值－额外加工成本

【例 8-6】 接例 8-4，其他数据不变，不同的是，这里假设额外的 1 000 千克废料可直接卖给一家废纸回收利用公司，因而没有了每千克 10 元的额外成本。

净变现价值的计算步骤如下：

(1) 计算每种联产品的净变现价值。首先计算每种联产品的销售价值，即单位价格乘以数量。

成品纸张的销售价值＝1 000×40＝40 000(元)
半成品纸张的销售价值＝3 000×20＝60 000(元)
副产品的销售价值＝1 000×10＝10 000(元)

用销售价值计算 NRV（对于没有额外加工成本的产品，销售价值就是 NRV）。

成品纸张的 NRV＝40 000－20 000＝20 000(元)
半成品纸张的 NRV＝60 000－10 000＝50 000(元)
副产品的 NRV＝10 000(元)
总 NRV＝20 000＋50 000＋10 000＝80 000(元)

(2) 计算每种联产品和副产品的 NRV 占总 NRV 的比例。

成品纸张 NRV 占总 NRV 的比例＝20 000÷80 000×100%＝25%
半成品纸张 NRV 占总 NRV 的比例＝50 000÷80 000×100%＝62.5%
副产品 NRV 占总 NRV 的比例＝10 000÷80 000×100%＝12.5%

(3) 用联合成本乘以 NRV 比例数，即分配给每种产品的成本金额。

分配给成品纸张的成本金额＝50 000×0.25＝12 500(元)
分配给半成品纸张的成本金额＝50 000×0.625＝31 250(元)
分配给副产品的成本金额＝50 000×0.125＝6 250(元)

与销售价值法一样，净变现价值法将价值按比例分配到产品价值中，形成可预知的边际利润。

(二) 物理指标法

物理指标法，也称产品单位法，是指采用物理指标将联合成本分配给联产品的方法。物理指标包括重量、数量和体积。物理指标可以是对投入的计量，如纸张的千克数；也可以是对产出的计量，如纸张的千克数、罐数、包数或者箱数。当产出用于分配联合成本时，物理指标法也称做平均成本法。

【例8-7】 接例8-4，条件不变，用物理指标法和投入的千克数来分配联合成本，具体步骤如下：

(1) 计算总联合成本的平均单位成本，用总联合成本除以总千克数（忽略废料、浪费和副产品）。

平均单位成本＝80 000÷4 000＝20(元/千克)

(2) 用单位平均成本乘以总数量，得出分配给每种产品的联合成本金额。

分配给成品纸张的成本＝20×1 000＝20 000(元)
分配给半成品纸张的成本＝20×3 000＝60 000(元)

由此，成品纸张的毛利为 20 000 元（40 000－20 000），成品纸张的毛利率为 50%（20 000÷40 000×100%）；半成品纸张的毛利是 0（60 000－60 000），半成品纸张没有边际利润。

虽然物理指标法易于使用且采用客观标准来计量，但它的缺点远大于其优势。从例8-7可以看出，物理指标法给出的毛利值会让管理层沮丧，并会扭曲实际利润结果。这是因为联产品的价值完全没有体现，除非相关物理指标能够揭示各种产品的价值。例如，以盎司或以条计的黄金按重量计量仍可以得到正确的估值（除非在加工过程中增加了艺术或实用价值）。物理指标法的另一局限是在加工过程中不可能总是使用相同的计量单位。最后，物理指标法不符合会计准则要求。

（三）联产品分配方法的选择

管理者应该选用哪种方法来分配联合成本呢？如果分离点销售价格数据是可以获得的，最好还是采用分离点销售价值法，即使存在后续加工也应如此，原因如下：

1. 简单易操作

分离点销售法只需考虑分离点及其之前的成本数据，就像我们在前面例子中看到的，其计算过程简单清晰。如果分离点后有更多加工环节，则通过可实现净值法从后向前倒推计算会变得更加复杂。

2. 受益原则

相对于其他分配联合成本的方法，分离点的销售价值是衡量联产品收益的最好标准。根据受益原则，获利是公司当初发生成本的原因，因此也应当使用分离点处各产品的获益能力来分配联合成本。管理者能清晰地看出总成本与总产出价值之间有清晰的因果联系，而不会受到后续产出的影响。

3. 与进一步加工无关

我们知道，联合成本发生在分离点之前，其与后续的生产流程如何设计又有多少可分离成本的发生是没有直接联系的。与市场基础法的其余两种方法相比，分离点销售价值法不要求管理者知道分离点后进一步加工的信息。

4. 拥有共同分配基础

分离点销售价值法使用财务人员熟悉的收入作为统一的成本分配基础。而物理指标法的共同成本基础有时并不容易获取，比如制造企业同时生产加工固、液、气形态的联产品，管理者难以找到合适的指标进行衡量。

三、联产品和副产品的会计处理

联产品成本，一旦用以上某种方法进行分配，便成为存货成本的一部分，并在各成本之间进行划分。根据企业会计准则，出于财务报告和计税的目的，所有能看作制造成本的联合成本都应分配给联产品。

副产品是指使用同种原材料，在生产过程中附带生产出的非主要产品，如生产肥皂的过程中产生的甘油等。副产品和联产品之间既有区别又有联系，其主要区别在于价值大小不同。联产品销售价值较高，其质量高低直接影响企业经济效益的大小；副产品的销售价值较小，对企业的经济效益影响也很小。

副产品可以采用两种不同的方法进行处理，即资产确认法或收入法。若企业能确定副产品在分离点的存货性价值，就可以使用资产确认法。这种情况下，在副产品产出期间，副产品的净变现价值就可在资产负债表上作为存货计入，同时在利润表作为总制造成本的抵减项。或者在副产品产出期间，公司可将副产品的 *NRV* 作为其他所得（或其他销售收入）计入利润表。这种方法遵从了权责发生制的配比原则，因为企业将副产品的价值与其制造成本相配比。因此，若金额重大时，在生产时进行确认更合理。当副产品出售时，存货成本就计入销售成本。

如果企业不能确定副产品在分离点的存货性价值，可以在副产品出售时用收入法确认。企业可将副产品的净销售收入作为其他所得（或其他销售收入）计入利润表。或者在销售时，将净销售收入作为总制造成本的抵减项计入利润表。

收入法更易于使用而且建立在收入确认概念上，但只能应用于非重大金额。

第三节　废品、返工品和废料的成本核算

一、废品的成本核算

废品是指由于不合格而被废弃或被削价处理的完工品或半成品。例如，被当作次品处理掉的衬衫、牛仔裤、鞋和地毯，以及那些出售给铝制品厂商以再次熔化生产铝箔的铝罐。废品分为正常废品和非正常废品。

正常废品是指即使有效生产，在特定生产过程中依旧不可避免会产生的废品。非正常废品是指在有效的生产条件下不应该产生的废品，它不是特定生产流程的必然结果。

下面通过一个例子来介绍分步成本法核算废品成本的五步骤。

【例 8-8】 A 公司的生产部门生产一种木制可回收容器。直接材料在生产周期的期初一次性投入，产品加工成本在生产期内均匀发生，生产过程中出现的废品只有在成品检验时才能发现。正常来说，废品率是完工合格产品的 10%，即每生产 10 件完工合格产品，就会出现 1 件正常废品。2020 年 7 月的汇总数据如下：

2020 年 7 月实物产量（单位：件）：

期初在产品（7 月 1 日）	1 500
直接材料（投料程度 100%）	
加工成本（加工程度 60%）	
7 月投产数量	8 500
7 月完工并结转的合格数量	7 000
期末在产品（7 月 31 日）	2 000
直接材料（投料程度 100%）	
加工成本（加工程度 50%）	

2021 年 7 月总成本（单位：元）：

期初在产品	
直接材料（1 500 约当产量×8 元/件）	12 000
加工成本（900 约当产量×10 元/件）	9 000
	21 000
7 月份追加直接材料成本	76 500
7 月份追加加工成本	89 100
应计总成本	186 600

步骤 1：汇总实物产量。确定正常和非正常废品数量。

总废品数量＝(期初数量＋投入数量)－(结转合格品数量＋期末数量)
＝(1 500＋8 500)－(7 000＋2 000)
＝10 000－9 000
＝1 000(件)

正常废品数量为合格产量 7 000 件的 10%，即 700 件。因此

非正常废品数量＝总废品数量－正常废品数量
＝1 000－700＝300(件)

步骤 2：用约当产量来计算产量。采用与核算合格品约当产量相同的方法核算废品的约当产量。在本例中，所有废品数量都包括在产量的计算中。由于该公司的质检点在完工时，所以单位废品与单位合格产品消耗的工作量是一样的。

步骤 3：计算约当单位成本。

步骤 4：汇总应计总成本。应计总成本包括借方为在产品的所有成本。

步骤 5：在完工产品、废品和期末在产品中分配总成本。

下面介绍先进先出分步法核算的五步骤。

【例 8-9】 接例 8-8，假设 2020 年 7 月 A 公司生产部门采用标准成本法，完工产品的单位标准成本如下所示（单位：元）：

直接材料	8.50
加工成本	10.50
总生产成本	19.00

同时还假设完工产品的单位标准成本也适用于期初存货，包括 1 500 约当产量的直接材料，900 约当产量的加工成本。因此，在标准成本下法的期初存货为：

直接材料＝1 500×8.50＝12 750（元）

加工成本＝900×10.50＝9 450（元）

表 8-6 与表 8-7 给出了五步骤计算过程。

表 8-6 步骤 1 和步骤 2——汇总实物产量并计算约当产量

	A	B	C	D
1	生产流	步骤 1	步骤 2	
2		实物产量（件）	直接材料（元）	加工成本（元）
3	期初在产品（已知）	1 500		
4	本期投入（已知）	8 500		
5	应计产量	10 000		
6	本期完工并结转的合格品			
7	期初在产品完工	1 500		
8	[1 500×(100%－100%)；1 500×(100%－60%)]		0	600
9	本期投入完工	5 500		
10	(5 500×100%；5 500×100%)		5 500	5 500
11	正常废品	700		
12	(700×100%；700×100%)		700	700
13	非正常废品	300		
14	(300×100%；300×100%)		300	300

续表

	A	B	C	D
15	期末在产品	2 000		
16	(2 000×100%；2 000×50%)		2 000	1 000
17	合计	10 000		
18	本期完工产品		8 500	8 100

注：(1) 本部门完工程度：直接材料，100%；加工成本，60%。

(2) 完工并结转的 7 000 件实物产量减去期初在产品完工并结转的 1 500 件实物产量。

(3) 正常废品为结转合格品的 10%：10%×7 000＝700(件)。本部门的正常废品完工程度：直接材料，100%；加工成本，100%。

(4) 非正常废品＝实际废品－正常废品＝1 000－700＝300(件)。本部门的非正常废品完工程度：直接材料，100%；加工成本，100%。

(5) 本部门完工程度：直接材料，100%；加工成本，50%。

表 8－7　步骤 3、步骤 4 和步骤 5——成本计算和分配　　单位：元

	A	B	C	D
1		产品总成本	直接材料	加工成本
2	(步骤 3) 期初在产品 (已知)	21 000		
3	本期追加成本 (已知)	165 600	76 500	89 100
4	除以本期完工产品的约当产量		÷8 500	÷8 100
5	本期完工产品的约当单位成本		9	11
6	(步骤 4) 应计总成本	186 600		
7	(步骤 5) 成本分配：			
8	完工并结转的合格品 (7 000 单位)			
9	期初在产品 (1 500 单位)	21 000		
10	本期追加的直接材料	0	0×9	
11	本期追加的加工成本	6 600		600×11
12	期初在产品的完工品 (不含正常废品)	27 600		
13	投入并完工的产品 (不含正常废品)	110 000	(5 500×9) ＋	(5 500×11)
14	正常废品 (700 单位)	14 000	(700×9) ＋	(700×11)
15	(A) 结转的合格品的总成本	151 600		
16	(B) 非正常废品 (300 单位)	6 000	(300×9) ＋	(300×11)
17	期末在产品 (2 000 单位)			
18	直接材料	18 000	200×9	
19	加工成本	11 000		1 000×11
20	(C) 期末在产品总成本	29 000		
21	(A)＋(B)＋(C)　实际总成本	186 600		

正常废品的成本由当期合格产品承担。非正常废品成本作为当期损失单独核算。废品成本核算的会计分录如下：

(1) 结转 7 月份完工合格品。

借：产成品　　151 600

　贷：在产品——生产部门　　151 600

(2) 确认非正常废品损失。

借：非正常废品损失　　6 000

　贷：在产品——生产部门　　6 000

当正常废品和非正常废品在同一个质检点被查出，则两者单位成本相同。及早质检能防止在废品上浪费直接材料和加工成本。企业通常可以设置多个质检点进行多次检验，并授权员工及时识别和解决缺陷。

二、返工品的成本核算

返工品是指由于不合格被退回后经返工修理作为合格产品出售的产成品。例如，在生产过程中或生产过程已结束但还未交货时检查出的不合格品，有时可以经返工修理后作为合格产品出售。

完工的返工品应与未经完工的合格品无差异。与特定批次有关的正常返工品成本归入该批次中，而与所有批次有关的正常返工品成本作为制造费用的一部分在所有批次中进行分配。非正常返工品损失作为本期成本直接冲销。

在分步成本法中，对返工品的成本核算也要区分正常和非正常返工品。其对非正常返工品的会计处理与分批成本法类似，而由于分步成本法核算的是大量相同或相似产品的生产，因此其对正常返工品的会计处理类似于分批成本法对与所有批次有关的正常返工品的核算。

返工品的成本核算强调的是作业活动中的资源浪费。如果生产正常进行，就不会发生这些浪费，因而这促使管理人员采取措施以减少返工品。例如，设计新产品或新流程、培训工人或者购买新设备。为消除返工情况并简化会计核算，一些公司设定了零返工的标准。这样，所有的返工品都被视作非正常废品并作为本期费用予以冲销。

三、残料的成本核算

残料是指生产产品时剩余的材料。与产品的销售价值相比，它的经济价值很低。例如，木工作业中产生的短木片，塑料制模业中产生的边角料，成衣业中产生的磨损布料和碎布料等。我们无须区分正常和非正常残料，因为残料无成本可言。唯一要区别的是与特定批次有关的残料和与所有批次有关的残料。

残料成本核算主要涉及以下两个方面：

（1）计划和控制，包括其实物追溯；

（2）存货成本核算，包括何时及如何影响营业利润。

（一）销售时确认残料

残料的金额很小时，最简单的会计处理是注明返回仓库的残料数量，并将残料销售收入作为收入中的一项，单独列在利润表中。其分录为：

残料销售：

借：库存现金或应收账款

　　贷：残料收入

若残料金额巨大且很快被出售，那么对其成本的核算取决于残料是仅与某一特定批次有关，还是与所有批次都有关。

1. 与特定批次有关的残料

残料退库：不做分录（仅将收到的数量和相关的批次记入存货记录中）。

残料销售：

借：库存现金或应收账款

　　　贷：在产品

最后过账到特定批次产品中。与废品和返工品不同的是，没有与残料有关的成本发生，从而也就没有正常和非正常残料之分。无论残料的数目为多大，所有的残料收入都贷记到特定订单中，从而抵减该批次的成本。

2. 与所有批次有关的残料

残料退库：不做分录。

残料销售：

　借：库存现金或应收账款

　　贷：制造费用

这个方法并没有将残料与任何特定批次或产品联系起来。相反，除了在制定制造费用分配率时考虑到残料销售收入，所有的产品都承担了生产成本，而没有贷记任何残料收入。这样，预算的制造费用分配率比在不扣除预期残料销售收入时的制造费用分配率要低。这种残料核算方法既可以运用于分批成本法，也可以运用于分步成本法。

（二）生产时确认残料

我们假设回库的残料很快销售或者处理掉，这样将不分配任何存货成本。但有时，如塑料制模边角料等残料的市场价值可能很高，而且从储存到销售或重新利用的时间间隔会很长，在这种情况下，公司对残料的可变现价值做出较为保守的估计，以在同一会计期间确认生产成本和相关的残料收入。一些公司往往会推迟残料销售时间，以等待最有利的市场价格。在金属残料市场，价格的波动非常频繁。在这种情况下，很难确定残料库存的合理价值。

1. 与特定批次有关的残料

与特定批次有关的残料的处理的分录为：

残料退库：

　借：原材料

　　贷：在产品

2. 与所有批次有关的残料

与所有批次有关的残料的会计处理的分录为：

残料退库：

　借：原材料

　　贷：制造费用

残料销售：

　借：库存现金或应收账款

　　贷：原材料

有时我们将残料作为直接材料再利用，而不作为残料销售。在这种情况下，它应以估计的可变现净值借记原材料账户，再利用时贷记原材料。例如，材料与所有批次都相关的分录如下：

残料退库：

　借：原材料

　　贷：制造费用

残料再利用：

借：在产品

　贷：原材料

由于分步成本法适用于核算大量相同或类似产品的生产，其对残料的会计处理类似于分批成本法对所有批次有关的残料的核算。

行动学习

鸡肉加工：联产品和副产品的成本

在鸡肉加工操作中，联产品和副产品的成本问题凸显。价值最高的产品是鸡胸肉和鸡腿，其他可食用的产品还包括鸡翅与内脏。许多不可食用的产品也有多种用途，如羽毛可用作床上用品及运动产品。

鸡肉加工公司将个别产品成本信息用于众多目的，其中之一是便于客户进行利润分析。不同的客户（如超市与快餐店）在购买的商品组合方面差别很大。个别产品成本数据使鸡肉加工公司能区分个别客户利润的差异。一小部分商品需要冷冻保存，因此需要个别产品成本来确定存货价值。

不同公司核算个别产品的方法有所不同。下面来看美国最大的两家肉制品制造公司——南方制造公司和金州制造公司的情况。

南方制造公司将鸡胸肉作为成本系统中唯一的主要产品，其他所有产品则被设定为副产品。许多副产品的销售，都是为了降低分摊给主要产品的鸡肉加工成本。鸡胸肉常常进一步加工为许多个别产品（如去骨鸡肉和卤鸡肉），进一步加工的可分属成本加上每单位去骨鸡胸肉的费用才是总的进一步加工产品的成本。

金州制造公司将销售给零售商的产品都看作联产品，包括鸡胸肉、半胸肉、大腿肉、小腿、翅膀，不销售给零售商的产品被设定为副产品。将鸡肉加工成本分配给联产品之前，从副产品中得到的收入可以抵销一部分成本。销售给不同零售商的产品均价决定了鸡肉的净加工成本在不同联产品中的分摊。在确定联合成本分配的权重时，将鸡肉产品从加工工厂运输到零售商店的运输成本并没有考虑在内。

决策指南

以下是对本章知识要点的总结，其中决策部分是主要问题，指南部分是对问题的答案。

决策	指南
1. 间接成本的分配方法有哪些？	直接分配法、顺序分配法、交互分配法、代数分配法、计划成本分配法。
2. 什么是联产品和副产品？	联产品是指使用同一种原材料，经过同一生产过程同时生产出具有同等经济地位的两种或两种以上的主要产品。副产品是指使用同种原材料，在生产过程中附带生产出的非主要产品。

续表

决策	指南
3. 联产品的成本核算方法是怎样的?	以全部联产品作为成本计算对象，设置产品成本明细账，归集生产费用，计算联产品成本。采用恰当的方法分配联合成本，计算各种联产品成本。
4. 副产品的成本核算方法是怎样的?	通常只需将副产品按照一定的方法计价，从联合成本中扣除，以扣除后的成本作为主要产品成本。
5. 什么是废品、返工品和残料?	废品是指由于不合格而被放弃或被削价处理的产品。返工品是指由于不合格被退回后经返工修理作为合格产品出售的产品。残料是指生产产品时剩余的材料。与产品的销售价值相比，它们的经济价值都很低。
6. 如何用分步成本法中的标准成本法核算合格品和废品的成本?	标准成本法在用标准成本决定本期合格成本（包含正常废品成本）和非正常废品成本时，期初存货成本与本期发生成本是分别核算的。
7. 如何用分批法核算返工品成本?	完工的返工品应与未完工的合格品无差异。与特定批次有关的正常返工品成本归入该批次，与所有批次有关的正常返工品成本作为制造费用的一部分在所有批次中进行分配。非正常返工品损失作为本期成本直接冲销。
8. 如何核算残料成本?	残料在销售或生产时进入会计系统。如果残料收入很低，通常记作其他收入；如果很高，则在其与特定批次相关时，用售价或可变现净值冲减特定批次成本，而在其与所有批次相关时，冲减制造费用。

小测验（单项选择题）

1. 间接成本的分配方法很多，计算最为简单的方法是（　　）。

A. 直接分配法　　　　B. 顺序分配法

C. 交互分配法　　　　D. 代数分配法

2. 下列（　　）计算简便，各种间接成本只计算一次，一般适用于辅助生产车间相互提供产品或劳务有明显顺序的情况。

A. 直接分配法　　　　B. 顺序分配法

C. 交互分配法　　　　D. 代数分配法

3. 下列关于联产品和副产品的描述中，错误的是（　　）。

A. 联产品是指使用同一种原材料，经过同一生产过程同时生产出具有同等经济地位的两种或两种以上的主要产品

B. 副产品是与一种产品或者联产品共享相同工序，但与主要产品相比价值相对较低的产品

C. 联产品和副产品具有截然不同的原材料和初始工序成本

D. 在分离点联产品之间分配联合成本是计算联产品成本的关键

4. 联合成本分配的基本方法中，（　　）不属于市场基础法。

A. 分离点销售价值法　　　　B. 毛利率法

C. 净变现价值法　　　　D. 物理指标法

5. 如果分离点销售价格数据是可以获得的，管理者最好选择（　　）联合成本分配方法。

A. 分离点销售价值法　　B. 毛利率法

C. 净变现价值法　　D. 物理指标法

6. 下列关于联产品和副产品会计核算的描述中，错误的是（　　）。

A. 联产品成本，一旦用某种联合成本分配方法进行分配，便成为存货成本的一部分，并在各成本之间进行划分

B. 根据会计准则，出于财务报告和计税的目的，所有能看作制造成本的联合成本都应分配给联产品

C. 副产品核算的收入法更易于使用，而且建立在收入确认概念上，但要应用于重大金额

D. 资产确认法下，在副产品产出期间，副产品的净变现价值可在资产负债表上作为存货计入，同时在利润表作为总制造成本的抵减项

7. 下列关于废品成本核算的描述，错误的是（　　）。

A. 废品是指由于不合格而被废弃或被削价处理的完工品或半成品

B. 正常废品是指即使有效生产，在特定生产过程中依旧不可避免会产生的废品

C. 非正常废品是指在有效的生产条件下不应该产生的废品，它不是特定生产流程的必然结果

D. 及早质检无法防止在废品上浪费直接材料和加工成本

8. 下列关于返工成本核算的描述中，错误的是（　　）。

A. 返工品是指由于不合格被退回后经返工修理作为合格产品出售的产成品

B. 完工的返工品与未经完工的合格品会存在差异

C. 与特定批次有关的正常返工品成本归入该批次中，而与所有批次有关的正常返工品成本作为制造费用的一部分在所有批次中进行分配

D. 非正常返工品损失作为本期成本直接冲销

9. 下列关于残料核算的描述中，正确的是（　　）。

A. 残料是指生产产品时剩余的材料

B. 残料核算需区分正常和非正常残料

C. 残料核算不区分与特定批次有关的残料和与所有批次有关的残料

D. 残料也有较高的经济价值

10. 下列关于残料核算的描述中，错误的是（　　）。

A. 残料的金额很小时，最简单的会计处理是注明返回仓库的残料数量，并将残料销售收入作为收入中的一项，单独列在利润表中

B. 若残料金额巨大且很快被出售，那么对其成本的核算取决于残料是仅与某一特定批次有关还是与所有批次都有关

C. 与特定批次产品有关的残料销售时，无论残料的数目多大，所有的残料收入都贷记到特定订单中，从而抵减该批次的成本

D. 有时我们将残料作为直接材料再利用，而不作为残料销售。在这种情况下，它应以历史成本借记原材料账户，再利用时贷记原材料

计算题

1. 肉制品加工厂饲养鸡并且加工鸡肉。每只鸡被分割成五个主要部分，2020 年 7 月份有关生产信息如表 8－8 所示。

表 8－8

部分	产品重量（千克）	生产完成时每千克产品的批发价格（元）
鸡胸	100	7
鸡翅	20	8
鸡腿	40	6
鸡骨	80	4
鸡毛	10	1.5

2020 年 7 月份的联合生产成本为 100 元。

一次特别装运中，20 千克鸡胸肉与 10 千克鸡翅在火灾中受损。公司保险单规定按损坏物品的成本进行赔偿。保险公司允许该公司采用一种联合成本分配方法，假定分离点处于生产线结束时。

要求：

（1）分别采用以下方法计算特别装运中损失物品的成本：1）分离点销售价值法；2）实物计量法（采用完工品重量）。

（2）你建议该公司采用哪种联合成本分配方法？请解释。

2. 接计算题 1，该公司正在计算 2020 年 7 月 31 日资产负债表的期末存货价值，7 月 31 日的期末存货数量是鸡胸 10 吨、鸡翅 4 吨、鸡腿 3 吨、鸡骨 5 吨、鸡毛 2 吨。该公司的管理者想采用分离点销售价值法。

要求：

（1）假设该公司将五种产品都归类为联产品，2020 年 7 月 31 日各种产品的期末存货价值是多少？

（2）假设该公司采用生产完成时在财务报告中确认副产品的方法，来自副产品销售的所有收入抵减联产品生产中的联合成本。并假设鸡胸、鸡翅为联产品，鸡腿、鸡骨、鸡毛为副产品，则 2020 年 7 月 31 日各种联产品的期末存货价值是多少？

（3）评论（1）和（2）中的结果差异。

3. 万盛咨询公司向政府与公司客户提供咨询服务。为了方便成本分配，该公司将它的部门分为两个辅助部门（管理/人力资源与信息系统）和两个运营部门（政府咨询与公司咨询）。2020 年第一季度，四个部门发生的成本如下（单位：元）：

管理/人力资源(A/H)	600 000
信息系统(IS)	2 400 000
政府咨询(GOVT)	8 756 000
公司咨询(CORP)	12 452 000

2020 年第一季度四个部门的实际辅助关系水平如表 8－9 所示。

表 8-9

供应部门	使用部门			
	A/H	IS	GOVT	CORP
A/H		25%	40%	35%
IS	10%		30%	60%

管理/人力资源提供服务的比重以人数为基础；信息系统提供服务的比重以实际使用的机器时数为基础。

要求：

(1) 用以下方法将两个辅助部门的成本分配给两个运营部门：1) 直接分配法；2) 顺序分配法（先分配管理/人力资源）；3) 顺序分配法（先分配信息系统）。

(2) 比较并解释将辅助部门成本分配给每个运营部门的差异。

(3) 用顺序分配法分配辅助部门成本时决定分配次序的方法是什么？如果政府的咨询工作要求以顺序分配法进行分配，你建议该咨询公司使用什么方法?

(4) 用交互分配法将辅助部门成本分配到运营部门。

(5) 对 (1) 中的方法进行比较并解释差异。你倾向使用哪种方法？为什么？

4. 安达电压保护器公司的装配车间 6 月份开始生产，期初无在产品。当月，生产 48 000 件产品，耗用直接材料成本 72 000 元，加工成本为 96 000 元。该公司完工并转出产品 32 000 件。装配车间生产过程中，直接材料在开始时投入，加工成本陆续发生且至月末在产品加工程度为 30%。

要求：

(1) 计算直接材料和加工成本的约当产量。

(2) 计算约当产量的单位成本。

(3) 在完工并转出的产成品和在产品之间分配成本。

第9章 作业成本会计系统

学习目标

- 了解作业成本系统以及成本动因；
- 区分作业成本法和传统成本法；
- 概述作业成本法的基本流程；
- 使用作业成本信息进行作业管理；
- 了解作业成本法在零售业和服务业的应用。

章首案例　汕头移动的项目作业成本法

中国移动通信集团广东有限公司汕头分公司（简称汕头移动），负责中国移动在汕头地区的网络建设、服务和经营管理，是汕头地区最大的移动通信运营商。截至2018年年底，公司客户超500万户，年收入近30亿元。随着业务规模不断扩大，工作流程日益精细，业务末端基础工作外包程度越来越高。2018年汕头移动外包费用超过3亿元，约占公司总决策成本的1/4。公司员工1 500多人，而外包项目人员超过2 800人。长期基础工作外包，忽略过程管控，管理层不了解项目实际执行情况；决策过于依赖历史成本，对新增项目难以把控真实的业务动因和成本动因，导致决策的科学性下降；过度依赖外包团队，被动接受外包成果，缺乏项目过程监控，对供应商管控能力不足，导致员工核心能力弱化；预算管控仅到分配环节，业务管控仅关注结果，项目底层成本动因及执行流程难以监控，无法有效支撑战略目标实现。

汕头移动审时度势，决定推行项目式作业成本法，建立全面闭环管控体系。汕头移动成立以公司总经理为组长、各部门第一负责人为组员的领导组，负责管理会计工作的顶层规划和工作指导。财务部门内设专职管理会计岗位以及管理会计项目攻坚小组，负责管理会计工作的总体策划、组织和实施。跨线条、跨部门的工作小组，负责日常管理会计工作落地推行。

汕头移动所采用的项目式作业成本法包括8个步骤：作业活动认定、作业步骤分解、资源识别、资源计量、建立“三库”、设立流程控制点、执行过程记录、作业流程与标准动态调整。“三库”包括555个作业库、216个价格库和5大类资源库基础信息。

关键控制点817个，覆盖28个领域、262个核心关键流程。通过优化管理架构，强化基于作业成本的项目决策制度，建立闭环的作业成本预算管控机制，最终形成了战略-预算-项目-作业-控制（SBPAC）管控体系。

通过两年多的实践，截至2018年年底，汕头移动累计决策项目122个，通过标杆比较、流程优化、管控改进，共节约成本超过6 000万元，节约幅度达9%；优化了作业流程，提高了作业效率，同类项目流程时间缩短18%。

资料来源：盛继明．工业和信息通信业管理会计案例集（2019）．北京：人民邮电出版社，2019.

除传统制造业外，作业成本法在物流、零售、批发、通信、金融、保险、医疗卫生、社会中介机构（如会计师事务所、咨询机构等）、政府部门、公用事业单位等领域得到了广泛应用。作业成本法是当今企业实现精细化管理的最佳载体。

第一节 简单成本系统及其影响

一、广泛平均及其后果

对于只生产有限品种产品的公司（如电视机和汽车制造商）来说，间接成本（或制造费用）在总成本中占比相对较少，因此，使用简单成本系统分配成本是简单且相当准确的。随着产品的多样化和间接成本的增加，广泛的平均法导致产品成本不准确。例如，使用单一的、全厂范围的间接成本分配率分配产品成本常常不能提供可靠的成本数据。“花生酱成本法”描述了一个特殊的成本计算方法，即为了统一把资源成本分派（或平摊，就像涂花生酱一样）到成本对象（如产品或服务）上而使用广泛的平均。然而，实际上单个产品或服务使用这些资源的方式并不一样。通过下例说明简单成本系统成本分摊如何提供不准确和误导性的成本信息。

【例9-1】 SDK公司财务部四个同事决定外出进行团队建设活动，此次活动包括午餐、电影和下午茶。这次活动的账单如表9-1所示。

表9-1 SDK公司财务部团建活动账单 单位：元

	李维	高明	郑平	赵梦	总计	平均
午餐	65	70	55	40	230	57.5
电影	50	50	50	50	200	50
下午茶	30	35	40	25	130	32.5
总计	145	155	145	115	560	140

如果560元的账单平均分，则此次活动每人的平均成本是140元。这种成本平均方法对每个人同等处理。当成本在四人间平均时，李维、高明和郑平都被少计了，而赵梦则被多计了。

广泛平均可能导致少计或多计产品或服务的成本。少计产品成本是指产品消耗了较高的资源水平，报告的单位成本却较低；而多计产品成本是指产品消耗了较低的资源水平，报告的单位成本却较高。

产品成本少计和多计的战略后果是什么？企业会使用产品成本信息指导定价决策。少计成本的产品定价低，对这种产品的需求增加，但利润降低。实际上，少计成本产品的销售可能导致亏损——销售收入低于所使用的资源成本，而且企业会错误地认为这些销售都是盈利的。多计成本会导致定价过高，从而将市场份额拱手让给生产相似产品的竞争者。更为糟糕的是，产品成本的少计和多计把经理人员的注意力转移到了错误的产品上。经理将尽力减少多计成本的产品的成本，因为这些产品的报告成本高，然而，经理需要关注少计成本的产品的计划和管理作业，因为这些产品消耗了很多资源，即使它们的报告成本低。

为了解决这一后果，我们将在下面引入作业成本法（ABC）。

二、简单成本系统

雷普公司为家庭生产各式灯具，目前有两款主要产品：家用标准灯具和家用豪华水晶灯具。与生产标准灯具相比，生产豪华灯具需要更复杂的步骤。

雷普公司目前拥有一个简单成本系统，使用单一间接成本分配率分配间接成本。雷普公司将在 2020 年生产 50 000 个标准灯具和 20 000 个豪华灯具。

两款灯具的直接成本数据显示在表 9－2 中。雷普公司的简单成本系统把直接材料和直接人工以外的所有成本归为间接成本，间接成本主要包括支付给制造支持人员和维修人员的工资、设备折旧、动力费用和场地租金等项目。把直接人工小时数作为唯一的分配基础，从而把所有生产和非生产间接成本分配到两款灯具上，2020 年雷普公司的直接人工预算数是 36 000 小时。由于雷普公司仅使用单一的成本分配基础，管理会计师把 2020 年所有的预算间接成本共 7 560 000 元归集到单一的制造费用成本库，则每一成本分配基础的单位分配率为 210 元/直接人工小时（7 560 000÷36 000）。雷普公司计划使用 24 000 个直接人工小时来生产 50 000 个标准灯具，用 12 000 个直接人工小时来生产 20 000 个豪华灯具。最后，通过加总分配给产品的直接成本和间接成本来计算产品总成本。

表 9－2　雷普公司用简单成本系统计算的产品成本　单位：元

	标准灯具		豪华灯具	
	总计	单位成本	总计	单位成本
直接材料	2 750 000	55	1 800 000	90
直接人工	1 250 000	25	600 000	30
总直接成本	4 000 000	80	2 400 000	120
分配的间接成本	5 040 000	100.8	2 520 000	126
总成本	9 040 000	180.8	4 920 000	246

雷普公司以 200 元的单价出售标准灯具，以 310 元的单价出售豪华灯具。然而让公司的管理者困惑的是，以目前的预算价格销售，预计在豪华灯具上有很大的毛利率，但是在标准灯具上的毛利率则较小（见表 9－3）。

表 9－3　雷普公司简单成本系统下计算的产品毛利率　单位：元

	标准灯具		豪华灯具	
	总计	单位数	总计	单位数
收入	10 000 000	200	6 200 000	310
总成本	9 040 000	180.8	4 920 000	246
营业利润	960 000	19.2	1 280 000	64
毛利率（%）	9.6		20.65	

雷普公司销售部门得到公司合作伙伴欧士公司发来的信息，只生产标准灯具的飞浦公司愿意出价165元为欧士公司提供产品。这让雷普公司的管理层感到很震惊，因此管理者开始评估成本系统，公司的简单成本系统可能多计了标准灯具的成本，即对它分派了太多间接成本，而对豪华灯具分派了太少的间接成本。

为了解决这一问题，公司决定引入作业成本法，精确计算产品成本。

第二节 作业成本法的原理及一般程序

一、作业成本法的概念

（一）作业成本法的定义

作业成本法，是指以作业消耗资源、产出消耗作业为原则，按照资源动因将资源费用追溯或分配至各项作业，计算作业成本，然后再根据作业成本动因，将作业成本追溯或分配至各成本对象，最终完成成本计算的方法。从作业成本法的定义可以看出，主要涉及资源、资源动因、作业、作业成本动因等关键词。

（二）资源

资源是指企业生产经营过程中，消耗的人力、物力、财力。就制造业企业而言，资源包括直接材料、直接人工、各种间接费用；而在服务业企业中，人员、场地、设备等费用占比较大。

（三）资源动因

资源动因就是资源被各种作业消耗的方式和原因，它反映作业中心对资源的消耗情况，是资源成本分配到作业中心的标准。例如，如果人工方面的费用主要与从事各项作业的人数相关，那么就可以按照人数来向各作业中心（作业成本库）分配人工方面的费用。在这里，从事各项作业的人数就是一个资源动因。

（四）作业

在作业成本计算中，作业是汇集资源耗费的第一对象，是连接资源耗费和产品成本的中介。对直接材料和直接人工成本，大家很容易理解，因为它们可以直接追溯到受益的产品和服务中去。但是，要理解制造费用是如何产生的，我们首先要明确一个问题，即为了向产品生产提供服务和各种支持，要在企业中实施一系列作业。我们通过下面的例子来说明制造费用是如何产生的。假设在同一城市有两家冷饮生产企业——四星公司和燕都公司。前者只生产一种冰淇淋，后者则生产一系列冰淇淋。2020年，两家企业都生产了60 000吨冰淇淋，因此两家企业的直接材料和直接人工成本相同。但是燕都公司的制造费用远高于四星公司，因为燕都公司为生产系列冰淇淋，要发生一系列支持作业（support activities）：当生产的冰淇淋口味和颜色发生变化，要调整设备；在产品生产出来后，要进行质量检验；在产品品种转换过程及转换之后，要监控生产过程是否正常、机器调整是否到位；储存和搬运各种原材料；为不同品种产品购买原材料和包装材料；编制生产计划；处理顾客订单；为各品种产品提供工艺支持。制造费用随着支持产品生产的作业数量的增加而增加。正因为燕都公司需要大量的支持作业，燕都公司的制造费用要高于四星公司。

我们可以将生产作业分为四种类型，即单位水平作业、批量水平作业、产品水平作业、能力水平作业（见表9-4）。

表9-4 作业种类和作业成本动因

种类	代表性作业	作业成本动因
单位水平作业	产品检查 直接人工监督 直接动力、燃料费用	产品数量 直接人工小时 机器小时
批量水平作业	机器准备 首件产品检查 处理顾客订单 材料搬运 生产计划	准备小时 检查小时 订单数量 材料移动次数 产品生产
产品水平作业	产品设计 零部件管理 工艺设计 修改产品特性	产品种类 零部件数量 工艺改变单
能力水平作业	机器设备的管理 会计和人力资源管理 房屋维修、照明 租金、折旧	场地面积 工人数量

1. 单位水平作业

单位水平作业（unit-related activities）反映对每单位产品或服务所进行的工作。单位水平作业所使用的资源量是同产品产量和销量成比例的，或者同直接人工小时、机器小时成比例。比如，对每一个产品进行的质量检查消耗的间接人工成本显然与生产数量有关；对直接生产工人的作业进行统一的监督，所需的监督成本与直接人工小时成比例；机器运转消耗的润滑油、电力以及对机器的定期维修都与机器小时成比例。单位水平作业的成本动因包括人工小时、机器小时以及加工的材料数量等。

2. 批量水平作业

批量水平作业（batch-related activities）由生产批别次数直接引起，与生产数量无关。例如，为新的生产批别准备机器，一旦机器准备好，每批是生产100单位还是1 000单位，准备成本都不变。又如，如果只对每批产品的第一件进行检查，这时所消耗的间接人工与批别次数成比例。我们可将批量水平成本进一步扩展，如购买材料的订货费用与订货次数成比例，与每次的订货数量无关；处理顾客订单的成本与订单数量有关，与每张订单中的订货数量无关；送货成本与送货次数有关，与每次送货的数量无关。生产计划也被认为是批量水平作业，因为每个生产周期都要作一个生产计划，所以生产计划成本与生产周期的数量成比例，与每个生产周期内的生产数量无关。批量水平作业和单位水平作业的主要区别在于完成批量水平作业所需要的资源不依赖于每批次所包含的单位数。

3. 产品水平作业

产品水平作业（product-sustaining activities）是每一类产品的生产和销售所需要的工作。产品和产品线的数量越多，产品水平作业成本就越高。制图、工艺设计、流程设计、产品改良、技术支持等均属于产品水平作业。如果把产品水平作业这一概念扩展到工厂以外，则有顾客水平作业，如市场调研、客户支持工作，此类工作能够使公司完成向不同顾客的销售，但与向顾客销售和交付的产品数量无关。再如，取得专利权以及药品生产许可证的成本随着引入的产品种类的增加而增加。在前面所举的例子里，燕都公司的产品水平作业包括设计新口味的冰淇淋、改进配方，设计每种冰淇淋的包装和宣传材料等。由于燕都公司生产多种冰淇淋，而四星公司只生产一种，尽管两家公司的产量相同，但燕都公司的产品水平作业成本要高于四星公司。

4. 能力水平作业

能力水平作业（facility-sustaining activities）是使企业生产经营正常运转的工作。这些作业与产品的种类、生产的批次、每种产品的生产数量无关。能力水平作业包括机器设备的租金、折旧、保养费、保险费和税金、房屋维修费、绿化费、照明、保安等，还包括企业管理、会计、人力资源管理等费用。

（四）作业成本动因

作业成本动因（activities cost drivers）是指一项作业产出的计量单位，如直接人工小时、产品种类、机器准备次数等。作业成本动因是连接作业和产品的纽带，根据作业成本动因可以对一项作业的产出进行定量计量。以作业为基础的成本制度除保留了传统成本制度的单位水平作业动因如人工小时、机器小时外，还需要使用能把批量水平作业、产品水平作业、能力水平作业的成本分配到产品和顾客中的作业成本动因。对每一项作业，都有与其相对应的作业成本动因。表 9－4 列示了四种作业类型及相关作业成本动因。

把作业成本分配到个别产品中需要知道每一产品的作业成本动因数量，也就是除了要知道每一产品成本中心所需的材料、直接人工和机器小时，作业成本制度还必须知道每一产品的各个成本动因数量。例如，对于每一类产品，必须掌握的关于成本动因的信息有：生产产品的数量、购买材料的数量、材料搬运的数量和设计变更通知的数量，这将引起所要收集的信息的数量大幅增长。幸而不断改进的综合信息系统尤其是建立在整个企业范围内的信息系统，使得获取关于作业成本动因的信息比原来容易，成本也更低。根据作业成本和作业成本动因数量可以计算作业成本动因分配率（activities cost drivers rate）。作业成本动因分配率是作业成本与作业成本动因数量的比率，其计算公式为：

$$作业成本动因分配率=\frac{作业成本}{作业成本动因数量}$$

作业成本动因的选择主要是在计量精确性和计量成本之间进行主观权衡。作业成本动因大致分为三种类型：

1. 业务动因

业务动因是成本最低、精确度最差的动因类型。它假定每次执行作业总是需要等量资源，例如，生产调整准备次数。

2. 时间动因

相对于业务动因，时间动因的精确度和执行成本均有所提高。每次生产调整准备所耗费的时间差异比较大时，企业可以采用生产调整准备时间作为动因。

3. 强度动因

强度动因直接把每次执行作业耗用的资源分配给该项作业，因此它的准确性和执行成本最高。一般来讲，强度动因需要一个工作单成本系统，只有当与每次执行某项作业有关的资源既昂贵又经常变化时才使用。如企业大修 A 生产线，企业技术支持部门能力不足，聘请了德国专家，即使该技术部门费用往年是按工时将其成本分配在各个生产线，但由于此次聘请德国专家的费用十分明确是用于 A 生产线的，故该费用将全部归属于 A 生产线所生产的产品。

二、作业成本法的一般程序

前文对作业成本法的计算原理进行了介绍，其原则是作业消耗资源、产品消耗作业，这一过程可以分为以下步骤。

（一）确定作业并定义资源

这一步骤的实施，是建立在对企业生产经营过程进行全面分析的基础上的。因为只有通过对企业生产经营过程的全面详尽的分析，才能将其描述为一个由此及彼、由内向外的作业链。在实际工作中，一个企业的作业可能成百上千，按照重要性原则，我们选择主要作业作为资源分配的基础。以这些主要作业归集的成本就形成了一系列作业成本库。根据前文提到的雷普公司的灯具制造过程，可以确定六类作业：设计、安装制模机、机器运转、装运、分销和管理。

资源耗费后，应按照一定的价值归集范围，对其进行分类归集。资源归集可以和账户设置相结合。前文提到的雷普公司的资源成本类型主要包括：直接材料、直接人工、间接费用。间接费用主要包括支持人员和维护人员的工资、设备折旧、动力费用和场地租金等。这样的分类既可以从总体上反映各类资源的耗用情况，同时也为各类资源的耗费价值向作业成本库的分配创造了条件。至于价值归集范围，一般应视企业的规模和作业组合状况而定。对于小企业，若不分设制造中心，则直接在整个企业范围内按类别归集资源耗费价值；对于大企业，一般可设若干制造中心，并将各制造中心视为小企业来归集各类资源耗费价值。

（二）将资源分配至作业

在作业成本库建立之后，如何将各类资源的价值耗费向各作业成本库进行分配就成为重要内容。按照作业成本计算的规则，作业量的多少决定着资源的耗用量，资源耗用量的高低与最终产品的产出量没有直接关系。所以这一步骤分配资源的价值耗费的基础是反映资源消耗量与作业量之间关系的资源动因，即如何正确地确定资源动因是正确地将各类资源耗费分配计入各作业成本库的关键。

确立资源动因的原则是：（1）某项资源耗费若能直观地确定其是为某一特定产品所消耗的，则直接计入该特定产品成本，此时资源动因也是作业动因，该动因可以认为是“终结耗费”，材料费往往适用于该原则；（2）如果某项资源耗费可以从发生领域上区分，则可以直接计入各作业成本库，此时资源动因可以是“作业专属耗费”，各作业各自发生的办公费一般适用该原则，各作业按实付工资额核定应负担的工资费时，也适用这一原则；（3）如果某项资源耗费从最初消耗上呈混合耗费形态，则需要选择合适的量化依据将资源分解，分配到各作业，这个量化依据就是资源动因。

在成本计算过程中，各资源库价值应根据资源动因逐项分配到特定范围内的各作业成本库中去，将每个作业成本库中转入的各项资源价值相加就形成了作业成本库价值。

【例9-2】 雷普公司改进了简单成本系统，在公司内部实施作业成本系统。表9-5显示了每种作业的成本分配基础及其预算数据。

表9-5 雷普公司作业成本数据资料

作业	总预算间接成本（元）	成本分配基础预算		预算间接费用分配率
		数量	资源动因	
设计	1 550 000	100	零件平方分米	15 500
安装制模机	1 000 000	2 000	安装小时	500
机器运转	2 000 000	10 000	制模机器小时	200
装运	450 000	200	装运次数	2 250
分销	1 760 000	88 000	立方分米	20
管理	800 000	40 000	直接制造人工小时	20

（三）将作业成本分配至产品

该成本计算步骤应遵循的作业成本计算规则是：产出量的多少决定着作业的耗用量，这种作业消耗量与产出量之间的关系即为作业动因。

作业动因是将作业成本库成本分配到产品或劳务中去的标准，也是将作业耗费与最终产出相沟通的中介。既然作业中心和作业成本库是依据作业动因确认的，就每一作业成本库而言，其动因在第二步骤已经确立，因而成本计算在这一步骤并无障碍。如订单作业是批量动因作业，我们只需将该作业成本库成本除以当期订单份数得到分配率，将此分配率乘以某批产品所用订单份数即可得到应计入该批产品成本计算单中订单成本项目中去的价值。

【例9-3】 根据例9-1和例9-2的数据，采用作业成本法计算雷普公司两种产品的成本结果如表9-6所示。

表9-6 采用作业成本系统的雷普公司产品成本 单位：元

项目	标准灯具（50 000个）		豪华灯具（20 000个）		合计
	总价	单价	总价	单价	
直接材料	2 750 000	55	1 800 000	90	4 550 000
直接人工	1 250 000	25	600 000	30	1 850 000
间接成本					
设计	465 000 （30×15 500）	9.3	1 085 000 （70×15 500）	54.25	1 550 000
安装制模机	250 000 （500×500）	5	750 000 （1 500×500）	37.5	1 000 000
机器运转	800 000 （4 000×200）	16	1 200 000 （6 000×200）	60	2 000 000
装运	225 000 （100×2 250）	4.5	225 000 （100×2 250）	11.25	450 000
分销	880 000 （44 000×20）	17.6	880 000 （44 000×20）	44	1 760 000

续表

项目	标准灯具（50 000个）		豪华灯具（20 000个）		合计
	总价	单价	总价	单价	
管理	600 000 （30 000×20）	12	200 000 （10 000×20）	10	800 000
总成本	7 220 000	144.4	6 740 000	337	13 960 000

三、作业成本法与传统成本法的区别

从表9-2和表9-6可以看出，传统成本法和作业成本法两种方法的总成本相等（13 960 000元），但是标准灯具的成本和豪华灯具的成本并不相等（见表9-7）。

表9-7 作业成本法与传统成本计算方法比较 单位：元

	作业成本计算 (1)	传统成本计算 (2)	差异 (1)-(2)
总成本	13 960 000	13 960 000	0
标准灯具	7 220 000	9 040 000	-1 820 000
豪华灯具	6 740 000	4 920 000	1 820 000
单位成本			
标准灯具	144.4	180.8	-36.4（20.13%）
豪华灯具	337	246	91（36.99%）

从表9-7可以看出，通过作业成本法的计算，在传统成本方法下，标准灯具分担了豪华灯具的总成本1 820 000元。从单位成本看，两种方法的差异为：标准灯具的差异为-36.4元，差异率为20.13%；豪华灯具的差异为91元，差异率为36.99%。

以标准灯具为例，我们来看两种计算方法的结果比较（见图9-1）。

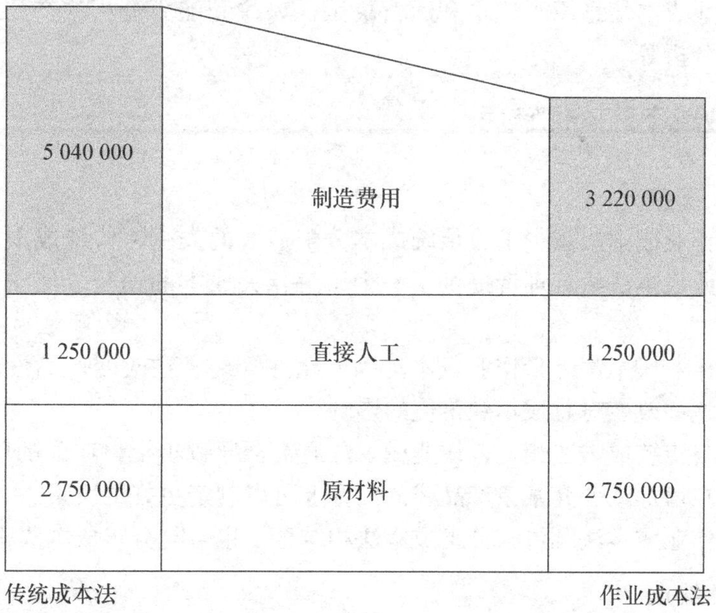

图9-1 标准灯具成本计算方法比较

从上述分析可以看出，传统成本法认为制造费用与数量（本例为直接人工工时）之间成比例变化，但是在作业成本法下制造费用各组成项目并不受数量指标影响。因此，两种方法出现成本差异就是不可避免的了。当今社会，生产呈多品种、小批量、小型化发展趋势，上述两种成本方法的差异需要企业管理者关注，以便作出正确决策，比如定价和促销决策。

基于以上分析，作业成本法与传统（简单）成本法之间的主要差异如表 9-8 所示。

表 9-8 作业成本法与传统成本法的差异

	作业成本法	传统成本法
成本动因	多个成本动因：作业基础动因和数量基础动因（视何者最能准确计算成本而选用）	单一成本动因，或最多三个成本动因：只有数量基础动因具有普适性
间接费用	间接费用先分配到各项作业中，然后再分配给产品或服务	间接费用先分配到各部门，再分配给产品或服务
重点	重点放在解决部门间的成本计算和流程问题上	重点放在让各部门经理负责其部门内的各项成本和流程改进上

四、作业成本法的适用范围

作业成本法适用于具有以下特点的企业：一是企业有大量的间接费用和辅助资源耗费；二是产品、客户和生产流程多样化；三是极易发生成本扭曲，比如既采用大批量生产也采用客户定制生产的企业，既有成熟产品也有新产品的企业，以及既有定制分销渠道也有标准分销渠道的企业。

作业成本法最先由制造业企业采用。目前，服务行业企业也开始采用作业成本法，比如医院、银行、保险、电信等。这些企业不但利用作业成本法来准确计算成本，同时也将作业成本信息用于战略和运营决策，如盈利能力分析、产品组合决策、绩效评价、流程分析等。

五、作业成本法的优缺点

（一）优点

（1）作业成本法减少了由传统成本分配造成的失真。传统成本法按部门分配间接费用。作业成本法给管理者提供了一个了解相关成本的途径，使它们能更好地参与市场竞争。

（2）作业成本法计量作业成本动因，允许管理者在改变产品设计和作业设计的同时，了解这些改变对总成本和价值的影响。

（3）与传统成本法相比，作业成本法通常会导致小批量产品的单位成本大幅增加，这意味着在增加或舍弃某条产品线的问题上可以制定更好的决策。

（4）作业成本法既可与分批成本法相结合，也可与分步成本法相结合。

（二）缺点

（1）并不是所有间接成本都和特定的成本动因相关联，有时为追踪相关动因所导致的成本大于获得的收益。

（2）即使有现成的软件可用，作业成本法仍然需要大量的开发和维护时间。作业成本法改变了管理者已接受的既定规则，因此管理者会本能地抗拒这种变化。如果高层管理者不积极地支持作业成本法的实施，中低层管理者将会不遗余力地寻找各种替代办法。

（3）如果仅将作业成本法视为一项会计创新，很可能会导致失败。

（4）作业成本法下产生了大量的信息，过多的信息可能导致管理者将精力集中于不必要的数据上。

（5）作业成本法并不遵循企业会计准则，所以重新披露财务数据将导致额外的费用，同时会造成混淆。这使得报表使用者不太确定是应信赖作业成本法给出的信息还是财报数据。

第三节 作业管理

一、基于作业成本信息的管理

前面我们已经了解了管理者如何按作业成本法计算各种产品的成本。对于一个拥有上百种甚至上千种产量不同、工艺不同、规格不同的产品的企业，作业成本法的应用效果是最为显著的。但作业成本计算的作用远不止成本计算，ABC以作业为中心的管理思想，已从成本的确认、计量扩展到企业管理的诸多方面，一个新的现代企业管理思想——作业管理（activity-based management，ABM）正在形成。作业管理是把管理重心深入到作业层次的一种新的管理观念。作业管理的研究领域除了生产过程，还把供应商、客户这类作业链的投入端与产出端作为独立的分析对象（如客户盈利性分析），同时也针对作业链整体进行分析。可以说，发展至今，作业成本法已成为以作业为核心，成本分配观和过程分析观二维导向，作业成本计算与作业管理相结合的全面成本管理制度（见图9-2）。

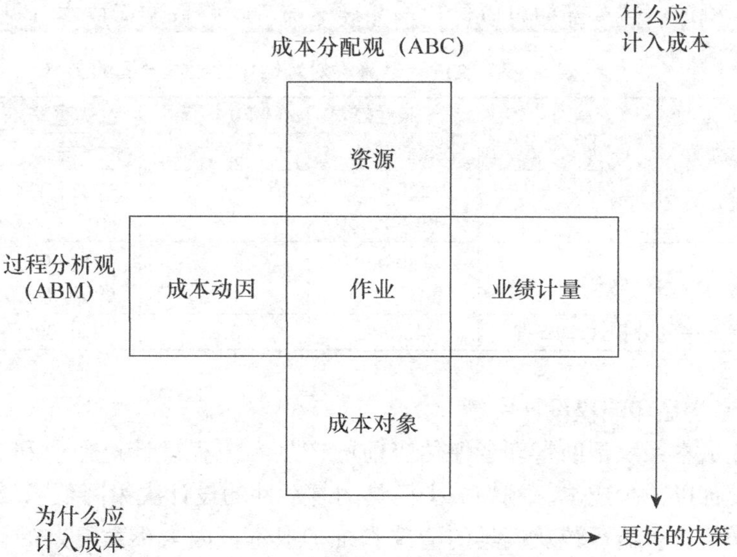

图9-2 作业成本法二维成本观

成本分配观导向下所提供的信息有助于分析资源、作业与产品这三者之间的关系，准确计量产品成本，寻找成本管理的突破点，实施目标成本法，进行客户盈利性分析。过程分析观导向下提供的信息反映作业过程的动态关系，为从根源上控制成本、评价业绩、持续改善生产经营创造了条件。

二、作业管理的应用领域

作业管理是使用作业成本信息改进客户满意度和获利能力的一种管理决策制定方法。我们广义定义下的作业管理包括定价和产品组合、成本降低和流程改进、产品和流程设计决策以及计划和管理作业。

（一）定价和产品组合决策

作业成本系统给管理人员提供了关于生产和销售不同产品的成本信息。依据这些信息管理人员能制定定价和产品组合决策。例如，作业成本系统表明，雷普公司的标准灯具成本为144.4元，因此即便竞争对手对同类产品设定160元的价格，雷普公司依然可以以更低的价格出售标准灯具且仍然有利可图。如果没有来自作业成本系统的信息，雷普公司的管理者可能错误地认为他们以低于160元的价格出售标准灯具时会亏损。这个不正确的结论可能导致雷普公司削减标准灯具的业务并集中到豪华灯具上，单一间接成本库系统表明在豪华灯具上是非常有利可图的。

然而将业务集中于豪华灯具上显然是错误的。作业成本系统表明，豪华灯具的成本（337元）远高于雷普公司简单成本系统计算下的成本（246元），以原有价格（310元）销售豪华灯具，反而会导致公司亏损。

（二）成本降低和流程改进决策

管理者利用作业成本系统来确定在什么地方以及怎样减少成本。例如，雷普公司装运作业的管理人员可能希望通过降低装运作业的人工成本和装运设备租赁成本将每次装运的成本从2 250元降低至2 000元。雷普公司试图去掉那些不增加价值的成本，控制这些成本动因，如安装小时或装运的立方分米，常常是经营人员管理成本最基本的方法。例如，装运部门可以优化产品装运流程，降低装运成本（见表9-9）。

表9-9 改进装运流程对装运作业成本分配的影响 单位：元

	标准灯具（50 000个）		豪华灯具（20 000个）	
	总计	单位数	总计	单位数
装运成本	225 000 (100×2 250)	4.5	225 000 (100×2 250)	11.25
改进流程后的装运成本	180 000 (90×2 000)	3.6	190 000 (95×2 000)	9.5
改进流程带来的分销成本节省	45 000	0.9	35 000	1.75

（三）产品和流程设计决策

作业成本系统帮助管理者评估当前的产品和流程设计对作业和成本的影响，并且确定新设计以减少成本。例如减少模具的复杂性的设计决策降低了设计、材料、人工、安装制模机、机器运转及模具的清洗和维护成本，因为不太复杂的设计减少了废品以及安装和操作制模机的时间。注意到雷普公司以前使用简单成本系统，它以直接人工小时作为所有间接成本的成本分配基础，该系统可能错误地让雷普公司选择了最能减少直接人工小时数的设计。然而实际上，间接成本与直接人工小时之间并没有必然的紧密联系。

（四）计划和管理作业

大多数实施作业成本系统的管理者如雷普公司一样，首先分析实际成本以确定作业成本库和作业成本率，然后计算用于制定计划、决策和管理作业的预算率。在年末，管理者将预算成本和实际成本进行比较，以评价作业管理情况。当作业和流程变化时，管理者需要计算新的作业成本率。

从作业管理的实质来看，作业管理的主要目标有两个：一是从外部客户的角度出发，尽量通过作业为客户提供更多的价值；二是从企业自身角度出发，尽量从客户提供的价值中获取更多的利润。为实现上述两个目标，企业管理者必须深入到作业水平进行作业分析。

三、作业分析

对作业分析的理解有广义和狭义之分。狭义的作业分析仅指认识和区分作业，显然仅仅认识和区分了作业并不能满足我们的需要。我们需要通过认识和分析作业，将作业作为成本核算和管理的对象，改善企业的经营管理，降低企业成本，所以一般需要把对作业的认识、将细小的作业整合成成本计算的对象以及对具体作业的改进纳入作业分析的概念中去，从而形成广义的作业分析概念。广义的作业分析是指对一个企业（或组织、部门）所进行的作业的辨认、描述、评价和改进的过程，它能为企业提供如下信息：进行了多少作业；多少人参与了作业；作业所耗费的时间和资源；评价作业对企业的价值，分辨增值作业和非增值作业。

无论是广义的还是狭义的作业分析都认为：作业分析首先是对一个企业所从事的主要作业进行的分辨和确认，从而为描述其经营以及确定其发生的成本和实现的业绩奠定清晰明确的基础。它有助于人们理解企业是如何运营的，进而为计算作业成本、改进作业、提高企业业绩（包括利润、质量以及时间的利用）提供信息保证。一般来说，作业分析的目的主要体现在以下方面：（1）使企业了解主要作业目前的成本耗费水平和企业的工作业绩；（2）为降低成本或改进业绩提供相应的作业信息，为作业的改进提供信息；（3）辨别从属的、次要的和非增值的作业；（4）辨别跨机构、跨组织作业问题。

作业分析具体包括如下步骤：

（一）划分增值作业和非增值作业

增值作业是指企业生产经营所必需的，且能为客户带来价值的作业。例如，采购订单的获取、在产品的加工以及完工产品的包装均属于增值作业。对于增值作业，企业要做的是努力提高其执行效率。

非增值作业是指对增加客户价值没有贡献，或者凡经消除也不会降低产品价值的作业，比如储存、移动、等待、检测等作业。非增值作业是企业作业成本管理的重点。实际上，在一个企业所从事的作业中，非增值作业占有相当大的比重，存在极大的改进潜力。企业应合理安排作业及各作业之间的联系，尽力减少非增值作业。企业的非增值作业主要有：

（1）计划作业。该作业要耗费时间和资源来决定如何生产、生产多少、何时生产。

（2）移动作业。该作业要耗费时间和资源将原材料、在产品和产成品从一个部门转移到下一个部门。

（3）等待作业。原材料或在产品未被下一道工序及时加工而存在等待作业，这一作业也要耗费时间和资源。

（4）检查作业。该作业要耗费时间和资源来确保产品符合标准。

（5）储存作业。该作业要消耗时间和资源保存原材料或产品。

（二）分析重要性作业

企业的作业通常多达几十种甚至成百上千种，对这些作业一一进行分析是没必要的，因为不符合成本效益原则。根据重要性原则，只需对那些相对于客户价值和企业价值比较重要的作业进行分析。

（三）把企业的作业同其他类似企业的作业进行对比

增值作业并不意味着有效和最佳，通过与其他企业先进水平的作业进行比较，可以判断某项增值作业或企业整个价值链是否有效，寻求改进的机会。例如，产品设计作业是一项增值作业，通过对比，在采用多品种、少批量生产方式和要求快捷供货的情况下，企业采用能快速提供服务的计算机辅助设计来替代人工设计，就可以提高该项作业的有效性。

（四）分析作业之间的联系

作业成本法下的各种作业相互联系，形成作业链。理想的作业链应能使作业完成的时间最短和重复次数最少。由此，作业管理不仅是一项管理工作，还是一个不断改进企业作业活动的动态过程。

第四节　作业成本法的拓展应用

一、作业成本法在流通业中的应用

甲超市正在考虑增加位于北京市昌平区店面的营业面积，管理人员想知道单个产品线的盈利信息：软饮料、新鲜农产品和包装食品。2020 年度甲超市每个产品线的数据如表 9－10 所示。

表 9－10　甲超市产品线相关信息

	软饮料	新鲜农产品	包装食品
收入（元）	317 400	840 240	483 960
产品销售成本（元）	240 000	600 000	360 000
退瓶成本（元）	4 800	0	0
采购订单数（张）	144	336	144
运送次数（次）	120	876	264
货架存放时间（小时）	216	2 160	1 080
销售数量（件）	50 400	441 600	122 400

2020 年度甲超市的其他信息如表 9－11 所示。

表 9－11 甲超市作业和成本动因信息

作业	作业内容	总成本（元）	成本分配基础
退瓶	将瓶退回商店	4 800	直接追溯到软饮料生产线
订单	处理采购订单	62 400	624 张采购订单
运送	实际的交货和收到商品	100 800	1 260 次运送
货架存放	在商品货架上的商品存放和续存	69 120	3 456 个货架存放小时
顾客支持	提供给顾客的帮助，包括结账和装袋	122 880	614 400 个售出商品
合计		360 000	

（一）传统成本法下每个产品线的营业利润

甲超市在每个产品线中产品销售成本的基础上把商店维持成本（除产品销售成本以外的所有成本）分配到产品线，从而计算营业利润和每个产品线的利润率（该产品的利润占该产品的收入的百分比）。

表 9－12 显示了营业利润和每个产品的营业利润占收入的百分比。所有商店维持成本以每个产品线的产品销售成本为成本分配基础分配到产品线。从表 9－11 可知，总的商店维持成本为 360 000 元（退瓶成本 4 800 元＋采购订单成本 62 400 元＋运送成本 100 800 元＋货架存放成本 69 120 元＋顾客支持成本 122 880 元）。

$$
\begin{aligned}
\text{商店维持成本的分配率} &= \frac{\text{总的商店维持成本}}{\text{产品销售总成本}} \times 100\% \\
&= \frac{240\,000 + 600\,000 + 360\,000}{1\,200\,000} \times 100\% \\
&= \frac{360\,000}{1\,200\,000} \times 100\% = 30\%
\end{aligned}
$$

于是，甲超市用 30%乘以每条产品线的产品销售成本，给每个产品线分配商店维持成本。

表 9－12 商店维持成本的分配 单位：元

	软饮料	新鲜农产品	包装食品	合计
收入	317 400	840 240	483 960	1 641 600
产品销售成本	240 000	600 000	360 000	1 200 000
商店维持成本	72 000	180 000	108 000	360 000
总成本	312 000	780 000	468 000	1 560 000
营业利润	5 400	60 240	15 960	81 600
营业利润÷收入（%）	1.7	7.17	3.30	4.97

商店维持成本＝产品销售成本×30%

（二）作业成本法下每个产品线的营业利润

在 ABC 系统下，甲超市把退瓶成本作为直接成本，因为这些成本能被追溯到软饮料产品线。然后计算每个作业的成本分配率（见表 9－13）。

表 9 - 13　作业成本分配率的计算

作业	成本层级	总成本（元）	成本分配基础的数量	间接分配比率
订单	批数	62 400	624 张采购订单	100 元/采购订单
运送	批数	100 800	1 260 次运送	80 元/运送次数
货架存放	单位产出	69 120	3 456 个货架存放小时	20 元/存放小时
顾客支持	单位产出	122 880	614 400 个售出商品	0.20 元/售出商品

用作业成本分配率乘以每条产品线的成本分配基础总数量，就得到了按作业分配的各生产线的商店维持成本。营业利润和每条产品线的营业利润占其收入的百分比如表 9 - 14 所示。

表 9 - 14　营业利润及利润率的计算　单位：元

	软饮料	新鲜农产品	包装食品	合计
收入	317 400	840 240	483 960	1 641 600
产品销售成本	240 000	600 000	360 000	1 200 000
退瓶成本	4 800	0	0	4 800
订单成本	14 400	33 600	14 400	62 400
运送成本	9 600	70 080	21 120	100 800
货架存放成本	4 320	43 200	21 600	69 120
顾客支持成本	10080	88 320	24 480	122 800
总成本	283 200	835 200	441 600	1 560 000
营业利润	34 200	5 040	42 360	81 600
营业利润/收入（%）	10.87	0.60	8.75	4.97
订单成本＝采购订单（144；336；144）×100				
运送成本＝运送次数（120；876；264）×80				
货架存放成本＝有效小时（216；2 160；1 080）×20				
顾客支持成本＝销售数量（50 400；441 600；122 400）×20%				

（三）两种成本计算方法下的产品线盈利性比较

管理人员认为 ABC 系统比传统成本系统更可靠。在甲超市中 ABC 系统更准确地区分了不同类型的作业，也更准确地描绘出各条产品线是如何使用资源的。相对盈利性即营业利润占收入的百分比在传统成本系统和 ABC 系统中的排名如表 9 - 15 所示。

表 9 - 15　相对盈利性的排名

传统成本系统		ABC 系统	
新鲜农产品	7.17%	软饮料	10.78%
包装食品	3.30%	包装食品	8.75%
软饮料	1.70%	新鲜农产品	0.60%

各产品线收入、各自的产品销售成本和作业成本占总数的百分比如表 9 - 16 所示。

表 9-16 各产品线相关数据汇总

	软饮料	新鲜农产品	包装食品
收入	19.33%	51.18%	29.48%
产品销售成本	20.00%	50.00%	30.00%
退瓶成本	100.00%	0.00%	0.00%
作业成本：			
订单	23.08%	53.84%	23.08%
运送	9.53%	69.52%	20.95%
货架存放	6.25%	62.50%	31.25%
顾客支持	8.20%	71.88%	19.92%

软饮料比新鲜农产品和包装食品消耗更少的资源，需要更少的运送和存放时间。大多数软饮料供应商自己把货品运送到货架上。相比之下，新鲜农产品有最多的运输成本，消耗很大比例的货架存放时间，并且它也有最大数量的销售额。以前的成本系统假定每条产品线在每个作业上以相同的比率使用资源，比率是每条生产线的产品销售成本占已销售总成本的百分比。显然，这个假定是不正确的。

甲超市管理人员能使用 ABC 信息指导他们的决策。例如，如何分配计划增加的商场面积？提高分配给软饮料的面积比是合理的。但要注意，ABC 信息是货架空间分配决策的一个考虑因素，但不是唯一的考虑因素。甲超市可能必须分别配给新鲜农产品一个空间下限，因为消费者认为超市应该有这一产品线的商品。在许多情况下，公司不能孤立地制定产品决策，而必须考虑减少一种产品可能会影响顾客对其他产品的需求。

利用 ABC 信息，定价决策也能更加完善。例如，假定一个竞争者宣布软饮料降价 5%。甲超市当前在软饮料产品线上的利润率为 10.78%，因此有降价的空间并仍然能在这条产品线上盈利。而以前的成本系统错误地显示软饮料仅有 1.70%的盈利率，只留下很小的空间来迎接竞争者的定价挑战。

二、作业成本法在服务业中的应用

作业成本系统能帮助在线零售商，如亚马逊，进行战略分析、执行和实施。ABC 系统能帮助回答这样一些问题，例如通过销售标准化产品或者定制化产品可赚得多少利润？对产品和服务来说，哪种广告最有效？花费多少可以建立良好的客户关系并获得回头业务？ABC 系统通过确认和计量服务客户的作业成本来回答这些问题。

如表 9-17 所示，网上商店的一些作业及其成本动因同传统的实体店铺很相似。

表 9-17 网上商店与传统实体店铺相似的作业及成本动因

作业	成本动因
1. 顾客日常服务——帮助顾客选择产品；通过电话或者邮件回答产品问题；订购	处理的订单数
2. 商品存货选择和管理——选择存货项目；和供应商谈判；创造和开发新产品	新产品数
3. 购买和收获——和供应商签订单；接受和记录已收商品	订单数
4. 顾客的寻求与保持——寻求顾客并集中交易来赢得顾客	目标顾客数
5. 维持业务——例如，管理操作，雇员，信息系统和存货	产品数

如表 9-18 所示，其他一些作业是网上商店所独有的。

表 9-18　网上商店独有的作业及成本动因

作业	成本动因
1. 数据库维持与修护——网络平台维护	维护次数
2. 商品配送——“当日达”“次日达”	配送距离
3. 物流中心的建设——自建或者租赁物流中心	仓储面积

基于不同产品所需的作业，作业成本法被用来确定不同产品和产品组合的成本。例如，亚马逊可以使用 ABC 信息来评价：(1) 书籍、玩具、CD 等各自的盈利性；(2) 在不同类型的书籍上所赚的利润；(3) 电视广告或者网络营销在获得新顾客上的效果。亚马逊公司也能使用 ABC 信息来削减不同作业的成本，或评估是否应该减少一些作业（例如，店面优化）。

行动学习

许继电气作业成本法

许继电气有限公司（简称许继电气）是国家电力系统自动化及继电保护控制行业大型骨干和主导企业，其主营业务为生产经营电网调度自动化、配电网自动化、变电站自动化、铁路供电自动化、继电保护及自动化控制装置等。该公司 90%以上的产品是根据销售合同生产的。1993 年，公司作为河南省试点企业改制为股份有限公司。1997 年 4 月，经中国证监会批准，向社会公开发行股票，并在深交所上市。

2001 年之前，许继电气采用传统的成本核算模式，将制造费用按各产品使用的人工工时比例进行分配。使用定额工时，而定额标准却是在多年前制定的，之后并没有根据实际情况进行调整。除了产品成本方面的问题，期间费用即俗称的“三费”居高不下。

2001 年，许继电气开始构建作业成本核算和管理体系，整个过程大致分为两个阶段：第一阶段是 2001 年 6 月至 2002 年 12 月，设计出一套作业成本核算系统（ABC）；第二阶段是 2003 年初到 2005 年 3 月，正式实施作业成本管理（ABM）。

1. 作业成本法在生产部门的应用

(1) 直接费用：主要是直接材料，运用合适的软件将费用直接计入成本对象。

(2) 人工费用：许继电气的人工费用按照以产值折算的工时比例分配到各个合同，实际也属于间接费用，而非传统意义上的直接人工，因此，运用 ABC 原理，通过作业分析计入各个作业中心的资源耗费，再通过作业动因将其分配到产品或者下一个作业中心。

(3) 制造费用：运用 ABC 原理，通过作业分析计入成本对象。

2. 作业成本法在非生产部门的应用

非生产部门的费用主要分为四类：

(1) 研究与开发阶段成本，通常可以分为两种：与现有产品或产品线的改良和调整相关的支出以及与全新产品相关的支出。前者直接归属于受益的产品或产品线；对于后者，新产品可能要到以后期间才会投入生产，这些研发支出与其受益期间往往不一致，因此将研发费用计算至各研发项目，再分配至产品。

(2) 设计阶段费用，选择产品类别和顾客（或合同）作为成本对象，归集计算各自需要的设计费用。

(3) 销售费用，分为售前销售费用（通常是企业可控的）和售后销售费用（通常是企业不可控的）分别进行处理。

(4) 财务费用。

许继电气的作业成本管理系统包括三个子系统：标准作业成本、作业预算以及作业基础业绩评价。仅仅看名称就可以发现，许继电气的这套管理系统是将标准成本法、全面预算的编制以及业绩评价分别与作业成本法进行了结合，在作业成本的基础上进行管理。

自实施作业成本管理以来，许继电气的总利润稳步上升，在营业成本控制方面取得了显著成效。

资料来源：潘飞，余丹柯，钱沁如. 作业成本系统在许继电气的实践与应用. 新理财，2006 (9).

决策指南

以下是本章知识要点的总结，其中决策部分是基本问题，指南部分是这些问题的答案。

决策	指南
1. 作业成本法与传统成本法有什么不同?	在传统成本法下，通常是先将制造费用按生产部门归集，然后再按该生产部门的分配率进行分配。作业成本法下分配费用遵循的原则是作业消耗资源，产品消耗作业。
2. 作业成本计算程序是什么?	确定作业，定义资源，将资源分配至作业，将作业成本分配至产品。
3. 作业成本法适用于具备哪些特征的公司?	一是企业有大量的间接费用和辅助资源耗费；二是产品、客户和生产流程多样化；三是既采用大批量生产也采用客户定制生产的企业，既有成熟产品也有新产品的企业，以及既有定制分销渠道也有标准分销渠道的企业。
4. 作业管理的应用领域有哪些?	定价和产品组合，成本降低和流程改进，产品和流程设计决策以及计划和管理作业。
5. 作业成本法适用于哪些行业?	制造业、流通业、服务业、医院、学校、保险、电信，等等。

小测验（单项选择题）

1. 下列关于作业成本法的说法中，不正确的是（　　）。

A. 对于直接费用的确认和分配，作业成本法与传统成本法一样

B. 在作业成本法下，间接费用的分配对象是产品

C. 成本分配的依据是成本动因

D. 作业成本法克服了传统成本法中间接费用责任划分不清的缺点

2. 下列关于作业成本法主要特点的描述中，错误的是（　　）。

A. 产品消耗作业，作业消耗资源

B. 作业成本法下的成本计算过程可以概括为“资源—作业—产品”

C. 成本分配分摊计入产品成本

D. 成本分配使用众多的不同层面的成本动因

3. 下列有关作业成本法的表述中，错误的是（　　）。

A. 作业成本法可以为价值链分析提供信息支持

B. 作业成本法不符合企业会计准则

C. 作业成本法不利于决策改进

D. 作业成本法有助于持续降低成本和不断消除浪费

4. 以下说法错误的是（　　）。

A. 传统成本法将所有的制造成本分配到产品

B. 作业成本法将所有的制造成本分配到产品

C. 传统成本法比作业成本法更精确

D. 管理者需要权衡作业成本系统的好处与其测量和实施的成本

5. 作业成本法假设所有成本都是（　　），因为长期来看管理者可以调整所需资源。

A. 固定成本　　B. 变动成本

C. 约束成本　　D. 酌量成本

6. 下列关于作业成本法优点的说法中，不正确的是（　　）。

A. 给管理者提供了一个了解相关成本的途径

B. 有利于企业更好地参与市场竞争

C. 按照部门分配间接费用

D. 减少了由传统成本分配造成的失真

7. 下列不属于作业成本法局限性的是（　　）。

A. 有的间接成本与特定成本动因无关

B. 追踪相关动因的成本可能大于收益

C. 需要大量开发和维护时间

D. 可以减少成本分配过程中的失真问题

8. 下列关于作业成本法局限性的说法中，不正确的是（　　）。

A. 未必所有的间接成本都可归结到特定的成本动因上

B. 可能会带来较大的追踪成本

C. 不会引起管理者的抗拒

D. 可能需要大量的开发维护时间

9. 传统成本法成本错配的原因是（　　）。

A. 产品数量不明确

B. 忽略了竞争性竞价

C. 强调财务会计的需求

D. 用同一分配率分配辅助成本

10. 作业成本法的前提是（　　）。

A. 重新设计职能部门

B. 资源与活动存在相关关系

C. 生产多种产品

D. 以上选项均正确

思考与计算题

1. 论述作业成本法与传统成本法的区别。
2. 简述作业的分类。
3. 简述作业成本计算的程序。
4. 简述作业管理的方法。
5. 简述客户盈利性分析。
6. 天堂公司建立的作业成本库和作业成本动因如表9－19所示。

表9－19　作业成本数据表

作业成本库	作业成本（元）	作业成本动因
机器设备	36 000	6 000 小时
材料搬运	100 000	50 000 千克
直接电力费用	40 000	80 000 千瓦时

公司生产产品P1和P2，有关信息如表9－20所示。

表9－20　P1和P2资料表

项目	P1	P2
生产数量（件）	5 000	15 000
直接材料成本（元）	25 000	33 000
直接人工工时（小时）	14 000	16 000
机器准备小时（小时）	120	150
材料搬运数量（千克）	5 000	10 000
电力（千瓦时）	2 000	3 000

要求：用作业成本法计算两种产品的单位成本。

7. 南方高科技公司生产和销售两种打印机：豪华型和普通型。假设该公司两种产品的财务和成本数据如表9－21所示。

表9－21　财务和成本数据

类型	豪华型	普通型
产量（台）	5 000	15 000
售价（元）	4 000	2 000
单位直接材料和人工成本（元）	2 000	800
直接人工工时（小时）	25 000	75 000

公司管理会计师对作业进行了分析（见表 9－22）。

表 9－22　间接成本及成本动因

作业	间接成本（万元）	作业动因
调整	300	调整次数
机器运行	1 625	机器小时
包装	75	包装单数量
合计	2 000	

两种产品的作业量如表 9－23 所示。

表 9－23　两种产品作业量

作业动因	豪华型作业消耗	普通型作业消耗	合计
调整次数（次）	200	100	300
机器小时（小时）	55 000	107 500	162 500
包装单数量（个）	5 000	10 000	15 000

要求：

(1) 采用传统成本法（产量基础），以直接人工工时为分配标准，确定两种产品单位盈利能力。

(2) 采用作业成本法，确定两种产品的单位盈利能力。

第10章

短期经营决策

学习目标

- 理解决策的概念；
- 理解决策的类型；
- 掌握决策的流程；
- 掌握相关收入、相关成本、机会成本等概念；
- 熟练应用决策方法；
- 能够利用恰当方法解决实际问题。

章首案例　决策相关信息与《囧妈》免费网络直播

为了防控新冠肺炎疫情扩散，2020年1月23日（农历腊月二十九），春节档电影《囧妈》宣布撤档。1月24日，字节跳动在微信公众号上宣布，用户只要在手机上打开抖音、西瓜视频、今日头条、抖音火山版和欢喜首映中任意一款APP，或在智能电视上打开华数鲜时光，搜索“囧妈”，即可免费观看《囧妈》全片。这是春节档电影首次尝试在线首播。官宣中提及的欢喜首映是电影出品方欢喜传媒集团有限公司（简称欢喜传媒，1003.HK）旗下的全会员制精选电影播放平台。1月23日欢喜传媒已发出公告，公司全资子公司欢欢喜喜与字节跳动订立合作协议，字节跳动将向欢欢喜喜最少支付6.3亿元作为版权使用代价。因为电影不能按照与横店影业签订的保底协议那样在2020大年初一首映，欢喜传媒终止了2019年11月7日订立的保底发行协议。该协议规定，欢喜传媒以总票房24亿元的价格将《囧妈》的保底发行权授权给横店影业，保底方需要最少支付保底发行代价6亿元。超出保底总票房的部分，按该电影的净收入的比例分配，欢欢喜喜为35%，保底方为65%。此外，保底方需承担预算宣传及发行费用1.5亿元。早在2019年2月26日，欢喜传媒发布公告称，旗下子公司欢喜首映与徐峥夫妇控股的北京真乐道达成了拍摄《囧妈》的电影制作协议，电影的制作成本总计2.17亿元。其中，徐峥个人获得的导演费、监制费、编剧费和演员费合计达8 700万元，约占电影总成本的40%，包括导演费2 700万元、监制费1 000万元、编剧费 1 000 万元、演员费 4 000 万元。

《囧妈》此举将会带来传统线下电影行业的变革。作为出品方，欢喜传媒在决策中考虑了哪些相关信息？作为短视频行业的翘楚，进入长视频领域，字节跳动的管理层在决策中又考虑了哪些相关信息？

资料来源：欢喜传媒官方公告。

第一节　经营决策概述

著名管理学家、诺贝尔经济学奖获得者赫伯特·西蒙有一句名言："管理就是决策。"在西蒙看来，管理者所做的一切工作归根结底就是在面对现实与未来、环境与员工时不断地做出各种决策，使组织的一切都可以运行下去，直到获取满意的结果，实现令人满意的目标要求。在现实中，虽然管理者每天都要做出大量的决策，解决各种问题，但大多数决策都是微小的，而且人们的思维自然而然地会做出决策，以致有许多管理者天天都在做决策，但对什么是决策却不甚了解。因此，在涉及管理会计的具体内容之前，先对决策进行简要阐述。

一、决策的概念

决策是指为了实现一定目标，在两个或两个以上的备选方案中选择一个方案的分析判断过程。

对上述概念，可以从四个方面来理解：第一，目标。决策前必须明确所要达到的目标，而且必须将局部的目标置于组织的整体目标体系中，如果目标模糊或整个目标体系杂乱无章，那么合理的决策就无从谈起。第二，两个或两个以上的备选方案。如果只有一个方案，就不用选择，也就不存在决策。第三，分析判断。每个备选方案都有其优缺点，管理者必须掌握充分的信息，进行逻辑分析，才能在众多的备选方案中选择一个较为理想的合理方案。第四，过程。不能把决策理解为决定采用哪个方案的一刹那的行动，而应理解为从提出问题、设计方案、选择方案到执行方案的整个过程，没有这个过程就很难有合理的决策。实际上，经过执行方案的反馈，又进入下一轮的决策。因此，决策是一个循环过程，贯穿于整个管理活动的始终。

二、决策的类型

根据不同的标准，决策可以分成多种类型，了解不同类型决策的特点，有助于管理者合理地进行决策。

（一）按风险程度分

按风险程度，决策可分为确定型决策、风险型决策和不确定型决策。

1. 确定型决策

决策者对未来的情况是完全确定的或已知的决策，称为确定型决策。例如，巨龙公司将 100 万元投资于利率为 10%的国库券，由于国家实力雄厚，到期得到 10%的报酬几乎是肯定的，因此，一般认为这种决策为确定型决策。

2. 风险型决策

决策者对未来的情况不能完全确定，但出现的可能性——概率具体分布是已知的或可以估计的，这种决策称为风险型决策。例如，巨龙公司将 100 万元投资于巨虎公司的股票，已知巨虎公司的股票在经济繁荣时能获得 20%的报酬，在经济状况一般时能获得 10%的报酬，在经济萧条时只能获得 5%的报酬。现根据各种资料预测分析，认为明年经济繁荣的概率为 30%，经济状况一般的概率为 50%，经济萧条的概率为 20%。这种决策便属于风险型决策。

3. 不确定型决策

决策者对未来的情况不仅不能完全确定，而且对其可能出现的概率也不清楚，这种决策称为不确定型决策。例如，巨龙公司把 100 万元投资于巨豹煤炭开发公司的股票，如果巨豹公司能顺利找到煤矿，则巨龙公司可获得 100%的报酬；反之，如果巨豹公司找不到煤矿，则巨龙公司的报酬为 0。但找到煤矿与找不到煤矿的可能性各为多少，事先无法知道，也就是说，事先并不知道有多大的可能性获得 100%的报酬，有多大的可能性不能获得任何报酬，这种投资便属于不确定型决策。

（二）按决策层次分

按决策层次，决策可分为高层决策、中层决策和基层决策。

1. 高层决策

高层决策又称战略性决策，是指企业适应时刻变化的外部环境的一种决策，具有全局性、长期性与战略性的特点。对企业而言，高层决策是最大的决策，如确定或改变企业的经营方向和经营目标、新产品开发、企业上市、企业并购、开拓海外市场、合资经营、扩展生产能力等。

2. 中层决策

中层决策又称战术性决策，是指对企业的人力、资金、物资等资源进行合理配置，以及对经营组织机构加以改变的一种决策，具有局部性、中期性与战术性的特点。中层决策的制定必须纳入战略决策的轨道，为实现企业战略目标服务。如机构重组、人事调整、资金筹措与使用等都属于中层决策的范畴。

3. 基层决策

基层决策又称执行性决策，是指在一定的企业运行机制基础之上，处理日常业务的决策，具有琐碎性、短期性与日常性。如每日产量、品种等属于基层决策。

企业中不同层次的管理者所承担的决策任务是不同的，具体如图 10－1 所示。基层管理者主要从事基层决策，中层管理者主要从事中层决策，高层管理者主要从事高层决策。但这并不意味着基层管理者对中层决策和高层决策不闻不问。实践证明，基层

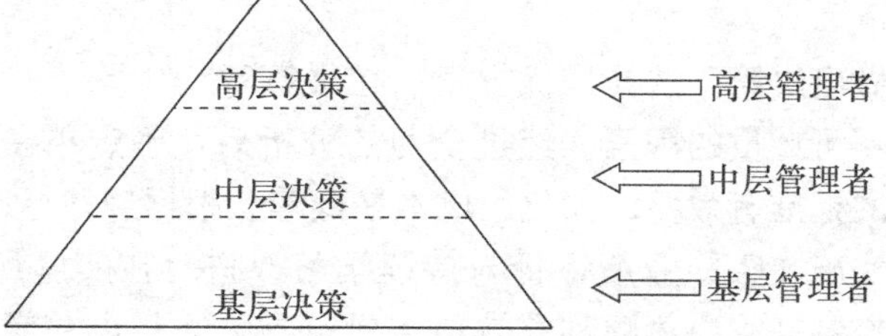

图 10－1　管理者与决策类型

管理者必须了解中层决策与高层决策，将基层决策纳入更高的目标体系，才能做出合理的基层决策。此外，很多中层与高层管理者也是由基层管理者晋升上来的，他们作为基层管理者时参与中层决策、高层决策是一笔宝贵的经验财富。中层管理者在做出中层决策时，为使决策合理，他们必须对高层决策有深入的了解；同时，他们也得指导和帮助基层管理者进行基层决策。高层管理者除制定高层决策之外，还通过高层决策来示范并引导中层决策和基层决策，从而促进高层决策的贯彻实施。

（三）按时间长短分

按时间长短，决策可分为长期决策和短期决策。

1. 长期决策

长期决策是指在较长时间内（一般为一年以上）能够实现的决策。这类决策一般投入资金量较多，投资见效时间长，投资风险较大，能增加企业的综合能力。因此在进行决策时通常要考虑资金时间价值和风险价值。

2. 短期决策

短期决策是指在短期内（一年内）能够实现的决策。这种决策只对年度内收支盈亏产生影响，并在年度内实现决策目标。它重点考虑如何使企业现有的人力、物力、财力资源得到充分有效的利用，以期取得最佳的经济效益。由于这类决策投入资金较少，涉及时间短，一般不考虑资金时间价值。

三、决策的程序

在掌握了按照不同标准对决策进行分类之后，我们便可以按照不同决策类型的特点，有针对性地做出决策。但为了保证决策的科学性，决策需要按照科学的流程进行，主要包括以下步骤：

步骤一：根据企业经营情况提出问题，确定决策目标。由于企业经营环境的复杂性，企业在生产经营过程中必然会遇到各样问题，其中某些问题可能会对经济效益产生重要影响，这些问题就是影响企业成败需要决策的关键问题。找到这些关键问题是后面步骤的基础。决策目标是企业今后生产经营活动中要实现的目标，是决策的依据，一般具有可计量性和可实现性。如果没有明确具体的目标，就无法从多个备选方案中择优。

步骤二：广泛收集与决策有关的信息。根据要解决问题的性质收集对应的资料和信息，为下一步的分析判断做好充分准备。

步骤三：分析不同的备选方案，预测未来情况。实现目标通常有多种途径，每一种方案考虑问题的出发点不同所反映的效益也不一样。基于之前收集的信息，管理会计采用专业的方法对各个备选方案进行定性和定量的综合分析，计算出各个方案的预期收入和预期成本。

步骤四：做出决策，选择最优方案。在决策过程中除了考虑可计量的因素外，还必须考虑那些不可计量的因素。经过全面的分析后，确定单一或多个择优标准，在管理会计中常用的标准有效益最大化、成本最低等。根据选择标准即可找到最优方案。

步骤五：实施决策、业绩评价与持续学习改进。在实施所选方案时要通过组织、计划、协调和控制来将决策顺利有效地传递给有关人员，并就实施过程中各种不确定性因素的变化做出相应的调整改进，准确地进行信息反馈，不断地完善决策方案。在完成后还要评价决策效果，如是否切实地解决了问题、采取的方式是否高效以及可以改进完善的地方。

下面我们通过章首案例欢喜传媒进行决策的例子来了解科学的决策流程。

欢喜传媒管理者采用决策五步法模型进行了如表 10－1 所示的决策程序。重点关注各步骤的顺序以及步骤五是如何进行业绩评价，从而为前面几个步骤提供实施反馈的，这一反馈信息可能会影响对未来的预期、方法选择及决策执行等各个方面。

表 10－1 欢喜传媒的五步决策法模型

步骤一：根据企业经营情况提出问题，确定决策目标
欢喜传媒应将《囧妈》卖给字节跳动吗？
步骤二：广泛收集与决策有关的信息
电影制作投资成本 2.17 亿元；字节跳动出价 6.3 亿元购买版权；终止与横店影业的保底发行协议可能产生的负面影响。
步骤三：分析不同的备选方案，预测未来情况
以步骤二的信息为基础，预测两种方案的收益：不与字节跳动合作，损失投资成本 2.17 亿元；与字节跳动合作，收益 4.13 亿元（6.3－2.17）。
步骤四：做出决策，选择最优方案
比较步骤三中不同备选方案的预期收益，欢喜传媒管理层选择了与字节跳动的合作。
步骤五：实施决策、业绩评价与持续学习改进
决策实施后进行业绩评价，提供关键反馈。实际结果显示，将《囧妈》卖给字节跳动方案非常成功。

四、区分相关信息和无关信息

信息在短期经营决策中十分重要，但并非所有信息都对决策结果有实质性影响，为了保证决策结果的科学合理，只考虑与决策相关的信息。那么什么样的信息是相关的呢？只有当信息同时符合以下两项标准时，才具有相关性：(1) 是面向未来的；(2) 在各个备选方案之间有差别。在短期经营决策中，相关信息主要有相关收入和相关成本两项。

(一) 相关收入

相关收入，是指和特定决策方案相联系的、能对决策产生重大影响的、在短期经营决策中必须考虑的收入。若某项收入只属于某个方案，即采取该方案才会发生该项收入，不采取收入则不发生时，这项收入就是相关收入，它的计算是以对应方案的销售单价和销量为依据。在决策过程中通常涉及对多个备选方案的比较分析，因此决策时相关收入对决策方案的影响往往通过差量收入衡量：差量收入指的是一个备选方案与另一个备选方案之间相关收入的差额。比如甲、乙两方案的相关收入分别为 1 500 元和 2 400 元，则我们说甲相对乙的差量收入为－900 元，而乙相对甲的差量收入为 900 元。

与相关收入对立的自然是无关收入，它表示的是那些对短期经营决策不存在影响的、在决策分析时不需考虑的收入。若无论采取哪种备选方案，均会取得固定金额的某项收入，即差量收入为 0，则该项收入属于无关收入。

(二) 相关成本

与相关收入类似，相关成本是指那些与特定决策方案相关的、能对决策产生重大影响的、在短期经营决策中必须考虑的成本。根据成本的不同特性可以划分得到不同类型的成本，下面逐一了解常见的相关成本和无关成本（见表10-2）。

表10-2 相关成本和无关成本

成本特性	相关成本	无关成本
时效性	付现成本、重置成本	沉没成本
差异性	差量成本、边际成本	
排他性	机会成本	实支成本
可溯性	专属成本	共同成本

1. 成本的时效性

成本的时效性，是指不同时期发生的成本会对决策分析产生不同影响的特性。依据时效性可将成本分为以下三类：

（1）付现成本，指那些由于未来某项决策引起的、需要立即或近期内动用现金支付的成本。当企业货币资金较为紧缺时，管理者会十分重视对付现成本的考虑，并可能采用付现成本最低的方案来代替总成本最低的方案。

（2）重置成本，指目前从市场上购买同一项原有资产所需支付的成本。产品的市场价格是经常波动的，因此当购置资产一段时间后其市场价格往往会发生变化。在有关设备更新改造的决策中重置成本是相关成本。

（3）沉没成本，指那些由于过去的决策所引起并已经在过去支付的成本。它是现在和将来的决策都无法改变的，因此与决策分析不存在相关性。企业中大多数固定成本（如固定资产折旧、无形资产摊销）都是沉没成本。

因此从成本时效性的角度来看，付现成本和重置成本为相关成本，而沉没成本为无关成本。

2. 成本的差异性

成本的差异性，是指不同备选方案所发生成本存在差异的特性，一般包括以下两个成本概念：

（1）差量成本，是指两个备选方案之间预期成本的差异数（这与之前的差量收入是相似的一对概念）。作为一个重要的指标，在决定零部件自制或外购、是否接受特殊订单时都会多次使用差量成本，在后续章节中会有具体阐述。

（2）边际成本，在管理会计中指当业务量以一个最小的经济单位变动时所引起的成本变动量。在大批量生产中，由于在一定的生产能力范围内，单位产出的增加只会使变动成本增加，此时边际成本表现为变动成本；而在小批量生产中，单位产出的增加有可能同时引起变动成本和固定成本的增加。在短期经营决策中，边际成本可用来判断产量的增减是否合算。

差量成本和边际成本都是相关成本。

3. 成本的排他性

成本的排他性，是指任何一项成本的支出用于某方面就不能同时用于另一方面。按照排他性，可将成本分为机会成本和实支成本。

（1）机会成本，指在互斥方案中选择某个方案而放弃其他方案时，被放弃方案中的最大收益，即牺牲被放弃方案可能带来的潜在利益。它产生于某资产的用途选择，如果一项资产只能用来实现唯一的一种职能，就不会产生机会成本。机会成本并非实际支出，也不会反映在财务账面上（因为历史记录仅限于实际选用的方案，而不包括放弃的方案），但是在决策时应作为一个现实因素加以考虑。

（2）实支成本，指已经实际发生现金流出并已记入会计账簿的成本。实支成本显然与当前和未来的决策无关。

由上述可知，机会成本是决策的相关成本，而实支成本是历史发生无法改变的，属于无关成本。

4. 成本的可溯性

成本的可溯性，是指成本能否明确归属于某个特定决策方案。按照成本的可溯性，成本可分为专属成本和共同成本两类。

（1）专属成本，指那些能够明确归属于特定决策方案的固定成本或混合成本，往往是为了弥补生产能力不足、增加有关厂房设备等长期资产而发生的。专属成本的确认与长期资产的取得方式有关：若为租赁，则为相关的租金成本；若为购买，则全部的取得成本都应归为专属成本。

（2）共同成本，指应由多个方案共同负担的、势必发生的成本，因此与特定方案的选择无关，例如生产车间的取暖费。

依照可溯性，专属成本为相关成本，对应的共同成本则为无关成本。

第二节　生产过程的决策分析

一、生产品种的决策分析

企业在生产经营中，经常需要根据市场的需要和企业现有的资源条件对生产什么产品做出决策。例如，制药企业的某条生产线用于生产青霉素，也可用于生产红霉素，但由于企业资源的限制，不能同时生产青霉素和红霉素，这就要求企业在两种产品之间做出选择，既能使现有的生产能力得到充分利用，又可以获得尽可能多的经济效益。假设这条生产线的生产能力为 40 000 机器工作小时，表 10－3 对比了两种产品的相关信息。

表 10－3　两种产品相关信息　　单位：元

项目	青霉素	红霉素
可销售量（件）	100 000	40 000
单位售价	30	40
单位产品变动成本	20	30
固定性制造费用	40 000	40 000
单位变动销售和管理费用	3	2
固定销售和管理费用	10 000	10 000

根据表 10－3 中的资料，可以通过对比两种产品的差别收入和差别成本，考虑两种产品盈利性的大小，从而选择最优方案。计算过程如表 10－4 所示。

表 10-4　青霉素、红霉素盈利状况计算表　　单位：元

项目	青霉素	红霉素	差额
销售收入	3 000 000	1 600 000	1 400 000
减：变动成本	2 000 000	1 200 000	800 000
变动销售和管理费用	300 000	80 000	220 000
贡献毛益	700 000	320 000	380 000

计算结果表明，该企业现有生产设备用于生产青霉素要比用于生产红霉素有利，生产青霉素可以比生产红霉素多获得贡献毛益 380 000 元。从企业可以获得的经济效益来看，应以生产青霉素的方案作为最优决策方案。

以上是在两种产品之间进行选择的决策，在多种产品之间进行选择的方法是类似的，即通过分析各种产品的盈利能力，将各种产品按照其盈利能力排序，选择能使企业生产能力得到充分利用的若干种盈利能力最强的产品。

二、品种结构优化组合的决策分析和线性规划法

所谓品种结构优化组合决策，是指企业在确定了生产什么产品之后，根据市场的需求和企业现有的资源，确定各种产品最佳的生产数量，以充分利用企业现有的生产能力，取得最优的经济效益。品种结构优化组合决策中常用的分析方法是线性规划法，其具体步骤如下：

(1) 确定目标函数与约束条件，并用代数式表示；

(2) 根据约束条件在平面直角坐标系中绘制图式，确定产品组合的可行解区域；

(3) 在可行解区域内，确定能使目标函数得到最大值或最小值的产品最优组合。

【例 10-1】 假设某制药企业同时生产养胃丸、解毒丸两种产品，每种产品都要经过制药车间和成型车间的加工才能完成。制药车间现有的生产能力为 500 机器工作小时，生产 1 单位养胃丸需用 2 机器工作小时，生产 1 单位解毒丸需用 1 机器工作小时；成型车间现有的生产能力为 480 机器工作小时，生产 1 单位养胃丸需用 1.5 机器工作小时，生产 1 单位解毒丸需用 2 机器工作小时。养胃丸每单位贡献毛益为 3 元，解毒丸每单位贡献毛益为 2 元。确定如何合理安排养胃丸和解毒丸的生产数量，才能使企业的产品品种结构组合达到最优，即使该产品组合产生最大的综合贡献毛益。

(1) 根据以上资料，整理如表 10-5 所示。

表 10-5　养胃丸、解毒丸有关资料　　单位：元

项目	养胃丸	解毒丸
单位产品贡献毛益（元）	3	2
单位产品所用工时（小时）		
制药车间（500 小时）	2	1
成型车间（480 小时）	1.5	2
单位产品所用工时合计	3.5	3

设 x_1 表示养胃丸的产量，x_2 表示解毒丸的产量，C 表示综合贡献毛益，则其目标函数可表示为：

$C=3x_1+2x_2$

相应的约束条件可表示为：

$$\begin{cases}2x_1+x_2\leqslant 500\\1.5x_1+2x_2\leqslant 480\\x_1\geqslant 0, x_2\geqslant 0\end{cases}$$

我们要做的是，在满足上述约束条件下，求 C 的最大值。

(2) 将组成约束条件的各不等式化为等式，并在平面坐标系中作图（见图 10-2）。

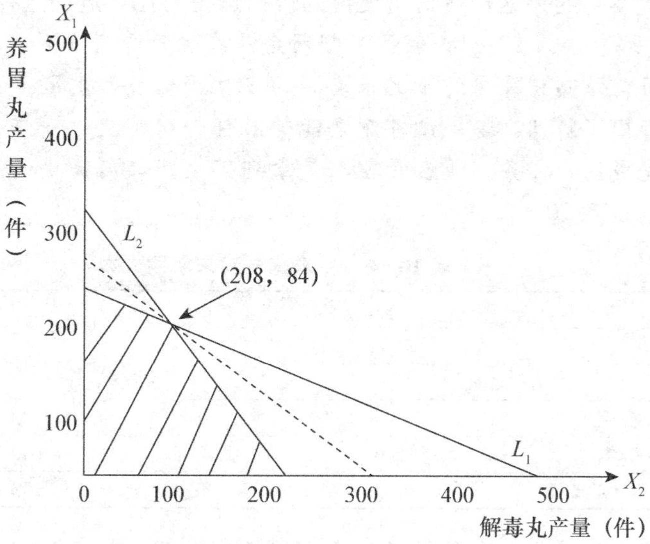

图 10-2 产品最优组合图

$L_1: 2x_1+x_2=500$

当 $x_1=0$ 时，$x_2=500$；当 $x_2=0$ 时，$x_1=250$。

根据点（0，500）和点（250，0）可以做出直线 L_1。由于约束条件要求 $2x_1+x_2\leqslant 500$，可确定满足条件的解应该在直线 L_1 的下方，并包括直线 L_1 上的任何一点。

$L_2: 1.5x_1+2x_2=480$

当 $x_1=0$ 时，$x_2=240$；当 $x_2=0$ 时，$x_1=320$。

根据点（0，240）和点（320，0）作直线 L_2。同样，由于约束条件要求 $1.5x_1+2x_2\leqslant 480$，所以可确定满足约束条件的解必定在直线 L_2 的下方，并包括直线 L_2 上的任何一点。

这样，可行解区域就确定了，即图中的阴影部分。

(3) 根据目标函数 $C=3x_1+2x_2$，可在图上作一组斜率为 $-\frac{2}{3}$ 的平行线，称为等利润线，用虚线表示。它的纵截距为 $\frac{C}{3}$，显然，纵截距越大，目标函数 C 的值也就越大。但由于受到约束条件的限制，目标函数的取值范围只能是可行解区域。因此，我们要在可行解区域即图 10-2 中的阴影部分找到一个点（x_1，x_2），使通过这一点的等利润线的纵截距最大。从图 10-2 中，我们可以看出，直线 L_1 和 L_2 的交点（208，84）

正是符合这样条件的点，也就是说，生产养胃丸 208 件和解毒丸 84 件，既能使两个车间现有的生产能力得到充分利用，又能为企业提供最多的贡献毛益。

三、半成品取得方式的决策分析与差量分析法

在企业的生产过程中，有的原料可以自己生产，有的则需要从市场上购买。当一种生产所必需的原料既可以自己生产又可以从外部购买时，到底如何取得这一原料，就需要管理者做出决策。

针对这种决策，差量分析法是一种明晰并且有效的方法。我们可以将自制这种材料所耗费的成本与购买这种材料所支付的价格进行对比，进而选择成本更低的方案。

【例 10－2】 接例 10－1，假设某制药企业在生产养胃丸时，需要一味中药材陈皮的粉末。以目前该制药公司的情况来看，为了生产需要，购置了药材粉碎设备。管理人员从生产部门了解到，粉碎设备完全能够胜任粉碎陈皮这一任务，并且也有足够的机器工时来完成这一任务。随后管理人员拿到了生产部门提供的生产 1 千克陈皮粉末所需的成本（见表 10－6）。

表 10－6 生产陈皮粉末所需成本 单位：元

直接材料	500
直接人工	40
制造费用：	
变动性制造费用	20
固定性制造费用	100
合计	660

在了解了自制陈皮粉末所耗费的成本以后，管理人员又从市场上了解到 1 千克陈皮粉末的价格为 600 元，所以管理人员据此得出结论，应该从市场上购买陈皮粉末。

在多数企业中，可能一项决策就这样制定完成了，但基于相关成本的概念，这一决策明显是有问题的。在之前描述中，我们可以发现，进行粉碎的机器是早已购置好的，而且有剩余的产能未加以利用，所以显然，固定性制造费用是非相关成本，只有为了生产陈皮粉末的直接材料、直接人工和相应的变动性制造费用才是相关成本。如果我们采用相关成本与外购陈皮粉末进行比较，可以得到表 10－7。

表 10－7 外购与自制陈皮粉末所需成本的比较 单位：元

项目	金额
直接材料	500
直接人工	40
变动性制造费用	20
合计	560
购价	600
自制陈皮粉末节约成本	40

采用相关成本进行分析，结果表明自制陈皮粉末可以节省 40 元/千克。但是这个结果是否正确呢？

再设想一下，目前粉碎机的一部分产能是闲置的，如果将这部分产能利用起来，除了用于粉碎陈皮，也可以用来粉碎虫草等其他药材，并卖出半成品以获得利润；也

可以将粉碎机闲置的产能出租给需要粉碎机的其他公司使用。如果外购陈皮粉末，而将粉碎机用于加工虫草粉末并卖出获利，这样，一方面付出了购买陈皮粉末的成本，但另一方面收获了加工并卖出虫草粉末的利润，两相抵消，之前的决策就未必正确了。回顾之前讨论过的概念，加工并卖出虫草粉末的利润，就是选择自制陈皮粉末的机会成本。

下面重新分析是应该自制还是外购陈皮粉末。管理人员从市场上获得了新的信息，经过测算后，如果粉碎机用于生产虫草粉末并出售，每千克可以获利 80 元（见表 10－8）。

表 10－8　外购与自制陈皮粉末所需成本的比较（考虑机会成本）　单位：元

项目	金额
直接材料	500
直接人工	40
变动性制造费用	20
机会成本	80
合计	640
购价	600
外购陈皮粉末节约成本	40

新的分析结果表明，如果考虑自己生产陈皮粉末而不得不放弃生产虫草粉末所带来的利润 80 元，外购陈皮粉末要比自己生产节省 40 元，所以制药公司应该外购陈皮粉末。相应地，将粉碎机多余的产能出租给其他企业的分析思路也是一样。

四、半成品取得方式决策的进一步分析与无差别点法

接例 10－2，在完成了对陈皮粉末这一半成品的取得方式的分析之后，制药公司的管理人员很受启发，决定在另一项半成品的取得方式的决策中也使用这种分析方法。有了上次的经验，管理人员紧紧围绕“这么做会造成什么影响”来进行分析。

这次决策要决定的是天麻这种原材料直接购买干货还是买回原材料后自行烘干。不过管理人员发现，这次决策与上次不同，因为目前制药公司并没有现成的烘干设备，如果要进行烘干，就必须采购一台烘干机，这意味着固定成本会有变动，成为相关成本。管理人员敏锐地意识到这一点，所以采用了另一种方法——无差别点法。

采用这种方法，首先要确定增加了固定成本后的决策临界点产量，也叫做半成品自制或外购无差别点产量。

决策临界点产量＝追加固定成本÷(外购单价－固定成本之外的自制成本)

【例 10－3】　接例 10－2，现在了解到增加一台烘干机后，每个月的固定成本会增加 20 000 元，外购天麻干货的 1 千克成本是 1 200 元，自制 1 千克天麻干货的其他成本如表 10－9 所示。

表 10－9　自制天麻干货的其他成本

项目	金额（元）
直接材料	1 000
直接人工	80
变动性制造费用	80

决策临界点产量＝20 000÷(1 200－1 160)＝500(千克)

从分析的结果可以看出，当制药公司对天麻干货的需求量在每月500千克以上时，自制成本低于外购成本，企业应选择自制天麻干货，反之应该从外部购买。

决策临界点这种方法给了我们一个动态地考虑决策合理性的方法，在以后的其他决策中也会用到。

五、半成品是立即出售还是继续加工？

从前面对陈皮粉末应该自制还是外购的分析的例子中，我们可以看出，将半成品直接出售也是可以获得利润的，那么半成品是应该立即出售还是继续加工成产成品再出售也是管理人员需要考虑的问题。

【例10-4】 接例10-3，生产1千克的陈皮粉末所耗费的成本如表10-10所示。

表10-10 生产1千克陈皮粉末所需成本 单位：元

直接材料	500
直接人工	40
制造费用：	
变动性制造费用	20
固定性制造费用	100
合计	660

由于制药公司选料更优，粉碎技术更好，其加工出来的陈皮粉末可以卖到700元/千克。而如果继续加工成养胃丸，发生的成本如表10-11所示。

表10-11 1千克陈皮粉末继续加工所需成本 单位：元

直接材料	1 000
直接人工	400
制造费用：	
变动性制造费用	200
固定性制造费用	500
合计	2 100

对应规模的养胃丸的售价是3 000元。此时就可以采用差别比较法来进行分析，具体分析如表10-12所示。

表10-12 差别比较法 单位：元

项目	金额
差别收入（3 000−700）	2 300
差别成本：	
直接材料	1 000
直接人工	400
变动性制造费用	200
固定性制造费用	500
差别成本合计	2 100
差别收入超过差别成本	200

从分析结果来看，如果继续加工，每千克陈皮粉末可以多获利200元，所以制药公司应该将陈皮粉末继续加工成养胃丸，而不应立即出售。

六、联产品或副产品是否要进一步加工的决策分析

很多时候，企业在生产一种产品时，同时也会产生另一种有商业价值的产品。根据价值的大小不同，价值高的称为联产品，价值低的称为副产品。

【例 10-5】 有一种叫做蜀葵的植物，它的花、叶、种子、根都是可以入药的。制药公司主要用它的花和叶子来生产烫伤膏，但是在分解蜀葵的同时也会得到种子和根，种子和根可以直接出售，也可以继续制作其他产品。那么到底应该做哪种选择，需要管理人员进行决策。收集的有关信息如表 10-13 所示。

表 10-13 基本信息 单位：元

项目	金额
蜀葵根（1 千克）:	
马上出售单价	15
继续加工后出售单价	28
继续加工单位成本	10
蜀葵种子（1 千克）:	
马上出售单价	30
继续加工后出售单价	40
继续加工单位成本	6

这个决策中的相关成本和相关收入是哪些呢？显然，之前的产出联产品或副产品的活动与这项决策是无关的，因为无论是继续加工还是直接出售，之前消耗的成本都是已经发生的，跟决策没有关系。具体分析如表 10-14 所示。

表 10-14 决策分析表 单位：元

项目	蜀葵根			蜀葵种子		
	立即出售	加工后出售	差异	立即出售	加工后出售	差异
销售收入	15	28	13	30	40	10
追加加工成本		10	10		6	6
利润	15	18	3	30	34	4

从分析的结果来看，蜀葵根继续加工后可以增加 3 元/千克的利润，蜀葵种子继续加工后可以增加 4 元/千克的利润，所以这两种产品都应该继续加工。

七、生产工艺的决策分析

随着科技的日新月异，对于实现企业想达到的某个目的，方法越来越多，不同的方法所耗费的成本可能不同，导致的成本结构也可能不同。

【例 10-6】 某制药企业，管理人员发现现在有三种方法可以获得人参干货，分别是烘干、风干、加入制剂吸取水分，它们的成本资料如表 10-15 所示。

表 10-15 人参干货成本 单位：元

方案	专属固定成本	单位变动成本
A 烘干	600	5
B 风干	200	7
C 吸干	150	8

根据表10-15中的资料，我们可以计算出A，B，C三种方案的成本分界点（见图10-3）。

设三个成本分界点分别是X_{AB}，X_{BC}，X_{AC}。

$$200+7X_{BC}=150+8X_{BC}$$
$$X_{BC}=50(\text{千克})$$
$$600+5X_{AC}=150+8X_{AC}$$
$$X_{AC}=150(\text{千克})$$
$$600+5X_{AB}=200+7X_{AB}$$
$$X_{AB}=200(\text{千克})$$

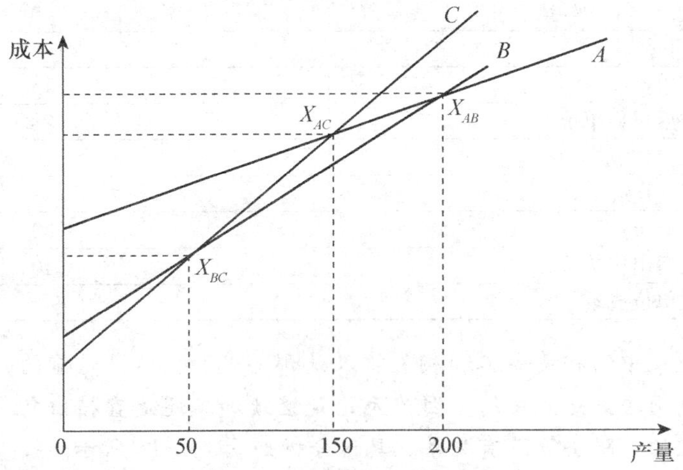

图10-3 三种工艺方案的成本分界点

因此，当这种人参干货的计划内产量不足50千克时，以制剂吸干的方案为最好；在50～200千克时，风干方案成本最低；超过200千克时，烘干方案为最优方案。如果风干设备已安排生产其他重要生产任务，那么计划产量在150千克以下时，应采纳制剂吸干方案，在150千克以上时应采纳烘干方案。

八、亏损产品是否停产或转产的决策分析

在企业生产经营中，由于技术条件、管理水平或市场竞争等原因，往往会出现亏损产品。当出现亏损产品时，应考虑是否停产或转产。由于亏损产品的停产或转产一般不涉及原有生产能力的变动，即不减少固定成本，因此对这类决策问题要进行具体分析，不能简单地认为凡是亏损产品都应停产。

（一）亏损产品是否停产的决策分析

对于亏损产品是否停产的决策问题，有两种情况要分别予以考虑：

第一种情况：亏损产品一旦停产，闲置下来的生产能力无法用于其他方面，既不能将闲置设备对外出租，也不能转产，也即剩余能力无法转移。这种情况下，可运用边际贡献分析法加以判断。

此时，实际上有停产和继续生产两个方案。因为停产方案的边际贡献为零，所以只要亏损产品能够提供边际贡献，弥补一部分固定成本，就不应停产。如果盲目停产，

亏损产品原提供的边际贡献所弥补的固定成本，就要由其他产品来负担，这样不仅不能使企业增加利润，反而会使企业多损失相当于该亏损产品所能提供的边际贡献总额的收益。如果亏损产品的边际贡献总额为负数，则应停产。

【例 10－7】 某中药企业生产清心丸、养胃丸、解毒丸三种产品，有关资料如表 10－16 所示。该企业将固定成本按销售收入比重分摊，养心丸分摊 68 000 元，发生亏损 18 000 元；养胃丸分摊 170 000 元，实现营业利润 80 000 元；解毒丸分摊 102 000 元，实现营业利润 58 000 元。假定剩余能力无法转移。

表 10－16 三种产品相关资料 单位：元

项目	养心丸	养胃丸	解毒丸	合计
销售收入总额	200 000	500 000	300 000	1 000 000
变动成本总额	150 000	250 000	140 000	540 000
边际贡献总额	50 000	250 000	160 000	460 000
固定成本总额	68 000	170 000	102 000	340 000
营业利润总额	—18 000	80 000	58 000	120 000

现在，该企业管理者必须做出养心丸是否停产的决策分析。从表 10－16 可以看出，养心丸、养胃丸和解毒丸三种产品都提供了边际贡献。养心丸提供的边际贡献总额为 50 000 元，分担的固定成本为 68 000 元，所以亏损 18 000 元。如果养心丸停产，则其边际贡献总额 50 000 元将丧失，企业利润总额相应减少 50 000 元，而原来由养心丸分担的固定成本 68 000 元仍会发生，将转嫁给养胃丸、解毒丸两种产品负担（假定固定成本按照产品销售收入比例分摊）（见表 10－17）。

表 10－17 停产养心丸后的分析 单位：元

项目	养胃丸	解毒丸	合计
销售收入总额	500 000	300 000	800 000
变动成本总额	250 000	140 000	390 000
贡献毛益总额	250 000	160 000	410 000
固定成本总额	212 500	127 500	340 000
营业利润总额	37 500	32 500	70 000

从表 10－17 的计算分析可以得出结论，在剩余能力无法转移的情况下，如果停产养心丸，将会增加其他产品的固定成本分摊额，从而降低企业整体利润。所以，养心丸不应停产。

第二种情况：亏损产品停产后，剩余能力可以转移。比如，将亏损产品停产后闲置下来的生产能力用于承揽加工业务，或将空闲厂房、设备对外出租。此时，要考虑机会成本因素。具体有下列三种情况：

（1）如果亏损产品创造的边际贡献大于与生产能力转移有关的机会成本，就不应停产。在例 10－7 中，假设养心丸停产后其生产设备对外出租获得的租金净收入为 45 000 元，此时就不应停产。如果停产，企业将多损失 5 000 元（50 000—45 000）的利润。

（2）如果亏损产品创造的边际贡献小于与生产能力转移有关的机会成本，则应停产。在例 10－7 中，假设养心丸停产后其生产设备对外出租获得的租金净收入为 60 000

元，此时就应停产，这样企业可多获 10 000 元（60 000－50 000）的利润。

（3）如果亏损产品创造的边际贡献等于与生产能力转移有关的机会成本，则停止或继续生产亏损产品均可。

这里所说的与生产能力转移有关的机会成本，应当具体问题具体分析。如果将闲置下来的生产设备对外出租，则机会成本就是所取得的租金净收入（即租金总收入减去租赁合同上规定的应由出租方承担的费用后的净额）；如果将闲置下来的生产能力用来承揽零星加工业务，则机会成本为承揽零星加工业务所获得的边际贡献。

需要注意的是，这里假定企业发生的固定成本是不可避免成本，亏损产品停产与否，它都要发生。实际上并非完全如此。比如，亏损产品一旦停产，与之相关的人工成本中的固定部分就可能发生变动，如专门聘请的专业技术人员的薪酬支出可能会减少，这些因素在决策分析时要予以考虑。大型企业集团或跨国公司，在进行亏损产品是否停产的决策分析时，还要注意结合与正常客户的关系、企业的社会形象以及企业的整体价值最大化等因素予以考虑。

（二）亏损产品是否转产的决策分析

这里所说的转产是指在不改变企业经营方向的前提下，企业调整品种结构，利用现有生产条件，将亏损产品的生产能力转移到开发新产品或成型产品以及增产企业原有其他老产品上来。这与单纯开发新产品的决策有所不同。

亏损产品的生产能力如果能够转产其他产品，就要考虑是否转产。只要转产是利用亏损产品停产后闲置的生产能力，而不是占用其他产品的生产能力，同时转产产品所提供的边际贡献总额大于原亏损产品所提供的边际贡献总额，那么这项转产方案就是可行的。这类决策分析，既可采用边际贡献分析法，也可采用差量分析法。

【例 10－8】 接例 10－7，假如养心丸的生产能力可以转移生产健脾丸，健脾丸的销售价格为 200 元，单位变动成本为 130 元，经过预测，健脾丸年销售量为 1 000 件。现在，管理者要做出停产养心丸、转产健脾丸的方案是否可行的决策分析。具体分析如下：

健脾丸边际贡献总额＝(200－130)×1 000＝70 000(元)

养心丸边际贡献总额＝50 000(元)

由于健脾丸边际贡献总额超过养心丸边际贡献总额 20 000 元（70 000－50 000），说明转产方案能为企业提供更多的收益，所以企业应停止生产养心丸，转产健脾丸。

第三节 短期定价决策

一、影响产品定价的因素

以上我们讨论的都是在生产方面的决策，但企业想要发展壮大，产品能否成功销售出去是非常重要的一环。销售工作的成败，除了营销手段的运用、产品规划的好坏等因素，产品定价是否科学也十分关键。在对产品进行定价时，我们应考虑哪些方面呢？平衡好客户、竞争对手和成本三方面关系是一个不错的考虑角度。

（一）客户

客户对定价的影响主要源自对产品需求的影响。影响客户对产品的兴趣的主要因素是产品的外在形象和社会形象以及产品的质量。所以，我们应当经常从客户的视角来审视自己的产品。

（二）竞争对手

所有的生意都不是在真空中进行的，企业必须时刻对竞争对手的动向保持警觉。生产相同或者替代产品的竞争对手会降低客户的需求，以至于企业不得不降低价格。而如果不存在竞争对手，企业则可以随心所欲地制定价格政策。所以当企业定价时，竞争对手的技术能力、生产潜力、运营战略都是需要了解并纳入考虑的重要信息。

（三）成本

成本通过供给影响价格。成本越低，企业就越有动力去生产更多的产品。一般来说，随着企业增加产量，每多生产一个产品所增加的成本会先减少后增加。只要销售的收入大于加工的成本，企业就有动力生产产品。管理人员在制定价格时，需要理解生产产品的成本，同时使得价格对消费者更有吸引力，以使营业利润最大化。

二、成本加成定价法

最常见的以成本为基础的定价方法是成本加成定价法，即成本之上加上一个加成额，加成额很少是固定数字，往往随着消费者和竞争对手的变化而变化。对于采用成本加成定价法的企业，精确的产品成本数据是很重要的。

在采用成本加成定价法时，加成率是如何确定的呢？一种方法是根据目标投资回报率确定。目标投资回报率是企业预期目标营业利润与投入资本额的比率。投入资本额的确定方法有很多，这里将其定义为总资产，也即长期资产加上流动资产。另一种方法是根据经验选择一个可靠的成本基础和加成率确定价格，以得到期望的投资回报率。

在确定成本基础时，可以有多种选择：（1）变动生产成本；（2）总变动成本；（3）总生产成本；（4）完全成本。表10－18举例说明了4种成本基础及其加成率。

表10－18 成本加成定价法

	金额（元）	加成率
销售价格	100	
变动成本：		
生产成本	60	（1）(100－60)÷60＝66.67％
销售和管理费用	5	
单位变动成本	65	（2）(100－65)÷65＝53.85％
固定成本：		
生产成本	15	
销售和管理费用	15	
单位固定成本	30	
完全成本	95	（4）(100－95)÷95＝5.26％
总生产成本		（3）[100－(60＋15)]÷75＝33.33％

三、目标定价法

以市场为基础的定价方法的一个重要形式是目标价格。目标价格是潜在顾客对某种产品或服务所愿意支付的价格。目标价格的估计是建立在了解消费者的认知价格和竞争对手反应的基础之上的。由于公司的销售和市场部门与顾客联系密切且相互影响，因此他们最了解消费者的需求和消费者对产品的价值判断。公司也可以对产品的特色和价格进行市场调查，确定消费者愿意支付的价格。

单位目标成本是从目标价格中减去单位产品的目标营业利润得到的。单位目标营业利润是指企业每卖出 1 单位产品（或服务）所得到的收益。单位目标成本是那些一旦实现销售便可以使企业达到目标营业利润的预期单位长期成本。

四、常用定价策略

（一）新产品定价

新产品定价充满着许多不确定性。如果新产品在市场上与众不同，那么需求量就很难确定；如果与某些产品相似，又会存在替代性、营销成本不确定的问题。为了减少这些不确定性，企业通常会选择几个地区分别采用不同的价格进行试销，以此来收集有关新产品面临的竞争情况、销量和价格的关系，在不同价格、不同销量下所能提供的贡献毛益等重要信息，最后据此来确定能使利润最大化或最能适应企业长远目标的价格。

新产品定价基本存在以下两种策略：撇脂定价法和渗透定价法，企业采取哪种策略取决于希望达到的目标、新产品本身的特点以及策略的成功概率的大小。

1. 撇脂定价法

撇脂定价法是指在新产品试销期先定出较高的价格，等到以后市场扩大，产品趋于成熟阶段，再逐渐降低价格。这种策略能够保证试销期获得短期的大额利润，以及补偿产销时无法预知的成本；但大额利润也会迅速招来竞争使得高价难以维持。因此，这是一种短期性定价策略，比较适合初期没有竞争对手且容易开辟的新产品。

2. 渗透定价法

渗透定价法首先以低价位进入市场，希望能够在价格上相对竞争对手占优，从而建立市场领导者的地位；同时也希望随着生产规模的扩大，公司能大幅降低生产成本。这种方法的代价在于一开始时让消费者以低于他们愿意支付的价格购买产品，牺牲了一部分利润，而相应的潜在收益是较大的市场份额。当存在生产规模经济性或竞争者企图进入时，这种方法是可行的。

（二）心理定价策略

心理定价策略包括以下几种形式：（1）整数定价法，适用于高端产品，以此来提高产品身价、刺激顾客的购买欲望，比如将 5 980 元改为 6 000 元；（2）去整取余法，多用于中低档产品，比如将 3 元改为 2.99 元；（3）对比定价法，对于需要出售或降价处理的商品，可以将折价前后价格同时列出，促使顾客通过对比积极购买。

（三）基于竞争对手情况定价

企业在定价时也需要考虑市场上竞争对手的情况。如果竞争对手实力较弱，可以先采用低价策略抢占市场份额，然后再提高价格；相反，如果竞争对手实力较强，企业在生产成本、产品性能上又不占优势，宜采用跟随策略，即竞争对手提价我也提价、竞争对手降价我也降价。

行动学习

厦航以精细化管理塑造成本优势

厦门航空有限公司（简称厦航）在激烈的民航市场竞争中胜人一筹。2011 年 1 月至 2013 年 4 月的 28 个月间，厦航以行业 4.3%的运力，赢得了行业 15%的利润份额，累计实现利润近 50 亿元，创造了骄人的经营业绩。

厦航是由中国民用航空局与福建省合作创办并在国内首家按现代企业制度运营的航空公司，1984 年以 2 000 万元初始投资从厦门起步，靠租赁飞机艰难创业、滚动发展。截至 2013 年年底，厦航已拥有飞机 99 架，净资产超过 93 亿元；形成以厦门、福州、杭州为主基地，覆盖全国、辐射东南亚和东北亚、连接港澳台的航线网络，每周执行航班近 4 000 个。

时任厦航董事长、总经理车尚轮说："公司潜心做好航空主业，以国内客运为主，不介入货机、支线运输市场，坚持以波音 737 系列飞机为主的简单机队结构，将资源集中投放到盈利能力最强的特定市场。这些决策极大地提高了厦航有限资源的使用效率，突出了厦航的比较优势，生产经营效率在国内航空业内首屈一指。"

厦航是目前中国唯一使用全波音系列飞机的航空公司，截至 2013 年 10 月，厦航 99 架飞机平均机龄 5 年，是世界上最年轻的机队之一。作为主力机型的波音 737 系列飞机，可靠性高、经济性好、座位数量适中，与厦航的航线网络和市场需求较为匹配，形成了最优性价比。

厦航创业初期，资金投入不足，只能走自我积累、自我发展的路子。资金不足，机队选择单一的波音机型，有效降低了人员培训、机队运营维护、航材储备、备用发动机租赁等成本。

国内民航业 2012 年利润率为 5.4%，厦航却高达 12.7%。厦航计划财务部副总经理冯雁凌说，厦航与同行不比总量比质量，公司的生产经营效率高出一大截，净资产收益率、利润率都是其他企业的两倍，这是厦航经营业绩中的最大亮点。

厦航飞机维修工程部副总经理李海然说，厦航一年近 30 万飞行小时，每小时维修成本是其他公司的一半，仅维修费就省了不少。而空中乘务部副总经理赵冰说，乘务员在飞机上分发的报刊都要精选，做到数量最小化，以降低航油消耗。

外人很难想象，近年来民航业利润甚至不如卖矿泉水。厦航还算不错的利润业绩，正是靠"挣一分钱"的精神抠出来的。厦航有"四抠"：

第一抠座公里收入。座公里收入是衡量航空公司盈利水平的最重要指标。以目前的机队规模，座公里收入每增加 1 分钱，厦航就可增加利润 2.5 亿元。2009—2012 年，厦航平均座公里收入达 0.53 元，连续 4 年位居行业前茅，比行业平均高出 0.026 元，由此每年增加收入达 6.5 亿元。

第二抠人座比。有一万多名员工的厦航，管理人员不到 8%，实现了机构和人员精简高效。在维修、配餐等业务自主保障的情况下，目前厦航人座比为0.72，在国内同行中处于领先水平，每年可节约人工成本超过2亿元。

第三抠飞机利用率。飞机利用率高相当于增加了飞机。厦航维修部目前已拥有国内机身维修的最高级资质，通过自主维修，以及近乎苛刻的利用夜间停场及淡季大修的维修计划安排，大幅提高了飞机的可用率。

2013年7月生产旺季至年底，厦航平均飞机日利用率达到10.5小时，飞机可用率高达99.5%以上，在行业内属领先水平。

飞行员是航空公司最值钱的人力资源，厦航机长的年飞行时间达到了989小时，已接近了民航局规定的1000小时的上限。厦航人力资源部副总经理黄海城说，通过实行奖励多飞、安全飞的分配制度，飞行员的积极性很高。

第四抠整体成本费用。在近年民航业盈利状况大幅下降的形势下，节省开支无疑就是增收。厦航整体的成本费用占营业收入比重仅为86.4%，比行业平均低5.9个百分点，相当于每年节支9.9亿元。

多年来，厦航注重加强成本控制，推行统一维修和自主配餐，专门成立采购管理部推行集中采购，努力降低燃油、机务维修、旅客餐食、机供品等保障成本。节油、小时日常发动机修理成本、人均餐食成本和人均机供品成本等，都建立指标考核体系，常年跟踪。

厦航的财务意识几乎到了“精打细算、无孔不入”的地步。冯雁凌介绍，成本核算的财务意识渗透到公司的每个部门，大到飞机的采购、航线的设置，小到餐食的配置，“都要用数字说话”。新开一条航线，要测算出保本点，区分淡旺季，不同时段1小时至少要飞到多少钱，市场部门以此为依据组织航班。比如飞机上配餐，过去是满配，现在则要根据上座率、时间点、人员结构，来决定怎么配更合理。

资料来源：朱海黎，梅永存，项开来．4%运力何以实现全行业15%利润——厦门航空连续26年盈利调查．新华网，2013-12-09.

决策指南

以下是本章知识要点的总结，其中决策部分是基本问题，指南部分是这些问题的答案。

决策	指南
1. 决策的概念	决策是指为了实现一定目标，在两个或两个以上的备选方案中选择一个方案的分析判断过程。
2. 决策的分类	按决策风险，可分为确定型决策、风险型决策和不确定型决策；按决策层次，可分为高层决策、中层决策和基层决策；按时间长短，可分为长期决策和短期决策。
3. 决策的程序	步骤一：根据企业经营情况提出问题，确定决策目标；步骤二：广泛收集与决策有关的信息；步骤三：分析不同的备选方案，预测未来情况；步骤四：做出决策，选择最优方案；步骤五：实施决策、业绩评价与持续学习改进。

续表

决策	指南
4. 决策中的相关成本有哪些？	付现成本、重置成本、差量成本、边际成本、机会成本、专属成本。
5. 产品生产决策有哪些种类？	生产品种的决策分析，品种结构优化组合的决策分析，半成品取得方式的决策分析，产品加工程度的决策分析，生产工艺的决策分析，亏损产品停产或转产决策分析。
6. 成本加成定价法包括哪些具体方法？	根据成本加成的基础，可以分为：（1）变动生产成本加成法；（2）总变动成本加成法；（3）总生产成本加成法；（4）完全成本加成法。
7. 新产品定价策略有哪些？	（1）撇脂定价法；（2）渗透定价法。

小测验（单项选择题）

1. 时间跨度通常小于一年的决策属于（　　）。

A. 短期决策　B. 中期决策　C. 长期决策　D. 以上说法都正确

2. 决策五步法的第三步是（　　）。

A. 做出决策，选择最优方案

B. 广泛收集与决策有关的信息

C. 分析不同的备选方案，预测未来情况

D. 根据企业经营情况提出问题，确定决策目标

3. 评估不同方案时最需要关注（　　）。

A. 变动成本　B. 固定成本　C. 总成本　D. 相关成本

4. 下列选项中，（　　）在决策制定过程中不需要考虑。

A. 边际成本　B. 历史成本　C. 差量成本　D. 付现成本

5. 沉没成本是（　　）。

A. 历史成本　B. 不能改变　C. 不相关　D. 以上都正确

6. 识别相关成本的方法是锁定（　　）。

A. 备选方案中不相同的未来成本

B. 历史成本

C. 单位固定成本

D. 总成本

7. 再生产一件产品的增量成本不包括（　　）。

A. 直接材料　B. 直接人工

C. 变动制造成本　D. 固定制造成本

8. 某公司正在研究制定新产品甲的售价，有关的单位估计成本资料如下：直接材料 120 元，直接人工 80 元，变动制造费用 60 元，固定制造费用 140 元，变动性销售和管理费用 40 元，固定性销售和管理费用 20 元。假定公司确定在完全成本的基础上加成 60%作为甲产品的目标销售价格，那么甲产品单位售价为（　　）元。

A. 480　B. 400　C. 736　D. 640

9. 为引领产品定价，企业应采取（　　）策略。

A. 生产畅销商品

B. 进入竞争性市场并通过控制成本获取利润

C. 生产独特的产品

D. 生产产品并将制造过程外包

10. 关于产品销售定价决策，下列说法不正确的是（　　）。

A. 在企业的销售定价决策过程中，不需要借助数学模型等工具

B. 在企业的销售定价决策过程中，需要根据企业的实践经验和自身的战略目标进行必要的定性分析

C. 产品定价决策通常是针对垄断竞争、寡头垄断和完全垄断三种市场类型的产品

D. 销售定价属于企业营销战略的重要组成部分

11. 下列关于短期决策的阐述正确的是（　　）。

A. 必须分别对固定成本和变动成本进行分析

B. 所有成本都具有相同的习性

C. 所有决策包含的成本都是相关成本

D. 单位制造费用是变动成本

思考与计算题

1. 宏达加工厂正在考虑用新型加工设备替换旧加工设备，设备的基本使用效果不变，那么对于管理者而言，以下哪些为相关性信息？为什么？

(1) 新型加工设备的价格；

(2) 已支付的旧加工设备的价格；

(3) 旧加工设备已经计提的折旧；

(4) 新型加工设备日常的管理费用；

(5) 旧加工设备出售可获得的价款。

2. 康明公司生产眼镜所需的镜框。镜框的单位生产成本数据如表 10－19 所示。

表 10－19　　单位：元

直接材料	10
直接人工	2
变动性制造费用	4
固定性制造费用	6

另外，万新公司以 18 元的价格向市场销售镜框。

要求：

(1) 如果康明公司外购镜框，生产设备将闲置，不能用于其他目的，请说明康明公司应自制还是外购镜框。

(2) 如果康明公司外购镜框，生产设备可以用于生产其他产品，同时获得单位营业利润 5 元，请说明康明公司应自制还是外购镜框。

3. 佳华公司生产电动牙刷和普通牙刷两种产品，生产过程主要分为两道工序：加

工和包装。加工车间的生产能力为 5 000 生产小时，包装车间生产能力为 3 000 生产小时。生产两种产品的基本资料如表 10－20 所示。

表 10－20 按完全成本法计算

	单位产品	
	电动牙刷	普通牙刷
售价（元）	20	10
变动成本（元）	8	5
加工工时（小时）	1.5	1
包装工时（小时）	0.5	0.2

要求：分析佳华公司该如何选择生产才能使公司的产品结构达到最优，从而创造最多的利润。

第11章

长期投资决策

学习目标

- 了解长期投资决策的特点；
- 掌握长期投资决策的关键流程；
- 掌握长期投资决策的常用方法；
- 运用长期投资决策方法解决实际问题；
- 利用敏感性分析来控制长期投资决策；
- 理解折旧方法和通货膨胀对长期投资决策的影响。

章首案例　重庆建工的投资决策敏感性分析

重庆建设工业（集团）有限公司（简称重庆建工）是一家老牌军工企业，受传统业务制约，利润效益不高。为了改善这一状况，以民品作为增长点、加大投资成为公司持续发展的重要手段。在公司总体战略规划下，投资决策前都会进行一系列的定性分析，对项目市场、采用技术、设备、工程方案、环境保护、配套条件、投融资和投入产出方面进行详尽研究，确定未来发展布局，但投资论证阶段缺乏相关的定量分析，无法对投资项目面临的风险进行量化。加之对民品行业投资经验积累不足，投资时容易出现盲目行为，投资决策上缺乏必要的科学判断，造成资金浪费、投资风险大等问题。

为此，公司成立了以总经理为组长的决策分析领导小组，同时成立决策分析管理办公室进行组织协调和报告编写，明确专业分析归口管理部门收集财务和业务相关数据并详细论证描述和开展初步分析。

2017年，根据民品市场发展需求，重庆建工拟定了《汽车零部件制造能力提升建设项目方案》，由来自工艺装备信息部、设备能源部、传统系统公司、转向系统公司和财务部的相关人员组成了跨部门的投资管理分析小组，对上述方案开展财务分析。基于相关规定，设定了项目计算期为12年（含建设期）、基准收益率为12%，在既定条件下计算出的项目内含报酬率（IRR）为27.87%。通过讨论分析，分析小组选择了建设投资、销售收入、原材料成本、经营成本四个敏感性分析因素，对内含报酬率的影响进行分析，最终发现各因素的敏感度系数依次为－0.26、1.01、－0.50 和－0.66。以敏感性最强的销售收入为例，只要销售收入不低于目标收入的 15.71%，内含报酬率就不会低于 12%，投资风险就可以得到控制。

基于敏感性分析，决策分析管理办公室编制了管理会计报告供决策分析领导小组决策参考。这样的敏感性分析报告，将风险点对建设项目的影响程度由原来的“很严重”“较为严重”“一般”等定性化判断转变为“30%”“20%”“10%”等定量化判断，明确指出风险临界点所处位置、应控制的范围，帮助决策分析领导小组制定详细的风险应对措施，使公司风险管控能力得到提升。

与重庆建工的管理层一样，许多公司的管理层面对重大投资决策都需要详细量化的分析报告。当然，在不同行业要考虑的影响因素可能有所不同，除了定量因素外，还要考虑市场竞争、议价能力、地理位置和技术力量等因素，从而做出科学的投资决策。

资料来源：重庆建设工业（集团）有限公司课题组. 敏感性分析在投资决策中的应用. 兵工财会，2019（5）.

第一节　长期投资决策概述

一、长期投资的特点

长期投资是指一年以上才能收回的投资，涉及企业的发展方向和规模等重大问题、改变或扩大企业的生产能力或服务能力的问题。例如，厂房设备的扩建、改建、更新，资源的开发利用，现有产品的改造和新产品的试制等都属于长期投资。

长期投资具有如下特点：

（1）金额大。长期投资所涉及的金额相对于短期投资来讲是比较大的，比如，京沪高铁，全长 1 318 千米，总投资约 2 209 亿元。

（2）时间长。时间长有两层含义：一是指建设时间长，比如京沪高铁自 2008 年 4 月 18 日开工建设，至 2011 年 6 月 30 日正式通车，建设工期为 3 年多；二是指回收时间长，项目一旦建成，需要几年、十几年甚至更长的时间才能收回投资。根据百度数据，京沪高铁通车第一年，跟其他高铁一样处于亏损状态，亏损 37 亿元，2013 年亏损额达 12 亿元。真正首次实现盈利是在其通车 3 年后的 2014 年，京沪高铁当年旅客运输量突破 1 亿人次，客票收入约 300 亿元，实现利润 12 亿元，这才跨过盈亏平衡点。京沪高铁仅用 3 年就实现盈利，这在世界高铁界也是少见的。2020 年 1 月 16 日，京沪高铁在沪市挂牌上市，年报数据显示，2017—2019 年的营业收入分别为 295 亿元、311 亿元和 329 亿元，净利润分别为 90 亿元、102 亿元和 119 亿元。

（3）风险大。长期投资方案一旦执行，事后很难改变。在项目从建设到结束的较长时间内，会出现各种不确定因素影响项目的收益情况，这些不确定因素即构成项目的风险。京沪高铁首次公开发行股票招股说明书中提示的风险因素包括：政策风险、市场风险、业务经营风险、管理风险、财务风险、募投项目存在的风险、其他风险等 7 大类 22 项。

二、长期投资决策需要考虑的因素

从长期投资的特点上我们可以看出，与短期投资相比，进行长期投资决策考虑的因素比较多，主要包括：

(1) 货币时间价值。货币时间价值指的是今天的1元与明天的1元是不等值的，对于投资高达数亿元、数十亿元甚至更多的长期项目，不考虑时间价值因素显然是不科学的。因此，在长期投资决策中要使用贴现现金流量指标法来评价长期项目的可行性。关于贴现现金流量法在本章第二节有详细讲解。对货币时间价值的进一步了解，读者可参阅财务管理教材。

(2) 风险价值。因为长期风险大，所以在对其进行评价时，必须考虑风险价值因素。本章第四节专门讲解如何在有风险的条件下进行投资决策，通过一些专门的方法来规避长期风险。

(3) 资金成本。企业所使用的资金，不论是自有的还是借入的，都是要付出代价的，即资金成本。长期投资决策时，必须考虑资金成本，如果一个项目的投资收益无法弥补资金成本，项目将不予采纳。

(4) 现金流量。因为要考虑时间价值，所以必须知道项目在每个时点上发生的现金流量是多少。现金流可以分成三部分：1）净初始现金流，为了获得资产付出的现金减去处置资产获得的现金；2）项目生命期内阶段性的现金流；3）项目终期的净现金流。

三、长期投资决策的基本步骤

在前面的学习中，我们已经深刻认识到，对待任何一个管理问题，如果有一套科学设计的基本流程来应对，就可以保证即使在复杂多变的环境中，管理人员也可以依据流程迅速准确地识别问题，做出行动，并在过程中不断修正和调整，以达到一个相对有效的结果。对于长期投资决策这一影响重大却又高度依赖对未来预测的活动，也必须设计一定的框架来辅助决策。

1. 定义决策项目

这一步骤的重点是要确定所决策的项目是不是与公司所制定的战略目标相符合。例如，爱马仕采用的是差异化战略，而Zara采用的是成本领先战略。那么爱马仕所要决策的项目应该是如何更新设计、提高品质等；而Zara所要决策的项目应该是如何在通过外包和在海外建厂来降低成本。

2. 收集必要的信息

为了支持进行长期投资决策，应该利用有关企业整个价值链的相关信息来评价备选项目。例如，北京汽车有若干个新车型可以投入开发，那么市场营销部门肯定会要求一定的利润率，生产制造部门则侧重于组装所耗费的时间，供应部门更关注零部件的价格。站在供应链的不同环节考虑，一部分项目就被淘汰了。

3. 做出预测

这一步骤的主要任务是预测未来所有和项目有关的现金流的情况，其最主要的工作是对项目每年的现金流入和在项目结束时的现金回收做出合理恰当的预测，这些量化的预测非常需要在收集必要的信息中所收集的非量化的信息的支持，比如三星集团在进行海外建厂决策时，其依据的基本假设就是三星手机在未来 5 年的销量会以 10%左右的速度增长。

4. 从备选项目中选出一个最优项目

选择最优项目的原则是收益最高、成本最低。管理人员需要利用做出预测中取得的量化信息进行决策。但这些量化信息往往只包含了财务数据，所以管理人员必须利用自己对企业和外部环境的把握，选择出最为切合企业发展战略的项目。

5. 执行决策，评估效果

我们做出决策的依据都是对未来的预测，但实际上整个内外部环境的变化是非常难以把控的，这就需要经常性地评估项目的实施情况，根据内外部环境的变化做出调整。

四、长期投资决策的常用方法

长期投资决策的方法大致可以分为两类：一是考虑时间价值的决策方法；二是不考虑时间价值的决策方法。

常用的考虑时间价值的决策方法主要是以现金流折现模型为基础的净现值法、内部报酬率法和现值系数法。其中净现值法又衍生出按风险调整贴现率法和按风险调整现金流法。常用的不考虑时间价值的方法有静态回收期法和会计收益率法。

这些方法都是很多优秀的财务人员使用的，熟练掌握这些方法将会给企业的长期投资决策带来巨大改善。在后面的章节中，我们会根据实例详细讲解这些方法。

五、长期投资项目事后审计

长期投资项目效果的好坏需要通过事后项目审计来评价。事中控制是为了保证项目进度及资本支出的合理性，事后审计则是对责任预算主体进行评价的重要环节，离开事后审计，资本预算无法从管理上发挥其应有的作用。但事实上，项目监督和跟踪在资本预算中并没有受到足够的关注，企业对事后审计的漠视造成管理者不情愿放弃非盈利项目。积极地做好长期投资的事后审计可以为企业带来如下效益：

一是改善长期投资决策的质量。在一个整体的长期投资决策系统内，事后审计将检查项目是如何评估、实施和控制的，以便于改善决策过程中的因素及它们之间的关系。

二是改善项目评估的实际状况。事后审计侧重于项目评估的总体质量，特别是其正确性或现金流量状况、利润估计和它们的构成情况。有足够的证据表明现金流量估计偏高或者偏低，可能增加项目批准的可能性。

三是鉴别关键变量。敏感性分析是控制风险的最常用方法，它对利润变化的关键因素起精确的影响。当个别关键变量被分离时，对于实现项目利润的关键因素，在鉴别上就会有所不同。这些知识将对项目执行过程中剩下的资金预算程序及以后类似的投资计划有所帮助。

四是改善内部控制机制。实行项目控制，经常会受到常规检查的影响，但事后审计可使其应用的范围更为广泛，它允许项目的战略有所更改，这是不频繁的事后审计所带来的最起码的效益。

五是终止更多差项目。企业常常不愿终止差项目，甚至是最合理的行为也往往犹豫不决。在讨论既定的项目是否延续时，一个详细、独立的事后审计有助于提出终止的决定。

六是加速正在执行项目的调整。事后审计不受时间的限制，随机性较强。因此，对正在执行的项目可及时做出调整，增加了项目成功的可能性。

第二节 利用现金流折现方法进行长期投资决策

现金流折现是我们在财务、金融等领域经常使用的方法，像净现值法、内部报酬率法、获利指数法都是在现金流折现的基础上演变出来的。对于现金流折现，最需要关注的是现金流、必要回报率和折现率。

一、净现值法

（一）基本方法

1. 净现值的计算公式

投资项目投入使用后的净现金流量，按资本成本或企业要求达到的报酬率折算为现值，减去初始投资以后的余额，叫做净现值（net present value，NPV）。其计算公式为：

$$NPV=\left[\frac{NCF_1}{(1+K)^1}+\frac{NCF_2}{(1+K)^2}+\cdots+\frac{NCF_n}{(1+K)^n}\right]-C$$
$$=\sum_{t=1}^{n}\frac{NCF_t}{(1+K)^t}-C$$

式中，NPV 表示净现值；NCF_t 表示第 t 年的净现金流量；K 表示贴现率（资金成本或企业要求的报酬率）；N 表示项目预计使用年限；C 表示初始投资额。

净现值还有另外一种表述方法，即净现值是从投资开始至项目寿命终结时所有一切现金流量（包括现金流出和现金流入）的现值之和。其计算公式为：

$$NPV=\sum_{t=0}^{n}\frac{CFAT_t}{(1+K)^t}$$

式中，n 表示开始投资至项目寿命终结时的年数；$CFAT_t$ 表示第 t 年的现金流量；K 表示贴现率（资金成本或企业要求的报酬率）。

2. 净现值的计算步骤

净现值的计算可按下列步骤进行：

第一步，计算每年的营业净现金流量。

第二步，计算未来报酬的总现值。这又可分成三步：

（1）将每年的营业净现金流量折算成现值。如果每年的 NCF 相等，则按年金法折成现值；如果每年的 NCF 不相等，则先对每年的 NCF 进行现值计算，然后加以合计。

（2）将终结现金流量折算成现值。

（3）计算出未来报酬的总现值。

第三步，计算净现值。

净现值=未来报酬的总现值−初始投资额

【例 11-1】 炎夏软件公司每过几年就会推出新一代操作系统，那么作为炎夏软件公司的高级管理人员，在众多开发方案中如何决定选择哪个方案呢？假设其中的一个开发方案需要 35 000 万元启动资金，项目的开发可以在一年内完成，第一年现金流入 14 100 万元，第二年现金流入 15 800 万元，第三年现金流入 16 700 万元。由于软件市场竞争激烈，产品更新换代速度很快，估计在三年以后就必须淘汰现有的产品，开发新的产品，所以第三年以后的现金流量为 0。具体的现金流信息如表 11-1 所示。

表 11-1 现金流信息 单位：万元

年份（t）	0	1	2	3
净现金流（NCF_t）	−35 000	14 100	15 800	16 700

通过分析，管理人员了解到资金的回报率为 10%。接下来就可以利用得到的信息来计算项目的净现值（NPV）了。

$$\begin{aligned}NPV &= 14\,100\times(1+10\%)^{-1}+15\,800\times(1+10\%)^{-2}+16\,700\\&\quad\times(1+10\%)^{-3}-35\,000\\&=14\,100\times0.909+15\,800\times0.826+16\,700\times0.751-35\,000\\&=3\,409.4(\text{万元})\end{aligned}$$

根据计算结果，我们至少判断出，这个项目的净现值是正的，投资这个项目会给公司带来价值。

3. 净现值法的决策规则

利用净现值进行投资决策时，在只有一个备选方案的采纳与否决策中，净现值为正者则采纳，净现值为负者不采纳；在有多个备选方案的互斥选择决策中，应选用净现值正值最大的方案。

4. 净现值法的优缺点

净现值法的优点是考虑了货币的时间价值，能够反映各种投资方案的净收益，是一种较好的方法；其缺点是净现值并不能揭示各个投资方案本身可能达到的实际报酬率是多少。

（二）按风险调整贴现率法

我们知道，一项投资的总报酬可分为无风险报酬和风险报酬两部分，即投资总报酬=无风险报酬+风险报酬。将与特定投资项目有关的风险报酬率，加上资金成本或企业要求达到的报酬率，构成按风险调整的贴现率，并据以进行投资决策分析的方法，叫按风险调整贴现率法。

对于风险报酬的计量，财务管理课程中已有详细介绍，不再赘述。调整过的贴现率包含风险报酬部分，因此要高于货币时间价值（无风险报酬）。而且一个项目的风险越高，风险报酬也就越高，调整过的贴现率也就越大。用调整过的贴现率再来评价有风险的投资方案，方案可能由原来的可行变为不可行，由最优变为次优。原来在不考虑风险情况下所得出的结论也可能发生变化，风险项目可能被否决。这样，我们就可以回避风险大的项目。

【例 11-2】 接例 11-1，按风险调整后的贴现率为 16%（见表 11-2）。

表 11-2 现金流信息（按风险调整贴现率法） 单位：万元

年份（t）	0	1	2	3
NCF_t	−35 000	14 100	15 800	16 700

考虑了风险价值因素后，该项目的净现值为：

$$\begin{aligned} NPV &= 14\,100\times(1+16\%)^{-1}+15\,800\times(1+16\%)^{-2}+16\,700 \\ &\quad \times(1+16\%)^{-3}-35\,000 \\ &= 14\,100\times0.862+15\,800\times0.743+16\,700\times0.641-35\,000 \\ &= -401.7(\text{万元}) \end{aligned}$$

从此可以看出，考虑了风险价值因素，项目将被否决。

以风险程度为依据调整投资项目的贴现率，风险大的项目贴现率高，风险小的项目贴现率低，这是符合常理的。因而，按风险调整贴现率法为大家所理解和接受。

但是，在用风险调整后的贴现率进行贴现时，时间价值与风险报酬对项目的影响趋势被同一化，也就是说，风险必然随时间的推延而逐年增大。这一结论看似正确，因为投资项目的时间越长，风险越大。但是，投资项目一旦付诸实施，不可捉摸、变化不定的往往是前几年的现金流量或投资收益，越往后则越趋于稳定。所以，把风险报酬与时间价值不加区分、混为一体地对未来的现金流量进行贴现，是按风险调整贴现率法的不科学之处。

（三）按风险调整现金流量法

按风险调整贴现率法存在的不足，使得这种方法对风险的测定不准确，因而有人提出直接按风险程度调整现金流量。这种先按风险调整现金流量，然后进行长期投资决策的评价方法，称为按风险调整现金流量法。其具体调整办法有很多，这里介绍最常用的确定当量法。

在风险投资决策中，由于各年现金流量具有不确定性，就必须进行调整。所谓确定当量法就是把不确定的各年现金流量，按一定的系数（通常称为约当系数）折算为大约相当于确定的现金流量的数量，然后利用无风险贴现率来评价风险投资项目的决策分析方法。

约当系数是肯定的现金流量对与之相当的不肯定的期望现金流量的比值，通常用 d 来表示。在进行评价时，可根据各年现金流量风险的大小，选取不同的约当系数。当现金流量确定时，可取 $d=1.00$；当现金流量的风险很小时，可取 $0.80\leqslant d<1.00$；当现金流量的风险一般时，可取 $0.40\leqslant d<0.80$；当现金流量的风险很大时，可取 $0>d>0.40$。

约当系数的选取，可能会因人而异，敢于冒险的分析者会选用较高的约当系数，而不愿冒险的分析者可能选用较低的约当系数。为了防止因决策者的偏好不同而造成决策失误，有些企业根据标准离差率来确定约当系数。因为标准离差率是衡量风险大小的一个很好的指标，所以，用它来确定约当系数是合理的。标准离差率与约当系数的经验对照关系如表 11-3 所示。

表 11-3 标准离差率与约当系数的经验对照关系

标准离差率	约当系数
0.01～0.07	1
0.08～0.15	0.9
0.16～0.23	0.8
0.24～0.32	0.7
0.33～0.42	0.6
0.43～0.54	0.5
0.55～0.70	0.4
……	……

当约当系数确定后，决策分析就比较容易了。

【例 11-3】 接例 11-2，炎夏软件公司的管理层除了收到之前的开发方案，还收到了一份操作系统开发方案，这一开发方案的约当系数已列示在表 11-4 中，无风险贴现率为 10%。

表 11-4 现金流量与约当系数

t	0	1	2	3	4
NCF_t（万元）	−20 000	8 000	8 000	8 000	8 000
d_t	1.0	0.95	0.9	0.8	0.8

根据表 11-4，炎夏软件公司的管理层利用净现值法进行评价。

$$\begin{aligned}NPV &= 0.95\times 8\,000\times PVIF_{10\%,1}+0.9\times 8\,000\times PVIF_{10\%,2}+0.8\times 8\,000\\&\quad\times PVIF_{10\%,3}+0.8\times 8\,000\times PVIF_{10\%,4}+1.0\times(-20\,000)\\&=7\,600\times 0.909+7\,200\times 0.826+6\,400\times 0.751+6\,400\times 0.683-20\,000\\&=2\,033.2(\text{万元})\end{aligned}$$

由此可以看出，按风险程度对现金流量进行调整后，计算出的净现值为正数，故可以投资。

采用确定当量法对现金流量进行调整，进而做出投资决策，克服了按风险调整贴现率法夸大远期风险的缺点，但如何准确合理地确定约当系数是一个十分困难的问题。

二、内部报酬率法

（一）内部报酬率的计算公式

内部报酬率（internal rate of return，IRR）又称内含报酬率，是使投资项目的净现值等于零的贴现率。

内部报酬率实际上反映了投资项目的真实报酬，目前越来越多的企业使用该指标对投资项目进行评价。内部报酬率的计算公式为：

$$\frac{NCF_1}{(1+r)^1}+\frac{NCF_2}{(1+r)^2}+\cdots+\frac{NCF_n}{(1+r)^n}-C=0$$

即
$$\sum_{t=1}^{n}\frac{NCF_t}{(1+r)^t}-C=0$$

式中，NCF_t为第 t 年的现金净流量；r 为内部报酬率；n 为项目预计使用年限；C 为初始投资额。

（二）内部报酬率的计算步骤

内部报酬率的具体计算过程分为两种情况：

（1）如果每年的 NCF 相等，则按下列步骤计算：

$$年金现值系数=\frac{初始投资额}{每年的净现金流量}$$

第一步，计算年金现值系数。

第二步，查年金现值系数表，在相同的期数内，找出与上述年金现值系数相邻近的较大和较小两个贴现率。

第三步，根据上述两个邻近的贴现率和已求得的年金现值系数，采用插值法计算出该投资方案的内部报酬率。

（2）如果每年的 NCF 不等，则需要按下列步骤计算：

第一步，先预估一个贴现率，按此贴现率计算净现值。如果计算出的净现值为正，则表示预估的贴现率小于该项目的实际内部报酬率，应提高贴现率，再进行测算；如果计算出的净现值为负，则表明预估的贴现率大于该方案的实际内部报酬率，应降低贴现率，再进行测算。经过如此反复测算，找到净现值由正到负并且比较接近于零的两个贴现率。

第二步，根据上述两个邻近的贴现率使用插值法，计算出方案的实际内部报酬率。

（三）内部报酬率法的决策规则

采用内部报酬率法进行投资项目决策时，在判断是否采纳单个备选方案的决策中，如果计算出的内部报酬率大于或等于企业的资本成本或必要报酬率就采纳；反之，则拒绝。在多个备选方案的互斥选择决策中，选用内部报酬率超过资本成本或必要报酬率最多的投资项目。

下面举例介绍内部报酬率法在实际工作中是如何运用的。

【例 11-4】 随着云技术的兴起和云概念被人们普遍接受，炎夏软件公司决定大力推广公司的云端业务，为了支持这一战略规划，公司管理层认为需要在中国建设区域型的云计算中心。目前关于云计算中心的建设有两个方案，其投入和未来的现金流量情况如表 11-5 所示。

表 11-5　云计算中心建设方案现金流量情况表　　单位：万元

方案	0	第 1 年	第 2 年	第 3 年	第 4 年	第 5 年
甲方案	−10 000	3 200	3 200	3 200	3 200	3 200
乙方案	−15 000	3 800	3 560	3 320	3 080	7 840

由于甲方案每年的 NCF 相等，可采用如下方法计算内部报酬率。

$$\begin{aligned}年金现值系数&=\frac{初始投资额}{每年的净现金流量}\\&=\frac{10\,000}{3\,200}=3.125\end{aligned}$$

查年金现值系数表，第 5 年与 3.125 相邻近的年金现值系数在 18%～20%之间，现用插值法计算如下：

贴现率			净现值		
18%	x%	2%	3.127	0.002	0.136
?%			3.125		
20%			2.991		
20%					

$$\frac{x}{2}=\frac{0.002}{0.136}$$

$x=0.03$

甲方案的内部报酬率=18%+0.03%=18.03%

乙方案每年的 NCF 不相等，必须逐次进行测算，测算过程如表 11-6 所示。

表 11-6　乙方案现金流量表　　单位：万元

年份（t）	NCF_t	测试 10%		测试 11%		测试 12%	
		$PVIF_{10\%,t}$	现值	$PVIF_{11\%,t}$	现值	$PVIF_{12\%,t}$	现值
0	−15 000	1.00	−15 000	1.00	−15 000	1.00	−15 000
1	3 800	0.909	3 454	0.901	3 424	0.893	3 393
2	3 560	0.826	2 941	0.812	2 891	0.797	2 837
3	3 320	0.751	2 493	0.731	2 427	0.712	2 364
4	3 080	0.683	2 104	0.659	2 030	0.636	1 959
5	7 840	0.621	4 869	0.593	4 649	0.567	4 445
NPV	—	—	8 610	—	4 210	—	−20

在表 11-6 中，先按 10%的贴现率进行测算，净现值为正数，便把贴现率调高到 11%，进行第二次测算，净现值仍为正数，说明内部报酬率比 11%大。为计算其精确数，再把贴现率调高到 12%进行测算，净现值为负数，说明该项目的内部报酬率一定在 11%～12%之间。

现用插值法计算如下：

贴现率			净现值		
11%	x%	1%	4 210	4210	4 230
?%			0		
12%			−20		

$$\frac{x}{1}=\frac{4\,210}{4\,230}$$

$x=0.995$

乙方案的内部报酬率=11%+0.995%=11.995%

由此可以看出，甲方案的内部报酬率较高，故甲方案效益比乙方案好。

(四) 内部报酬率法的优缺点

内部报酬率法考虑了资金的时间价值，反映了投资项目的真实报酬率，概念也易于理解。但这种方法的计算过程比较复杂，特别是每年 NCF 不相等的投资项目，一般要经过多次测算才能算出内部报酬率。

三、获利指数法

(一) 获利指数的计算

获利指数又称现值指数（profitability index，PI），是投资项目未来报酬的总现值与初始投资额的现值之比。

获利指数的计算公式为：

$$PI=\frac{\frac{NCF_1}{(1+K)^1}+\frac{NCF_2}{(1+K)^2}+\cdots+\frac{NCF_n}{(1+K)^n}}{C}$$

$$PI=\frac{\text{未来报酬的总现值}}{\text{初始投资额}}$$

(二) 获利指数的计算步骤

获利指数的计算过程如下：

第一步，计算未来报酬的总现值。这与计算净现值所采用的方法相同。

第二步，计算获利指数，即根据未来的报酬总现值和初始投资额之比计算获利指数。

(三) 获利指数法的决策规则

利用获利指数法进行投资项目决策时，在判断是否采纳单个备选方案的决策中，获利指数大于或等于 1 则采纳，否则就拒绝；在多个方案的互斥选择决策中，应采用获利指数超过 1 最多的投资项目。

【例 11-5】 接例 11-4，看获利指数在长期投资决策中的运用。

$$\text{甲方案的获利指数}=\frac{\text{未来报酬的总现值}}{\text{初始投资额}}=\frac{12\ 131.2}{10\ 000}=1.21$$

$$\text{乙方案的获利指数}=\frac{\text{未来报酬的总现值}}{\text{初始投资额}}=\frac{15\ 861}{15\ 000}=1.06$$

甲、乙两个方案的获利指数都大于 1，故两个方案都可进行投资，但因甲方案的获利指数更大，故应采用甲方案。

(四) 获利指数法的优缺点

获利指数法的优点是，考虑了资金的时间价值，能够真实地反映投资项目的盈亏程度，而且获利指数是用相对数来表示的，所以有利于在初始投资额不同的投资方案之间进行对比。获利指数法的缺点是，获利指数这一概念不便于理解。

第三节 非贴现现金流量指标

非贴现现金流量指标是指不考虑时间价值的各种指标，主要有以下几类。

一、投资回收期

投资回收期（payback period，PP）是指回收初始投资所需要的时间，一般以年为单位，是一种运用很久很广的投资决策指标。

投资回收期的计算，因每年的净现金流量是否相等而有所不同。如果每年的净现金流量相等，则投资回收期可按下式计算：

$$投资回收期=\frac{原始投资额}{每年的净现金流量}$$

如果每年的净现金流量不相等，计算回收期要根据每年年末尚未回收的投资额加以确定。

【例 11－6】 接例 11－4，计算两个方案的投资回收期。

甲方案每年的 *NCF* 相等，因此

$$甲方案投资回收期=10\,000\div 3\,200=3.125(年)$$

乙方案每年的 *NCF* 不等，所以应先计算其各年尚未回收的投资额（见表 11－7）。

表 11－7　投资回收分析　　单位：万元

年份	每年净现金流量	年末尚未回收的投资额
1	3 800	11 200
2	3 560	7 640
3	3 320	4 320
4	3 080	1 240
5	7 840	—

$$乙方案的回收期=4+1\,240\div 7\,840=4.16(年)$$

投资回收期很容易理解，计算也比较简便，但这一指标没有考虑货币的时间价值，没有考虑回收期满后的现金流量状况。

在例 11－6 中，假设乙方案第 1～2 年的现金流量顺序颠倒一下，其他情况不变，那么乙方案的预计现金流量变为表 11－8 中的丙方案，我们用回收期来比较乙、丙两方案的优劣。

表 11－8　乙、丙方案现金流量比较　　单位：万元

	0	第 1 年	第 2 年	第 3 年	第 4 年	第 5 年
乙方案	－15 000	3 800	3 560	3 320	3 080	7 840
丙方案	－15 000	3 560	3 800	3 320	3 080	7 840

显然，丙方案的回收期也是 4.16 年。也就是说，如果用回收期进行评价，似乎两者不相上下，但实际上，乙方案优于丙方案。为什么？因为考虑到时间价值，现金流量发生越靠前越好。由此可见，投资回收期没有考虑时间价值因素，无法评价出乙、丙两个不同方案的差异，这是其作为非贴现现金流量指标最大的缺陷。

再来说明投资回收期的另一个缺陷，即没有考虑回收期以外的现金流量。在例 11－6 中，假设乙方案在第 6 年还有现金流量 9 000 万元。在此情况下，我们再来计算乙方案

的回收期，仍然是4.16年。为什么回收期法评价不出这种变化呢？因为回收期法只考虑了回收期以内的现金流量，没有考虑回收期以外的现金流量，或者说没有完整地考虑项目的现金流量。

二、平均报酬率

平均报酬率（average rate of return，ARR）是投资项目寿命周期内平均的年投资报酬率，也称平均投资报酬率。其计算公式为：

$$平均报酬率=\frac{平均现金流量}{原始投资额}\times 100\%$$

在表11-5中，为了保证建设云计算中心的决策的科学性，炎夏软件公司的管理层决定从多个角度来衡量甲、乙两个方案的优劣，这一次，我们要计算两个方案的平均报酬率。

$$ARR_{甲}=\frac{3\,200}{10\,000}\times 100\%=32\%$$

$$ARR_{乙}=\frac{(3\,800+3\,560+3\,320+3\,080+7\,840)\div 5}{15\,000}\times 100\%$$

$$=28.8\%$$

在采用平均报酬率这一指标时，应事先确定一个企业要求达到的平均报酬率，即必要的平均报酬率。在进行决策时，只有高于必要的平均报酬率的方案才能入选。而在有多个方案的互斥选择中，则选用平均报酬率最高的方案。

平均报酬率的优点是简明、易算、易懂。其主要缺点是没有考虑资金的时间价值，第一年的现金流量与最后一年的现金流量被看作具有相同的价值，所以有时会做出错误的决策。这个缺点可以从我们虚拟出来的表11-8中的丙方案看出，因为不考虑时间价值，乙、丙两方案的平均报酬率都是28.8%。

不考虑时间价值是非贴现现金流量指标共同的缺陷，而在本章第一节，我们讲过长期投资决策要考虑时间价值因素。所以，非贴现现金流量指标不能作为长期投资决策评价的主要指标，只能作为辅助指标。评价长期投资决策的主要指标是下面要讲的贴现现金流量指标。

第四节 长期投资决策的具体应用

在第二节和第三节中，介绍了投资决策评价的基本指标，但这只是指标的简单计算，在实际运用中，不同的决策领域有其各自的特点和需要注意的细节，在本节中，结合两个具体实例来研究这些指标的应用问题。

一、设备更新或改造决策分析

机器设备使用到一定程度，就会发生有形损耗和无形损耗，企业就要面临是否更新旧设备的决策问题。一般来说，旧设备往往消耗大、维修费用高，当生产效率更高，原材料、燃料、动力消耗更低的高效能设备出现时，尽管旧设备还能继续使用，企业也可能会对旧设备进行更新。设备更新决策便成为企业长期投资决策的一项重要内容。

【例 11-7】 炎夏软件公司正计划采购新的大型服务器来替换其在北京的旧服务器。旧服务器原购置成本为 40 000 万元，已使用 5 年，估计还可使用 5 年，已提折旧 20 000 万元，假定使用期满后无残值。如果现在出售可得价款 20 000 万元，使用该设备每年可获收入 50 000 万元，每年的付现成本为 30 000 万元。新服务器的购置成本为 60 000 万元，估计可使用 5 年，使用期满有残值 10 000 万元。使用新设备后，每年收入可达 80 000 万元，每年付现成本为 40 000 万元。假设该公司的资金成本率为 10%，所得税税率为 25%，新旧设备均用直线法计提折旧，那么炎夏软件公司是否应该购买新服务器以替换旧服务器呢？

在本例中，一个方案是继续使用旧设备；另一个方案是出售旧设备，购置新设备。为此，我们可采用差量分析法来计算一个方案比另一个方案增减的现金流量，所有增减额均用"Δ"表示。

下面，我们从新设备的角度来计算两个方案的差量现金流量。

(1) 分别计算初始投资与折旧的现金流量的差量。

Δ初始投资＝60 000－20 000＝40 000(万元)

Δ年折旧额＝(60 000－10 000)÷5－(40 000－20 000)÷5＝6 000(万元)

(2) 利用表 11-9 来计算各年营业现金流量的差量。

表 11-9 营业现金流量差量分析 单位：万元

项目	第 1~5 年
Δ销售收入①	30 000
Δ付现成本②	10 000
Δ折旧③	6 000
Δ税前净利④＝①－②－③	14 000
Δ所得税⑤＝④×25%	3 500
Δ税后净利⑥＝④－⑤	10 500
Δ营业现金流量⑦＝⑥＋③＝①－②－⑤	16 500

(3) 利用表 11-10 来计算两个方案现金流量的差量。

表 11-10 现金流量差量分析 单位：万元

	0	第 1 年	第 2 年	第 3 年	第 4 年	第 5 年
Δ初始投资	－40 000					
Δ营业现金流量		16 500	16 500	16 500	16 500	16 500
Δ终结现金流量						10 000
Δ现金流量	－40 000	16 500	16 500	16 500	16 500	26 500

(4) 计算净现值的差量。

$$\Delta NPV = 16\,500 \times PVIFA_{10\%,4} + 26\,500 \times PVIF_{10\%,5} - 40\,000$$
$$= 16\,500 \times 3.170 + 26\,500 \times 0.621 - 40\,000 = 28\,761.5(\text{万元})$$

服务器更新后，可增加净现值 28 761.5 万元，所以应进行更新。

二、设备更新或大修决策分析

设备磨损到一定程度，其精度、性能和效率已非日常维修所能恢复，这时需要大修。但是，大修只是固定资产的局部再生产，不可能把设备的精度、性能、效率和寿命完全恢复如新，因此，企业管理者常常面临大修还是更新的决策问题。

在大修和更新之间要比较的只是两者不同的相关收入和相关成本。如果两者的销售收入相同，则只需比较两者的相关成本。根据新、旧设备的使用年限是否相同，可分两种情况进行讨论。

（一）使用年限相同时的决策分析

如果大修后与更新设备的使用年限相同，可采用净现值法结合差量分析来确定方案的取舍。

【例 11-8】 炎夏软件公司大楼中的电梯已使用多年，无论是从效率上还是为了安全的考虑，管理层都认为需要对电梯进行大修或购买新的电梯。管理层组织人员获取了以下信息：如果现在加以大修翻新，需支付大修成本 20 000 元，并预计在第 5 年末还需大修一次，大修成本为 8 000 元。如第 5 年末按时大修，该电梯还可使用 5 年。10 年后，预计该电梯有残值 5 000 元。另外，每年的营运成本为 18 000 元。若现在该公司将旧电梯出售，可得价款 7 000 元。购新电梯的购入成本为 60 000 元，新电梯的使用寿命为 10 年。预计新电梯在第 5 年末大修一次，预计大修成本为 2 500 元。10 年期满，新电梯残值也是 5 000 元。新电梯每年的营运成本为 10 000 元。又假定该公司的资金成本率为 18%，没有所得税。

（1）计算差量现金流量。

新电梯每年营运成本的节约额＝18 000－10 000＝8 000(元)
新电梯在第 5 年末大修成本节约额＝8 000－2 500＝5 500(元)
购置新电梯增加的投资额＝60 000－20 000－7 000＝33 000(元)

（2）计算差量净现值。

$$\begin{aligned}\Delta NPV &= 8\,000\times PVIFA_{18\%,10}+5\,500\times PVIF_{18\%,5}-33\,000\\ &= 8\,000\times 4.494+5\,500\times 0.437-33\,000=5\,355.50(\text{元})\end{aligned}$$

由此可见，购置新电梯的方案比旧电梯大修翻新方案能多增加净现值 5 355.50 元，所以应购置新电梯。

（二）使用年限不同时的决策分析

若新旧设备的使用年限不同，则只能比较两者的年均使用成本，以年均使用成本低的方案为优。

【例 11-9】 为了方便员工上下班，炎夏软件公司很早就开始为员工提供上下班班车服务。现在有一批班车已经老化，管理人员正在考虑是否要更换新的班车。通过对市场信息的收集，现在的旧班车可以在市场上卖 80 000 元，根据国家规定，旧班车还能使用 5 年，每年汽油、维修等运营成本需要 60 000 元，报废后没有残值。购买新班车需要 150 000 元，但是会节省运营成本，每年只需要 50 000 元，新车可以使用 10 年，到期报废后也没有残值。

(1) 旧班车的年均使用成本。

$80\,000 \div PVIFA_{8\%,5} + 60\,000 = 80\,000 \div 3.993 + 60\,000 = 80\,035$(元)

(2) 新班车的年均使用成本。

$150\,000 \div PVIFA_{8\%,10} + 50\,000 = 150\,000 \div 6.710 + 50\,000 = 72\,355$(元)

由此可以看出，应该购买新的班车。

第五节　长期投资决策中的敏感性分析

影响长期投资决策的因素中有估计数值，目前评价可行的项目，在未来实际执行中，各因素若发生变动，将会影响项目的可行性，所以必须分析各因素变动对方案的预期结果的影响程度。如果某因素在较小范围内发生了变动，就会影响方案的可行性，即表明该因素的敏感性强；如果某因素在较大范围内发生了变动，才会影响方案的经济效果，即表明该因素的敏感性弱。

通常影响方案经济效果的因素为现金净流量和固定资产寿命，也就是方案的敏感性因素。敏感性因素的变动范围，是通过对该方案的净现值和内部报酬率的影响来表现的。无论用净现值还是内部报酬率来表现，得出的结论是一致的。

【例 11－10】 炎夏软件公司，假设为新的操作系统开发一款可以计算高等数学问题的应用需要 900 000 元，估计应用在 3 年后会被淘汰，期满无残值。每年现金净流量为 400 000 元，资金成本率为 10%。那么该如何对这个项目进行敏感性分析呢？

首先，计算该项目的净现值和内部报酬率。

$$\begin{aligned}\text{净现值} &= 400\,000 \times PVIFA_{10\%,3} - 900\,000 \\ &= 400\,000 \times 2.487 - 900\,000 \\ &= 94\,800(\text{元})\end{aligned}$$

通过计算，内部报酬率为 15.892%（计算过程略）。因此，目前情况下，该方案可行。

其次，分析现金净流量变动对项目净现值和内部报酬率的影响。每年现金流量的下限就是使方案的净现值为零或内部报酬率等于资金成本率的现金流量。

$$\begin{aligned}\text{每年现金净流量的下限} &= 900\,000 \div PVIFA_{3.10\%} \\ &= 900\,000 \div 2.487 \\ &= 361\,882(\text{元})\end{aligned}$$

由此可知，如果每年现金净流量为 361 882～400 000 元，方案都是可行的；如低于 361 882 元，则净现值就会出现负数，方案就变为不可行。

每年现金净流量为 361 882 元，其净现值为 0，内部报酬率为 10%；每年现金净流量为 400 000 元，其净现值为 94 800 元，内部报酬率为 15.982%。可见，每年的现金净流量最多可减少 38 118 元（400 000－361 882），内部报酬率最多可减少 5.982%（15.982%－10%）。也可以说，每年现金流量的变动幅度在 9.5%（38 118÷400 000）

以内，方案仍是可行的。

最后，分析收益年限变动对净现值和内部报酬率的影响。

年金现值系数＝900 000÷400 000＝2.25

查表得：

$$\left.\begin{array}{l}\left.\begin{array}{l}2\\ n\end{array}\right\}x\\ 3\end{array}\right\}1 \qquad \left.\begin{array}{l}\left.\begin{array}{l}1.736\\ 2.25\end{array}\right\}0.514\\ 2.487\end{array}\right\}0.751$$

$$\frac{x}{1}=\frac{0.514}{0.751}$$

$$x=0.684$$

则 $n=2+0.684=2.684$（年）

由此可见，该项目的收益年限必须在 2.684～3 年之间，才能保证投资方案是可行的。

这个应用的收益年限为 2.684 年时，其净现值为 0，内部报酬率为 10%；收益年限为 3 年时，其净现值为 94 800 元，内部报酬率为 15.982%。因此，该应用的收益年限减少 0.316 年（3－2.684），影响其净现值减少 94 800 元，内部报酬率减少 5.892%（15.892%－10%）。也可以说，收益年限的变动幅度在 10.5%（0.316÷3）以内，方案都是可行的。

第六节 折旧和通货膨胀对长期投资决策的影响

一、折旧方法对长期投资决策的影响

我们知道，现金流量是具体评价投资方案经济效益的基础，对于现金流量的理解可站在税前和税后两个角度来分析。从税前来看，现金流量的计算公式为：

现金流量＝销售收入－付现成本

在这个公式中，无论投资项目采用何种折旧方法，都不会影响现金流量的计算。但是，投资者可能更关心税后的现金流量。这时，现金流量的计算公式变为：

现金流量＝销售收入－付现成本－所得税　　(1)

＝税后净利＋折旧　　(2)

折旧方法不同，每年计提的折旧额不同，导致每年税后净利也不同，从而影响每年的现金流量。同一方案，由于折旧方法不同，便会有不同的投资回收期、平均报酬率、净现值、现值指数和内部报酬率。下面通过例子来说明采用直线法和年数总和法计提折旧对净现值指标计算的影响。

【例 11-11】 炎夏软件公司的资产中，数量最多的是高性能计算机。一台计算机的成本为 20 000 元，使用年限为 5 年，期满残值为 2 000 元，资金成本率为 12%。采用直线法和年数总和法所计算的折旧如表 11-11 和表 11-12 所示。

表 11 - 11　直线法下折旧计算表　　单位：元

年份	年折旧额	期末账面价值
0	—	20 000
1	3 600	16 400
2	3 600	12 800
3	3 600	9 200
4	3 600	5 600
5	3 600	2 000

表 11 - 12　年数总和法下折旧计算表　　单位：元

年份	年折旧额	期末账面价值
0	—	20 000
1	6 000	14 000
2	4 800	9 200
3	3 600	5 600
4	2 400	3 200
5	1 200	2 000

如果不考虑所得税，折旧方法不同对每年的现金流量没什么影响，这可以通过式（1）看出。但是站在投资者的角度，我们将考虑所得税，这时折旧方法不同对每年现金流量产生影响。

每年现金流量＝(销售收入－付现成本－折旧)×(1－所得税税率)＋折旧
＝(销售收入－付现成本)×(1－所得税税率)＋折旧×所得税税率

可见，采用不同折旧方法计提折旧，对现金流量的影响为不同方法折旧额的差额与所得税税率的乘积。

考虑时间价值因素的影响，采用不同折旧方法计提折旧将对方案的净现值产生影响。具体影响结果如表 11 - 13 所示（假设企业所得税税率为 25%）。

表 11 - 13　不同折旧方法对净现值的影响　　单位：元

年份	直线法		年数总和法		对现金流量的影响	$PVIF_{12\%,t}$	对净现值的影响
	年折旧额	所得税节省额	年折旧额	所得税节省额			
1	3 600	900	6 000	1 500	600	0.893	535.8
2	3 600	900	4 800	1 200	300	0.797	239.1
3	3 600	900	3 600	900	0	0.712	0
4	3 600	900	2 400	600	－300	0.636	－190.8
5	3 600	900	1 200	300	－600	0.567	－340.2
合计	18 000	4 500	18 000	4 500	0	—	243.9

从表 11 - 13 可以看出，采用年数总和法计提折旧确定的净现值，比采用直线法计提折旧确定的净现值多 243.9 元。这种差别是由折旧方法引起的，并不反映方案内在的经济性。因而，独立计量这个因素的影响程度，也是正确评价投资项目的一个必要条件。

二、通货膨胀对投资决策的影响

在前述有关投资决策指标的计算中，我们只考虑了货币时间价值和风险价值的影响。在市场经济下，通货膨胀的出现是不可避免的。由于通货膨胀的存在，货币随着时间的推移而发生贬值。因此，正确计量通货膨胀的影响，也是正确评价投资项目的一个必要条件。

假设用一般物价指数增长的百分比来描述通货膨胀的影响，其年通货膨胀率为 f，贴现率为 i，则 n 期后 1 元的现值计算公式为：

$$现值=\frac{1}{(1+i)^n(1+f)^n}$$

在现实经济生活中，因货币收支已经包括了通货膨胀的影响，为了如实反映投资方案内在的经济价值，必须设法消除通货膨胀的影响。假设 r 代表包括通货膨胀影响在内的投资报酬率，r' 为不受通货膨胀影响的真实的投资报酬率，则 r' 可按下式计算：

$$1+r=(1+f)(1+r')$$

$$r'=\frac{1+r}{1+f}-1$$

【例 11-12】 某投资项目的现金流量如表 11-14 所示。

表 11-14 某投资项目的现金流量 单位：元

年份	0	1	2	3	4	5
现金流量	−200 000	80 000	75 000	60 000	45 000	30 000

资金成本率为 10%，年通货膨胀率为 6%。

假设包括通货膨胀因素在内的内部报酬率为 18%，则该投资项目真实的内部报酬率为：

$$r'=\frac{1+r}{1+f}-1=\frac{1+18\%}{1+6\%}-1=11.32\%$$

该投资项目剔除通货膨胀影响的净现值为：

$$\begin{aligned}NPV=&\frac{80\,000}{(1+10\%)\times(1+6\%)}+\frac{75\,000}{(1+10\%)^2\times(1+6\%)^2}+\frac{60\,000}{(1+10\%)^3\times(1+6\%)^3}\\&+\frac{45\,000}{(1+10\%)^4\times(1+6\%)^4}+\frac{30\,000}{(1+10\%)^5\times(1+6\%)^5}-200\,000\\=&80\,000\times0.909\times0.943+75\,000\times0.826\times0.890+60\,000\times0.751\\&\times0.840+45\,000\times0.683\times0.792+30\,000\times0.621\times0.747-200\,000\\=&-180.41(元)\end{aligned}$$

如果不剔除通货膨胀因素，则该投资项目的净现值为：

$$\begin{aligned}NPV=&80\,000\times0.909+75\,000\times0.826+60\,000\times0.751+45\,000\times0.683\\&+30\,000\times0.621-200\,000\\=&29\,095(元)\end{aligned}$$

行动学习

中海油的投资管理体系

中国海洋石油有限公司（简称中海油）于 1999 年从中国海洋石油总公司（现为中国海洋石油集团有限公司）分立，并于 2001 年初在香港和纽约两地同时上市，直到 2005 年中海油投资管理的相关制度体系基本与总公司一体化。2012 年 10 月，结合国务院国资委管理提升活动，对投资决策管理开展全面的深入剖析和梳理，开展了大量深入的对标分析和研究工作，在提升优化的基础上进一步固化成果，并将成果落实到新一版（2013 年版）公司投资管理制度、办法和细则当中。中海油投资管理体系主要有以下特点。

（1）项目全周期管理。中海油投资项目管理为全周期管理，对提出开发设想到项目结束弃置的全周期的每一个环节进行动态管理，在管理时空上不留死角。项目全周期主要包括 5 个管理阶段：前期研究阶段、基本设计阶段、建设阶段、生产阶段、弃置阶段。

（2）高度集中的投资决策管理。出于公司业务类型及公司规模和管理幅度的考虑，中海油的投资决策体系是高度集中的决策模式，所有油气田投资项目均需上报总部审批，分公司或地区公司没有审批权限。中海油对投资项目按阶段管理并设有 2 个决策点，分别为前期研究阶段和基本设计阶段，投资决策前需履行专家论证程序。项目投资决策强调重点决策和重大决策，侧重第一决策点，重视每一阶段的费用控制，对于费用突破项目需再次上报原决策机构审批。

（3）三层投资管理制度中海油投资管理制度体系共分 3 个层级：投资制度、投资管理办法与操作细则。

（4）不断更新投资项目经济评价方法与参数。中海油不定期更新“油气田投资项目经济评价方法”，每年更新评价参数，供公司所有经济评价人员遵循。

资料来源：王中安．企业投资管理体系建设及面临的问题与思考——以中国海洋石油有限公司为例．中国海上油气，2013，25（4）：81-84.

决策指南

以下是本章知识要点的总结，其中决策部分是主要问题，指南部分是这些问题的答案。

决策	指南
1. 长期投资决策有哪些特点？	金额大，时间长，风险大。
2. 长期投资决策应考虑哪些因素？	货币时间价值、风险价值、资金成本、现金流量。
3. 长期投资决策有哪些步骤？	定义决策项目、收集必要的信息、做出预测、选择最优项目、执行决策并评估效果。

续表

决策	指南
4. 长期投资决策有哪些方法?	净现值法、内部报酬率法、获利指数法、投资回收期法、平均报酬率法。
5. 长期投资决策有哪些应用?	购置新设备的决策，更新设备的决策。
6. 影响长期投资决策的因素有哪些?	折旧方法，通货膨胀。

小测验（单项选择题）

1. 下列各项中，（　　）不是长期投资决策的特点。

A. 金额大　B. 时间长　C. 风险大　D. 风险小

2. 下列各项中，（　　）不是长期投资决策的贴现现金流量方法。

A. 会计收益率法　B. 净现值　C. 内部报酬率　D. 获利指数法

3. 长期投资决策中内部报酬率等于或（　　）的项目可以被接受。

A. 超过净现值　B. 超过必要报酬率

C. 低于必要报酬率　D. 超过平均会计收益率

4. 关于净现值（NPV）和获利指数（PI）之间的关系，错误的是（　　）。

A. $NPV>0$，$PI>1$　B. $NPV=0$，$PI=1$

C. $NPV<0$，$PI<1$　D. $NPV<0$，$PI>1$

5. 启润公司处置了一个原值为170 000元的资产，累计折旧109 000元，残值收入50 000元。公司适用所得税税率为25%。处置资产的税后现金流为（　　）元。

A. 2 750　B. −2 750　C. 52 750　D. 63 000

6. 净现值法和内部收益率法不考虑（　　）。

A. 折旧　B. 未来增加的收入

C. 未来节约的成本　D. 残值

7. 一套设备的初始投资是3 000 000元，每年现金流入增加500 000元，此设备可以使用8年。该设备回收期为（　　）年。

A. 8　B. 7　C. 6　D. 5

8. 长期投资项目事后审计的效益不包括（　　）。

A. 改善长期投资决策的质量　B. 鉴别关键变量

C. 改善内部控制机制　D. 终止更多的好项目

9. 下列表述错误的是（　　）。

A. 采用年数总和法计提折旧确定的净现值，比采用直线法计提折旧确定的净现值多

B. 折旧方法引起的净现值差别，可以反映方案内在的经济性

C. 独立计量折旧方法对投资决策的影响程度，是正确评价投资项目的一个必要条件

D. 如果不考虑所得税，折旧方法不同对每年的现金流量无影响

10. 下列表述错误的是（　　）。

A. 如果某因素在较小范围内发生了变动，就会影响方案的可行性，即表明该因素的敏感性强

B. 如果某因素在较大范围内发生了变动，才会影响方案的经济效果，即表明该因素的敏感性弱

C. 通常影响方案经济效果的敏感性因素为现金净流量和固定资产寿命

D. 用净现值或内部报酬率来表现敏感性因素的范围时，得出的结论是不一致的

计算题

1. 飞达集团计划购置一条生产线，需投资 120 000 元。该生产线可使用 6 年，期满残值为 6 000 元。使用该生产线可为企业每年增加净利润 13 000 元，同时按直线法计提折旧。该企业的资金成本率为 14%。

要求：

(1) 计算各年的现金净流量；

(2) 计算净现值；

(3) 计算获利指数；

(4) 计算内部报酬率。

2. 科佳公司准备添置一台设备，需要投资 202 万元。建设期为 1 年，全部资金于建设起点一次投入。该项目预计可使用 10 年，期满残值为 2 万元。设备投入使用后不要求追加流动资金投入，每年可使公司增加净利润 15 万元。该公司按直线法计提固定资产折旧，行业基准折现率为 10%。

要求：

(1) 计算固定资产原值；

(2) 计算年折旧额；

(3) 计算该项目的净现金流量；

(4) 计算该项目的投资回收期。

3. 为提高生产效率，一品车辆厂拟对一套尚可使用 5 年的机器进行更新改造。新旧机器的替换将在当年内完成（即更新设备的建设期为零），不涉及追加流动资金投资，采用直线法计提设备折旧。适用的企业所得税税率为 25%。

该公司相关资料如下：

资料一：旧设备的原始价值为 299 000 元，截至当前的累计折旧为 190 000 元，对外转让可获变价收入 110 000 元，预计发生清理费用 1 000 元（用现金支付）。如果继续使用该设备，到第 5 年年末的预计净残值为 9 000 元（与税法规定相同）。

资料二：购置一套价值 550 000 元的 A 设备替换旧设备，该设备预计到第 5 年年末回收的净残值为 50 000 元（与税法规定相同）。使用 A 设备可使企业第 1 年增加经营收入 110 000 元，增加经营成本 20 000 元；在第 2～4 年内每年增加营业利润 100 000 元；第 5 年增加经营净现金流量 114 000 元。使用 A 设备比使用旧设备每年增加折旧 80 000 元。

资料三：期望投资报酬率为 12%。

要求：根据以上资料，以企业期望的投资报酬率为决策标准，按差额内部收益率

法对甲方案做出评价，为企业做出是否更新设备的最终决策，同时说明理由。

4. 水世界公司计划购买一个水上乐园，初始投资 2 000 000 元，第 1 年的净现金流量为 110 800 元，第 2 年的净现金流量为 130 240 元，之后 5 年预计净现金流量保持在 150 000 元，估计新设备可以使用 7 年，回收残值为 0，企业的资本成本率为 14%。

要求：使用内部报酬率法判断该项目是否有投资价值。

第12章

全面预算管理

学 习 目 标

- 解释战略、计划和预算三者间的关系；
- 说明全面预算管理的流程；
- 掌握全面预算的概念、分类及其作用；
- 理解全面预算的编制原理；
- 编制业务预算和财务预算；
- 熟悉并使用多种预算编制方法编制预算。

章首案例　国家开发投资公司利用全面预算落实战略

成立于1995年的国家开发投资公司（以下简称国投）是一家多元化经营的投资控股集团，其业务涉及煤炭、电力、化肥、基金、港口、保险等诸多领域。2012年上半年国投在央企利润普遍下滑的形势下，实现了利润的稳步增长。在此之前的8年，公司连续获得国资委年度业绩考核A级。但是在公司刚成立的前8年情况却并非这样乐观，那时候公司还在摸索中艰难前行。转折性的事件发生在2003年，公司决定梳理战略规划，大力推进信息化建设。2008年国投在景华天创公司的帮助下开始建设全面预算管理系统。

为兼顾总部和各板块不同的需求，国投的全面预算管理系统被设计为“集团通用、板块通用、板块专用”三类预算模板。预算的编制首先按业务部门专业条线，从业务预算出发，形成涵盖资金预算、固定资产管理、人力资源等的财务预算指标。为配合全面预算，公司还同时实施季度滚动预测、预算调整、预算与实际数据的集成分析、预算控制、预算编制数据校验等，形成了较为完整的预算管理流程。

基于预算管理系统，国投设立了“保守性目标”和“挑战性目标”的考核方式。各级预算单位通过系统提供的历史数据及业务预测制定自身的保守性目标和挑战性目标。总部从公司战略规划出发，使用相关指标评价各预算单位的目标完成情况。由于全面预算管理系统将集团和下属各级公司都整合到了统一的平台上，因此总部及下属公司能够基于同一预算系统提供的业务计划及业务、财务指标预测数据，进行及时沟通，统一数据口径，规范预算管理内容。

国投的全面预算系统覆盖了集团总部及二级、三级投资公司，在这一预算系统的支持下，公司预算编制的准确性和效率大大提升，预算编制结果与实际情况的偏差程度逐步减小。公司的战略规划能够自上而下顺利分解、贯彻、落实，有效达成公司的经营目标。

资料来源：徐龙建．国投：预算支撑战略落地．新理财-公司理财，2012（10）：78-79.

该例子向我们展示了全面预算是如何帮助国投这样的大公司突破发展阻碍的。类似地，有许多公司同样运用全面预算来帮助自己解决问题。例如，宝钢通过全面预算来控制成本；中海油利用全面预算分析和调整经营行为；深圳航空利用全面预算实现低成本战略。

第一节　预算概述

在日常生活中由于要平衡收入和开支，几乎每个人都会有意或无意地制定一些收入开支计划。这些计划就可以看作个人预算，个人预算有助于控制花费，例如，为了实现月底结余 2 000 元的目标，你可能推迟购买一台新电视机。通过将实际收入和支出与预算作比较，你可以寻找产生差异的原因，进而采取改进措施，努力达成个人预算目标。

对于企业来说，预算是必不可少的管理控制工具。通过预算，管理者能够对比实际和计划的差异，分析并解决问题，集中精力发掘潜在的机会。因此有人曾说："很少有公司计划失败，那些失败的公司都是因为没有计划。"既然预算对公司如此重要，那么预算到底是如何编制的呢？本章就来讨论与全面预算有关的问题。

一、企业计划与预算

任何一家企业所拥有的人力、物力和财力等资源都是有限的，如何正确地分配和使用这些资源，为企业创造最大的经济效益，是一个需要综合权衡、合理规划的重要问题，企业使用预算来计划和控制自身行为以及与之相关的收入和支出。图 12-1 以一家汽车生产企业为例说明了管理者如何使用预算来履行自己的责任。

（一）制定战略计划

首先，企业要制定战略计划。企业战略是企业在内外环境、资源禀赋及能力的基础上，为生存和长期稳定持续发展以及实现企业发展目标而制定的总体谋划。图 12-1 中的这家汽车公司的战略是成为汽车安全行业的领军企业。然后企业进行战略分析将组织的能力与市场上可利用的机会相结合。为实现战略目标制定行动计划即长短期规划，根据长短期规划又引导出全面预算及其各个分预算。

（二）长期规划

战略是实现组织目标的起点，为确保战略的顺利实施，还需要制定长期规划。长期规划一般为 5～10 年，会明确为实现公司目标所采取的行动。

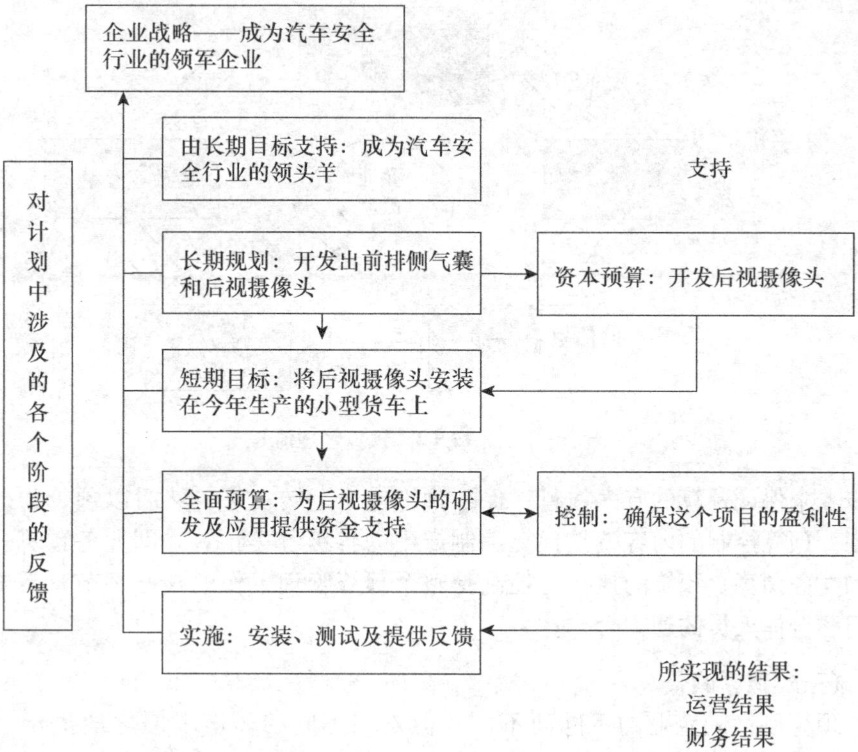

图 12-1 汽车企业计划图

（三）短期目标

短期目标是长期计划中的变动部分，这些变动由资本预算、过去期间的营运结果及预期的未来结果引起，而未来结果又由当时的经济环境、社会环境、行业环境及技术环境所决定。这些变动应纳入每年的总预算中。

（四）全面预算

计划主要是用文字说明企业未来经济活动的目标和任务，预算就是计划的数量说明，是企业组织、控制和评价经济活动的直接依据。所谓全面预算（又称总预算）是指把企业全部经济活动的总体计划，用数量、金额和表格的形式反映出来的一系列文件，即全面预算就是企业总体规划的具体化和数量化的说明。

预算制定完成后，下一步就是行动。在行动之后，管理者要将实际结果与预算进行比较。这种反馈信息让管理者能够决定采取什么样的改进行动。

二、预算管理流程

预算管理是指企业围绕预算展开的一系列管理活动，包括预算编制、预算执行、预算调整、预算分析、预算考评等多个流程，形成了闭环管理（见图 12-2）。

（一）预算编制

预算编制是整个预算管理体系的基础和起点，没有经过精心准备的、合理而明确的预算文件，以下的各阶段工作也就无从开展。

（二）预算执行

预算编制之后，就需要有效执行。首先要经过预算的分解、下达和具体讲解等准

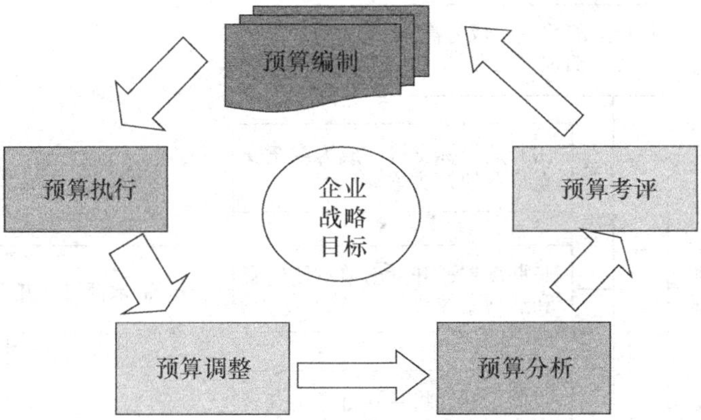

图 12-2 预算管理流程

备步骤来保证预算的有序执行，保证预算体系运转良好。然后以预算为标准进行严格控制。预算控制的内容就是预算编制产生的各级各类预算，即业务预算、资本支出预算和财务预算。预算的执行与控制是整个预算管理工作的核心环节，需要企业上下各部门和全体人员的通力合作。

（三）预算调整

预算刚性随企业的不同而不同，但是在不同的环境下僵化地执行一项预算将会导致灾难。管理层不应将预算作为其唯一的经营指导方针。定期调整预算可以提供更好的经营指南，但有些管理者一旦预期预算会定期调整，就不会很认真地编制预算。允许定期调整预算的企业应确保预算调整的门槛设置得足够高，以使员工尽可能有效地执行。当定期调整预算时，应保留原始预算的副本，以便同实际结果相比较。

（四）预算分析

在预算执行过程中和预算完成后一个尤为重要的环节便是预算分析，是指对预算执行中产生的各种预算与预测、实际与预算的差异以及有利与不利的差异等（实践中预算差异的分析主要是针对实际和预算的差异进行对比）的分析，并确定差异、分析原因、总结经验教训。在分析实际和预算差异时，一般按照以下几个步骤进行：（1）对比实际业绩和预算目标找出差异；（2）分析出现差异的原因；（3）提出恰当的处理措施。

（五）预算考评

预算考评是对企业内部各级责任单位和个人预算执行情况的考核与评价。对预算的执行情况进行考评，监督预算的执行、落实，可以加强和完善企业的内部控制。在企业全面预算管理体系中，预算考评起着检查、督促各级责任单位和个人积极落实预算任务，及时提供预算执行情况的相关信息以便纠正实际与预算的偏差，帮助企业管理者了解企业生产经营情况，进而实现企业总体目标的重要作用。同时，从整个企业生产经营循环来看，预算考评作为一次预算管理循环的结束和总结，它为下一次科学准确地编制企业全面预算积累了丰富的资料和实际经验，是以后编制企业全面预算的基础。

三、预算的编制方式及步骤

（一）预算期间

最常见的预算是以一个财年为一期编制的，但也存在 3 年、5 年或是期限短于 1 年的预算。例如房地产开发的周期一般在 2～3 年，所以房地产公司编制的项目预算必须跨年度，以覆盖项目的生命周期。管理层必须考虑最适合组织需要的预算期间。预算通常会进一步分解为月度或季度预算，或者采用连续性预算或滚动性预算的形式。连续性预算或滚动性预算的概念会在本章第三节详细讲述。

（二）预算编制方式

公司编制预算的方式主要有三种：

（1）权威式预算（自上而下的预算）：从战略目标到单个部门的具体预算等预算内容，均由最高管理层负责确立，而且最高管理层希望较低层级的经理及员工能遵循该预算并努力实现预算目标。

（2）参与式预算（自下而上的预算）：各层级经理与关键员工一起共同制定本部门的预算，最高管理层保留最后的批准权。

（3）混合式预算：介于权威式预算与参与式预算之间，即自上而下地沟通战略目标，并自下而上地实施该目标。

（三）预算的参与者

预算的编制和执行涉及公司内外多方人员，表 12－1 列出了其中所涉及的各方。

表 12－1　预算参与者与职责

参与者	职责
董事会	审查预算，任命预算委员会成员。
最高管理层	确保每个管理层都能理解并支持预算和整个预算控制流程；对预算负有最终责任。
预算委员会	由高级经理层组成，负责指导预算编制工作、核准预算、裁决不同意见、监控预算、检查结果并审查修改预算。
中低层经理	根据最高管理层或预算委员会制定的总预算编制指南，编制各责任中心具体的预算。
预算协调者	负责识别或解决不同责任中心在预算上的分歧以及总预算不同部分的衔接。
流程专家	主要是对特定领域的成本有细致了解的非管理人员，为编制相关领域预算提供具体建议。

（四）预算编制步骤

预算编制分为如下步骤：

（1）由高层管理者提出企业总目标和部门分目标；

（2）各级责任单位和个人根据“一级管理一级”的原则制定本单位的预算方案，呈报分部门；

(3) 分部门根据各下属单位的预算方案，制定本部门的预算草案，呈报预算委员会；

(4) 预算委员会审查各分部门预算草案，进行沟通和综合平衡，拟订整个组织的预算方案；

(5) 预算方案反馈回各部门征求意见。

经过自下而上、自上而下的多次反复，形成最终预算，经企业最高决策层审批后，成为正式预算，逐级下达各部门执行。

(五) 预算的成本标准

组织在编制预算的过程中会设立各种标准，标准可以是价格、数量、服务水平或成本。标准的类型主要有：

(1) 权威式标准：由管理层制定。

(2) 参与式标准：管理层与所涉及各方之间相互沟通制定。

(3) 理想标准：只考虑最优情况所制定的标准。理想标准不允许有任何工作延迟、中断、浪费或机器故障。

(4) 基本可实现标准：是当前可实现的标准，在普通员工的努力下即可实现。

管理者可以同时应用作业分析、历史数据、市场预期与战略决策和标杆分析等几种信息来源设定标准。

四、预算的作用

预算的作用可归纳为以下几个方面。

(一) 明确生产经营活动的目标

编制预算是适应目标管理的需要，把企业的总体规划数量化和具体化，为各个生产经营环节及各个生产经营部门制定出目标的过程。预算不仅全面地勾画出整个企业未来生产经营活动的蓝图，而且为各个部门的生产经营活动指明了方向。

(二) 协调各职能部门的工作

企业是由各个职能部门有机联系在一起组成的，只有企业各个部门在生产经营活动中密切配合，相互协调，统筹兼顾，才有可能实现企业的既定目标。预算的编制可使各个生产经营部门认识到本部门与整个企业、其他部门之间的关系，从而在实现企业的总体目标的过程中，自觉地相互配合，完成各自的具体目标，进而实现企业的总体目标。例如，销售预算需要根据企业利润总目标来编制，生产预算需要根据销售预算来编制，材料采购预算则必须与生产预算相衔接等。

(三) 控制日常经济活动

预算一经批准，就要付诸实施。预算毕竟不是实实在在的经济活动的反映，在其执行过程中，与实际执行结果往往会有差异，各有关部门要以预算为依据，通过计量、对比，及时地提供实际执行结果偏离预算的差额，并分析其原因，以便采取有效措施，挖掘潜力，巩固成绩，纠正缺点，保证预定目标的完成。由此可见，预算是控制企业日常经济活动的主要依据。

(四) 评价实际工作业绩

预算既反映企业的总体规划，又反映各个部门的具体目标，预算是评价企业整体业绩和部门业绩的重要依据。在预算执行的过程中，实际执行结果偏离预算的差额，不仅是控制企业日常经济活动的主要依据，也是评价各部门和全体员工工作业绩的重要标准。为了便于各部门和员工及时地了解自己的业绩，预算在经过制定和批准以后，必须发给各部门和员工。

将预算编制同组织的整体战略联系在一起，这样的预算编制流程是最有效的。管理者在制定组织的战略和目标时，必须关注各项经济因素，包括决策过程的财务影响及竞争状况。

五、成功预算的特征

成功的预算具备许多特征，但仅靠其中任何一项单一特征是不可能形成一个成功的预算的。成功的预算应具备以下特征：

（1）预算必须与公司战略保持一致。

（2）预算流程相对独立，但应根据战略规划和预测来编制预算。

（3）预算能用来缓解潜在的瓶颈问题，并将资源分配到能最有效利用的领域。

（4）预算中给出的数据和事实在技术上必须正确无误且足够准确。

（5）管理层（包括最高管理层）必须充分认可该预算，这意味着他们有责任实现预算目标。

（6）员工应将预算视作一种规划。

（7）预算是沟通及协调的工具，而不是压力或惩罚措施。

（8）预算应能起到激励作用，促使员工为实现组织目标努力工作。

（9）预算应作为一项内部使用的控制工具，应以可控成本或任意成本为基础实施绩效评估。

（10）销售管理费用的预算应足够详细以使关键假设能得到更好的理解。

（11）预算编制团队的上级部门必须审查并核准预算。

最终的预算不应轻易变更，但必须足够灵活以便于应用。预算应能推动各项规划得到执行，促进沟通与协调，并能提供绩效评估标准。成功的预算编制既需要上级管理层全面而公正的审核，也需要预算执行人员全力投入。

六、预算中的组织行为问题

在预算管理过程中有一个值得管理者关注的组织行为问题，即预算松弛。预算松弛的概念最早出现在 20 世纪 60 年代，指当预算下级能够参与制定用于评价其自身工作的标准时，下级会倾向于低估其生产能力，这一低估的数量就是预算松弛。在预算上级和预算下级存在信息不对称的情况下，预算下级就有可能制造预算松弛，即故意低估利润或产能，或者高估所需的资源或成本以谋取自身利益，这也可以说是委托-代理问题。

影响预算松弛的因素主要有：

（1）预算的参与程度。较高的预算参与程度可能使得预算下级有机会制造预算松弛。

（2）上下级之间的信息对称性。信息不对称的程度越强，下级就越容易低报生产能力，出现预算松弛。

(3) 任务及环境的不确定性。管理者通常会预留一笔资金以应对非预期的事件，因此随着任务及环境的不确定性增加，管理者会倾向于制造预算松弛。

(4) 基于预算的业绩评价会导致预算下级在参与预算编制时制造预算松弛。

(5) 组织文化。优秀的组织文化能够使组织成员更加自律，重视道德，会在一定程度上抑制不道德行为，减少预算松弛。

(6) 个体的自利性和风险偏好程度。预算下级为维护自身利益，在权衡奖励和成本后，会决定是否制造预算松弛。风险偏好也会影响预算松弛。研究表明，风险厌恶型员工常采取风险规避措施，会制造更多的预算松弛。

(7) 激励方案。合理的激励方案会降低预算松弛。

(8) 人格特质。个体的人格能够影响其做事的动机和态度，以及在面临道德困境时做出的选择。由于制造预算松弛会使个体陷入道德困境，因此人格特质会影响个体制造预算松弛的倾向。有研究将预算松弛与大五人格模式（外倾性、宜人性、情绪稳定性、责任心、开放性）结合起来，发现宜人性和责任心程度高的预算下级更倾向于制造低程度的预算松弛。①

(9) 员工的责任意识。只有员工能够完全接受预算并承担相应的责任时，预算的编制才是有效的。在权威式预算下，下级经理通常会认为预算的目的是限制成本，因此对预算持消极态度，从而制造预算松弛。

预算管理过程中另一个值得关注的问题是销售预测的准确性。销售预测是在给定条件下对销售水平的估计，它受一系列因素的影响：销售的历史趋势、经济和产业状况、企业战略、市场占有率、竞争者的行为、定价策略、产品组合策略、信用政策、广告以及市场营销的投入额、销售渠道以及潜在的客户前景等。在多因素的影响下，销售预测很难做到精准。因此企业通常会使用各种分析技术，也会进行市场调查或寻求经济学家的帮助。除此之外，一线管理者的参与也颇为重要，较高水平的参与程度可以使一线管理者更主动地实现预算目标。

第二节 全面预算的基本内容和编制原理

全面预算的内容涉及企业经营活动的方方面面，不同的内容，其编制的方法也不完全相同。

一、全面预算的基本内容

全面预算在形式上表现为一整套预计企业生产经营活动情况的业务报表和财务报表，主要是用来规划预算期间企业的全部经济活动及其成果。全面预算主要包括业务预算、专业决策预算和财务预算。

图 12-3 展示了全面预算各组成要素间的相互关系。

(一) 业务预算

业务预算是反映企业在计划期间日常发生的各种实质性的基本活动的预算，主要

① 董琦．激励方案、人格特质与预算松弛——一项实验研究．中央财经大学硕士学位论文，2014．

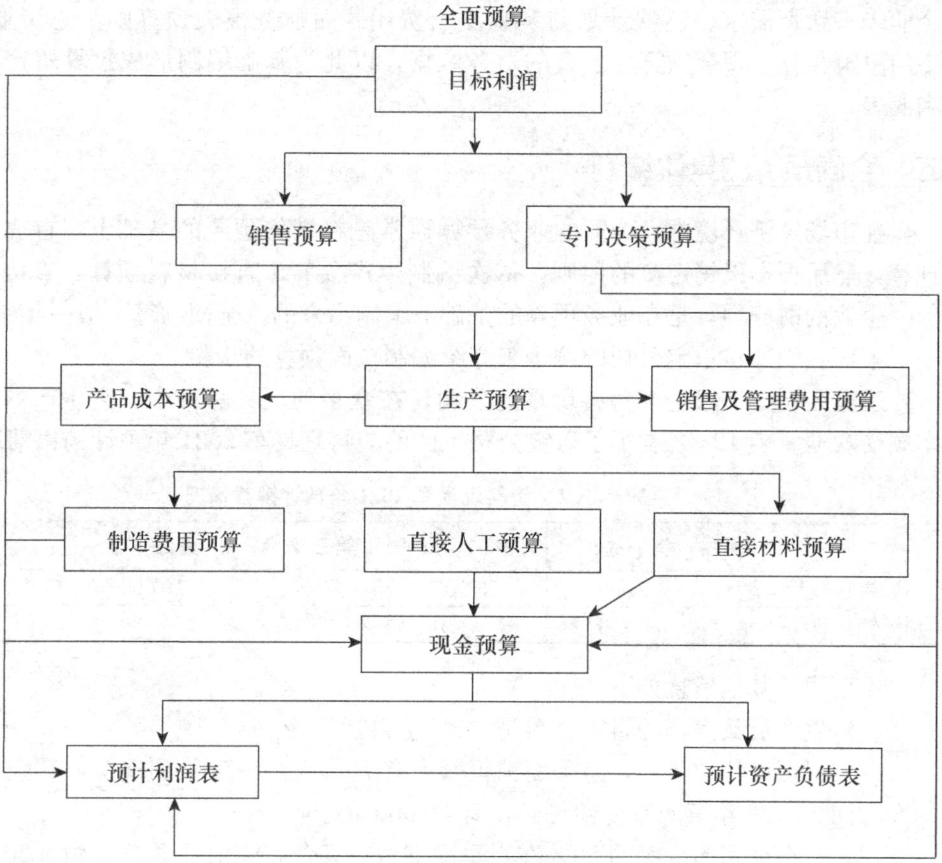

图 12－3　全面预算关系图

包括销售预算、生产预算、直接材料预算、直接人工预算、制造费用预算、产品成本预算、销售及管理费用预算。业务预算更加贴近企业实际生产运营环节，既包含财务信息又包含非财务信息。因此，业务预算对于非财务人员而言更加相关、易懂，有助于基层管理者理解与执行预算。而业务预算中的财务信息又将最后汇总至财务报表预算中，为财务报表预算提供更加详实、准确的数据支撑。因此，业务预算是全面预算编制的起点与基石，只有根据企业内外部环境与发展规划合理制定业务预算，才能保证全面预算的准确性与可执行性。

（二）专门决策预算

专门决策预算是企业为不经常发生的长期投资项目预算或一次性业务单独编制的预算，独立于日常业务预算，可以帮助企业在预算编制过程中合理考虑针对投资与偶发项目的资源配置问题。一次性业务预算包括股利支付预算。

（三）财务预算

财务预算是指企业在计划期间反映有关现金收支、经营成果和财务状况的预算，主要包括现金预算、预计利润表、预计资产负债表。其中现金预算是汇总业务预算与专门决策预算的结果，结合企业最低现金保有量等因素，对企业资金的未来安排。其编制逻辑为期初现金余额加上业务预算、专门决策预算汇总得到的现金流入，扣除上述预算带来的现金流出与最低现金保有量，得到本期现金余缺数，并以此为依据确定企业未来融资需求、还款计划与利息支出费用。而财务报表预算则汇总了业务预算、专门决策预算、现金预算所包含的财务数据，以此为基础编制形成预算资产负债表和利润表。

二、全面预算的具体编制

在市场经济环境中，企业的业务预算通常是在销售预测的基础上，首先编制销售预算，然后根据以销定产的原则，依次编制生产预算、直接材料预算、直接人工预算等。企业的财务预算是在业务预算的基础上编制出来的。全面预算一般一年编制一次。

下面我们通过乐宝公司的例子来介绍编制全面预算的步骤。

乐宝公司是一家生产塑料玩具的公司，在众多的玩具品种中，它生产的塑料玩具车颇受欢迎。表 12－2 展示了乐宝公司生产的塑料玩具车 2021 年预计销售情况。

表 12－2　塑料玩具车 2021 年预计销售情况

	第一季度	第二季度	第三季度	第四季度	全年
预计销售数量（辆）	5 000	15 000	20 000	10 000	50 000
预计销售价格（元）	30	30	30	30	30

该公司的其他信息如下：

（1）生产玩具汽车的直接材料是 ABS 塑料。

（2）根据以往的经验，每季度销售额中有 70%在当季度收到现金，其余 30%在下季度收回。2020 年第四季度销售额还有 40 000 元未收到。

（3）每季度采购金额的 50%在当季度支付，其余 50%在下季度支付。2020 年第四季度采购金额还有 95 000 元未支付。

（4）在产品数量极少，可以忽略。

（5）预计 2021 年第一季度的销售数量为 10 000 件。

（6）期初直接材料存货数量为 500 千克。

（7）期末直接材料存货数量用下期直接材料总耗用量乘以 10%得出。

（8）2021 年第一季度直接材料总耗用量为 5 500 千克。

（9）直接制造人工以小时计，不存在加班的情况。

（10）制造费用的成本动因是标准总工时。

（11）固定性制造费用在各季度间平均分摊。

（12）销售费用及管理费用全部在发生当期以现金支付。

（13）2021 年期初现金余额为 31 000 元。

我们首先从编制业务预算入手，其他预算将按逻辑关系依次介绍。

三、业务预算

（一）销售预测和销售预算

1. 销售预测

在编制销售预测之前，需要一份准确的销售资料。销售预测是企业对预算期销售额的主观估计。销售预测不仅要考虑销售的历史趋势，还要考虑经济和产业状况的指标、企业战略、市场占有率、竞争者的行为、不断上升的原材料和人工成本、定价策略和信用政策、广告以及市场营销的投入额、未履行的订单数量、销售渠道以及潜在的客户前景等因素。

对销售进行预测要借助一定的预测技术。本章的附录中详细介绍了一些常用的预测技术，包括回归分析、时间序列分析、平滑法、学习曲线分析、期望值分析和敏感性分析。这些定量分析方法能够在公司制定未来计划时，帮助其分析未来状况，更好地进行决策。

另外，销售经理对其所负责的市场以及该市场中的客户最为了解，在确定最终销售预测的细节内容时，应通过充分的沟通来利用销售经理的这些经验。

2. 销售预算

销售预算是全面预算的起点，几乎所有预算都会或多或少地使用销售预算中的数据。销售预算包括产品的名称、销售量、单价、销售额等项目。由于战略的要求，企业还需要从地区、客户、渠道和销售部门、销售人员等角度来编制销售预算。

为方便编制现金预算，在编制销售预算时一般还附有预计现金收入表，在乐宝公司的实例中预计现金收入应为 2020 年应收账款在 2021 年应收到的金额与 2021 年销售收入中应在当期收到的款项之和。表 12-3 展示了乐宝公司 2021 年销售预算（附预计现金收入表）。

表 12-3　乐宝公司销售预算

2021 年

	第一季度	第二季度	第三季度	第四季度	全年
预计销售数量（辆）	5 000	15 000	20 000	10 000	50 000
预计销售价格（元）	30	30	30	30	30
预计销售额（元）	150 000	450 000	600 000	300 000	1 500 000

预计现金收入表

	第一季度	第二季度	第三季度	第四季度	合计
期初应收账款（元）	40 000				40 000
第一季度销售额（元）	105 000	45 000			150 000
第二季度销售额（元）		315 000	135 000		450 000
第三季度销售额（元）			420 000	180 000	600 000
第四季度销售额（元）				210 000	210 000
现金收入合计（元）	145 000	360 000	555 000	390 000	1 450 000

说明：由于公司每季度销售额中 70%在当季度收到现金，其余 30%在下季度收回，所以第一季度收到的现金为：

第一季度收到现金＝上季度销售额的 30%＋本季度销售额的 70%
＝40 000＋150 000×70%
＝145 000(元)

在表 12-3 中，销售量、销售价格来自对 2021 年销售情况的预测。收入的预测要基于对需求的预测，但有时需求之外的因素也会影响收入预测。例如，需求大于可利用的生产能力，这时收入预算就要依据最大生产能力制定。

（二）生产预算

销售预算确定后，生产经理就可以编制生产预算了。由于企业一般都备有一定数量的存货以应对临时需要，因此每期生产数量与销售数量不一定相等，需要用下面的公式计算：

本期生产数量＝本期销售量＋期末产品存货数量－期初产品存货数量

期末产成品存货数量的预算对企业来说也非常重要，如果期末存货过多，既占用大量资金，又会增加仓储、保管等各方面的费用，造成不必要的浪费；存货太少又可能造成下期生产过于紧张，甚至无法满足销售需要。因此，要合理安排期末存货。

表 12－4 为乐宝公司 2021 年生产预算。

表 12－4 乐宝公司 2021 年生产预算 单位：辆

	第一季度	第二季度	第三季度	第四季度	全年
预计销售量（见表 12－3）	5 000	15 000	20 000	10 000	50 000
加：期末产成品存货数量	3 000	4 000	2 000	2 000	2 000
产成品总需求量	8 000	19 000	22 000	12 000	52 000
减：期初产成品存货数量	1 500	3 000	4 000	2 000	1 500
生产量	6 500	16 000	18 000	10 000	50 500

（三）直接材料预算

根据生产预算可以编制直接材料预算，用于反映生产中直接材料的需要量。直接材料购买数量的计算公式为：

本期购买材料数量＝本期生产耗用的材料数量＋期末材料存货数量
－期初材料存货数量

为了便于编制财务预算，直接材料预算中一般附有预计现金支出表，反映在各期间为本期和上期购买的直接材料支出的现金数。表 12－5 为乐宝公司的直接材料预算（附预计现金支出）。对于乐宝公司来说，其生产玩具车的直接材料就是 ABS 塑料。

表 12－5 乐宝公司 2021 年直接材料预算

	第一季度	第二季度	第三季度	第四季度	全年
生产量（辆）（见表 12－4）	6 500	16 000	18 000	10 000	50 500
单位产品 ABS 塑料耗用量（千克）	0.4	0.4	0.4	0.4	0.4
总耗用量（千克）	2 600	6 400	7 200	4 000	20 200
加：期末 ABS 塑料存货数量（千克）	640	720	400	550	550
总需要量（千克）	3 240	7 120	7 600	4 550	20 750
减：期初 ABS 塑料存货数量（千克）	500	640	720	400	500
ABS 塑料采购数量（千克）	2 740	6 480	6 880	4 150	20 250
ABS 塑料单位价格（元/千克）	20	20	20	20	20
ABS 塑料采购金额（元）	54 800	129 600	137 600	83 000	405 000

乐宝公司预计现金支出表

	第一季度	第二季度	第三季度	第四季度	合计
应付账款（元）	95 000				95 000
第一季度付现额（元）	27 400	27 400			54 800
第二季度付现额（元）		64 800	64 800		129 600

续表

	第一季度	第二季度	第三季度	第四季度	合计
第三季度付现额（元）			68 800	68 800	137 600
第四季度付现额（元）				41 500	41 500
现金支出合计（元）	122 400	92 200	133 600	110 300	458 500

说明：公司当季支付采购金额的 50%，因此

第一季度付现金额＝95 000＋54 800×50%＝27 400(元)

直接材料预算表中，期初 ABS 塑料存货数量即为上期期末 ABS 塑料存货数量。

（四）直接人工预算

直接人工预算也是根据生产预算编制的，用于对计划期内直接生产工人的人工耗费进行规划，以便合理进行人员安排，满足生产需求。如果不事先对此做好准备可能会出现由于人手短缺而影响生产的情况，而临时招聘工人，一则可能成本较高；二则工人未经必要培训匆忙上岗会造成生产效率的降低。

制定直接人工预算的主要依据是单位产品直接人工工时耗用量（标准工时）、生产量、单位工资率、流程和效率改进以及雇用计划。乐宝公司的直接人工预算如表 12 - 6 所示。

表 12 - 6　乐宝公司 2021 年直接人工预算

	第一季度	第二季度	第三季度	第四季度	全年
生产量（辆）（见表 12 - 4）	6 500	16 000	18 000	10 000	50 500
标准工时（小时）	0.8	0.8	0.8	0.8	0.8
直接人工合计（小时）	5 200	12 800	14 400	8 000	40 400
单位工资率（元/小时）	5	5	5	5	5
直接人工耗费总额（元）	26 000	64 000	72 000	40 000	202 000

（五）制造费用预算

制造费用预算也是根据生产预算编制的，是对生产成本中除直接人工费用和直接材料费用外的其他生产费用的规划。制定制造费用预算的主要依据是计划期预计生产量、制造费用标准耗用量和标准价格。

编制制造费用预算时，首先根据制造费用的成本性态将其划分为变动性制造费用和固定性制造费用，然后分别编制预算。对于变动性制造费用预算应预先确定其各费用项目的单位标准耗用额（单位工时制造费用耗用率或单位产品变动性制造费用耗用率），用单位标准耗用额乘以计划期生产量或预计工时耗用量就可得到各项变动性制造费用的预算额，加总后求出变动性制造费用总额。固定性制造费用在企业生产能力一定的情况下是固定不变的，因此在制定其预算时应根据计划期生产能力并结合以往经验确定各项固定性制造费用预算，但为了编制产品成本预算仍应计算出固定性制造费用分配率。乐宝公司以标准总工时作为成本动因来分配制造费用。混合制造费用则应先分解为变动性制造费用和固定性制造费用，然后分别列入预算中的变动和固定费用部分。

为了便于编制现金预算，制造费用预算中也包含预计现金支出。但要注意的是，折旧费用虽然包含在固定性制造费用之中，但并没有带来现金支付，因此应从固定性制造费用中扣去。表 12 - 7 为乐宝公司的制造费用预算（附预计现金支出表）。

表 12-7 乐宝公司 2021 年制造费用预算

	成本项目	金额（元）	费用分配率
变动性制造费用	间接人工费用	20 800	变动性制造费用分配率 ＝变动性制造费用合计÷标准总工时 ＝80 800÷40 400 ＝2(元/小时)
	间接材料费用	30 000	
	维护费	13 000	
	水电费	17 000	
	合计	80 800	
固定性制造费用	折旧费	25 000	固定性制造费用分配率 ＝固定性制造费用合计÷标准总工时 ＝101 000÷40 400 ＝2.5(元/小时)
	维护费	21 000	
	管理费用	45 000	
	保险费	10 000	
	合计	101 000	

预计现金支出表

	第一季度	第二季度	第三季度	第四季度	全年
预计直接人工工时（小时）	5 200	12 800	14 400	8 000	40 400
变动性制造费用（元/小时）	2	2	2	2	2
预计变动性制造费用（元）	10 400	25 600	28 800	16 000	80 800
预计性固定制造费用（元）	25 250	25 250	25 250	25 250	101 000
预计制造费用（元）	35 650	50 850	54 050	41 250	181 800
减：折旧费用（元）	6 250	6 250	6 250	6 250	25 000
现金支出的制造费用（元）	29 400	44 600	47 800	35 000	156 800

（六）产品成本预算

根据前述几项具体预算中的数据可以编制产品成本预算。制定产品成本预算的目的，一是确定在预计利润表中销售成本数据；二是确定在预计资产负债表中期末产成品存货的价值。产品成本预算中年末产成品存货成本部分也可以单独编制预算。乐宝公司产品成本预算如表 12-8 所示。

表 12-8 乐宝公司 2021 年产品成本预算

项目	单位成本			生产成本（元）（5 050 辆）	期末存货成本（元）（2 000 辆）	销货成本（元）
	单价（元）	单位耗用量（千克）	成本（元）			
直接材料	20.0	0.4	8.0	404 000	16 000	400 000
直接人工	5.0	0.8	4.0	202 000	8 000	200 000
变动性制造费用	2.0	0.8	1.6	80 800	3 200	80 000
固定性制造费用	2.5	0.8	2.0	101 000	4 000	100 000
合计			15.6	787 800	31 200	780 000

销货成本可根据以下公式计算得出：

销货成本＝期初产成品存货成本＋本期生产成本－期末产成品存货成本

2021 年初产成品存货为 1 500 辆（见表 12-4）。

从表 12-8 中可以看出，玩具车的制造成本可以分为变动成本（指直接材料、直接人工和变动性制造费用）和固定成本（指固定性制造费用）。这样做的目的是帮助公司确定其产品的单位边际贡献和总边际贡献。

单位边际贡献＝产品单位售价－产品单位变动成本

总边际贡献＝总销售收入－总变动成本

（七）销售及管理费用预算

销售费用及管理费用预算是对计划期内发生的生产成本以外的一系列其他费用的预算。其中销售费用预算以销售预算为基础，在制定时应对过去发生的销售费用进行细致的分析，并运用本量利分析等方法分析销售收入、销售利润与销售费用之间的关系，以合理安排销售费用，使之得到最有效的使用。管理费用预算是对企业运营过程中需要支出的管理费用的预算，在编制时应以过去发生的实际支出为参考，结合分析企业的业务情况，努力做到使费用支出更合理、更有效。如果销售费用及管理费用预算包括的项目太多，也可以对各部分分别编制预算。

乐宝公司的管理会计师在编制销售费用预算及管理费用预算时，区分了变动费用与固定费用，对于变动费用根据单位变动费用 2 元/件和预计销售量在四个季度间分配。固定费用包括广告费、管理人员工资、保险费和财产税，按实际发生额列入实际支付的季度。乐宝公司的销售费用及管理费用如表 12－9 所示。

表 12－9　乐宝公司 2021 年销售费用及管理费用预算　　单位：元

	第一季度	第二季度	第三季度	第四季度	全年
预计销售量（件）	5 000	15 000	20 000	10 000	50 000
单位变动销售及管理费用	2.0	2.0	2.0	2.0	2.0
预计变动销售及管理费用	10 000	30 000	40 000	20 000	100 000
固定销售及管理费用：					
广告费	25 000	25 000	45 000	25 000	120 000
管理人员工资	32 000	32 000	32 000	32 000	128 000
保险费	2 000		1 000		3 000
财产税				12 000	12 000
固定销售及管理费用合计	59 000	57 000	78 000	69 000	263 000
预计销售及管理费用合计	69 000	87 000	118 000	89 000	363 000

四、财务预算

在完成业务预算之后，公司接下来就需要编制财务预算，以便确认为支持组织的经营所必需的资产、债务和权益。如图 12－4 所示，财务预算包括资本支出预算、现金预算、预计利润表、预计资产负债表。

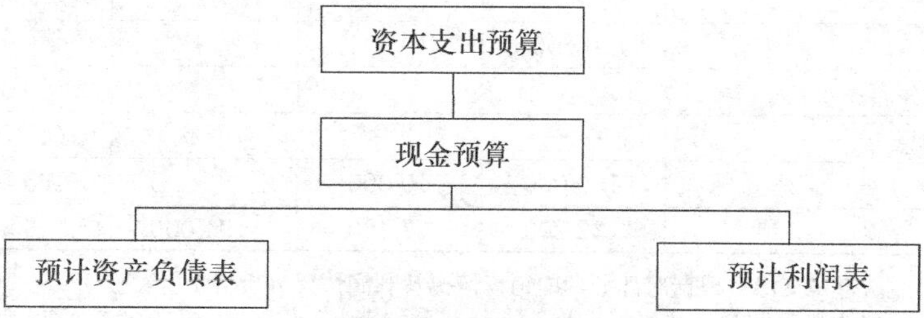

图 12－4　财务预算流

(一) 资本支出预算

假设乐宝公司年度资本支出预算仅有购置生产设备丝印机一台，金额为 120 000 元，分四个季度付款，编制资本支出预算如表 12-10 所示。

表 12-10 乐宝公司 2021 年资本支出预算 单位：元

项目	预计完成日期	预计成本	第一季度	第二季度	第三季度	第四季度	全年
丝印机	1月1日	120 000					120 000
现金支出			30 000	30 000	30 000	30 000	120 000

(二) 现金预算

现金预算又称现金收支预算，详细说明了现金从期初余额变动为期末余额的全过程。现金预算主要有四个部分：

(1) 来自顾客的现金收入；

(2) 用于采购的现金支出；

(3) 用于营业费用的现金支出；

(4) 资本支出（例如用 120 000 元购买丝印机）。

现金的收支取决于业务预算中反映的收入和费用的发生。因此，只有完成了业务预算才能编制现金预算。我们之前已经完成了乐宝公司业务预算的编制，利用其中的数据就能编制乐宝公司 2021 年的现金预算（见表 12-11）。

表 12-11 乐宝公司 2021 年现金预算 单位：元

	第一季度	第二季度	第三季度	第四季度	全年
期初现金余额	31 000	32 200	67 400	194 000	31 000
加：销售现金收入	145 000	360 000	555 000	390 000	1 450 000
	176 000	392 200	622 400	584 000	1 481 000
减：现金支出					
直接材料	122 400	92 200	133 600	110 300	458 500
直接人工	26 000	64 000	72 000	40 000	202 000
制造费用	29 400	44 600	47 800	35 000	156 800
销售与管理费用	69 000	87 000	118 000	89 000	363 000
所得税	17 000	17 000	17 000	17 000	68 000
购置丝印机	30 000	30 000	30 000	30 000	120 000
发放股利			10 000		10 000
现金支出合计	293 800	334 800	428 400	321 300	1 378 300
融资前现金金额	(117 800)	57 400	194 000	262 700	102 700
融资					
借款	150 000	10 000			160 000
还款				(150 000)	(150 000)
偿付利息				(15 750)	(15 750)
融资合计	150 000	10 000	0	(165 750)	(165 750)
期末现金余额	32 200	67 400	194 000	96 950	96 950

说明：1. 所得税支出额根据对计划期的销售情况及利润情况分析得出。

2. 乐宝公司计划在 2021 年 1 月 1 日及 3 月 31 日分别借入 1 年期借款 150 000 元和 3 年期借款 10 000 元，年利率为 10%，每年年末支付利息，到期偿还本金。

3. 第四季度偿付利息金额＝150 000×(1＋10%)＋10 000×10%×3÷4＝165 750(元)。

(三) 预计利润表

预计利润表是整个预算体系中的重要组成部分，从中可以了解企业的预计利润水平，预计利润表也可作为衡量企业实际表现的参照标准。它的格式与实际的利润表相同，只是数据来源于上述各具体预算而不是实际。如表 12－12 所示，乐宝公司的 CEO 和各部门经理在管理会计师的帮助下，运用前文业务预算中的信息编制预计利润表。

表 12－12　乐宝公司 2021 年预计利润表　　单位：元

销售收入	1 500 000
减：销售成本	780 000
毛利	720 000
减：销售及管理费用	363 000
利息费用	15 750
利润总额	341 250
减：所得税	68 000
净利润	273 250

说明：预计利润表中的所得税金额是对企业利润进行预测分析时估算出来的，并非通过预计利润表中的利润总额乘以适用税率得出。这是因为，该项支出已列入现金预算，并对利息费用产生影响，而预计利润表又利用了现金预算表的有关数据，如果预计利润表中的所得税根据利润总额乘以适用税率计算得出，就应该再调整现金预算中的所得税额，继而影响现金预算中的数据，并反过来对预计利润表产生影响，结果又要修改利润表，如此就会陷入无休止的循环中。

(四) 预计资产负债表

预计资产负债表的内容、格式与实际资产负债表相同，但反映的是预计计划期期末的财务状况。

乐宝公司预计资产负债表是根据 2021 年的销售预算、生产预算等具体预算对期初资产负债表进行适当调整编制的（见表 12－13）。

表 12－13　乐宝公司 2021 年预计资产负债表　　单位：元

资产			负债与所有者权益		
项目	期初余额	期末余额	项目	期初余额	期末余额
流动资产			流动负债		
现金	31 000	96 950	应付账款	95 000	41 500
应收账款	40 000	90 000	流动负债总额	95 000	41 500
直接材料	10 000	11 000	长期负债		
产成品	23 400	31 200	长期借款	40 000	50 000
流动资产总额	104 400	229 150	长期负债总额	40 000	50 000
固定资产			负债总额	135 000	91 500
土地	80 000	80 000	所有者权益		
房屋及设备	150 000	270 000	普通股股本	100 000	100 000
减：累计折旧	(89 000)	(114 000)	未分配利润	10 400	273 650
固定资产总额	141 000	236 000	所有者权益总额	110 400	373 650
资产总额	245 400	465 150	负债与所有者权益总额	245 400	465 150

说明：1. 期末应收账款＝第四季度销售额×30%。
2. 期末应付账款＝第四季度材料采购金额×50%。
3. 股本、土地未发生变动。
4. 期末未分配利润＝期初未分配利润＋本期净利润－本期发放股利。

五、评估预期绩效

在完成了预计财务报表的编制之后，公司可以通过使用各种财务比率对这些财务报表进行分析，并将计算结果同预先设定的目标值和行业平均值进行比较，用以评估公司预期绩效。公司可以利用的财务比率包括：

流动比率＝流动资产÷流动负债

速动比率＝(流动资产－存货)÷流动负债

资产回报率(*ROA*)＝净利润÷平均总资产

权益回报率(*ROE*)＝净利润÷平均权益

毛利率＝毛利÷销售收入

营运利润率＝营运收入÷销售收入

净利润率＝净利÷销售收入

债务比率＝总债务÷总资产

利息倍数比率＝息税前利润(*EBIT*)÷利息费用

每股收益(*EPS*)＝(净利－优先股股利)÷发行在外的加权平均普通股股数

六、实施敏感性分析

总预算将公司活动计划进行了模型化。但是实际结果往往和期望值之间存在差距，所以管理者想要知道如果关键的假设发生变化，收入和现金流量的预算值会如何改变。例如上文中乐宝公司预计的下一年度的销售总额是100万元，但公司的管理层也很想知道如果原材料ABS涨价，导致成本增加，那么这些预算数据会发生什么变化；或者如果公司在下一年成功开拓了一个二线城市使得销售量明显增加，那么整个预算数据又会是什么样的。要回答这些问题，公司可以通过实施一系列假设分析来评估可能出现的结果。这种假设分析涉及系统地改变某个假设的前提，并分析该假设前提的各种变化对预算和选定财务比率的影响。这就会用到敏感性分析——每次改变一个假设的假设分析，用以对比条件改变之后数据的变化（敏感性分析的详细内容见本章附录）。

第三节　全面预算编制的主要方法

全面预算编制的方法主要有固定预算法、弹性预算法、增量/减量预算法、零基预算法、滚动预算法、概率预算法和作业基础预算法等。

一、固定预算法

固定预算法是指以计划期某一确定的业务量水平为基础计算各项预计指标的预算编制方法，这种方法也称静态预算法。上一节所述的预算的具体编制就采用了固定预算法。

固定预算法的缺点是每当实际发生的业务量与编制预算所根据的业务量产生差异

时，各项与业务量紧密相关的预计项目的实际数与预算数就没有可比性。此时要进行比较，就必须根据实际业务量来对原预算予以调整。

二、弹性预算法

为了克服固定预算法的缺点，人们采用弹性预算法来编制预算。所谓弹性预算法就是在编制费用预算时，预先估计计划期间业务量可能发生的变动，编制出一套能适应多种业务量的费用预算，以便分别反映在各业务量的情况下所应开支的费用水平。由于这种预算方法反映了多种业务量所对应的费用开支水平，本身具有弹性，故称弹性预算法，亦称动态预算法。

弹性预算法的优势是可以更好地利用历史预算信息改进对未来的规划。大多数公司使用弹性预算法的原因在于，它使得公司可以实施极为细致的差异分析。

由于制造费用预算和销售及管理费用预算中均包含了变动费用和固定费用两部分，所以在编制弹性预算时对于变动费用需要根据业务量的变化加以调整。

【例12-1】 东升公司基于5种业务量水平编制弹性预算，具体如表12-14所示。

表12-14 制造费用预算金额

单位：元

业务量（小时）	420	480	540	600	660
占正常生产能力百分比（%）	70	80	90	100	110
变动成本：					
运输（$b=0.2$）	84	96	108	120	132
电力（$b=1.0$）	420	480	540	600	660
消耗材料（$b=0.1$）	42	48	54	60	66
合计	546	624	702	780	858
混合成本：					
修理费	440	490	544	600	746
油料	180	220	220	220	240
合计	620	710	764	820	986
固定成本：					
折旧费	300	300	300	300	300
管理人员工资	100	100	100	100	100
合计	400	400	400	400	400
总计	1 566	1 734	1 866	2 000	2 244

三、增量/减量预算法

传统的预算编制是以基期的各种费用项目的实际开支水平为基础，考虑计划期间可能的变动来编制的。如果编制费用预算是在原有基础上增加一定的百分比，就叫增量预算法（incremental budgeting）；如果是在原有基础上减少一定的百分比，就叫减量预算法（decremental budgeting）。

【例12-2】 接例12-1，表12-15中东升公司在编制销售预算时就使用了增量预算法。公司的管理会计师预计在今后的五年中，由于技术创新，公司的打印机销售量会以每年10%的速度稳步上升，预计售价每两年上升5%。

表 12-15 增量预算表

	2021 年	2022 年	2023 年	2024 年	2025 年
销售量（台）	3 000	3 300	3 630	3 993	4 392
单价（元）	4 000	4 000	4 200	4 200	4 410
销售额（元）	12 000 000	13 200 000	15 246 000	16 770 600	19 368 720

增量预算和减量预算的优点是简便易行；缺点是受过去基期预算的约束，容易造成浪费。为了克服这个缺点，零基预算法应运而生。

四、零基预算法

所谓零基预算法（zero-base planning and budgeting，ZBB）就是以零为基础编制计划和预算的方法。它起源于美国，由彼得·派尔（Peter Pyhrr）提出，现在被公认为是管理间接费用的有效方法。

零基预算法与传统的增量预算法或减量预算法截然不同。采用零基预算，在确定费用预算数时，根本不考虑基期的费用开支水平，而是一切以零为起点，考虑各个费用项目的必要性及其开支水平。编制零基预算的步骤如下：

（1）根据企业的中长期战略和分解至各个部门的具体任务分析确定一个详细的费用开支计划，并制定决策包。决策包是一项确认和描述某项具体作业的文件。管理者可以根据决策包分析和评估某项具体的作业，以决定如何对竞争同一资源的不同作业进行排序。

（2）按照必要性和成本效益对决策包进行排序，结合可动用的资金来源，分配资金，落实预算，合理配置公司内部资源。

（3）公司统一进行预算控制业务活动，确保经营战略的一致和有效实施。

（4）进行内部信息反馈控制，公司总部定期传达预算目标并发布预算考核情况。

（5）建立绩效考核控制制度，将预算考核指标加入公司 KPI 指标中。

下面举例说明现实中企业是如何运用零基预算法来控制费用支出的。

【例 12-3】 冰城啤酒公司是一家拥有百年历史的啤酒生产和销售集团，在全国拥有众多分公司和办事处。公司的著名品牌冰城啤酒不仅在国内广受欢迎（占据全国 5%以上的市场份额），还远销海外。但近年来由于原料价格上涨，日益激烈的市场竞争使公司倍感压力。所以董事会研究决定引入零基预算法帮助企业控制总成本，重新分配未能合理利用的资金。

管理会计师和预算人员首先将公司的费用项目分为 15 个大项，包括各项费用、机构、租赁、法律、物流支持、维护、营销、人事、销售、服务、供应链损失、技术、运输、差旅和设施。每个大项分为若干有明确定义的子项，对这些子项分别进行编号。表 12-16 以差旅费为例，说明了这一编号系统。

表 12-16 差旅费编号系统

N14	差旅费	352	其他差旅费用
		349	差旅——住宿
		348	差旅——机票
		240	当地交通
		241	用餐

冰城啤酒公司进一步将零基预算的子项与会计费用明细科目对应，形成映射关系

表（见表12－17）。表12－17仍以差旅费为例。

表12－17　映射关系表

会计科目名称	会计科目代码	会计科目二级代码	零基预算（ZBB）项目代码	ZBB项	ZBB子项
差旅费	504	Zbb021	348	差旅	机票
差旅费	504	Zbb022	349	差旅	住宿

冰城啤酒公司依据这些详细的子项编制预算，将零基预算的数据上报给公司总部零基预算（ZBB）管理部门，总部ZBB管理部门将这些财务数据按照零基预算需要的格式，确定基础预算模板。随后公司总部向下属职能部门和分公司下达年度预算目标，并下发预算模板。在各预算单位填制预算模板之后，公司总部管理层和ZBB项目负责人要与各预算单位针对数据进行讨论和沟通。公司总部ZBB管理部门汇总并整理预算数据，并与公司总部管理层和各预算责任部门进行最后的讨论及确认。公司总部ZBB管理部门和预算管理委员会最终确定全年预算数据，随后正式下发到公司各职能部门和分公司执行。冰城啤酒公司所设计的零基预算编制流程如图12－5所示。

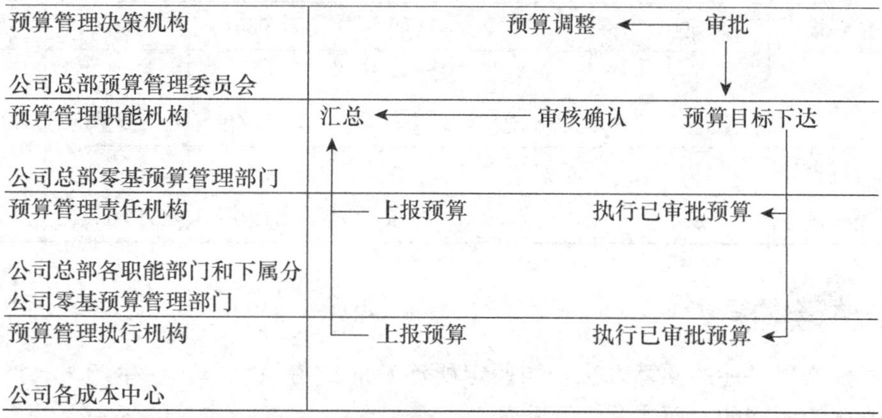

图12－5　冰城啤酒公司零基预算编制流程

零基预算法的优点是不受现行预算的约束，可以促使各级管理人员发挥积极性和主动性，以利于促使各基层单位精打细算，厉行节约，合理使用资金，提高资金的使用效率。

零基预算法的缺点是由于担心下一个预算周期中可能会被分配较少的资源，管理者倾向于用完当前预算期间的所有已分配资源。如果管理者故意实施预算松弛，零基预算法就会导致重大浪费和不必要的采购。另一个问题是零基预算法要求管理者必须深入审查其控制下的各个领域，以证明这些领域成本的合理性，所以其年度审查流程极耗时间和成本，导致审查通常也不能像预想中那样全面和彻底。而且零基预算法并不使用前期的预算结果，因此也就无法反映前期的经验教训。

为减轻编制零基预算的时间和费用负担，一般每隔几年才会编制零基预算，比如每隔三年编制一次。还可以在公司各个部门轮流编制零基预算，每年只在一个部门中实施零基预算。

五、滚动预算法

滚动预算法（rolling budgeting）是指在基期编制一年期预算的基础上，每过去一个月，就立即在期末增列一个月的预算，逐期向后滚动，始终保持预算期有12个月的时间跨度，故也称永续预算法（perpetual budgeting）或连续预算法（continuous budgeting）。这种预算编制方法能使企业各级管理人员对未来永远保持整12个月时间的考虑和规划，从而保证企业管理工作能够持续稳定且有序地进行。

在编制滚动预算的过程中，企业应根据市场和企业内部变化的情况，对预算进行及时调整。滚动预算法一般用于年度预算和长期预算的编制。用滚动预算法编制年度预算可按月或季编制。按季编制时，应先按年度分季，并将其中第一季度按月划分，确定各月的明细预算数，以便控制和监督预算的执行情况，后面三个季度只需列出各季的总数。在第一个季度结束时，再将第二季度按月列出明细预算数，第三、四季度以及增列的下一年的第一季度，只需列出各季总数。如此类推，企业任何时候都可以了解一年的预算情况（见表12-18）。

表12-18 东升公司按滚动预算法编制的销售预算 单位：台

	2021年第一季度			第二季度	第三季度	第四季度
月份	1月	2月	3月			
销售量	750	800	670	6 000	8 000	10 000
	第二季度			第三季度	第四季度	2022年第一季度
月份	4月	5月	6月			
销售量	1 860	2 110	2 030	8 000	10 000	12 000

六、概率预算法

前文所讲述的预算方法，均假定所涉及的销售量、单价、生产量、产品成本等变量是确定不变的，而实际上并非如此。分析编制预算所涉及的每一个变量可能出现的各种情况及其概率，计算其数学期望，进而以各个变量的数学期望为基础来编制预算的方法就是概率预算法。概率预算法考虑了各个相关因素变化的各种情况及其概率，所以它更加符合实际情况，也更加科学。

【例12-4】 假设东升公司计划2021年只生产和销售一种型号的打印机，销售单价最乐观的估计为4 500元，其概率为20%；最可能的情况是4 000元，其概率为60%；最悲观的估计为3 500元，其概率为20%。该公司计划年度分季度销售预测情况如表12-19所示。根据表12-19可计算销售数学期望（见表12-20）。

表12-19 东升公司2021年销售预测资料

摘要	第一季度	第二季度	第三季度	第四季度
最乐观估计（台）	5 000	9 000	11 000	13 000
估计概率（%）	20	30	20	10
最可能估计（台）	3 500	6 500	8 500	12 000
估计概率（%）	60	50	70	60
最悲观估计（台）	2 000	3 000	4 000	5 000
估计概率（%）	20	20	10	30

表 12－20　东升公司 2021 年分季度销售期望计算表　单位：台

摘要	第一季度	第二季度	第三季度	第四季度
最乐观的期望	5 000×20%＝1 000	9 000×30%＝2 700	11 000×20%＝2 200	13 000×10%＝1 300
最可能的期望	3 500×60%＝2 100	6 500×50＝3 250	8 500×70%＝5 950	12 000×60%＝7 200
最悲观的期望	2 000×20%＝400	3 000×20%＝600	4 000×10%＝400	5 000×30%＝1 500
合计	3 500	6 550	8 550	10 000

根据对销售单价的预测资料，可计算其数学期望如下：

销售单价的数学期望＝4 500×20%＋4 000×60%＋3 500×20%＝4 000(元)

表 12－21 展示了东升公司 2021 年分季度销售预测情况。

表 12－21　东升公司 2021 年分季度销售预测表

摘要	第一季度	第二季度	第三季度	第四季度
销售量数学期望（台）	3 500	6 550	8 550	10 000
销售单价数学期望（元）	4 000	4 000	4 000	4 000
预计销售金额（元）	14 000 000	26 200 000	34 200 000	40 000 000

七、作业基础预算法

作业基础预算法（ABB）是利用作业成本法原理来编制预算，它关注作业而不是产品或部门。根据作业成本法原理，企业可以根据不同作业类型（单位作业、批次作业、产品线相关作业、能力相关作业）划分若干作业成本库，这样每个作业成本库都由同质成本构成。因为每项作业都有其相应的成本动因，所以不同作业成本都随着各自的成本动因量的上升或下降成比例变化。企业可以将固定成本划分到同一作业成本库，不同类型的变动成本划分到不同的作业成本库中。每次在编制全面预算时，企业都要对不同作业成本库划分的准确性做出评价。作业成本法理清了资源与作业之间的关系后，管理者就可以通过预测供应、设计、客户服务等不同作业变化对资源需求的影响，持续改善预算编制的精确性。

【例 12－5】　假设东升公司 9 月份生产 72 000 件产品，预算直接人工工时为 36 000 小时，变动间接人工为每直接人工工时 2 元，因此总变动间接人工成本为 72 000 元。该公司还有预算管理人员工资 10 000 元，这是一项固定间接人工成本。假设 72 000 件产品由机加工和总装两个部门生产，并且每个部门都利用部门间接人工进行质量控制。利用作业基础预算法，我们可以按批次追踪用于质量控制的间接人工（见表 12－22）（假设每件产品有 10 个零部件）。

表 12－22　利用作业基础预算法确定成本

	机加工	总装
9 月份产量	720 000（个零部件）	72 000（件产品）
每批次检查的零部件或产品数量	100（个）	100（件）
要检查的批次数（批次）	720 000÷100＝7 200	72 000÷100＝720
每批次的检查时间（小时）	0.2	0.3
总检查时间（小时）	7 200×0.2＝1 440	720×0.3＝216

如果零部件检查的人工成本为每小时12元，总装的检查成本为每小时15元，则

总检查成本=1 440×12+216×15=17 280+3 240=20 520(元)

总检查成本将作为直接人工从间接人工成本中扣除，余下的间接人工可以按一种新的较低的小时费率进行计算。20 520元与新的间接人工成本之和不一定仍等于72 000元。作为一种新的更为准确的计量方法，得出一个不同的结果也在预期之内。另外，1 656小时（1 440+216）的总检查时间会占用部门固定间接成本（管理人员薪酬）。如果作业基础预算法规定每8小时的检查时间需要1小时的管理监督时间，并且每小时的管理监督时间成本为30元，那么用于监督的管理人员的薪酬（固定间接成本）计算如下：

管理监督人员薪酬=1 656÷8×30=6 210(元)

同时，6 210元的间接成本可以分到两个或更多的成本项目，比如用于监督检查的管理人员薪酬或其他任何薪酬项目。在作业基础预算法下，无论是固定成本还是变动成本都是由成本动因决定的，也可以说固定成本和变动成本都可以采用合适的成本动因进行分摊。这意味着，在短期内固定成本和变动成本的处理方式相同。

从例12-5可以看出，作业基础预算法的一个主要优点是它可以更准确地确定成本，尤其是在追踪多个部门或多个产品的成本时。但为获得这一优点也需要付出一定的代价，如果设计并维护作业基础预算系统的成本超过了由这一预算系统所带来的成本节约，作业基础预算法的潜在缺陷就会暴露无遗。因此，作业基础预算法最适合产品数量、部门数量较多以及设备调整等比较复杂的企业，这是因为当经营环境趋于复杂时，宽泛的传统成本法的效用会大打折扣。

行动学习

北汽集团基于战略地图的全面预算管理

北京汽车集团有限公司（简称北汽集团）成立于1958年，是中国五大汽车集团之一。目前已发展成为涵盖整车（包括新能源汽车）研发与制造、通用航空业、汽车零部件制造、汽车服务贸易、投融资等业务的国有大型汽车企业集团。

2012年前后，随着市场环境的竞争加剧和管理环境的巨大变化，集团原有的预算体系难以真正发挥有效的管控作用。基于以下原因，集团决定实施基于战略地图的全面预算管理。

(1) 原有的预算管理体系与战略缺乏有效衔接，预算管理的战略导向性不足影响资源配置的合理性，影响集团战略的实现。

(2) 原有的预算管理体系动态调整能力较弱，难以适应集团经营质量提升和公司规模的迅速扩张。

(3) 原有的预算管理体系未全面识别企业的核心价值驱动因素，难以满足集团价值最大化的财务管理目标。

(4) 原有的预算管理体系结果应用范围不足，需要进一步强化预算管理与绩效考核的有效衔接，形成多层次上下结合的预算指标体系。

基于战略地图的全面预算管理体系的应用，为北汽集团带来了以下成果与成效：

(1) 落实战略，使资源配置更为合理。基于战略地图的全面预算管理将战略地图与企业预算管理结合起来，克服了预算和企业发展战略脱节的缺点；同时它不仅注重企业短期活动，也重视企业的长远规划，使短期的预算指标与长期发展战略相适应。

(2) 更为有效地服务经营，带来集团经济效益提升。基于战略地图的全面预算管理体系，改变了下属企业重规模轻效益的思想，集团及各企业的效益意识明显提升。

(3) 使全面预算管理有效发挥其机理作用。通过战略地图使企业认识到预算考评的重要性，而不仅仅关注预算的执行，认识到结合考核评价机理员工的重要性。

资料来源：盛继明．工业和信息通信业管理会计案例集（2018）．北京：电子工业出版社，2018.

决策指南

以下是本章知识要点的总结，其中决策部分是主要问题，指南部分是这些问题的答案。

决策	指南
1. 什么是全面预算？	全面预算又称总预算，是指把企业全部经济活动的总体计划，用数量、金额和表格的形式反映出来的一系列文件。全面预算是企业总体规划的具体化和数量化的说明，主要包括业务预算和财务预算。
2. 预算管理流程包括哪些方面？	预算管理流程包括： (1) 预算编制，是整个预算管理体系的基础和起点。通常，预算可以采用自上而下、自下而上或上下结合的编制方法。 (2) 预算执行，首先要对预算进行分解、下达和具体讲解；然后要以预算为标准进行严格的控制。 (3) 预算调整，定期调整预算能够为企业经营提供更好的指南。 (4) 预算分析，指对预算执行中产生的各种预算与预测、实际与预算的差异以及有利与不利差异等（实践中预算差异的分析主要是针对实际和预算的差异进行对比）的分析，并确定差异、分析原因、总结经验教训。 (5) 预算考评，是对企业内部各级责任单位和个人预算执行情况的考核与评价。
3. 预算的作用有哪些？	(1) 明确生产经营活动的目标； (2) 协调各职能部门的工作； (3) 控制日常经济活动； (4) 评价实际业绩。
4. 全面预算都包含哪些内容？	全面预算可以分为业务预算和财务预算。业务预算包括销售预算、生产预算、直接材料预算、直接人工预算、制造费用预算、产品成本预算、销售及管理费用预算。 财务预算包括资本支出预算、现金预算、预计利润表、预计资产负债表。

续表

决策	指南
5. 公司应以何种顺序来安排预算的各项内容?	(1) 首先编制业务预算: 1) 从销售预算开始，这是其他预算的基础。 2) 根据销售预算编制生产预算、销售及管理费用预算。 3) 在生产预算的基础上编制制造费用预算、直接人工预算和直接材料预算。 4) 编制产品成本预算。 (2) 编制资本支出预算，最后编制财务预算: 1) 从现金预算开始，现金预算为资产负债预算表提供了期末现金余额，也为现金流量预算表提供了详细信息。 2) 根据现金预算及业务预算，编制公司的预计利润表、预计资产负债表和预计现金流量表。
6. 全面预算编制的主要方法有哪些?	(1) 固定预算法; (2) 弹性预算法; (3) 增量/减量预算法; (4) 零基预算法; (5) 滚动预算法; (6) 概率预算法; (7) 作业基础预算。

小测验(单项选择题)

1. 全面预算是关于未来期间内(　　)。

A. 企业总体计划的数量说明　　B. 企业总体较好的文字说明

C. 事业单位的收支计划　　D. 企业的成本计划

2. 在管理会计中，用于概括与企业日常业务直接相关、具有实质性的基本活动的一系列预算，是(　　)。

A. 销售预算　　B. 专门决策预算　　C. 业务预算　　D. 财务预算

3. 全面预算的作用不包括(　　)。

A. 控制日常经济活动　　B. 明确使命和愿景

C. 协调各职能部门的工作　　D. 明确生产经营活动目标

4. 实施预算可以促进公司内部的沟通和协调，所谓的协调是指(　　)。

A. 组织平衡公司的生产部门

B. 组织平衡公司的服务部门

C. 全面组织平衡公司生产和服务的所有方面和所有部门

D. 确保员工之间人际关系和谐

5. 以过去的业绩作为判断实际成果的基础有一定局限性，比如(　　)。

A. 过去的成果已经过去了

B. 过去的成果无法复制

C. 过去的成果常常包含过去的失误和未达到标准的业绩

D. 过去的成果没有参考价值

6. 预算对员工的激励作用体现在（　　）。
A. 富有挑战性的预算能够改善员工业绩
B. 完成预算可以获得奖励
C. 无法完成预算将面临惩罚
D. 预算是公司战略方向的体现
7. 预算管理可以促进公司内部的沟通和协调，其中沟通指的是（　　）。
A. 确保所有员工理解公司的目标
B. 确保上下级间的交流
C. 确保员工间的交流
D. 以最好的方式组织平衡公司生产部门
8. 关于滚动预算的下列说法中，正确的是（　　）。
A. 是对一个特定的未来期间总是可用的预算
B. 必须以季度为单位
C. 必须以年为单位
D. 不连续的
9. 奔马球鞋厂的下列预算中，不涉及货币金额，只反映实物量的是（　　）。
A. 生产预算　　B. 现金预算
C. 直接材料预算　　D. 销售预算
10. 九匹狼服装厂 2020 年度月产量最高为 20 000 件，其总成本为 74 000 元；月产量最低为 12 000 件，其总成本为 50 000 元。假设计划期产量为 18 000 件，预计其总成本为（　　）元。
A. 50 000　　B. 60 000　　C. 74 000　　D. 68 000

思考与计算题

1. 全面预算的概念是什么？它可以分为几类？
2. 全面预算的作用有哪些？
3. 业务预算和财务预算分别包含了哪些内容？
4. 全面预算中的各预算之间的关系是怎样的？
5. 预算的编制方法有哪些？
6. 固定预算法与弹性预算法有何差异？
7. 滚动预算法的优点是什么？
8. 编制零基预算的步骤是什么？
9. 如何编制概率预算？
10. 远大公司是保鲜冷柜制造商，其产品主要供各种餐馆、饭店使用。冷柜的维修是影响客户满意度的一个重要方面。最近两年由于餐饮行业发展速度减缓，对冷柜的需求量也随之降低，这造成了远大公司财务业绩下降。表 12－23 是远大公司 2020 年的利润表，展示了其当年的经营成果。

表 12-23 远大公司利润表

2020 年 12 月 31 日　　单位：万元

销售收入：	
冷柜	600
维修合同	180
收入合计	780
销售成本	460
毛利	320
营业成本：	
营销成本	60
分销成本	15
顾客维修成本	100
营业成本合计	175
管理费用	90
营业利润	55

远大公司的预算人员正准备编制 2021 年的预算，考虑以下信息：

(1) 当餐饮业开始复苏时，冷柜的售价有望提高 5%。维修合同维持原价。

(2) 2021 年冷柜的预计销售量会增加 8%，维修合同数量也相应增加 8%。

(3) 冷柜的单位销售成本将增加 4%。

(4) 营销成本预计增加 15 万元，管理费用维持在 2020 年的水平。

(5) 分销成本与设备销售量同比例变动。

要求：结合以上信息和远大公司 2020 年度的利润表，编制其 2021 年的预计利润表。

11. 旭日公司是一家专业工作服生产企业，只生产和销售一种防水工作服。2020 年公司管理会计师收集了如表 12-24 所示的数据，准备编制 2021 年预算。

表 12-24 预计 2021 年度销售量

	第一季度	第二季度	第三季度	第四季度
销售数量（件）	3 000	4500	6 000	5 000
销售单价（元）	120	120	120	120

每季度的商品销售在当季度收到货款的占 60%，其余部分在下季度收讫。2020 年年末的应收账款余额为 86 400 元。表 12-25 展示了旭日公司 2021 年的预计存货。

表 12-25 预计存货

	2021 年 1 月 1 日	2021 年 12 月 31 日
防水工作服（件）	300	360
防水布料（米）	9 500	9 000

假定旭日公司各季度的期末存货按下一季度销售量的 10%计算，各季期初存货与上季度期末存货相等。单位产品的材料消耗定额为 15 米，计划单价为 6 元/米。每季度的购料款当季度付 40%，其余在下季度付讫。各季度的期末存料按下一季度生产需

要量的 30%计算，各季度期初存料与上季度期末存料相等，期初应付购料款 9 000 元。旭日公司所需直接人工只有一个工种，单位产品的工时定额为 8 工时，单位工时的工资率为 6 元。

2021 年公司还计划向银行申请借款，预计第一季度季初需向银行借款 126 000 元，第二季度季初借款 93 000 元，第三季度末可还款 90 000 元及其利息，第四季度末可还款 129 000 元及其利息，借款年利率均为 10%。另外，根据税法规定，每季度末预缴所得税 18 000 元，全年共 72 000 元。又根据公司董事会决定，每季度末支付股利 9 000 元，全年共 36 000 元。

要求：

(1) 编制该公司计划年度分季度销售预算及其现金收入计算附表。

(2) 编制计划年度的分季度生产预算。

(3) 编制直接人工预算。

(4) 编制一次性借款业务预算和股利及税金支付业务预算。

附录 预测技术

本附录将探讨各种预测技术，管理会计师可以利用这些技术就企业未来的财务绩效制定计划。这里探讨的定量分析方法包括回归分析、时间序列分析、平滑法、学习曲线分析、期望值分析以及敏感性分析。

企业在制定计划时，会面临一定程度的不确定性，必须依赖各种定量分析方法来辅助做出更好的决策。这里主要关注与以下三个领域相关的定量分析方法：

(1) 数据分析涉及给定的数据集，以确定这些数据之间的关系和/或数据模式。

(2) 建模涉及构建一个数学模型，以确立不同因素之间的关系。

(3) 不确定性问题，考察未来可能出现的各种结果以及这些结果出现的可能性。

一、回归分析

回归分析是一种统计方法，用于确定某个变量（或一组变量）对另一个变量的影响。回归分析能就因变量（Y）与一个或多个自变量（X 或 X_1，X_2，…）之间的关系给出最优线性无偏估计。管理会计师经常使用回归方法分析成本行为（即确定总成本中的固定和变动部分），或预测未来的事件如销售额等。

回归分析的基本假设前提是：

(1) 线性。因变量与自变量之间的关系是线性的。

(2) 稳定性。因变量与自变量之间的线性关系是稳定的。

(3) 因变量的真实值与估计值之间的差异（称做误差项或残差项）服从均值为零、标准差为常数的正态分布。也就是说，因变量与它自身并不相关，即因变量并不具备自相关性或序列相关性。

(4) 在多元回归分析中，各个自变量（X_1，X_2，…）相互独立，不存在多重共线性。

回归分析根据因变量与一个或多个自变量之间的关系建立线性方程。因变量（Y）就是需要预测的值，如销售额或总成本。自变量（X）就是假设可以影响或者驱动因变量变化的因素。此外，人们还假设因变量和自变量之间的关系保持不变（即表现为稳定的线性关系）。

回归分析主要有两种类型：一是简单回归分析，仅使用一个自变量；二是多元回归分析，使用两个或两个以上的自变量。

回归分析可以系统地降低估计误差，也称为最小二乘法回归，即通过一些数据点拟合一条直线（回归直线），该直线可以将直线（估计值）与数据点（实际值）之间的偏离降到最小。回归分析所依据的统计公式使得估计值与实际值之间的误差达到最小。

（一）简单回归分析

简单回归分析可用于分析销售额与市场营销成本之间的关系。例如，家乐宝公司希望预测销售额。该公司认为，商店的销售额取决于营销成本。为了预测第四年的销售额，公司管理层收集了过去的销售额数据和营销支出数据（见表 12-26）。

表 12-26　家乐宝公司的营销成本和销售额数据　　单位：万元

	营销成本	销售额	营销成本	销售额	营销成本	销售额
	第一年		第二年		第三年	
第一季度	5	4 800	10	8 900	4	620
第二季度	3	4 000	9	1 050	9	1 300
第三季度	4	6 200	8	730	7	800
第四季度	6	7 500	11	1 050	5	500

图 12-6 展示了根据表 12-26 中的数据绘制的散点图。需要注意的是，在散点图中，这些数据表现出一种上升趋势，这表明在销售额和营销成本之间存在正向关系。这意味着营销成本上升时，销售额也会增长。可以利用回归分析估计销售额与营销成本之间的线性关系，结果能得到一条线性回归线。

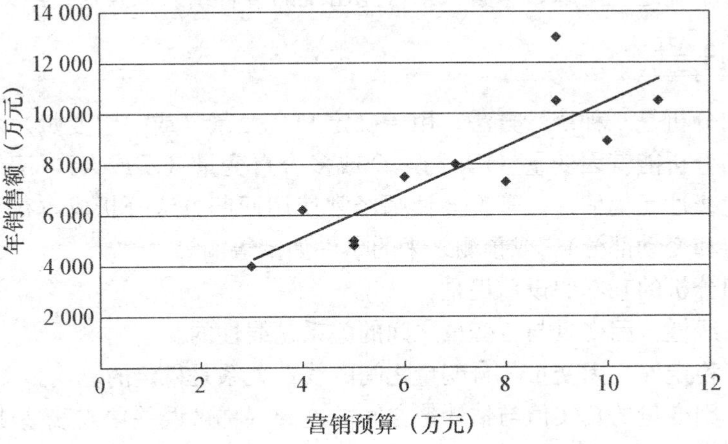

图 12-6　作为销售额指示器的营销成本

从图 12-6 可以看出，回归线是一条直线，它是数据点集的最优拟合线。该回归线可以表示成如下数学方程：

$$Y=a+bX$$

式中，Y 表示年销售额，也就是需要预测的因变量；X 是自变量的值（本例中表示营销成本），自变量是待预测的因变量（本例中指年销售额）的驱动因素；a 是当 $X=0$ 时的 Y 值，该值也称为在 Y 轴的截距，因为当 $X=0$ 时 $Y=a$，也就是图 12-6 中直线与 Y 轴的交点；b 是直线的斜率，也称为回归系数，表示 X 对 Y 的影响，X 每变化一个单位，Y 预期会变化 b 个单位。

表 12-27 给出了根据表 12-26 中的销售额数据和营销成本数据进行的简单线性回归分析结果。

表 12-27 作为销售额指示器的营销成本的回归值

	系数（元）	T 值	标准差（元）
截距	184 444 809	1.48	12 460 200.96
营销成本	861	4.98	172.93

由此可知，回归方程为：

$$Y=18\,444\,809+861X$$

式中，X 表示营销预算。该公式的适用范围并不限于上述图表中的数据，比如可以使用该公式预测营销预算为 75 000 元时的销售额。

$$Y=18\,444\,809+861\times75\,000=83\,019\,809(\text{元})$$

回归分析也会给出很多客观的基准，使用者可以利用这些基准评估回归方程的可靠性。最常见的三个基准指标就是 R 平方、T 值和估计的标准差（SE）。

1. *R* 平方

R 平方（拟合优度或决定系数）的取值介于 0～1 之间，表示因变量的变化可以在多大程度上通过自变量的变化进行预测。R 平方揭示了总成本的变化中有多少可由成本动因予以解释。如果某个回归的 R 平方值非常接近 1，则与 R 平方值接近零的回归相比，前者具有更强的解释能力。R 平方值较大的回归，其图形中显示的数据点非常接近回归直线；而 R 平方值较小的回归，其图形中的数据点较为分散。

在前述家乐宝公司销售额和营销成本的例子中，R 平方值为 0.712 7，意味着有 71.27%的销售额变化可由营销成本的变化予以解释。

2. *T* 值

T 值度量自变量与因变量之间是否具有合理的长期关系。一般来说，T 值应大于 2。如果某个变量的 T 值较小，则表明自变量与因变量之间的关系很弱或不存在统计上的显著关系，应从回归方程中删除该变量，因为它将导致不准确的预测。

在前述家乐宝公司的例子中，营销成本的 T 值大于 2，表明营销成本对销售额的影响在统计上十分显著。

3. *SE*

SE 度量对回归直线的偏离程度，可以根据该指标评估预测的准确性。也就是说，使用者可以就估计值建立一个置信区间。以正态分布为例，约有 68%的测量值将落在一个正负标准差的范围之内（取决于样本的大小）；约有 95%的测量值将落在正负两个标准差的范围之内。

（二）多元回归分析

在前述家乐宝公司的例子中，使用的是简单回归分析估计营销成本对公司销售额的影响。在该简单回归分析中，我们假设营销成本是对公司销售额有影响或能解释公司销售额变化的唯一因素。从分析结果来看，R 平方值仅为 0.712 7，意味着仅有 71.27%的销售额变化可由营销成本的变化予以解释，剩余的 28.73%的销售额变化由其他因素引起，这些因素并未纳入该简单回归模型中。

在预测销售额时，企业不仅需要考虑到营销成本对销售额的影响，还需关注其他一些因素，如总体经济状况、竞争对手的行为以及定价策略等。这些其他因素均可纳入多元回归模型中，作为新增自变量，它们能帮助解释剩余的 28.73%的销售额变化。

一般而言，多元回归模型与简单回归模型十分类似，唯一的不同是，多元回归模型中有两个或多个自变量（X_1，X_2，…）。多元回归模型中的回归“线”可以表示成如下数学方程：

$$Y=a+b_1X_1+b_2X_2+b_3X_3+\cdots+b_nX_n$$

式中，Y 轴的截距（a）、各个自变量的回归系数（b_1，b_2，…，b_n）、各个自变量的 R 平方值和 T 值等指标均与简单回归分析类似。

除 R 平方、T 值和估计的标准差等指标外，对多元回归模型的评估还需考察各个自变量（X_1，X_2，…，X_n）之间的相关性，以确保不存在多重共线性。这种考察可以使用自变量的相关系数矩阵来完成。一般认为，只要任意两个自变量之间的相关系数不超过 0.7，就不存在多重共线性。如果某两个自变量之间的相关系数为 0.7 或更高，就必须剔除其中一个自变量，并重新实施回归分析。

（三）回归分析的优点与缺点

回归分析给管理会计师提供了一个用来评估各项估计的准确性和可靠性的客观指标。

在使用回归分析之前，绘制一个数据图形非常重要，这样做可以确定是否存在异常数据点。异常数据会对回归分析产生极大影响，可能会导致最后得到的回归线不能表示大部分数据。如果存在异常数据，应对异常数据进行检查，以确定该异常数据的产生是源于数据记录错误（一种很常见的操作错误）还是某个特定的、不常发生的事件。为提高准确度，回归分析要求所收集的数据点个数最好在 30 个以上。

回归分析假设因变量与一个或多个自变量之间存在线性关系。在分析成本行为时，如果预期到成本将会由于学习曲线（在后面的内容中会详细讨论）的存在而下降，或由于相关作业范围发生变化而导致成本有所变动，这种线性假设就会存在问题。

回归分析还假设因变量与自变量之间先前存在的关系在未来仍然存在。在将回归分析用作预测工具时，非常重要的一点是应评估因变量与自变量之间的关系随时间发生的变化，或随时间推移不断调整因变量与自变量之间的关系。例如，如果能够肯定某项变动成本要素的部分成本在不断增加，这会导致回归方程中的系数 b 在未来期间不太可靠。

在将回归分析结果用于预测时，必须牢记预测中所使用的自变量取值，不得超过先前为确立回归线所使用的数据集的范围。在前述家乐宝公司销售额和营销成本的例子中，估计回归线时所使用的营销成本范围为 30 000～110 000 元。只要营销成本数额不超过这一范围，就能利用该营销成本数据和回归线可靠地预测公司的销售额水平。一旦预测中所使用的营销成本数据不在这一范围（比如营销成本为 10 000 元或 200 000 元），使用该数据预测销售额水平就不太可靠。

回归分析中还应注意的一个方面是，使用者必须评估因变量与自变量之间关系的合理性。X 真的能驱动 Y 发生变化吗？X 和 Y 可以取任意数值，结果都能得到一个回归方程，但该方程是否有意义则需依赖使用者的主观判断。

二、时间序列分析

时间序列分析是对变量在一定时间间隔（如小时、天、月等）内的取值进行分析，目的是明确数据模式，以对未来的取值作出预测。从本质上讲，时间序列分析是在回归分析中使用时间作为自变量。

例如，零售商店惠多美跟踪销售情况（因变量），以确定销售额是否随时间（自变量）增减。表 12－28 展示了惠多美的时间序列数据，图 12－7 给出了这些数据的散点图。

表 12－28　零售商店惠多美的时间序列数据

季度	销售额（万元）	季度	销售额（万元）	季度	销售额（万元）	季度	销售额（万元）
1	12	5	12.8	9	13.5	13	14
2	13.6	6	13.8	10	14.4	14	16.6
3	13.4	7	17.5	11	13.9	15	16
4	14.5	8	15.2	12	15.2	16	18

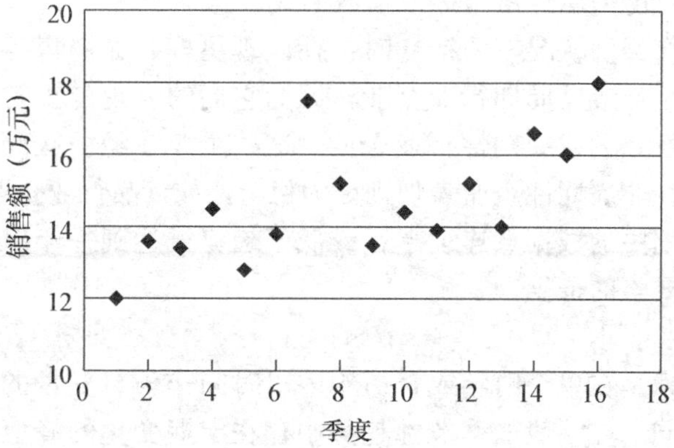

图 12－7　惠多美商店时间序列数据的散点图

时间序列分析能帮助企业管理者做出决策，例如需要多少员工，以及在一年中的给定时间或给定经济状况时需要订购多少商品。时间序列分析的整体模式有四个构成要素，即趋势、周期性、季节性以及无规则变化。

（一）时间序列分析的四个构成要素

1. 趋势

时间序列数据可能呈现出逐渐向较大值（向上倾斜）或较小值（向下倾斜）变化的情形，这就是趋势。长期趋势通常是很多因素共同作用的结果，如人口、技术以及消费者偏好的变化等。图 12－8 展示了惠多美商店的数据并绘制出了一条趋势线。

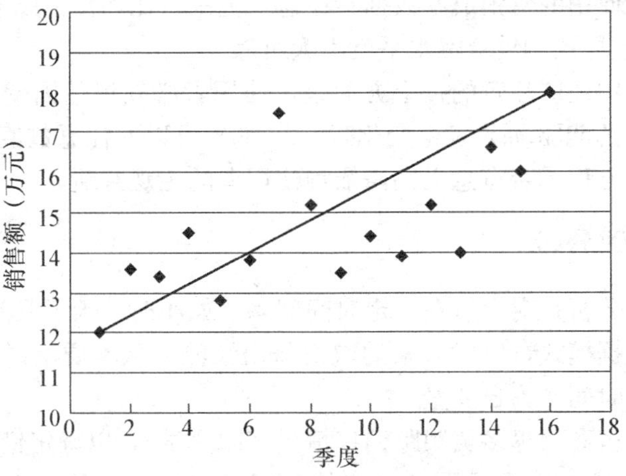

图 12－8　惠多美商店数据的趋势线

利用趋势线可大致预测因变量的未来值，本例中因变量为销售额。使用前文讨论过的简单回归分析也可进行这种预测。在简单回归分析中，因变量为销售额，自变量为时间（季度）。分析师可以利用数据所表现出来的趋势制定规划和行动决策。如果趋势线向上倾斜，则该公司应调整生产能力以提高销售额和产量；如果趋势线向下倾斜，该公司可能需要考虑现行战略是否合理。

2. 周期性

在时间序列分析中还可能存在周期性波动，这与经济整体的周期有关。在这种情况下，自变量可能采用经济指标或指数形式。

有些企业在经济状况较为糟糕时往往表现更好，如销售劣质产品的企业。这些企业称为反周期企业或反周期行业企业，因为它们的表现与正常的经济周期相反。其他企业称为周期性企业或周期性行业企业，这些企业在经济状况较好时表现也较好，如奢侈品生产商。非周期性企业表现则更为稳定，如食品行业企业。

如果散点图中的数据点连续超过或低于趋势线达到一年以上，这可能是时间序列中存在周期性要素的证据。

3. 季节性

季节性要素是在单个财年或日历年内以时间作为自变量的一种数据指标。与直线型的趋势线不同，在一般的季节性趋势中存在定期变化的峰值和低谷。考虑到季节性活动和偏好的变化，以此为基础可实施季节性销售。在假期临近时，旅游业通常会迎来家庭旅游的旺季，而商务旅行则会出现下滑。

4. 无规则变化

无规则变化是指时间序列中的随机变化，即时间序列中的数据对可以观察到的趋势、周期性和季节性要素的偏离。

无规则变化由短期、非预期以及非重复发生的因素引起，如自然灾害或人为灾难。分析师不可能预见到无规则因素对时间序列的影响。

（二）时间序列分析的优点与缺点

时间序列分析有助于分析师理解明显向上或向下的趋势，这样公司管理层就可以利用这些趋势制定扩张决策或退出某项业务或某个产品市场的决策。具有周期性特征的企业可能会将其生产和支出与领先性主要经济指标相匹配，而具有季节性特征的企业可能会增加库存并提高产量以满足季节性需求。

时间序列分析的局限性在于，这种分析假设过去的模式在将来仍能继续存在。而且，分析中未考虑到的变量对分析结果也会有影响，并且分析师无法预见自然灾害等无规则事件的发生。

三、平滑法

时间序列数据一般会表现出很大的随机波动性，而且很难发现其变动模式。平滑法可以消除时间序列中无规则要素所导致的随机波动，其对没有明显表现出趋势、周期性以及季节性等特征的时间序列非常有效。平滑法通常能为短期预测提供较高的准确性，比如对下一期间的预测。存在三种平滑方法，即移动平均法、加权移动平均法和指数平滑法。

（一）移动平均法

移动平均法是指在给定的期间内，选取时间上最近的数据并计算这些数据的平均值。移动平均法的数学公式为：

$$\text{平均值}=\frac{\sum n\text{ 个最近的数据}}{n}$$

式中，n 表示时间期间的数量。

例如，仍以前述惠多美商店为例，使用时间上最近的三个季度的数据。惠多美商店在最近三个季度的销售额分别为 16.6 万元、16 万元和 18 万元，则其移动平均值为：

$$(16.6+16+18)\div 3=16.9(\text{万元})$$

该移动平均值可用于预测下一季度的销售额。

（二）加权移动平均法

从上例中可以看出，使用移动平均法时，如果求取最近 n 个季度数据的平均值，那么每个季度所分配的权重相等（在本例中都是 1/3）。与移动平均法不同，加权移动平均法假设与时间上较为靠前的数据相比，时间上最近的数据对预测的影响更大，因此计算中分配给后者的权重将比前者大。

例如，考虑使用加权移动平均法计算惠多美商店三个季度的平均销售额，并将该平均值作为对下一季度销售额的预测。加权移动平均法对前三个季度分别赋予了不同的权重，并且三个季度的权重之和为 1。假设第 16 个季度的权重为 0.5，第 15 个季度的权重为 0.3，第 14 个季度的权重为 0.2，使用加权移动平均法，则第 17 个季度的销售额就可以进行如下预测：

$$0.2\times 16.6+0.3\times 16+0.5\times 18=17.12(\text{万元})$$

（三）指数平滑法

指数平滑法使用先前时间序列的加权平均值，计算中只确定一个权重，即时间上最近的一个数据集的权重。其他数据的权重自动进行计算，时间上最靠前的数据其权重最小。指数平滑法的基本模型如下所示：

$$F_{t+1}=aY_t+(1-a)F_t$$

式中，t 指当期的时间期间；F_{t+1}是第 $t+1$ 期（如惠多美商店的第 5 个季度）时间序列的预测值，这也是当前想要求得的预测值；Y_t是第 t 期时间序列的实际值（如惠多美商店第 4 个季度的销售额）；F_t是第 t 期时间序列的预测值（如对第 4 个季度的销售额预测），这是上一步想要求得的预测值。需要注意的是，该方程的右边将预测销售额与实际销售额（如惠多美商店第 4 个季度的销售额）联系起来。a 是平滑常数（$0\leqslant a\leqslant 1$），平滑常数通过对初始数据集实施试错法进行推导。a 的取值必须在 0～1 之间，并能使预测结果最接近该期的实际销售额，可以使用平均标准差来确定有效平滑常数的最佳逼近。

如果时间序列数据包含大量随机变化，则 a 值较小更为可取，因为预测值的调整不可过快；如果时间序列数据包含相对较少的随机变化，较大的平滑常数在快速调整预测值方面就有优势，这使得预测值可以更快地对条件的变化做出反应。

需要注意的是，该公式是用平滑常数与第 t 期实际销售额的乘积，加上平滑常数的补数（$1-a$）与第 t 期销售额预测值的乘积，来预测第 $t+1$ 期的销售额。

如果 $a=0.2$，$Y_2=18$，$F_2=15$，则

$$\begin{aligned}F_3&=a(Y_2)+(1-a)F_2=0.2\times 18+0.8\times 15\\&=3.6+12=15.6\end{aligned}$$

指数平滑法对数据的要求最小，因此在针对大量因变量进行预测时是一种很好的平滑方法。为了计算下一期的预测值，并不需要保存所有历史数据。在选定平滑常数之后，指数平滑法只需要两个信息就可以计算预测值，即上一期（当期）的预测值和实际值。

平滑法如指数平滑法在时间序列稳定时的效果非常好，即时间序列没有表现出非常明显的趋势、周期性或季节性特征。然而，除非经过适当的修正，否则平滑法在具有明显趋势、周期性或季节性特征的时间序列中不能很好地运行。事实上，平滑法的关键就是降低数据变化的影响，以避免为随机变化赋予过大的权重。因此，平滑法使得趋势更难被识别，在这种情况下需要使用其他方法或对平滑法加以修正（如季节性调整）。

四、学习曲线分析

学习曲线分析是一种系统性的成本估计法，即根据企业、团体或个人不断增长的知识来估计成本。知识的获取使得企业、团体或个人能更为有效地完成任务。因此，随着知识的增加，成本将会下降。但这一规律仅适用于某个临界点之前，在该点之后成本就会趋于稳定。学习曲线有时也称为经验曲线。

学习曲线的计算以学习率（learning rate）为基础，学习率是指随着产出的翻倍，平均时间相比先前水平下降的百分比。学习曲线可以通过两种模式进行度量：

（1）增量单位时间学习模式（也称克劳福德方法）。

（2）累积平均时间学习模式（也称赖特方法），这种模式更常用。

通常，累积生产数量每增加一倍，取决于学习范围的大小，单位生产时间将减少

10%～20%。单位生产时间减少 20%的学习曲线称为 80%学习曲线；单位生产时间减少 10%的学习曲线称为 90%学习曲线。

由于所采用的方法不同，增量单位时间模式和累积平均时间模式对于相同的数据将产生不同的结果。增量模式更适合规模较大、较复杂的运营，累积模式相对而言更为简单。

（一）增量单位时间学习模式

增量单位时间学习模式通过将单位产品的增量生产时间与先前的总生产时间相加，来度量效率的提高，然后用产量增加后的总时间除以产品数量，即可求得单位产品平均耗用的时间。

例如，假设一个新工人组装第一件产品需要 10 小时。如果两个新工人每人组装一件产品，每件产品都需要 10 小时，即总生产时间为 20 小时，平均生产时间为每单位产品 10 小时。然而，如果由一个工人组装这两件产品，第一件产品将需要 10 个小时，由于掌握了技巧，第二件产品可能只需要 8 小时，这里假设学习率为 80%（80%×10＝8（小时））。组装这两件产品的总时间只需要 18 小时，因此每件产品的平均组装时间只有 9 小时。表 12-29 展示了在增量单位时间学习模式下，学习曲线对平均单位生产时间的影响。假设学习曲线为 80%曲线，产量（X）每翻一番，增量单位时间（生产最后一个单位所需的时间 Y）就会下降 20%。当产品组装数量为 2 件时，表 12-29 中第三栏的总时间是将新增产品的总生产时间（Y，由于新增产品数量为 1 件，所以新增产品的总生产时间等于增量单位时间）与产量翻番前的总生产时间（a）相加。

表 12-29　增量单位时间学习模式

产量（X）	增量单位时间*（Y）	总时间（c；$a+Y$）	平均生产时间（$c \div X$）
1	10（a 的值）	10	10（10÷1）
2	8（10×0.8）＝Y	18（10＋8）	9（18÷2）
4	6.4（8×0.8）＝Y	31.42**	7.855（31÷4）
8	5.12（6.4×0.8）＝Y	53.47**	6.68（53.47÷8）

* 产量翻番前的 Y 值×学习曲线率（本例中假设为 80%）。

** 生产 4 个和 8 个产品的总时间（31.42 和 53.47）的计算公式此处略。该公式非常复杂，其计算通常由软件进行或直接从标准表格中读取结果。读者也许会认为，生产 8 件产品的总时间应为 8×5.12。然而，这里的 5.12 是指生产第 8 件产品所需的时间即增量单位时间，生产第 7 件产品所需的时间会比生产第 8 件产品所需的时间即 5.12 长，生产第 5 件产品所需的时间又会比生产第 6 产品所需的时间长，依此类推。通过互联网搜索可以找到一些学习曲线计算器。

图 12-9 就是根据单位产品的平均生产时间或成本绘制的学习曲线，它直观地再现了本例中假设的 80%学习率的影响。

需要注意的是，学习曲线会越来越平坦。在某个临界点之前，通过学习能提高生产效率，在该临界点处生产率达到均衡，然后学习曲线就会趋于平缓。

（二）累积平均时间学习模式

累积平均时间学习模式也度量学习所带来的效率的提高，它是通过增量单位与单位累积平均时间的乘积来计算累积总时间的。

将累积平均时间学习模式应用于增量单位时间学习模式中的例子，组装两件产品的累积总时间将为 16 小时（8×2）。组装最后一单位产品所需的时间是 6 小时（总累积时间 16 小时减去产量翻番前的总时间 10 小时）。

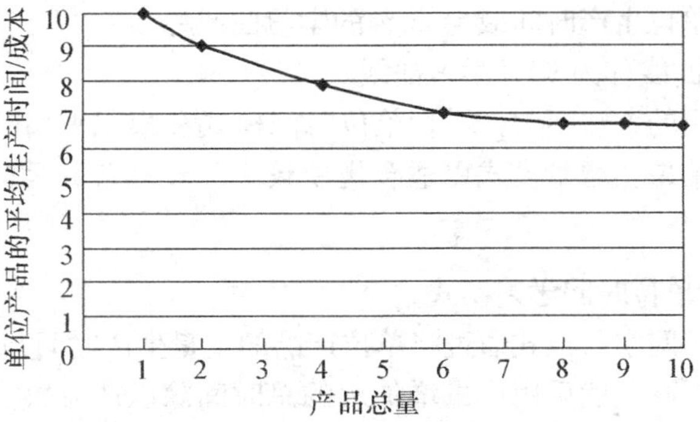

图 12-9 增量单位时间学习曲线

表 12-30 给出了使用累积平均时间学习模式的学习曲线。需要注意累积平均时间学习模式下的假设与增量单位时间学习模式下的假设之间的区别。

表 12-30 累积平均时间学习模式

产量（X）	单位累计平均时间*（c）	累积总时间（$c\times X$）	第 X 件产品的具体时间
1	10（c 的值）	10（10×1）	10
2	8（10×0.8）	16（8×2）	6（16－10）
4	6.4（8×0.8）	25.6（6.4×4）	4.54**
8	5.12（6.4×0.8）	40.96（5.12×8）	3.55**

* 每个 c=学习率（这里为 0.8）×产量翻番前的 c 值。
** 计算公式此处略。

例如，在累积平均时间学习模式下，前两件产品的平均生产时间为 8 小时（由于是 80%学习曲线，因此等于 80%×10）。在增量单位时间学习模式下，第二件产品的生产时间为 8 小时，第一件产品的生产时间为 10 小时，因此两件产品的平均生产时间为 9 小时。

在累积平均时间学习模式下，是将 80%的学习率应用于全部累积生产数量。换句话说，这个学习率不仅适用于增量单位的生产，也适用于产量翻番前所累积生产的产品。

图 12-10 展示了在累积平均时间学习模式下，由学习所带来的效率的提高。

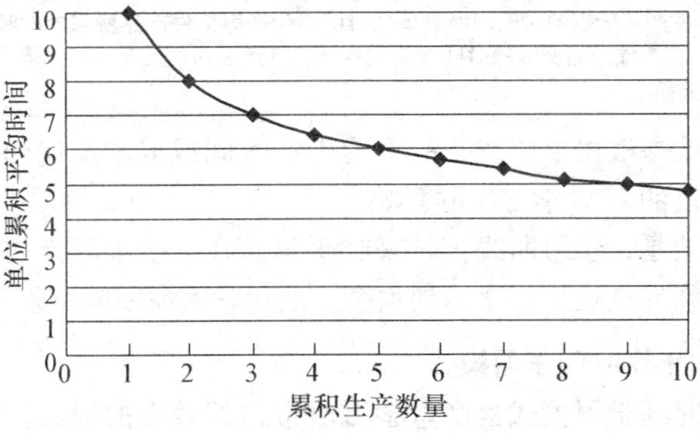

图 12-10 累积平均时间学习曲线

（三）学习曲线分析的优点与缺点

很多公司将学习曲线用于各种决策的制定，包括定价决策。公司可能设定低于初始生产成本的价格，目的是获得一定的市场份额。因为根据学习曲线中的假设，随着经验的累积和相关知识的获取，生产成本将会下降。一些公司在实施绩效评估时使用学习曲线分析，因为采用员工个人的学习曲线，可以预测该员工生产率的提高幅度。学习可以改善质量并提高生产率。除产量外，还有其他一些因素也对学习曲线有影响，如工作轮岗、工作小组以及全面质量管理。

学习曲线分析的局限性包括以下几点：

（1）对由机器执行的重复性任务，采用学习曲线方法的效果并不好。学习曲线分析最适合劳动密集型产品的生产，因为此时需要执行重复性的任务，涉及长期生产和反复试验。

（2）计算中假设学习率保持不变，但实际人工时间的下降幅度并不会保持不变。因此，分析师需要根据观察到的学习进度更新预测。

（3）所得出的结论可能不具有现实性，因为观察到的生产率变化可能实际上源于学习之外的其他因素，如劳动力组合的变化、产品组合的变化或两者的结合。

五、期望值分析

（一）期望值概述

公司在预测下一年度的销售额时，未来经济状况的不同也会在预测结果中有所反映。如果经济处于繁荣期，公司的销售额预测可能会更高；相反，如果经济处于衰退期，公司的销售额预测也可能会下调。因此，人们将未来的销售额视作一项随机变量，因为未来的销售结果具有不确定性。

在基于各种经济状况制定销售预测时，可以就各种经济情景的发生可能性确定一个概率，并用表格列示各种经济情景下的销售额预测值及该预测值发生的概率。表 12－31 给出了万维公司的销售额预测表。

表 12－31　万维公司的销售额预测表

经济状况	销售额预测值（万元）	发生概率
繁荣	300	0.1
正常	200	0.8
衰退	60	0.1

使用表 12－31 中给出的信息，该公司可以确定销售额的期望值，公式如下：

$$EV=\sum(x\times P_x)$$

式中，EV 为期望值；x 为某种情景下具体的销售额预测值；P_x 为相应情景发生的概率。

为计算期望值，只需将各种情景下具体的销售额预测值与该种情景的发生概率相乘，再将所得到的结果加总。表 12－31 中的销售额期望值的计算如下所示：

$$销售额期望值=300\times0.1+200\times0.8+60\times0.1=196(万元)$$

本例中，考虑到与各种经济状况相关的不确定性，该公司预期下一年度的销售额均值为 196 万元。需要注意的是，该销售额期望值并不是下一年度公司的实际销售额。期望值仅仅揭示了在给定的不确定性条件下（表现为对不同结果所指定的发生概率），未来结果（本例中指下一年度的销售额）的长期均值水平。

（二）期望值分析的优点与缺点

在某个事件的未来结果面临不确定性时，期望值分析能帮助组织明确该事件的平均结果。以平均结果为依据，企业可决定是否需要采取某些行动。

例如，一家公司面临一项投资选择，该项投资有60%的可能获得30万元的利润，有40%的可能遭受50万元的损失。该投资的预期利润为：

$$30\times60\%-50\times40\%=-2(万元)$$

该项投资预期会遭受损失，平均损失额为2万元。考虑到这一结果，进行这项投资并不合适。

期望值计算的可靠性完全取决于每种情景的可能结果和各种情景的指定发生概率这两者的可靠性。如果与这两者相关的假设中有任何一条假设在可靠性上存在异议，所计算的期望值就不能作为合理的决策制定依据。

期望值分析假设决策者无一例外地是风险中性者。如果决策者是风险偏好者或风险厌恶者，期望值模型就不再适用。

六、敏感性分析

（一）敏感性分析概述

决策者使用敏感性分析以决定在给定情况下（称为自然状态）哪些变化最有可能产生特定的结果（称为报偿）。例如，为降低某社区的犯罪率，可以采取增加路灯数量、配备更多的值勤巡警或者为当地的未成年人提供行动监护等措施。问题在于，犯罪率对以上措施的敏感性如何？

敏感性分析可用于研究对定性的或主观的自然状态和报偿的影响，也可用于研究对定量结果如犯罪率的影响。例如，社区改善分析可能关注所感受到的生活质量的改善，而不是关注犯罪率。

敏感性分析是假设分析的一种形式，因为敏感性分析是通过改变某个具体的变量（即投入），并确定结果对该项投入的变化的敏感性。敏感性分析可以帮助决策者确定哪些投入点对最佳决策方案的选择至关重要。

如果某特定投入的微小变化将导致结果发生重大改变，我们就可以说结果（即特定问题的解决方案）对该投入十分敏感。在这种情况下，该投入必须非常精确，这样才能辅助决策制定。

如果特定投入的微小变化或显著改变不能导致结果发生重大变化，就可以认为结果对该投入并不敏感。

例如，万维公司改变了各种经济状况的指定发生概率（见表12-32）。

表12-32 万维公司所指定的各种经济状况的发生概率

经济状况	销售额预测值（万元）	原来指定的发生概率	备选概率1	备选概率2
繁荣	300	0.1	0.6	0.1
正常	200	0.8	0.3	0.2
衰退	60	0.1	0.1	0.7

万维公司改变了各种经济状况的指定发生概率，这反映了该公司对来年经济状况的展望。起初，该公司预期来年的经济状况最可能处于“正常”水平，因此对“正常”水平指定的发生概率为 80%。如果公司对来年的经济状况更为乐观，那么其概率分布可能如备选概率 1 所示（对“经济繁荣”这一状况指定更高的发生概率）；如果万维公司对来年的经济状况比较悲观，那么其概率分布可能如备选概率 2 所示（对“经济衰退”这一状况指定更高的发生概率）。

使用表 12－32 中的信息，在原来指定的发生概率、备选概率 1 和备选概率 2 这三种情形下，万维公司销售额期望值的计算如下：

原来指定的发生概率：

$$销售额期望值=300\times0.1+200\times0.8+60\times0.1=196(万元)$$

备选概率 1：

$$销售额期望值=300\times0.6+200\times0.3+60\times0.1=246(万元)$$

备选概率 2：

$$销售额期望值=300\times0.1+200\times0.2+60\times0.7=112(万元)$$

在万维公司对未来更为乐观时，销售额期望值从原来的 196 万元上升到 246 万元（增幅达 25.51%）；在公司对未来更为悲观时，销售额期望值从原来的 196 万元降至 112 万元（降幅达 42.86%）。这些计算结果表明，该公司的销售额期望值随公司对未来经济状况的展望而波动，并对后者十分敏感。

（二）敏感性分析的优点和缺点

敏感性分析可以向管理者揭示决策结果对任意参数或估计值的变化的敏感程度。管理者可能面临这样一种情况，即估计值的任何微小变化都将导致结果的重大变化，或者估计值的重大变化不会导致结果的明显变化，后一种情况与前一种情况同样重要。

此外，某个估计值或参数的变化可能会对另一个估计值或参数产生影响。如果管理者未能意识到估计值或参数之间的这种关系，而只改变其中一个估计值或参数，敏感性分析的结果将不可靠。

敏感性分析可用于估计可能发生的事件或不太可能发生的事件对决策结果的影响。敏感性分析有时也称为假设法，例如，如果工人罢工并停产将发生什么情况？工人罢工并停产对利润有什么影响？

第 13 章

标准成本、弹性预算和差异分析

学习目标

- 掌握弹性预算的概念及编制方法；
- 理解标准成本法的原理；
- 理解有利差异、不利差异的区别，能够熟练辨别各种差异；
- 能够基于已有数据，进行差异分析。

章首案例　导弹院基于作业标准成本法的运输费用管控

中国航空工业集团中国空空导弹研究院（简称导弹院）创建于1961年，是从事地面测试设备、机载光设备及其派生型产品研制开发及批量生产的基地。导弹院科研生产任务较重，产品交付及试验任务较多，运输部门作为辅助部门，拥有客车、货车、小汽车及特种车等多类车型，服务对象涉及各型号任务和产品，主要任务是完成会议保障、试验任务、采购材料、产品送货等运输任务，为导弹院完成紧张的科研生产交付任务提供可靠实验保障。近年来，运输部门作为内设部门，市场意识薄弱，运营费用增长较快，运营效率低于市场水平，成本不易控制，不能满足各部门用车需求，影响各部门降本增效指标考核。

运输部门为科研、生产、机关、后勤等各部门各型号产品提供服务，产生的费用属于辅助生产费用，统一由财务部归集，月末按照年初预计的科研和生产的产值比例，分配应由科研和生产承担的部分。其中，由科研承担的部分，按照各型号直接人员工资比例在各型号产品间分摊；属于由生产承担的部分，按直接人员工时比例在各型号产品间进行分摊。这种分配方法使各型号产品间承担的运输费用与实际用车情况相脱节，影响了产品成本计算的准确性，同时由于运输费用直接分配到各责任部门，不利于对责任部门预算指标的下达和执行率进行考核，影响各责任部门降本增效的积极性。

针对上述问题，导弹院建立了融入作业成本法理念的运输费用标准成本管理体系，具体分为以下步骤：(1) 按车辆类型划分作业单元。(2) 选择车辆年均行驶里程作为主要作业动因。(3) 收集作业数据，在辅助费用一级科目下设二级科目“运输费用”归集运输部门费用。(4) 按照车辆类型计算每类车辆作业所耗用的成本。(5) 制定车辆公里作业标准成本。(6) 将作业成本分配到各型号产品成本中。基于作业成本数据分析得出如下结论:(1) 车辆运输成本高于市场平均水平，平均为 13%，其中，货车最低为 9%，客车最高为 17%。(2) 车辆有效行驶公里数较少，台班费用和司机人员的差旅费用补助支出较多。(3) 运输部门机构庞大，单位车辆所承担的工资性支出较多，辅助工作人员冗余。

基于上述分析，导弹院制定了加强运输部门成本管理的配套措施。(1) 引入外部竞争机制，鼓励使用院内车辆。(2) 制定相关政策，鼓励“多拉快跑”，提高车辆运行效率。比如，增设车辆调度岗位，统一调配车辆，提高使用效率；对于现实作业标准成本低于市场作业标准成本的，给提成奖励。(3) 对各部门和运输部门双项下达预算指标，分别控制各部门用车量和运输部门运营成本支出，进行绩效评价。(4) 加强职工岗位绩效考核，实行末位淘汰。

通过以上措施，取得了诸多成效。(1) 运输费用在部门间分配更为精准。(2) 运输部门运营成本得到有效控制，从每年 1 609 万元下降为 1 380 万元，降幅为 14%。(3) 各用车部门派车费用有所降低，从每年 1 500 万元下降为 1 120 万元，降幅为 25%。

资料来源：盛继明. 工业和信息通信业管理会计案例集 (2019). 北京：人民邮电出版社，2019.

第 12 章侧重于讲授全面预算管理的框架及其预算编制环节。本章侧重于讲授预算执行和分析环节。在第一节主要讲授如何制定标准成本，这是科学编制预算的基础。第二节主要讲授为科学评价预算执行情况在期末如何编制弹性预算并开展分析。第三节是对弹性预算差异的进一步分析，找到差异原因并提出相应改进措施。通过上述工作，企业相应更新标准成本指标。

第一节　制定标准成本

为科学编制预算，公司会设定自己想要实现的不同类型的标准成本。制造业企业的标准成本通常以单位产品为基础制定。标准成本是一项操作或服务所应耗费的成本，或是在所有事项都按计划运行的情况下（如按预期时间和预期产能运行），一个实体预期会发生的成本。预算编制人员利用标准成本编制年度预算，比如，生产预算、直接材料预算、直接人工预算、制造费用预算和产品成本预算等。

一、标准成本的类型

（一）按制定方式分类

按制定方式，标准成本分为权威式标准成本和参与式标准成本。

1. 权威式标准成本

权威式标准成本只能由管理层制定。权威式标准成本可以很快制定出来并能长期同整个企业的目标很好地匹配，但它可能会导致员工不满，因此无法很好地遵循。

2. 参与式标准成本

参与式标准成本通过管理层和所涉及各方之间的相互沟通制定。参与式标准成本更容易被接受，但其制定过程要耗费较多时间，并需要管理层和所涉及各方之间的协商，以确保实现经营目标。

（二）按可实现情况分类

按可实现情况，标准成本分为理想的标准成本、正常的标准成本和当前可实现的标准成本。

1. 理想的标准成本

理想的标准成本，也称为最优标准成本，是一个远期目标。它是只有当所有情况都为最优状态时才可能实现的成本。理想的标准成本适用于持续改进战略或全面质量管理理念。一些公司使用实际成本与理想的标准成本的偏差来衡量和奖励业绩。然而，理想的标准成本很难达到，频繁使用理想的标准成本会让人不堪重负。如果持续要求达到很难实现的理想的标准成本，这些标准就会丧失激励作用，因为员工没有动力实现这种“不可能”的目标并逐渐习惯于毫无目标。

2. 正常的标准成本

正常的标准成本是根据过去一段时期的实际成本水平，剔除生产经营活动中的异常因素，并考虑今后的变动趋势而制定的标准成本。这种标准成本将未来视为过去的延续，是一种经过努力可以达到的成本，但它的应用具有一定的局限性，即该类成本更多地考虑了过去的影响，企业只有在国内外经济形势比较稳定、企业生产经营比较稳定的情况下使用。

3. 当前可实现的标准成本

当前可实现的标准成本，是受过适当培训的员工按照正常速度操作应能达到当前可实现的标准的要求。绝大多数时候，当前可实现的标准成本都预期可达到。当前可实现的标准成本也不能设定得太低，否则导致员工工作过慢，因此标准的设定应适度，应能起到激励作用。当前可实现的标准成本不符合持续改进战略的要求。

二、标准成本的制定

产品的标准成本由直接材料、直接人工和制造费用三部分构成，都由价格标准和用量标准两项因素决定。下面分别进行阐述。

（一）直接材料标准成本的制定

直接材料标准成本由材料的数量标准和价格标准决定。

1. 直接材料价格标准的制定

直接材料的单位价格标准，应当包括材料的买价和预计的运杂费，通常采用企业编制的计划价格。企业在制定计划价格时，一般以订货合同的价格为基础，并考虑将来有可能发生的变化。

2. 直接材料用量标准的制定

直接材料的单位用量标准，也称为材料的单位消耗定额，是根据有关产品的设计方案、工艺要求、生产设备等因素确定生产单位产品所需要的各种材料的数量。直接材料用量标准一般应当包括构成产品有形实体的材料、在正常范围内允许发生的材料损耗和生产中不可避免的废品等所耗费的直接材料等。

3. 直接材料标准成本的制定

在确定了直接材料的价格标准和用量标准后，可以按照下述公式确定直接材料的标准成本：

$$某产品的直接材料标准成本=\sum 该产品所耗用的各种材料的标准成本$$
$$=\sum(某材料的价格标准\times 该材料的用量标准)$$

（二）直接人工标准成本的制定

直接人工标准成本由直接人工的用量标准和价格标准决定。

1. 直接人工价格标准的制定

在计时工资制下，直接人工的价格标准是小时工资率标准；在计件工资制下，直接人工的价格标准是单位产品所支付的生产工人的工资。

2. 直接人工用量标准的制定

直接人工的用量标准，也称为工时的消耗定额（standard hours per unit），是根据企业正常的生产技术条件确定的生产单位产品所需要的工时数量。直接人工用量标准一般应当包括产品制造加工过程所需要的时间、现有生产技术水平下必要的间歇和停工以及废品损失耗费的时间等。

3. 直接人工标准成本的制定

以计时工资制为例，在确定了直接人工的价格标准和用量标准后，可以按照下述公式确定直接人工的标准成本：

$$某产品的直接人工标准成本=\sum 该产品所耗用的各种人工的标准成本$$
$$=\sum(某类人工的价格标准\times 该类人工的用量标准)$$

（三）制造费用标准成本的制定

制造费用的标准成本也由价格标准和用量标准构成。

1. 制造费用的价格标准

制造费用的价格标准，也称为制造费用分配率，是指每工时应当负担的制造费用，包括固定制造费用和变动制造费用。如果把制造费用的各明细项目按照成本习性划分为固定制造费用和变动制造费用，则制造费用的分配率可以按照以下公式确定：

$$固定制造费用分配率=\frac{固定制造费用}{标准总工时}$$

$$变动制造费用分配率=\frac{变动制造费用}{标准总工时}$$

2. 制造费用的用量标准

制造费用用量标准的确定与直接人工的用量标准相同。

3. 制造费用标准成本的制定

如果把制造费用的各明细项目按照成本习性划分为固定制造费用和变动制造费用，则制造费用标准成本可以按照以下公式确定：

$$固定制造费用标准成本=固定制造费用分配率\times 标准工时$$
$$变动制造费用标准成本=变动制造费用分配率\times 标准工时$$

（四）单位产品标准成本的制定

确定了产品的直接材料标准成本、直接人工标准成本、制造费用标准成本后，可以确定单位产品的标准成本。由于不同的成本核算方法对固定制造费用的处理不同，因此不同成本核算方法下的产品的标准成本也有所不同。

变动成本法下的产品标准成本＝直接材料的标准成本＋直接人工的标准成本
＋变动制造费用的标准成本

完全成本法下的产品标准成本＝直接材料的标准成本＋直接人工的标准成本
＋变动制造费用的标准成本
＋固定制造费用的标准成本

三、标准成本制定中的支持信息

设定标准成本时要同时应用几种信息来源，包括作业分析、历史数据、市场预期与战略决策，以及标杆分析。

（一）作业分析

作业分析是作业成本法的一部分，它是指确认、整理以及分析完成一项工作或操作所需要的作业。可以通过调查直接参与该项操作的人员以确定最有效的资源以及其他投入的组合。工程师参与核算产品的组成部分并确定生产过程中所涉及的具体步骤；管理会计师帮助分析投入的直接成本以及将一定数量的间接成本（照明、租金、维修费用等）分配到该操作中去。作业分析也可以用于评估履行任务的人员所应具备的技能水平。作业成本法中的作业分析是最彻底的成本核算方法，其实施费用也最高。

（二）历史数据

利用历史数据确定成本相对较容易，但该信息没有作业分析可靠。为提高可靠性，可以利用历史数据确定一项操作的平均成本或历史成本中的中值。为实施持续改进，可以将历史上的最佳业绩作为标准或至少是可实现的标准。然而，使用历史数据无法排除过去的无效率，也无法考虑新技术的影响。

（三）市场预期与战略决策

市场预期与战略决策能够决定产品的最大可允许成本水平，这与目标成本法类似。目标成本法是一种产品设计技术，即在生产结束时产品的总成本不能超过特定目标成本。然而，如果一个公司在市场上是价格接受者（换句话说，它必须接受原材料以及人工价格的变化），那么目标成本法在设定标准时就必须考虑市场的实际成本。类似于持续改进（改善成本法）或零缺陷这样的战略决策只有在设定高标准时才能实现。

（四）标杆分析

标杆分析是一个持续、系统化的衡量过程，它通过与最优业绩相比较来衡量产品、服务以及各项事物的优劣。很多人认为标杆分析是获取“同类最优”信息，但标杆分析在实际中有更广泛的应用。通常，“最好的水平”是针对该行业处于领导地位的公司的外部标杆而言的。然而，“最好的水平”也能以行业外具有类似流程的其他组织的内部标杆信息或指标为依据。好的标杆可以引导公司实现持续改进；相反，不好的标杆会导致显著的负面效应（例如，以一个不相容的行业为标杆会导致制定不现实的目标或缺乏挑战性的目标)。另外，标杆分析一般不会带来能实现可持续竞争优势的重大突破。

第二节　弹性预算和差异分析

第 12 章讲述的年度预算是假设在某一特定业务量水平下的预算，即固定预算。到了期末，实际业务量会与预算业务量发生偏差，为了更好地评价相关部门的业绩，需要按照期初预算标准和期末实际业务水平重新编制预算，即弹性预算。引入弹性预算后，能够将固定预算和实际结果之间偏差的原因做出更科学的解释，进而指导相关部门进行学习改进。

一、弹性预算

（一）固定预算

固定预算（static budget）又叫总预算，它假定作业水平是固定的，也就是说，总预算的编制只针对某一特定类型的作业水平。假设一家公司使用传统成本核算系统，只有一个成本动因。威宝公司是珠三角地区的一家只有一个部门的企业，生产和销售受商务人士欢迎的折叠式带轮行李箱，生产这种行李箱需要若干个手工和机器操作程序。尽管这种产品有不同的种类，但为了研究的需要，可以将其假设为只有单一售价的单一种类产品。假设成本动因是销售量，计划作业水平（销售量）为 9 000 件，那么所有的预算数据都是依据销售 9 000 件的情况来编制的。

所有的实际结果都可与初始的预算量进行比较。例如，实际销售量只有 7 000 件而非初始预算的 9 000 件。根据表 13－1，总预算要求生产和销售 9 000 件产品，但实际生产和销售 7 000 件产品。由于没有期初存货和期末存货，6 月份的产品全部在 6 月份售出。

表 13－1　威宝公司截至 2021 年 6 月 30 日根据总预算所作的业绩报告　　单位：元

	实际结果（1）	总预算（2）	总预算差异（3）
销售量（件）	7 000	9 000	2 000
销售收入	217 000	279 000	62 000（U）
变动成本：			
变动生产成本	151 270	189 000	37 730
运输费用	5 000	5 400	400（F）
管理费用	2 000	1 800	200（U）
变动成本总额	158 270	196 200	37 930（F）
边际贡献	58 730	82 800	24 070（U）
固定成本：			
固定生产成本	37 300	37 000	300（U）
固定销售与管理费用	33 000	33 000	—
固定成本总额	70 300	70 000	300（U）
营业利润（亏损）	（11 570）	12 800	24 370（U）

说明：U 代表当实际发生的费用大于预算费用而产生的不利费用差异；F 代表当实际发生的费用小于预算费用而产生的有利费用差异。

表 13－1 中的业绩报告将实际结果与总预算进行了比较，突出两者之间的差异。一个有用的业绩报告应该包括差异，它将管理人员的注意力引导到那些与预期发生显著偏差并需要进行例外管理的地方。实际收入超过预算收入导致有利的收入差异，实际收入低于预算收入导致不利的收入差异。类似地，实际费用超过预算费用导致不利费用差异，实际费用低于预算费用则导致有利费用差异。对于每一项重大差异，管理者都应当询问“为什么”。解释差异产生的原因迫使经理们认识到哪些变化已经影响了收入或者成本并且还将影响未来决策。

假设威宝公司的总经理要求解释为什么预算利润为 12 800 元，而实际却发生了 11 570 元的营业损失。显然，销售收入比预期低 62 000 元是不利差异，但有利的变动成本差异却容易引起误导。在销售收入低于计划水平的情况下，成本控制真的令人满意吗？当产量只有 7 000 件时，你真的愿意为可变费用支出 196 200 元吗？当然不会！因此，实际结果与总预算的比较对于例外管理并不是很有用。

（二）弹性预算

一个更加有用的分析基准是弹性预算（flexible budget）。弹性预算，有时也叫变动预算，是一种对销售量和其他成本动因作业的变动进行调整的预算。弹性预算在形式上与总预算相同，但是管理者可以用它编制任意作业水平的预算。所以，当销售量只有 7 000 件而非预算的 9 000 件时，管理者可以运用弹性预算来编制一套基于新的成本动因水平的新预算。然后，我们可以看到在以 7 000 件的销售量水平为基础的新预算中，变动成本总额应该是多少，并且可以将这个数量与实际结果相比较（见表 13－2）。为了进行业绩评价，弹性预算应该按照实际达到的作业水平编制。相反，总预算在作为业绩评价的初始基准时保持不变或固定，它仅仅反映初始计划作业水平下的收入和成本。可以说，弹性预算在固定预算与实际结果之间架起了一座桥梁。

表 13－2　威宝公司的弹性预算　　单位：元

	每单位产品的弹性预算	不同生产与销售水平上的弹性预算		
销售量（件）		7 000	8 000	9 000
销售收入	31.00	217 000	248 000	279 000
变动成本：				
变动生产成本	21.00	147 000	168 000	189 000
运输费用	0.60	4 200	4 800	5 400
管理费用	0.20	1 400	1 600	1 800
变动成本总额	21.80	152 600	174 400	196 200
边际贡献	9.20	64 400	73 600	82 800
每月预算公式				
固定成本：				
固定生产成本	37 000	37 000	37 000	37 000
固定销售与管理成本	33 000	33 000	33 000	33 000
固定成本总额	70 000	70 000	70 000	70 000
营业利润（亏损）		(5 600)	3 600	12 800

（三）弹性预算公式

弹性预算是建立在相关成本动因的收入及成本性态（在相关范围内）假设基础上

的，将由作业量变动引起的对每一成本和收入的影响变化结果合并在一起。表 13 - 2 和图 13 - 1 列示了威宝公司的简单弹性预算，它只有一个成本动因，就是产出单位。威宝公司的成本弹性预算公式为：

总成本＝70 000＋21.80×销售量

式中，70 000 为每月的固定成本总额；21.80 为产品的单位变动成本。

威宝公司弹性预算公式在 7 000～9 000 件产品的相关范围内是有效的。表 13 - 2 中的每一列（分别为 7 000，8 000 和 9 000 件产品）是采用相同的弹性预算公式编制的，在这一相关范围内的任何作业水平均可采用这一公式（见图 13 - 1）。需要注意的是，固定成本在作业水平的相关范围内是保持不变的。

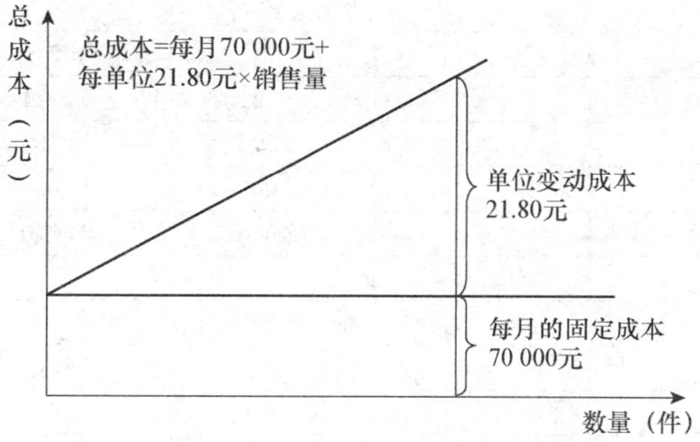

图 13 - 1　威宝公司成本弹性预算图

（四）作业弹性预算

表 13 - 2 列示的威宝公司的弹性预算是以一个成本动因——产出单位为基础的。对于那些使用传统的、以产量为基础的成本核算系统的公司来说，这是一种适当的弹性预算编制方法。而对于那些使用作业成本核算系统的公司，就需要使用更详细的弹性预算编制方法，即作业弹性预算。作业弹性预算（activity-based flexible budget）是以每一个作业和与作业相对应的成本动因为基础编制预算的。表 13 - 3 列示了威宝公司的作业弹性预算，有四个作业：加工、准备、市场营销和行政管理，每一个作业中，成本的发生依赖于一个适当的成本动因。

将传统的弹性预算（见表 13 - 2）和作业弹性预算（见表 13 - 3）相比较，并注意在表 13 - 2 和表 13 - 3 里产出数量为 8 000 件的那一列，两个表的结果是相同的，另外两列的成本在两个表中存在差异。主要的区别在于，一些生产成本相对于产量来说是固定的，但相对于“准备”作业成本动因而言却是变动的。也就是说，在表 13 - 2 中固定生产成本（37 000 元）包含了相对于产量来说是固定的，但相对于“准备次数”而言却是变动的那部分准备成本。例如，用于生产准备的物料成本，每进行一次准备，都需要提供一次物料，因此，物料成本随准备次数变化。但是，在生产产品的过程中不会使用为生产准备的物料，因此在大批量的产品制造过程中，生产准备成本几乎不会改变。上述的这一根本差异就是在运用两种方法时预算成本会产生差异的原因——作业弹性预算对成本性态做了更加准确的计量。

表 13-3 威宝公司截至 2021 年 6 月 30 日的作业弹性预算 单位：元

	每单位弹性预算	销售量（件）		
		7 000	8 000	9 000
销售收入	31.00	217 000	248 000	279 000
作业：加工				
		成本动因：机器工作小时数		
成本动因水平		14 000	16 000	18 000
变动成本	10.50	147 000	168 000	189 000
固定成本	13 000	13 000	13 000	13 000
作业加工总成本		160 000	181 000	202 000
作业：准备				
		成本动因：准备次数		
成本动因水平		21	24	27
变动成本	500	10 500	12 000	13 500
固定成本	12 000	12 000	12 000	12 000
作业准备总成本		22 500	24 000	25 500
作业：市场营销				
		成本动因：订单数量		
成本动因水平		350	400	450
变动成本	12.00	4 200	4 800	5 400
固定成本	15 000	15 000	15 000	15 000
市场营销总成本		19 200	19 800	20 400
作业：行政管理				
		成本动因：销售量		
成本动因水平		7 000	8 000	9 000
变动成本	0.20	1 400	1 600	1 800
固定成本	18 000	18 000	18 000	18 000
行政管理总成本		19 400	19 600	19 800
总成本		221 100	244 400	267 700
营业收入		(4 100)	3 600	11 300

（五）利用弹性预算评价财务业绩

将实际结果与弹性预算进行比较完成了业绩评价这一重要目的。实际结果与总预算不相符的原因有两个：一是销售收入和其他成本动因作业与初始预测不同；二是收入或者单位作业的变动成本和每期的固定成本与预期不同。尽管这些原因不可能是完全独立的（例如，销售价格的上升可能会导致销售水平的下降），但分解这些影响还是有用的，因为可能有不同的人对它们负责，并且可能需要不同的管理行为。

利用弹性预算评价业绩是为了将对实际结果的预期影响分离出来，以便在发生不利影响时修正不利影响，在发生有利影响时加强有利影响。由于弹性预算是按照实际作业水平（在威宝公司的例子中是销售量）编制的，弹性预算与实际结果的任何差异不应归于作业水平，它们必须归于实际成本或收入与弹性预算量的背离——其原因是定价或者成本控制。这种弹性预算与实际结果之间的差异叫做弹性预算差异（flexible-budget variance）。

相反，任何总预算与弹性预算之间的不符或者差异都是由作业水平而非成本控制造成的。这种总预算量与弹性预算量之间的差异叫做销售数量差异（sale volume variance）。换言之，我们最初看到的实际结果与原总预算之间的差异，实际上由两部分组成：销售数量差异和弹性预算差异。

下面来看表 13－4，它摘自表 13－2（并经简化）的弹性预算（（3）列），在总预算（（5）列）与实际结果（（1）列）之间架起一座解释性的桥梁。在表 13－4 的底部，对营业利润差异进行了汇总。需要注意的是，作业水平差异（这里是销售数量差异，因为销售收入是唯一被用作成本动因的作业）与弹性预算差异的合计正好等于总预算差异。

表 13－4　威宝公司截至 2021 年 6 月 30 日的业绩总结　　单位：元

	实际作业水平下的实际结果* (1)	弹性预算差异** (2)=(1)-(3)	实际销售作业下的弹性预算*** (3)	销售数量差异 (4)=(3)-(5)	总预算 (5)
销售量	7 000	—	7 000	2 000（U）	9 000
销售收入	217 000	—	217 000	62 000（U）	279 000
变动成本	158 270	5 670（U）	152 600	436 00（F）	196 200
边际贡献	58 730	5 670（U）	64 400	18 400（U）	82 800
固定成本	70 300	300（U）	70 000	—	70 000
营业利润	(11 570)	5 970（U）	(5 600)	18 400（U）	12 800

总弹性预算差异
5 970（U）
总销售差异
29 400（U）
总预算差异24 370（U）

说明：U 代表不利差异，F 代表有利差异。
* 数据来自表 13－1；
** 更详细的数据来自表 13－5；
*** 数据来自表 13－2 中销售量为 7 000 的一列。

二、差异原因的分解

管理者利用实际结果、总预算以及弹性预算之间的比较评价组织业绩。在评价业绩时，有必要区分效果（目标、目的或指标的实现）和效率（为获得某一特定产出而使用投入物的程度）。

业绩可以表现为效果、效率或两者兼备，又或者两者皆无。例如，威宝公司制定的生产和销售量总预算是 9 000 件产品，而实际只生产和销售了 7 000 件产品。按销售差异来计量，业绩是无效果的，因为销售目标没有实现。

威宝公司是有效率的吗？管理者通过比较实际达到的产出（7 000 件产品）与实际投入（例如直接材料成本和直接人工成本）来判断效率水平。在既定的产出水平下，投入越少，经营效率越高。弹性预算差异指出，威宝公司是无效率的，因为实际使用投入成本超过了达到实际产出水平的预期使用投入成本。

(一) 弹性预算差异

弹性预算差异衡量的是在实际作业水平下经营的效率。表 13-4 中，(1)～(3) 列比较了实际结果与弹性预算量。弹性预算差异是 (1) 列与 (3) 列之间的差额，为不利差异，总额是 5 970 元。

$$
\begin{aligned}
\text{弹性预算差异总额} &= \text{实际结果总额} - \text{弹性预算总额(计划结果)} \\
&= (-11\,570) - (-5\,600) \\
&= -5\,970(\text{元}),\text{或}\ 5\,970(\text{元})(\text{不利差异})
\end{aligned}
$$

弹性预算差异总额产生于实际的销售价格、发生的变动成本以及固定成本。威宝公司的实际销售价格与弹性预算销售价格之间没有差异，所以问题的焦点在于实际成本与实际作业水平为 7 000 件产品的弹性预算成本之间的差异。如果没有 (3) 列的弹性预算，我们就不能将成本性态差异的影响与销售量变动的影响分开。弹性预算差异反映经营是否有效率，构成了定期业绩评价的基础。当然，解释弹性预算差异的最佳人选是业务经理。

但是，主要利用差异来追究责任的公司经常发现经理们采用欺骗和破坏方式来抗拒这一系统。与上级经理相比，业务经理通常掌握了更多关于经营情况的信息，如果这些信息对其不利，可以预期业务经理有可能为了自我保护选择掩盖或谎报信息。例如，一个制造企业按照当期部门的不利差异金额减少下个期间的部门预算。如果一个分部费用预算为 50 000 元，不利差异为 2 000 元，下期的预算将被定为 48 000 元。在这种情况下，经理们有可能更改、虚构报告以避免不利差异。当然，我们可以批评部门经理的道德问题，但是这个系统与经理们一样是有责任的。

表 13-5 是一个扩展的逐步计算威宝公司总预算各项目差异的计算表。需要注意的是，当总预算作为比较的基准时（见表 13-1），应注意表面上表现为有利差异的大多数成本实际上是如何产生不利差异的。不要轻易下结论认为有利的弹性预算差异是好的，不利的弹性预算差异就是坏的，而应将所有差异解释为实际经营没有按照设定弹性预算公式时的预期准确进行的信号，任何与弹性预算有重大差异的成本都应该解释。表 13-5 的最后一列提供了对威宝公司差异的可能解释。

表 13-5　威宝公司截至 2021 年 6 月 30 日的成本控制业绩报告　　单位：元

	实际发生成本	弹性预算*	弹性预算差异**	说明
销售量（件）	7 000	7 000	—	
变动成本：				
直接材料	69 920	70 000	80 (F)	价格降低，用量增加
直接人工	61 500	56 000	5 500 (U)	工资率提高，用量增加
间接人工	9 100	11 900	2 800 (F)	生产准备时间减少
闲置时间	3 550	2 800	750 (U)	机器故障超时
清洗时间	2 500	2 100	400 (U)	溢出溶剂的清洗
物料	4 700	4 200	500 (U)	价格提高，用量增加
变动制造成本	151 270	147 000	4 270 (U)	
运输费用	5 000	4 200	800 (U)	使用飞机运输以满足发货需要
管理费用	2 000	1 400	600 (U)	

续表

	实际发生成本	弹性预算*	弹性预算差异**	说明
变动成本总额	158 270	152 600	5 670 (U)	额外的复印及长途电话费
固定成本：				
工厂管理	14 700	14 400	300 (U)	工资增加
工厂租金	5 000	5 000	—	
设备折旧	15 000	15 000	—	
其他固定工厂成本	2 600	2 600	—	
固定制造成本	37 300	37 000	300 (U)	
固定销售与管理成本	33 000	33 000	—	
固定成本总额	70 300	70 000	300 (U)	
变动与固定成本总额	228 570	222 600	5 970 (U)	

* 摘自表 13-2 中 7 000 件一栏。

** 这是将表 13-4 中的（2）列差异逐行列示。

（二）销售数量差异

销售数量差异（sales-volume variance）衡量的是经理完成计划销售目标的效果。在威宝公司的例子中，销售数量水平与计划水平相比，下降了 2 000 件。表 13-4 最后三列清楚地表明了销售数量差异（共计 18 400 元不利差异）如何不受任何单位价格或者单位变动成本的影响。为什么呢？原因在于在构造弹性预算和总预算的时候，所使用的单位价格和单位变动成本都是一致的，因此，在表 13-4（3）列至（5）列中，所有的单位价格和单位变动成本都是固定不变的。

销售数量差异告知经理，实际销售量低于目标销售量 2 000 件导致了营业利润比原预算低 18 400 元（是 5 600 元的亏损而非 12 800 元的利润）。总之，销售量下降 2 000 件导致了威宝公司产生 2 000 件产品的总销售数量差异，其单位边际贡献为 9.20 元（见表 13-2）。

销售数量差异总额＝(实际销售量－总预算销售量)×预算单位边际贡献
＝(9 000－7 000)×9.20
＝18 400 元(不利差异)

谁对销售数量差异负责呢？市场营销部经理通常对达到固定预算要求的销售量水平负有主要责任。当然，销售量变动可能由许多因素引起，但不管怎样，市场营销部经理都需要解释为什么实际销售作业不同于计划水平。

（三）例外管理

将差异分解成弹性预算差异和销售预算差异，使得公司能基于这些差异制定商业决策。例外管理方法使得管理层仅需关注实际结果与预算间的重大差异，这些重大差异即是例外情况，与其他事项相比，例外情况更需要管理层予以关注。例外管理既关注不利差异，也关注有利差异。对有利差异应做进一步追溯，以确定是绩效真的特别出色，还是先前设定的标准过低。如果能长时间保持出色的绩效，则应将该绩效纳入标准实务中。

知道哪些例外应予以特别关注，需要管理经验，此时主要考虑例外程度与例外发生频率。差异的相对大小比绝对大小更为重要，但管理者一般会分别为相对差异与绝对差异设定规则，比如，对超过 30 000 元或超出预算成本 5%的差异均予以重点关注。

程度较小但频繁发生的差异也值得特别关注。其他应考虑的因素包括差异的发展趋势，比如长时间以来成本持续超支，以及能促使成本发生改变的控制水平，比如不必过多关注单纯因市场需求而导致的成本上升。

例外管理是一种很好的管理手段，管理人员只需关注受到追踪的例外情况。是否追踪某个例外情况，取决于成本-效益分析的结果。然而，由于例外管理对管理者的自主裁决能力有较高要求，因此如果管理者的判断力不佳，就可能导致例外管理的优点变成一种缺陷。例如，如果管理者认为原材料成本的上涨不可控，决定不再关注这项成本，同时也未能考虑其他替代方案，比如另外选择供应商或寻找替代材料。合理运用例外管理，当产生不利差异的原因被消除或产生有利差异的原因被广泛运用时，对例外情况的追踪将能降低未来的成本。

（四）制定标准

预期成本（expected cost）或者标准成本（standard cost）是计划和控制系统的基石。预期成本是最可能实现的成本；标准成本是经过仔细研究设计确定的应该达到的单位成本，常常与预期成本相同，但一些公司有意将标准成本定得高于或者低于预期成本，其目的是产生预期的激励效果。

在弹性预算中应当使用什么样的预期业绩标准呢？应该制定得很严格以至于很少有机会达到，还是应该有 50%，90%或者 20%的机会可以达到呢？每一个从事制定和评价业绩标准工作的人都会有不同的看法，因此对这一问题没有统一确定的答案。

本章第一节讨论了标准成本的两种类型。最优标准，也叫理想标准，是指在可以想象到的最好的条件下，使用现有的规范和设备可能达到的最有效率的业绩水平。在这种标准下，不允许有浪费、损失、机器失灵等情况的出现。赞同采用最优标准的人认为，在这种标准下，不利差异将会不断提醒人们在经营的各个方面需要持续改进。尽管持续改进得到广泛关注，但这些标准却没有得到广泛采用，原因在于这种标准对于员工会产生负面影响。员工倾向于忽视不合理的标准，尤其是当他们不能分享完成既定的最优标准所带来的收益时。应用准时制（JIT）的公司一般都是通过自下而上的方式来取得不断的改善，而不是通过最优标准来规定应该达到什么样的水平。

当前可实现的标准是指通过现实的努力可以达到的业绩水平，它允许出现正常的次品、损失、浪费以及非生产性时间。对于当前可实现的标准的意义至少有两种解释：

一是标准应当制定得刚好严格，使得员工认为如果付出了正常的努力和勤奋，达到标准的可能性很大。也就是说，差异应该是随机的、微不足道的，标准是对将要发生事情的预测，并事先预测某些低效率，管理者把标准当作合理的目标来接受。制定“合理”标准的主要原因是：得出的标准是为多重目的服务的。例如，同一成本可以用于财务预算、存货计价以及编制部门业绩预算。相反，最优标准就不能用于存货计价或者财务预算，因为它们是不准确的。合理标准会对员工产生预期的激励作用，尤其是当它与为持续改善而采取的激励措施结合起来时更是如此。标准代表了合理的未来业绩，而不是凭空想象的目标，因此，不利差异就直接使管理者关注那些没有达到合理标准的业绩。

二是可达到标准应该严格制定。员工会认为他们完成标准是有可能的，不一定有把握，只有高效率的运作才能达到标准。因此，差异通常是不利的，员工将这些标准看作严格而非不合理的目标。采用当前可实现的标准可能取得持续改善吗？答案是肯定的，但是预测必须反映改进后的生产率，并且必须将其与奖励持续改善的激励系统紧密联系。

（五）不同差异的相互影响

对于任何一家企业来说，其经营都是紧密相连的，一个经营领域的业绩水平常常会影响到其他领域的业绩。一个领域的改进会导致其他领域的改进，反之亦然。同样，一个领域未达标准的业绩可能与其他领域较高的业绩相抵消。例如，一个服务性组织雇用不熟练的、报酬要求更低的销售代表，可能会产生有利的人工成本差异，但是这种有利差异可能会导致较低的顾客满意度和未来不利的销售数量差异。另一种情况是，制造商可能以高于计划价格的实际价格去购买高质量水平的材料，因而遭受不利的材料差异，但是这种差异可能足以被更低的浪费、更少的检查以及更高质量的产品引起的有利差异抵消。

因为作业活动相互依赖，“不利”或“有利”的标签不应导致管理者仓促得出结论。这些标签本身仅仅是提出问题，为调查原因提供线索。它们是注意力的引导者，不是问题的解决者。而且，差异的原因可能是预测有误，而非管理者对计划的执行不力。在解释较大差异时，管理者应该考虑的首要问题就是预测是否正确。

（六）何时调查差异

差异应该何时调查？即使每一件事情都按照计划运作，差异也不可能正好等于零。管理者要预计出“正常”差异的范围，这一范围是以经济分析为基础确定的。经济分析指出在值得为调查付出努力之前差异必须达到多大。对某些关键性项目来说，任何偏差可能都需要调查。而对大多数项目来说，与预算的差异达到了最小金额或者最小百分比，调查才是值得进行的。例如，1 000 000 元材料成本 4%的差异可能比 10 000 元修理成本 20%的差异更值得注意。要想准确知道何时应该调查十分困难，所以许多企业采取的是经验法则，如按就低原则调查所有超过预期成本 5 000 元或者 25%的差异。

（七）与前期结果的比较

一些企业将最近一个预算期的实际结果与上一年同期的结果进行比较，而不使用弹性预算标准。例如，一家企业将 2021 年 3 月的实际结果与 2020 年 3 月的实际结果对比。一般来说，对于评价公司业绩来说，这种比较不如同期实际结果与计划结果的比较有用。因为环境和公司发生的许多变动使得跨年度比较没有意义。很少有公司和环境会如此稳定，以至于现在与以前年度的差异仅仅是时间的流逝，甚至与上个月实际结果的比较也不会比与弹性预算的比较更有用。跨期比较对重要变量，如销售量、市场份额和产品组合等的趋势分析可能是有用的，但是它们对于回答诸如“为什么我们在 6 月份亏损 11 570 元，而我们预期的是盈利 12 800 元”这类问题毫无用处。

第三节　弹性预算差异分解

本节将深入分析弹性预算差异，重点是将直接材料、直接人工和间接费用差异区分为不同的组成部分。

一、直接材料和直接人工差异

威宝公司直接材料标准成本为 10 元，直接人工标准成本为 8 元，如表 13-6 所示，这些单位成本由两部分构成：投入的标准数量和投入的标准价格。

表 13-6　直接材料、直接人工标准数据

	单位产出的预期标准投入量	单位投入的预期标准价格	单位产出的预期标准成本
直接材料	5 千克	2 元/千克	10 元
直接人工	0.5 小时	16 元/小时	8 元

一旦确定了标准并且观察到了实际结果，就可以计量实际结果与弹性预算的差异。为了更充分地显示差异分析的过程，我们将重新考虑威宝公司的直接材料成本和直接人工成本（见表 13-7），并假设为生产 7 000 件产品实际发生了如下支出：

（1）直接材料：威宝公司购买并使用材料 36 800 千克，实际单位成本为 1.90 元/千克，实际成本总额为 69 920 元。

（2）直接人工：威宝公司使用人工 3 750 小时，实际小时价格（工资率）为 16.40 元/小时，实际人工成本总额为 61 500 元。

直接材料和直接人工弹性预算差异分别为 80 元有利差异和 5 500 元不利差异。

表 13-7　直接材料和直接人工成本的弹性预算差异分析　单位：元

	实际成本（1）	弹性预算（2）	弹性预算差异（3）
直接材料	69 920	70 000	80（F）
直接人工	61 500	56 000	5 500（U）

说明：U 代表不利差异，F 代表有利差异。

直接材料和直接人工弹性预算总额（表 13-7 中（2）列）是指在预期效率下的耗费量，通常称为准许的标准成本总额，计算如下：

$$\text{弹性预算或准许的标准成本总额}=\text{达到的产出数量}\times\text{单位产出准许的投入}\times\text{投入的单位标准价格}$$

准许的标准直接材料成本＝7 000×5×2＝70 000(元)

准许的标准直接人工成本＝7 000×0.5×16＝56 000(元)

需要特别注意的是，弹性预算量（也就是准许的标准成本）与一个基本问题紧密相关：什么是达到的产出数量？你可以经常问问自己：什么是最优产出量？然后再计算达到这个最优产出量所准许的标准成本总额。

二、价格差异与用量差异

弹性预算差异（见表 13－7 中（3）列）衡量了威宝公司达到生产 7 000 件产品的相对效率。接下来可以通过分析威宝公司以下两个问题来检验其效率：（1）公司为了达到实际产出水平耗用了比计划多还是少的资源？（2）公司付出了比计划的每单位产品更多还是更少的成本？我们通过比较价格和用量差异来计量这两个方面。每项弹性预算差异分解为以下两部分：

（1）价格差异。与标准成本相比较，衡量企业对其投入生产的材料和人工的单位价格的控制程度，等于实际投入价格和标准投入价格之差与实际投入数量的乘积。

（2）用量差异。与标准用量相比较，衡量企业对其投入生产的实际材料数量与人工数量的控制程度，等于实际投入的数量和达到实际产出应该投入的数量之差与投入的预期价格的乘积，也叫做数量差异或效率差异。

计算这些差异的目的是保持价格或者用量不变，以便分离另一因素的影响。当计算价格差异时保持投入量为实际用量水平；在计算用量差异时，保持价格为标准价格。

威宝公司的价格差异为：

直接材料价格差异＝(实际价格－标准价格)×实际使用量
＝(1.90－2)×36 800
＝3 680(元)(有利差异)

直接人工价格差异＝(实际价格－标准价格)×实际使用量
＝(16.40－16)×3 750
＝1 500(元)(不利差异)

威宝公司的用量差异为：

直接材料用量差异＝(实际使用量－准许标准量)×标准价格
＝[36 800－(7 000×5)]×2
＝(36 800－35 000)×2
＝3 600(元)(不利差异)

直接人工用量差异＝(实际使用量－准许标准量)×标准价格
＝[3 750－(7 000×0.5)]×16
＝(3 750－3 500)×16
＝4 000(元)(不利差异)

为了确定差异是有利差异还是不利差异，可以使用逻辑推理而不需要记忆公式。对价格差异而言，如果实际价格低于标准价格，价格差异就是有利差异；对用量差异而言，如果实际使用量低于准许标准数量，用量差异就是有利差异。相反关系则意味着为不利差异。威宝公司差异分析的过程如图 13－2 所示。

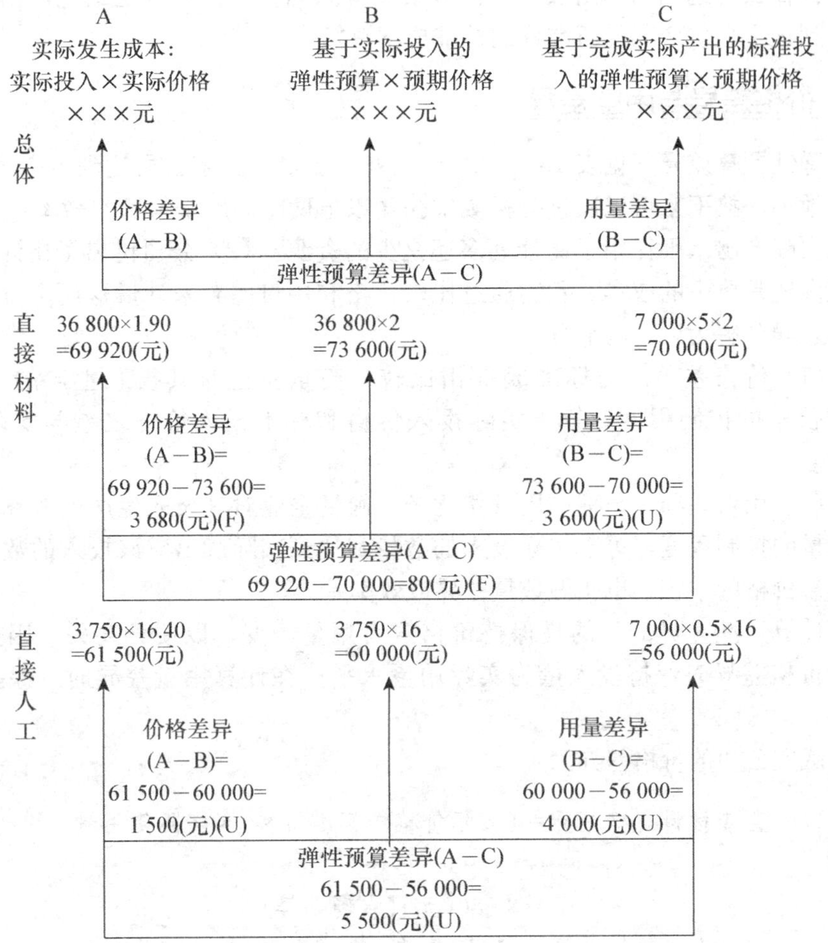

图 13－2　直接人工和直接材料差异分析的一般方法

需要注意的是，直接人工价格差异和用量差异合计等于直接人工弹性预算差异。进一步说，直接材料价格和用量差异合计等于直接材料弹性预算差异。

直接材料弹性预算差异＝3 680(有利差异)＋3 600(不利差异)
＝80(元)(有利差异)

直接人工弹性预算差异＝1 500(不利差异)＋4 000(不利差异)
＝5 500(元)(不利差异)

三、价格差异与用量差异的解释

只要可行，管理者都尽量区分受他们直接影响的差异与不受他们直接影响的差异，这样有助于记录业绩、引导注意和解决问题，通常采用的方法是将价格因素和用量因素分开。价格因素与用量因素相比更不容易受到立即的控制，主要受外部因素影响，如总的经济情况会影响价格。即使当价格被视为管理者无法控制的因素时，分离它们也有助于集中分析投入的有效使用。例如，小麦、燕麦、玉米和稻米的商品价格不在麦片生产商西麦公司控制之内，通过区分价格差异与用量差异，这家麦片生产商可以将注意力集中在谷物是否得到有效使用上。

价格和用量差异是有用的，它们可以为相关责任者提供反馈信息。但是这些差异不应是用于决策、控制或评价的唯一信息。例如，采购代理或采购者仅仅强调材料的价格差异会与公司的准时制系统和全面质量管理理念相抵触。采购者可能会被驱动通过购买大批量和低质量的材料以获取有利的材料价格差异，结果是超额的存货管理成本和机会成本，并且因为材料有缺陷而增加了次品数量。类似地，仅仅强调人工价格和用量差异会导致主管使用技术水平较低的工人，或催促工人加紧完成紧要任务，从而损害产品和服务质量。

差异本身并不能说明预算营业利润达到或失败的原因，但是它们提出问题、提供线索并引导注意。例如，威宝公司这组差异的一个可能的解释是，经理可能以有利的价格购买了低于标准质量的材料，节约 3 680 元（材料价格差异）。超额浪费可能几乎抵消了这一节约额，如 3 600 元不利的材料用量差异和 80 元有利的净弹性预算差异所示的那样。材料的浪费至少在某种程度上可能引起直接人工的超额使用。假定 4 000 元不利的直接人工用量差异是因为材料有缺陷而返工引起的，那么经理的做法就是不成功的。由此可见，由使用低于标准的材料引起的成本无效率超过了有利的价格节约。

图 13－3 表明了人工价格和用量差异的计算。标准成本（或弹性预算）是标准用量乘以标准价格。价格差异是实际单位价格与标准单位价格的差额乘以实际用量。用量差异是标准价格乘以实际用量与标准用量（达到的产出水平准许标准用量）的差额（为清晰起见，图形描绘的仅仅是不利差异）。

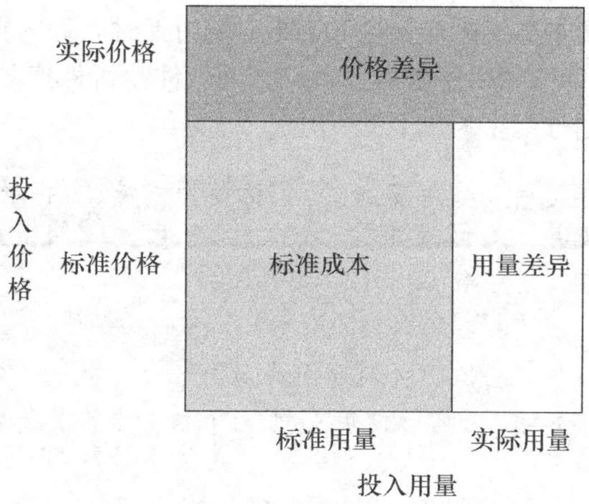

图 13－3 人工价格与用量差异图示

四、存货的影响

对威宝公司的分析被简化了，理由是：（1）没有产成品存货，任何生产的产品都在同期被售出；（2）没有直接材料存货，材料在同期间购买并耗用。

当有产成品存货，即生产量不等于销售量时，情况将如何？此时，销售数量差异是售出产品量的固定预算与弹性预算之间的差额。相反，弹性预算成本差异比较的是生产的产品量的实际成本与弹性预算成本。

当有直接材料存货时，情况又将如何？一般情况下，经理希望迅速得到反馈并尽早确认差异。对直接材料价格而言，确认差异的时间是材料购买之前而不是材料购买使用之时，材料使用的时间比购买要晚得多。因此，材料价格差异通常以购买量为基础并在购买时计算。材料用量差异仍然以使用量为基础，假定威宝公司以每千克 1.9 元购买材料 40 000 千克（而非使用的 36 800 千克），材料价格差异将是（实际价格－标准价格）×材料购买量＝(1.9－2)×40 000＝4 000（元）（有利差异）；材料用量差异仍为 3 600 元不利差异，因为它以材料使用量为基础。

五、间接费用差异分析

（一）变动间接费用差异

变动间接费用差异分为支出差异和效率差异。

1. 支出差异

变动间接费用支出差异（variable-overhead spending variance）是实际变动间接费用与实际成本动因作业水平下的预算变动间接费用额之间的差额。

2. 效率差异

当实际成本动因作业量与达到的实际产出水平所准许的标准量不同时，就会发生变动间接费用效率差异（variable-overhead efficiency variance）。变动间接费用效率差异是指成本动因的实际产品数量与成本动因的标准产品数量的差额乘以标准变动间接费用率。

3. 举例说明

假定威宝公司本期实际产量 7 000 件，使用工时 3 750 小时，实际发生变动间接费用 4 700 元。变动间接费用标准成本为 0.6 元/件，每件产品标准工时为 0.5 小时，标准的变动间接费用分配率为 1.2 元/小时。计算如下：

$$\begin{aligned}\text{变动间接费用支出差异} &= \text{实际变动间接费用} - \left(\text{实际使用直接人工小时} \times \text{标准变动间接费用率}\right)\\ &= 4\,700-(3\,750\times 1.2)\\ &= 4\,700-4\,500\\ &= 200(\text{元})(\text{不利差异})\end{aligned}$$

$$\begin{aligned}\text{变动间接费用效率差异} &= \left(\text{实际使用直接人工小时} - \text{标准直接人工小时}\right) \times \text{标准变动间接费用率}\\ &= (3\,750-7\,000\times 0.5)\times 1.2\\ &= 300(\text{元})(\text{不利差异})\end{aligned}$$

300 元人工的超额使用是由于成本动因作业即直接人工的无效率使用所引起的。只要实际成本动因作业量超过达到的实际产出水平所准许的作业量，间接费用效率差异就是不利差异；反之亦然。实质上，这一效率差异告诉管理层不加控制地使用成本动因作业所要付出的代价。

一般来讲，支出差异与间接费用自身耗费控制有关，效率差异与成本动因控制有关。图 13－4 是变动间接费用分析的图示。

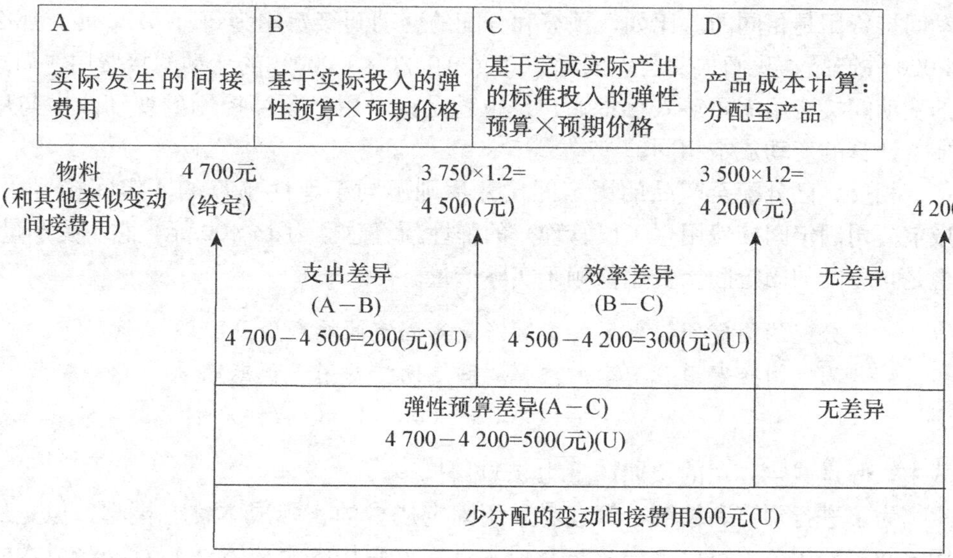

图 13－4　间接费用差异分析的一般方法

(二) 固定间接费用差异

固定间接费用差异分为弹性预算差异和产量差异。

1. 弹性预算差异

固定间接费用弹性预算数（fixed-overhead flexible-budget variance）也就是计划期初编制的固定预算中的数量。对于固定成本来讲，不需要调整实际产量与预期产量之间的差异，因为在相关范围内固定成本不受业务量水平变化的影响。比如，威宝公司固定间接费用中的工厂管理费，预计数为 14 400 元，实际发生额为 14 700 元，那么

固定间接费用弹性预算差异＝实际固定间接费用－弹性预算数
＝14 700－14 400
＝300(元)(不利差异)

上文中，变动间接费用弹性预算差异细分为支出差异和效率差异，而固定间接费用没有效率差异，因为在预算期内，一笔特定的总固定成本用于生产产品的效率不会受到机时的影响。在威宝公司例子中，弹性预算差异并不意味着在运用固定成本资源时，一家公司可能是有效的或无效的。因为没有效率差异，固定间接费用支出差异在数量上等于固定间接费用弹性预算差异。

固定间接费用支出差异＝实际固定间接费用－弹性预算数

一项固定间接费用支出差异表示在预测某种固定成本的变化方面，预算程序出现失误或失败的情况。当部门花费没有被控制或者由于外部事件或计划外维修，不利支出差异就会产生。

2. 产量差异

固定间接费用产量差异（fixed-overhead volume variance），主要是因为用于控制（通过弹性预算）的会计处理与用于产品成本计算（通过分配率）的会计处理之间产生的矛盾。对于变动间接费用来说，弹性预算中的预期变动间接费用与分配至产品的变

动间接费用是相同的。比如，预算和分配的变动间接费用为每件 0.20 元，那么每生产 1 000 件产品，我们预期会多消耗 200 元（0.20×1 000）的变动间接费用，而这 200 元的变动间接费用需要转入存货账户。也就是说，用于预算控制的变动成本与用于产品成本计算的变动成本相同。

相反，已分配至产品的固定间接费用则不同于弹性预算的固定间接费用。比如，威宝公司固定间接费用（工厂管理）的弹性预算总额为 14 400 元，它不受产量的影响。但是，分配的固定间接费用依赖于实际产量。

分配的固定间接费用＝实际产量×固定间接费用分配率

固定间接费用分配率＝预算的固定间接费用÷预期产量

＝14 400÷9 000＝1.6(元/件)

式中，假设威宝公司的预期产量为 9 000 件。

为了进行预算和控制，管理者采用固定成本的实际成本性态模型。但是从分配的固定间接费用公式可以看出，产品成本计算（采用完全成本法）对这些成本的处理就好像它们具有变动成本性态一样。因此，当实际产量偏离计算固定间接费用分配率所用的预期产量时，用于预算和控制的成本将不同于用于产品成本计算的成本，就会出现产量差异。

图 13－5 是固定间接费用差异分析。

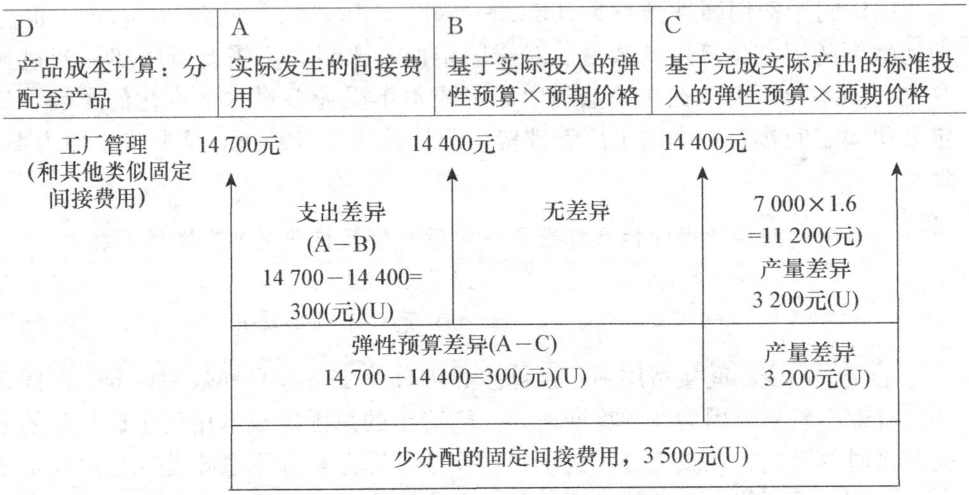

图 13－5 固定间接费用差异分析的一般方法

产量差异＝(实际产量－预期产量)×固定间接费用分配率

从产量差异计算公式可以得出下列结论：

（1）当实际产量等于预期产量时，不存在产量差异。

（2）当实际产量小于预期产量时，产量差异为不利差异。因为生产设施的使用情况比预期的要差，固定间接费用少分配了。比如，威宝公司实际产量为 7 000 件时：

产量差异＝(7 000－9 000)×1.6＝－3 200(元)或 3 200(元)(不利差异)

（3）当实际产量大于预期产量时，产量差异为有利差异。因为生产设施的使用情况比预期的要好，固定间接费用多分配了。比如，威宝公司实际产量为 10 000 件时：

产量差异＝(10 000－9 000)×1.6＝1 600(元)(有利差异)

大多数公司认为，尽管有时负责产量差异的管理者需要做出一些解释或调查，但是产量差异在短期内还是无法直接控制的。有时，达不到预期产量是由能力的闲置引起的，原因有诸如令人失望的销售额、糟糕透顶的生产计划、意外的机器故障、熟练工人的短缺等。

与固定间接费用不同，变动间接费用不存在产量差异。因为变动间接费用弹性预算与产量呈正比例增减，并且预算控制目的与产品成本计算目的是完全协调一致的。固定间接费用存在产量差异是因为预算控制目的与产品成本计算目的无法进行协调，预算控制目的将其作为固定成本处理，而产品成本计算目的将其作为变动成本处理。最主要的一点是，固定成本不像变动成本那样是可分的，它们是作为一个整体出现的，与一定数量的总生产或销售能力而不是单个产品的生产或销售相关。

许多管理者认为产量差异是评价公司生产能力利用情况的一个很好的指标，有利（不利）差异意味着生产能力的有效（无效）利用。这种观点是错误的。产量差异只告诉了一件事：实际产量偏离计算固定间接费用分配率时的预期产量。如果管理者通过降低产品售价来利用闲置生产能力以避免出现不利差异，其结果是边际贡献的降低(例如，新的售价低于变动成本)，这不是生产能力的有效利用。如果有利差异是由不顾产品质量下降或其他由于设备超负荷运转所带来的无效率情况下的剩余产量带来的，这样的“有利差异”当然也不是我们所期望的。

六、标准成本差异的处理

标准成本法的倡导者认为，差异受当前控制支配，特别是在制定当前可达到标准时。因此，差异不能被存货化，不应该加在存货成本上，应该作为对当期损益的调整。持反对意见者认为，应当在差异产生当期将其分配到有关的存货成本和销售成本上。在实际应用中，除非差异金额和存货量非常大，一般不进行差异分配。

七、差异分析在非制造业中的应用

前文主要讨论制造业中的差异计算，事实上，相关概念仅需稍作修改就能应用于服务业。一般而言，在服务业中，材料价格差异和材料用量差异并不会很显著，因为直接材料在服务业企业的总成本中占比很小。因此，人工差异和间接费用差异对服务业企业而言更为重要。以医院为例，各类型人工（如护士、实习生、全科医生、外科医师等）的人工工时数和人工成本以及间接费用（如医疗设备、支持人员等）重要得多。所以，服务业企业的差异分析将主要关注直接人工差异和间接费用差异。

很多服务业企业已实施作业成本法，确认了组织中的各项成本动因。如果成本动因选择适当，会促使某些固定成本要素（如调试成本、质量保证成本、秘书服务成本等）转变成变动成本。制造业中的弹性预算分析很容易复制到服务业中，这样就能给服务业提供更准确的标杆，以比较实际成本与预算成本。

此外，产量预算适用于制造业企业，在服务业企业中的使用有限，因为服务业企业没有或只有少量的生产活动。然而，某些服务业企业已具备广为接受的生产指标，如航空业的收入乘客公里和可用座位公里指标。

行动学习

长江电工的标准成本体系构建

重庆长江电工工业集团有限公司（以下简称长江电工）是国家军品生产定点企业，主要产品有军品、汽车零部件、金属材料等五大系列60余个品种。作为机械加工制造类企业，成本领先战略是长江电工持续发展的基础和必然选择。

一、将定额成本作为标准成本的基础

长江电工的标准成本以定额成本为基础，通过找出实际制造过程中资源耗费的影响动因，将实际耗费与定额差异量化分析，最终将定额修订为成本耗费标准，使工艺技术、生产制造、财务管控三者有机结合，形成以实现成本领先战略为目标的标准成本体系。长江电工通过梳理，制定了近年来常用的7个产品系列45种军品的各种工艺定额消耗量数据共16 335条；工艺技术部门联合生产管理部门依据工艺流程图纸整理各种产品的4 365个工艺流程；工装消耗定额由原来的20个品种200余条精细到45个品种542条。财务部门按照制造费用中所占的不同比重将制造费用分为折旧、管辅人员薪酬和其他制造费用3大部分，其中折旧按照给生产性单位配备的厂房和设备等资产据实计算，管辅人员薪酬按照人力资源部门为每个生产单位核定的管辅人员人数限制结合当年长江电工的薪酬水平制定定额。其他制造费用按照发生动因归集为与产量相关、与人数相关、与工时相关和专项费用4个大项67个明细项目，通过计算以前6年的历史数据的平均值予以确定定额。

二、运用五因素法编制标准成本

长江电工结合自身管理实际，探索总结了标准成本编制的五因素法，即在定额基础上考虑五个主要调整因素对指标进行修订，推导出标准。(1) 工艺进步因素。长江电工在每年编制标准成本时要结合工艺技术的进步情况对原材料消耗定额、能源消耗定额和工时定额等进行修正。(2) 历史成本因素。长江电工在编制标准成本时参考过去生产该产品的历史平均成本数据，尤其是消耗量数据对定额进行适度修正。根据长江电工的经验，历史成本数据对专用工装、小批量下的人工成本等成本项目的标准制定具有较大的参考价值。(3) 年度预算因素。长江电工的制造费用中的物流费用、安全生产费用、维修维护费用等生产保障类费用总金额超过5 000万元，占制造总成本的6%以上，且年度间往往差异较大，导致定额准确度很低或没有定额，只能在编制标准成本时依照年度预算对定额进行修订，以保证标准成本的合理和准确。(4) 规模变动因素。对于某些依据较小产量规模制定定额的产品，如新投产产品、原来销量不佳的产品等，因市场变动或订单增加产量规模发生大幅变化时，其制造过程中所用的各种原材料的利用率和劳动效率等会相应上升，长江电工在制定标准成本时会修正相应定额。(5) 产能变动因素。长江电工在制定费用标准和单位人工成本标准时会根据产能的变动对费用定额和工时定额进行修正。经过几年实践，采用五因素法编制的标准化体系，既贴近现实制造工艺，又具备先进性，为长江电工实施成本领先战略发挥了重要作用。

三、将标准成本运用到企业管理中

长江电工找准五个切入点将标准成本运用融入生产经营实践，实现了标准成本与其他管理工作的有机对接，为公司全面预算、成本领先、价格管理等提供了坚实的数据基础和参照标准，促进了技术、业务与财务的交汇融合，有效提升了企业的管控决策质量。

资料来源：张德勇，潘锡睿．长江电工的标准化成本体系构建．财务与会计，2015（2）．

决策指南

以下是本章知识要点的总结，其中决策部分是基本问题，指南部分是这些问题的答案。

决策	指南
1. 标准可分为哪些类型？	1. 按照参与制定标准的人员与形式可分为权威式标准与参与式标准。 2. 按照标准的实现可能可分为理想标准和当前可实现的标准。
2. 固定预算与弹性预算有什么区别？	固定预算又叫总预算，假定作业水平是固定的，其编制只针对某一特定类型作业水平；弹性预算也叫变动预算，是一种对销售量和其他成本动因作业的变动进行调整的预算。弹性预算在形式上与总预算相同，但是管理者可以用它编制任意作业水平的预算。可以说，弹性预算在固定预算与实际结果之间架起了一座桥梁。
3. 弹性预算的差异应如何分解？	研究分析弹性预算差异时，重点是将人工、材料和间接费用差异区分为不同的组成部分，再将每一项弹性预算差异分解为价格差异和用量差异。
4. 价格差异和用量差异分别指什么？	价格差异，是与标准成本相比较，衡量企业对其投入生产的材料和人工的单位价格的控制程度，等于实际投入价格和标准投入价格之差与实际投入数量的乘积。 用量差异，是与标准用量相比较，衡量企业对其投入生产的实际材料数量与人工数量的控制程度，等于实际投入的数量和达到实际产出数量应该投入的数量之差与投入的预期价格的乘积。
5. 变动间接费用差异的含义是什么？	变动间接费用差异分为支出差异和效率差异。变动间接费用支出差异是实际变动间接费用与实际成本动因作业水平下的预算变动间接费用额之间的差额；变动间接费用效率差异是指成本动因的实际产品数量与成本动因的标准产品数量的差额乘以标准变动间接费用率。
6. 固定间接费用差异的含义是什么？	固定间接费用差异分为弹性预算差异和产量差异。固定间接费用弹性预算数也就是计划期初编制的固定预算中的数量，对于固定成本来讲，不需要调整实际产量与预期产量之间的差异；产量差异＝（实际产量－预期产量）×固定间接费用分配率。

小测验（单项选择题）

1. 在成本性态分析的基础上，依据业务量、成本和利润之间的联动关系，按照预算期内可能的一系列业务量（如生产量、销售量、工时等）水平编制系列预算的方法是指（　　）。

A. 滚动预算　　B. 固定预算　　C. 增量预算　　D. 弹性预算

2. 弹性预算是指（　　）。

A. 在预算期内根据实际产出水平计算预算收入和成本
B. 在预算期内根据预算产出水平计算预算收入和成本
C. 随时变动的预算
D. 可以弹性完成的预算

3. 下列关于弹性预算的说法中，不正确的是（　　）。
A. 弹性预算一般适用于与预算执行单位业务量有关的成本等预算项目
B. 弹性预算是为了弥补固定预算的缺陷而产生的
C. 弹性预算所依据的业务量只能是产量或销售量
D. 弹性预算的编制是根据量、本、利的依存关系

4. 标准设定中的信息来源不包括（　　）。
A. 作业分析和历史数据　　B. 领导意志
C. 市场预期与战略决策　　D. 标杆分析

5. 为获得预算投入价格和预算投入数量，可以参考来自相似流程的其他公司的数据，这一信息来源的优点是（　　）。
A. 能够与特定公司的情况相比
B. 来自其他公司的数据能够为本公司提供相对于竞争对手公司的业绩信息
C. 更容易获得
D. 获取成本更低

6. 价格差异和效率差异共同组成（　　）。
A. 销售价格差异　B. 弹性预算差异　C. 静态预算差异　D. 固定投入差异

7. 价格差异反映了（　　）。
A. 实际投入价格和预算投入价格的差异
B. 实际产量和预算产量的差异
C. 实际单位人工产出和预算的差异
D. 实际单位产品耗用和预算的差异

8. 效率差异反映了（　　）。
A. 实际投入数量和预算投入数量的差异
B. 实际单位人工产出和预算的差异
C. 实际产量和预算产量的差异
D. 实际单位产品耗用和预算的差异

9. 下列关于存货对差异分析影响的描述中，错误的是（　　）。
A. 当有直接材料存货时，材料价格差异通常以购买量为基础并在购买时计算
B. 当有直接材料存货时，材料用量差异通常以购买量为基础计算
C. 当有产成品存货时，销售数量差异是售出产品量的固定预算与弹性预算之间的差额
D. 当有产成品存货时，弹性预算成本差异比较的是生产的产品量的实际成本与弹性预算成本

10. 产量差异出现不利差异的原因不包括（　　）。
A. 令人失望的销售额　　B. 糟糕透顶的生产计划
C. 意外的机器故障　　D. 生产能力使用情况比预期的好

思考与计算题

1. 简述标准的类型。
2. 简述弹性预算的含义。
3. 固定预算与弹性预算的区别有哪些？
4. 简述作业弹性预算的含义。
5. 术语“例外管理”是什么意思？
6. 试阐述标准成本法差异处理的程序。

7. 万利泡沫公司生产用于演出等的彩泡，该公司 2021 年 8 月的固定利润预算如表 13－8 所示（基于预计的 44 000 单位业务量）。

表 13－8　万利泡沫公司固定利润预算表　　单位：元

销售收入	132 000
变动费用：	
销售成本	50 600
销售佣金	11 000
水电费	4 840
固定费用：	
工资	26 000
折旧费	16 000
保险费	4 160
租金费	8 800
费用合计	121 400
营业利润	10 600

该公司的生产能力为 50 000 瓶。如果实际生产超过 50 000 瓶，公司必须租用额外的场地，工资将增长 10%，折旧将增长 15%，租金将增长 4 800 元，保险费不随产量变动。

要求：编制生产量分别为 44 000 瓶、48 000 瓶和 55 000 瓶的弹性利润预算表。

8. 顺祥公司是一家纸业公司，用标准成本法控制制造费用。该公司标准成本以每月静态预算业务量 50 000 张为基础，其单位成本的计算如表 13－9 所示。

表 13－9　　单位：元

直接材料（0.2 千克，每千克 0.25 元）	0.05
直接人工（3 分钟，每分钟 0.12 元）	0.36
间接费用：	
变动费用（3 分钟，每分钟 0.06 元）	0.18
固定费用（3 分钟，每分钟 0.14 元）	0.42
单位产品总成本	1.01

2020 年 6 月公司实际的业务数据如下：

（1）实际产销量为 55 000 张；

(2) 实际直接材料为0.18千克/张，每千克实际成本为0.20元；

(3) 实际直接人工为200 000分钟，总成本为28 000元；

(4) 实际制造费用为40 000元。其中，变动制造费用13 200元，固定制造费用26 800元。

要求：

(1) 计算直接材料和直接人工的价格和效率差异；

(2) 计算变动间接费用和固定间接费用的差异。

第 14 章

业绩评价

学习目标

- 了解分权化经营及其优缺点；
- 了解责任中心的类型；
- 认识业绩评价；
- 了解不同类型责任中心的财务业绩指标；
- 理解典型的非财务指标；
- 认识不同内部转移价格的类型。

章首案例　北汽集团的平衡计分卡绩效评价体系

随着中国乃至世界经济进入新常态，汽车行业竞争日趋激烈。2014 年前后，上述趋势逐渐加重，北汽集团面临着诸多挑战。（1）外部环境变化：世界经济下行，中国经济增速放缓。自主品牌汽车产能过剩、劳动力成本上升、主要厂商降价等导致企业经营压力加大。（2）内部环境变化：北汽集团“十二五”期间投资规模较大，整体投资回报率受市场竞争压力的影响有所下降；许多业务线如国际业务、服务贸易及通航等均处于培育期，给集团效益提升带来了一定难度；部分新投资项目风险偏高，给集团整体效益的持续提升形成了一定的影响。综上所述，北汽集团经营质量提升势在必行。

2014 年初，集团提出“由规模发展向效益提升转变”的经营转型，集团组织绩效考核的导向由市场规模调整为市场与效益并重，这就要求集团财务部改进并加强对各业务、责任单元现有的业绩评价与考核体系，即围绕效益提升开展对集团二级企业的业绩考核与评价工作。

最终，集团引入平衡计分卡建立更为全面的考核体系。集团设置财务、内部运营、客户、成长发展 4 个维度的指标。财务维度下设经济效益、资金占用、现金流量、成本控制 4 个二级指标；内部运营维度下设产品开发与创新、售后服务、新产品投放、专项管理、安全、环保 6 个二级指标，其中安全指标与环保指标均具有一票否决的特性，突出了北汽集团的社会责任与国企担当；客户维度下设售后服务、市场指标 2 个二级指标；成长发展维度则仅设置人力资源管理 1 个二级指标。在此基础上，通过各级指标的层层分解，确定评价部门与责任部门，集团形成了一套以提升企业经济效益、管理水平、工作效率、工作质量为目标，适用于大型集团化企业的绩效管理体系。

资料来源：盛继明．工业和信息通信业管理会计案例集（2018）．北京：电子工业出版社，2018.

绩效考核导向的改变会对企业业绩评价体系造成何种影响？在企业业绩评价体系构建中会应用哪些管理会计工具？本章将重点讨论企业责任单元的业绩评价体系。

第一节　分权管理与责任会计

一、分权化经营

集权化公司中管理者所拥有的自主决策权较少，决策大都集中在特定的团体之内。与之对应的是分权化，公司的高层管理者将决策权下放给不同部门或业务单位的管理者。一些企业偏重集权化，例如中国最大的食品饮料生产企业娃哈哈集团多年来在董事长兼总经理宗庆后的领导下一直是高度集权的企业；与之相反，另一些企业例如美的集团、新东方、中国南方航空公司则偏重分权。

由于规模的扩大，靠一个人来管理企业所有日常营运是不可能的，所以大型企业通常采取分权经营的方式。下面我们介绍分权化的优缺点。

二、分权化的优缺点

（一）分权化的优点

1. 有助于组织决策，释放了高层管理者的时间

分权化允许高层管理者将日常运营决策下放给子公司的经理，由于这些经理更了解当地的情况，会做出更明智的决策。同时高层管理者也能将精力集中于制定组织长期战略计划和影响全局的决策。

2. 发挥专家的专业优势

高层管理者可以聘用专家，利用其专业知识优化组织运营。

3. 提高管理者能力，改善客户关系

分权化培养了管理者决策的能力，使其能够成为更有效率和经验的高级管理者，进而更好地为客户服务。

4. 提高激励效果与员工留职率

部门经理通过独立决策，能在组织中享有更高的地位，这激励了经理，提高了员工留职率，改进了业绩和员工满意度。

（二）分权化的缺点

1. 目标一致性问题

部门管理者可能会为了提高本部门的业绩而做出损害整个组织或其他部门利益的决策。例如，销售部门为提高销售业绩可能会盲目接受大量订单，超出企业正常生产能力，导致生产部门无法保质保量完成订单，从而造成客户流失。因此分权化组织常常要为目标一致性努力。

2. 增加信息收集和处理成本

高层管理者为了解和评估各责任单位的业绩，往往要求各部门提供责任报告，这就增加了收集和处理信息的成本。

3. 职能重复设置

分权化会导致组织设置重复的职能，例如各分部门都会设置财务、人力资源部门，而集权化组织能够集中提供这些服务，从而降低成本。

（三）分权化的适用条件

组织中的管理者在对集权化和分权化做出选择时，通常要权衡多方面的因素。有时一个组织的不同部门权衡后做出的选择也是不同的。例如，许多公司将发现问题、解决问题的权力下放给基层管理者，同时将税收筹划和业务记录等权力集中于较高级别的管理者。

当组织中的各部门相对独立时，分权化经营会取得更大成功。此时，本部门管理者的决策不会影响其他部门。但是，当各部门之间关系较为密切，如向同一市场销售产品或者从同一供应商购买产品等，集权化管理通常是更好的选择。因此，在设计管理控制系统，对集权和分权做出选择时，部门独立性是十分关键的。

三、责任会计

责任中心（responsibility center）是企业的二级单位、分部或子单元，其管理者对这部分的经营活动负责。例如，生产部门对其管理者来说就是一个责任中心。随着管理者级别的增加，其责任中心的范围也在不断扩大。责任会计（responsibility accounting）就是根据各责任中心的信息来考核其计划、预算、执行和业绩的专门系统，具体内容包括：划分责任中心、编制责任预算、制定业绩指标、建立跟踪记录、进行业绩评价、分配报酬。

责任中心分为四种类型：

（1）成本中心，管理者负责控制本部门的成本，不负责收入或投资；

（2）收入中心，管理者负责销售收入，不负责所售产品的成本；

（3）利润中心，管理者负责生成利润、管理收入并控制成本；

（4）投资中心，管理者负责本部门的成本（费用）、收入和投资。

以 7 天连锁酒店为例，酒店的销售部经理主要对收入负责，销售部就是一个收入中心；酒店的维修部是一个成本中心，其经理负责控制本部门的成本；酒店经理既要对收入负责，又要对成本负责，所以一个酒店就是一个利润中心；地区经理，如华北区经理对本区域新建酒店的投资负责，同时也要对投资产生的收入和成本负责，因此他负责一个利润中心。

四、贡献报告与分部报告

在划分各责任中心之后，责任会计需要分析这些责任中心的成本以及其对收入的贡献程度，据此对各责任中心进行绩效管理。有两种常用的分析方法，即贡献报告（contribution reporting）和分部报告（segment reporting）。

（一）贡献报告

贡献报告首先要编制贡献式利润表。在区分固定成本与变动成本的基础上，首先扣减变动成本，得到边际贡献，然后扣减固定成本，得到营运收入。在固定成本和营运能力不变的情况下，边际贡献揭示了产量的变动如何影响利润。

传统的利润表按职能部门划分成本，如销售成本、管理成本和生产成本。但是贡献式利润表使利润中心经理能够根据成本性态（固定成本或变动成本）来审视各项成本。它为管理者提供了更精确的成本信息。因此在分析产品线和制定产品售价时，在决定是否扩张某个分部或撤销该分部时，在决定自制或外购时，管理人员均可利用贡献式利润表。

贡献式利润表将成本区分为可控成本和不可控成本。固定成本中有很大部分也是可控成本。可控固定成本指在一年以内可以改变的固定成本，例如企业的管理人员工资；而不可控固定成本则需要一年以上的时间对其施加影响，例如公司总部分摊的费用，这种分摊毫无商量余地，因此属于不可控固定成本。利用贡献式利润表的这一特点，可以更容易评价管理者的绩效，因为它明确区分了哪些成本受管理者控制，哪些成本不受管理者控制。

表 14－1 是一家公司的传统利润表和贡献式利润表的对比。

表 14－1 传统利润表与贡献式利润表的对比　　单位：元

传统利润表（按职能部门划分成本）		贡献式利润表（按成本性态划分）	
销售收入	31 200	销售收入	31 200
减销售成本	15 600	减：变动费用	
毛利	15 600	变动生产费用	5 200
减：营运费用		变动销售费用	1 560
销售费用	8 060	变动管理费用	1 040
管理费用	4 940	边际贡献	23 400
净营运收入	2 600	减：固定费用	
		固定生产费用	10 400
		固定销售费用	6 500
		固定管理费用	3 900
		净营运收入	2 600

完成贡献式利润表编制之后就需要分析边际贡献报告。一般会采用成本-数量-利润（CVP）指标，即边际贡献、边际贡献率和保本点销售收入等。在进行绩效评估时，还可以使用平衡计分卡这一更为全面的分析工具。

（二）分部报告

另一种分析责任中心的方法就是分部报告。企业可以按照地理位置、产品类别或其他方法来划分为不同的分部。例如，海底捞的每家分店都可以看成一个分部。分部报告就是对所划分出的分部提供独立的信息报告。在分部报告中会用到分部毛利（segment margin）这一指标，它等于单个分部的边际贡献减去所有可追溯至该分部的固定成本。分部毛利反映分部的获利能力。如果该指标为负，就应该撤销该分部，除非这个分部能给其他分部带来价值增值。

第二节 业绩评价系统

一旦公司分权经营，高层管理者就不再参与部门的日常经营管理。业绩评价系统为高层管理者提供了一个控制整个组织的框架。

一、业绩评价系统的目标

当公司分权经营时，高层管理者需要借助一个系统来与部门管理者交流。另外，高层管理者需要确定部门所做的决策是否有利于实现公司的目标。下面我们来看一看业绩评价系统的基本目标。

（一）提高目标一致性与协调性

如前文所述，分权不利于实现目标的一致性，部门管理者不一定总是制定与公司目标一致的决策。只有当每个部门都以同步的方式朝着公司总体目标前进时才能实现公司的目标。业绩评价系统应该提供激励措施，来协调业务部门的活动，并且指导它们朝着公司的总体目标前进。

（二）交流期望

为了制定与公司目标相一致的决策，部门管理者必须要知道公司目标以及他们部门在实现这些目标的过程中所扮演的角色。业绩评价系统应该指出部门最关键的目标。如果不知道高层管理者的期望，部门管理者在日常运营决策中就得不到指导。

（三）激励部门管理者

部门管理者经常被鼓励去做有助于实现高层管理者期望的决策。高层管理者可能会给实现或超过业绩目标值的部门管理者提供奖金作为额外的激励。高层管理者必须格外小心地设定业绩目标值。例如，只用成本控制来衡量一个部门管理者会导致他采取任何必要的行动来实现这一目标，包括牺牲质量或客户服务。但是这些行动对公司整体来说不是最有利的。因此，高层管理者必须考虑为部门管理者设定的业绩指标可能带来的后果。

（四）提供反馈

在分权化公司中，虽然高层管理者将责任和决策的权力下放给了部门管理者，但业绩评价系统为他们提供了掌控整个组织所需要的信息。如果部门没有达到目标，高层管理者就会采取纠正措施，从修正目标值（如果目标值是不现实的）到撤掉部门（如果目标值是能够实现的，但是部门没有实现）。

（五）用于对标

业绩评价结果经常用于对标，与行业的最佳实践相比较。将业绩评价的结果与行业标杆相比较往往比将其与预算相比较的结果更能说明问题。为了生存下来，公司必须跟上它的竞争对手。标杆帮助公司确定它的表现至少要和竞争对手一样好。

二、业绩指标的应用要点

（1）业绩指标要与战略保持一致，否则无法向员工清晰地传达管理层的期望。考核并奖励与组织目标不一致的行为，将催生有损组织目标的行为。

（2）业绩指标要足够客观。只有客观、符合实际的目标才会达到激励员工的效果，完美、理想化的目标往往适得其反。员工可能为了实现自身利益而隐瞒事实，或者只考虑自身利益而忽视集体利益，不利于组织的整体进步与发展。

（3）业绩指标要易于理解。员工只有充分理解才能依据这些指标调整行为，与组织目标保持一致。

（4）在应用业绩指标时，务必保证应用方式的一致性、连贯性和经常性。

（5）关注业绩计量成本。在业绩评价体系上投入巨资以获得极为准确的报告，结果毫无必要。因此在选用业绩评价体系时应权衡其准确性和成本，做出符合企业实际的决策。

三、业绩评价标准

业绩评价标准是对评价对象进行分析评判的标准。某项指标的具体评价标准是在一定前提条件下产生的，具有相对性。由于评价的目标、范围和出发点不同，必然要有相应的评价标准与之相适应。随着社会不断进步、经济不断发展以及外部条件的变化，作为评判尺度的评价标准也就不可能一成不变，因此评价标准是相对的、发展的、变化的。目前常用的业绩评价标准有：经验标准、年度预算标准、历史水平标准和竞争对手标准等。为了全面发挥企业业绩评价系统的功能，在实际工作中应综合运用各种不同的标准。在具体选用标准时，应与评价客体密切联系。一般来讲，评价对象为经营者时，采用年度预算标准较为恰当；评价对象为企业时，通常采用历史水平标准和竞争对手标准。

四、评价方法

评价方法是企业业绩评价的具体手段。有了评价指标和评价标准，还要采用一定的评价方法来对评价指标和评价标准进行实际运用，以取得公正的评价结果。没有科学、合理的评价方法，评价指标和评价标准就成了孤立的评价要素，也就失去了存在的意义。评价方法包括单项指标的计分方法、权重设计以及多指标综合计分。当前有多种多指标综合评价方法，如功效系数法、综合分析判断法、模糊评价法、主成分法、因子分析法等①。

在下面的内容中我们会重点介绍责任中心的财务业绩评价，同时讲解平衡计分卡这一包含财务指标和非财务指标的业绩评价工具。

第三节　责任中心的财务业绩评价

在分权化组织中，对于不同责任中心的业绩评价有所不同，本节主要从财务角度讲授如何对成本中心、利润中心和投资中心开展业绩评价。最后，本节也指出了财务业绩评价的不足。

---

① 对于此方面知识的拓展，可参考：刘俊勇．公司业绩评价与激励机制．北京：中国人民大学出版社，2009.

一、成本中心

一个责任中心，如果不形成或者不考核其收入，而着重考核其所发生的成本和费用，称为成本中心。

成本中心是成本发生的单位，一般没有收入，或仅有无规律的少量收入，其责任人可以对成本的发生进行控制，但不能控制收入与投资。因此，成本中心只需对成本负责，无须对利润情况和投资效果负责。对成本中心的考核主要针对其成本和费用。只负责生产产品或生产其他车间所需的半成品的生产车间可以作为成本中心，例如，联想公司的产品线、东风日产公司的装配中心。因为它们不具备销售职能，其产品只是交付销售部门销售或提供给其他车间继续加工，一般不能形成货币收入，对该类车间只能考核其成本发生情况。

成本中心一般分为：标准成本中心和费用中心。

(1) 标准成本中心是指那些有明确、具体的产品，且对生产产品所需各种要素的投入量能够合理预计的成本中心。例如，富士康组装手机的班组、上海外高桥造船有限公司的涂装车间等，都可作为标准成本中心。因为其产出数量可以明确计量，对其所生产的产品可以预计原材料、直接人工、间接制造费用等的投入标准。

(2) 费用中心则是指那些工作成果不是很明确的实物，无法有效计量，或者投入与产出之间没有密切联系的成本中心。一般来说，行政管理、科研开发、广告宣传等服务性部门应列为费用中心。例如，李宁体育用品有限公司的法律和会计部门。费用中心的实际成本可以准确计算，却难以根据其投入与产出的数量来判定其支出是否有效、工作成绩是优是劣，也就不容易对无效开支进行有效控制。

成本中心也可分为基本成本中心与复合成本中心。基本成本中心是最基层的成本中心，没有下属成本中心，不能进一步分解；复合成本中心下设若干个下属成本中心，并对其下属成本中心发生的成本负责。

(一) 财务指标

标准成本中心的考核指标，是在既定产品质量和数量条件下的标准成本，也就是预算成本。如果能以低于预算水平的实际成本生产出相同的产品，则说明该成本中心业绩良好。标准成本中心不需要做出价格决策、产量决策或产品结构决策，这些决策由上级管理部门做出，或授权给销货单位做出。费用中心的考核指标是费用预算。

(二) 责任成本

在明确了财务指标后，需要强调的是，对成本中心进行考核的主要内容是其责任成本（responsibility cost）。责任成本与传统的产品成本有所不同。传统的产品成本以产品为成本计算对象，而责任成本则以责任中心为成本计算对象，凡应由某责任中心负责的成本都应计为该责任中心的责任成本。

在计算责任成本时首先应区分可控成本（controllable cost）与不可控成本（un-controllable cost）。可控成本是指在特定时期内，特定责任中心的责任人可以直接控制其发生的那部分成本。成本可控与否总是针对特定的时期和特定的责任人而言的，离开这两个条件就会失去实际意义。比如，电费对于造船厂的装配车间来说是可控成本，但管理费用对装配车间来说是不可控的；厂房的折旧费用在该厂房建成以后的阶段内是不可控的，但在决策是否建设该厂房时却是可控的。

成本中心只能对其可控成本产生影响，对不可控成本无能为力，因此，在计算责任成本时只应包括可控成本。基本成本中心的责任成本是其可控成本之和，复合成本中心的责任成本则是其可控成本与其下属成本中心的责任成本之和。从企业整体来看，各个责任中心的可控成本之和即为整个企业的总成本，划分责任中心等于是将企业的总成本进行分解，由各有关责任中心分别控制，各司其职，于是整个企业的成本控制得到了具体落实。

在认定各成本中心的责任成本时必须采用合理的标准，按照“谁发生，谁承担”的原则认定各责任成本。例如，采购部门购入原材料质量不合格造成生产部门生产成本增加的部分应视为采购部门的责任成本；下料车间产品不合格使切割车间出现废品造成的损失应作为下料车间的责任成本。

我们还应注意可控成本与不可控成本、直接成本与间接成本、固定成本与变动成本这三组概念的不同含义。成本可控与否依据成本中心对成本是否具有影响力、控制力来区分；直接成本与间接成本依据成本的发生与个别产品或部门的关系来区分；固定成本与变动成本则是依据成本与产量的变动关系来区分。一般情况下，成本中心的直接成本和变动成本大多是可控成本，间接成本和固定成本大多是不可控成本。但这种联系并不是绝对的，例如，将造船厂的装配车间作为一个成本中心，车间主任的工资是该成本中心的直接成本，却是不可控成本；所使用的外购部件是变动成本，但也是不可控成本；从供水供电车间转来的水电成本是间接成本，但由于本成本中心可以控制自己的用水用电数量，因此，如果该项成本根据耗用数量进行分配，就应作为可控成本。

二、利润中心

利润中心是责任人对其责任区域内的成本和收入均要负责的责任中心。利润中心的责任人既能控制其成本，又能控制其收入，但不能控制投资活动。利润中心属于企业中的较高层次的责任中心，同时具有生产和销售职能，有独立的、经常性的收入来源，可以决定生产什么产品、生产多少、生产资源在不同产品之间如何分配，也可决定产品销售价格，制定销售政策，因此其与成本中心相比具有更大的自主经营权。

利润中心有两种类型：一是自然的利润中心；二是人为的利润中心。自然的利润中心一般直接向企业外部市场销售产品、提供产品或劳务以获取利润，例如，一个同时肩负生产和对外销售任务的分厂可以作为一个自然的利润中心。人为的利润中心则是通过将产品或劳务按照确定的内部转移价格“销售”给本企业其他生产部门或销售部门以获取收入而形成的。从这个意义上来说，任何一个成本中心均可通过对其产品确定一个内部价格从而成为人为的利润中心。以汽车生产厂为例，切割车间生产出的半成品以厂内价格转移到组装车间继续加工，该车间即可视为人为的利润中心；企业的供水供电部门按厂内价格向其他部门供水供电，亦可作为利润中心。

利润中心就其利润向上级负责，实际上也就是对其成本和收入负责，其成本包括利润中心本身的可控成本及其下属成本中心的责任成本。

利润中心考核的指标主要是利润。此外还需纳入一些非财务指标作为补充，包括生产率、市场地位、产品质量、员工满意度、社会责任等。

在计量一个利润中心的利润时，要解决两个问题：(1) 选择一个利润指标，包括如何分配成本到该中心；(2) 为在利润中心之间转移的商品规定价格，即内部转移价格。这里先讨论第一个问题，第二个问题在后面单独讨论。

利润并不是一个十分具体的概念，在这个名词前边加上不同的定语，可以得出不同的概念。在评价利润中心业绩时，至少有四种选择：贡献毛益、可控贡献毛益、部门贡献毛益和部门税前利润。

【例 14-1】 嘉宝电器用品公司的销售部 2020 年财务数据如下（单位：万元）：

部门销售收入	15 000
已销商品变动成本和变动销售费用	10 000
部门可控固定间接费用	800
部门不可控固定间接费用	1 200
分配的公司管理费用	1 000

该部门的利润情况如下（单位：万元）：

收入	15 000
变动成本	10 000
(1) 贡献毛益	5 000
可控固定成本	800
(2) 可控贡献毛益	4 200
不可控固定成本	1 200
(3) 部门贡献毛益	3 000
公司管理费用	1 000
(4) 部门税前利润	2 000

下面对四种利润进行具体分析：

(1) 以贡献毛益 5 000 万元作为业绩评价依据不够全面。部门经理至少可以控制某些固定成本，并且在固定成本和变动成本的划分上有一定的选择余地。以贡献毛益作为评价依据，可能导致部门经理尽可能多支出固定成本以减少变动成本支出，尽管这样做并不能降低总成本。因此，业绩评价时至少应包括可控制的固定成本。

(2) 以可控贡献毛益 4 200 万元作为业绩评价依据可能是最好的，它反映了部门经理在其权限和控制范围内有效使用资源的能力。部门经理可以控制收入、变动成本和部分固定成本，因而可以对可控贡献毛益承担责任。这一衡量标准的主要问题是可控固定成本和不可控固定成本的区分比较困难。例如折旧、保险等，如果部门经理有权处理这些资产，它们就是可控的；反之，则是不可控的。又如，雇员的工资水平通常是由企业集中决定的，如果部门经理有权决定本部门雇用多少员工，那么工资成本就是可控制成本；如果部门经理既不能决定工资水平又不能决定雇员人数，则工资成本是不可控成本。

(3) 以部门贡献毛益 3 000 万元作为业绩评价依据，可能更适合评价该部门对企业利润和管理费用的贡献，而不适合对于部门经理的评价。若要决定该部门的取舍，部门贡献毛益是有重要意义的信息。若要评价部门经理的业绩，由于有一部分固定成本是过去最高管理层投资决策的结果，现在的部门经理已很难改变，那么部门贡献毛益就超出了部门经理的控制范围。

(4) 以部门税前利润2 000万元作为业绩评价的依据通常是不合适的。公司的管理费用是部门经理无法控制的成本，因此分配公司管理费用而引起的部门利润的不利变化，不能由部门经理负责。不仅如此，分配给各部门的管理费用的计算方法常常是任意的，部门本身的活动和分配来的管理费用高低并无因果关系。许多企业把所有的管理费用分配给各部门，其目的是提醒部门经理注意各部门提供的贡献毛益必须抵补总公司的管理费用，否则企业作为一个整体就不会盈利。其实，通过给每个部门建立一个期望能达到的可控贡献毛益标准，可以更好地达到上述目的。这样，部门经理可集中精力增加收入并降低可控制成本，而不必在分析那些他们不可控的分配来的管理费用上花费精力。

三、投资中心

投资中心是责任人对其责任区域内的成本、收入及投资均要负责的责任中心。投资中心是企业最高层次的责任中心，不仅具有充分的经营决策权，而且具有一定的投资决策权。投资中心一般是公司的大部门，其责任人既能控制责任中心的成本和收入，也能控制所占用的资产。例如，华润集团的华润置地和华润万家，事实上整个华润集团本身就可以作为一个投资中心。

各投资中心的资产与权益必须明确划分，共同发生的成本应该按照合理的标准在各中心之间分配，这样才能准确计算和正确评价各投资中心的效益，分清责任，充分发挥财务控制的作用。

评价投资中心业绩的指标通常有以下三种：投资报酬率、剩余收益和经济增加值。

(一) 投资报酬率

投资报酬率（ROI）是最常用的考核投资中心业绩的指标。这里的投资报酬率是部门的税前利润除以该部门所拥有的资产额。

【例14-2】 朝阳公司定制话筒部门的资产为200万元，税前利润为40万元，那么其投资报酬率＝40÷200×100%＝20%。

用投资报酬率来评价投资中心业绩的优点在于，它是根据现有的会计资料计算的，比较客观，可用于部门之间以及不同行业之间的比较。投资人非常关心这个指标，公司高层也十分关心这个指标，用它来评价每个部门的业绩，促使其提高本部门的投资报酬率，有助于提高整个企业的投资报酬率。投资报酬率可以分解为投资周转率和销售利润率两者的乘积，并可进一步分解为资产的明细项目和收支的明细项目，从而对整个部门的经营状况做出评价。

投资报酬率指标的不足也是十分明显的。部门经理会放弃高于资金成本而低于目前部门投资报酬率的机会，或者减少现有的投资报酬率较低但高于资金成本的某些资产，使部门的业绩获得较好评价，却伤害了企业的整体利益。

【例14-3】 接例14-2，假设朝阳公司的资金成本率为15%。定制话筒部门经理面临一个投资报酬率为17%的投资机会，投资额为100万元，每年净利17万元。尽管对整个企业来说，由于投资报酬率高于资金成本率，应当利用这个投资机会，但是它却使定制话筒部门的投资报酬率由过去的20%下降到19%。

投资报酬率＝(40＋17)÷(200＋100)×100%＝19%

同理，如果该部门在现有资产中有一项价值50万元的资产，该资产每年获利8.5万元，投资报酬率为17%（8.5÷50），超过了资金成本15%。该部门经理却愿意放弃该项资产，以提高部门的投资报酬率。

投资报酬率=(40−8.5)÷(200−50)×100%=21%

当使用投资报酬率作为业绩评价标准时，部门经理可以通过加大公式分子或减少公式分母来提高这个比率。实际上，减少分母更容易实现。这样做，会失去不是最有利但却可以扩大企业总净利的项目。因而，从引导部门经理采取与企业总体利益一致的决策来看，投资报酬率并不是一个很好的指标。

（二）剩余收益

为了克服由于使用比率来衡量部门业绩带来的次优化问题，许多企业采用绝对数指标来评价利润与投资之间的关系，这就是剩余收益。

剩余收益=部门利润−部门资产应计报酬
=部门利润−部门资产×资金成本率

剩余收益的主要优点是可以使业绩评价与企业的目标协调一致，引导部门经理采纳高于企业资金成本的决策。

【例14-4】 接例14-3，根据朝阳公司定制话筒部门的资料可计算得到：

目前部门剩余收益=40−200×15%=10(万元)
采纳增资方案后剩余收益=(40+17)−(200+100)×15%=12(万元)
采纳减资方案后剩余收益=(40−8.5)−(200−50)×15%=9(万元)

部门经理会采纳增资的方案而放弃减资的方案，这与企业总目标是一致的。

采用剩余收益还有一个好处，就是允许依据不同的风险调整资金成本率。从现代财务理论来看，不同的投资有不同的风险，应按风险程度来调整其资金成本率。因此，不同行业部门的资金成本率不同，甚至同一部门的资产也属于不同的风险类型，例如，现金、短期应收款和长期资本投资的风险有很大区别，应采用不同的资金成本率。在使用剩余收益指标时，可以对不同部门或者不同资产规定不同的资金成本率，使剩余收益这个指标更加灵活。而投资报酬率评价方法并不区分不同资产，无法分别处理风险不同的资产。

当然，剩余收益是绝对数指标，不便于不同部门之间的比较。规模大的部门容易获得较大的剩余收益，而它们的投资报酬率并不一定很高。在这里，我们再次体会到引导决策与评价业绩之间的矛盾。因此，许多企业在使用这一方法时，事先建立与每个部门资产结构相适应的剩余收益预算，然后通过实际与预算的对比来评价部门业绩。

（三）经济增加值

1982年，美国思腾思特咨询公司提出了经济增加值（economic value added，EVA）指标。EVA也称经济利润，是指扣除股东所投入的资本成本后的企业真实利润。这一指标被可口可乐、新加坡政府投资公司、高盛、摩根大通和瑞士信贷第一波士顿（CSFB）广泛应用。我国也引入了EVA这一指标，2010年国务院国资委开始正式对央企实施经济增加值（EVA）指标考核。

经济增加值是剩余收益的一种特殊计算方式。和前文剩余收益的计算不同，经济增加值通过公司主要的利益相关者来分析部门剩余收益，这里的利益相关者包括投资者和长期债权人（例如债券持有人）。因为这些利益相关者提供了公司的资本，管理层常常希望以这两个利益相关者的观点来评价部门使用其资产的效率。经济增加值的计算公式如下：

经济增加值＝税后营业利润－[(总资产－流动负债)×加权平均资本成本]

【例 14－5】 接例 14－4，以朝阳公司的两个部门为例具体说明 EVA 的计算（见表 14－2）。

表 14－2 朝阳公司两个部门的 EVA 单位：万元

	定制话筒部	耳机部
营业利润	40	50
总资产	200	350
销售收入	150	190
实际所得税税率（%）	30	
加权资本成本率（%）	15	
流动负债	75	65

25%的实际所得税税率意味着政府会从收入中拿走 25%，仅仅留下 75%给公司的利益相关者。因此，我们通过用部门的营业利润乘以 75%来计算税后营业收入。

定制话筒部门 EVA＝(40×75%)－[(200－75)×15%]
＝30－18.75
＝11.25(万元)

耳机部门的 EVA＝(50×75%)－[(350－65)×15%]
＝37.5－(285×15%)
＝37.5－42.75
＝－5.25(万元)

经济增加值的计算表明，定制话筒部门为投资者和长期债权人创造了超过它们期望的利润，而耳机部门却没有。

(四) 资产额的确定

无论是投资报酬率、剩余收益还是经济增加值，都涉及资产额的确定。

首先，资产有不同的衡量标准，如总资产还是长期负债、历史成本还是重置成本、账面原值（历史成本）还是账面价值（历史成本减掉累计折旧、累计摊销等）。不同的选择可能导致不同的业绩评价结果，因此资产额的确定是决策者需要格外关注的。

通常情况下，如果部门经理的任务是最大限度地使用所控制的资产而对负债无直接责任，选择总资产就可以达到业绩评价的目的；而当部门经理可以直接控制短期负债等，则总资产扣除短期负债是最好的选择（经济增加值通常使用这一指标）。

其次，资产有不同的计量属性。现实中，大多数企业倾向于使用资产的历史成本。考虑到成本效益原则，历史成本在企业的账务记录中已经存在，企业不用花费额外费用就能获得所需的信息。固定资产等通常涉及使用账面原值还是账面价值的问题。使用账面原值可以促进不同部门之间的业绩比较，也可以排除折旧方式和资产寿命等的影响；使用账面价值则可以与企业向外部利益相关者公布的数据保持一致。

【例 14-6】 一件设备原价为 300 000 元，有 3 年的使用寿命，预计净残值为 0。假设每年经营利润为 13 000 元，每年的投资报酬率如表 14-3 所示。

表 14-3　投资报酬率的计算　　单位：元

	第 1 年	第 2 年	第 3 年
经营利润	13 000	13 000	13 000
账面原值	300 000	300 000	300 000
(1) 投资报酬率 (%)	4.3	4.3	4.3
平均账面价值	250 000	150 000	50 000
(2) 投资报酬率 (%)	5.2	8.7	26

从表 14-3 可以看出，使用账面原值，每年的投资报酬率均为 4.3%；而使用平均账面价值，则每年的投资报酬率呈上升趋势。因此通常情况下，使用账面价值计算业绩指标的企业中，管理者会倾向于更晚地替换需要更新的设备，这也使得公司需要格外关注各管理者选择账面原值或是账面价值的动机，避免做出错误的评价结论。

四、财务业绩指标的局限

在过去，业绩评价基本都是围绕财务指标展开的。一方面，这一侧重是有意义的，因为一个公司的最终目标是创造利润；另一方面，当前的财务业绩揭示的是过去行动的结果而不是预示将来的业绩。因为这一原因，财务指标更倾向于滞后指标（lag indicators）（在结果之后），而不是领先指标（lead indicators）（预测未来）。管理者需要知道过去决策的结果，但是也需要考虑当前决策对未来的影响。为了精确评估公司，经理既需要领先指标也需要滞后指标。

财务业绩指标的另外一个局限是，它们侧重公司的短期成果，而不是长期业绩。因为财务报表是以月、季度或者年度为基础编制的。但为了保持竞争力，高层管理者需要明确的信号来评估和预测公司在较长一段时期里的业绩。

正因为财务指标的这些局限，越来越多的公司开始使用非财务业绩指标来衡量公司业绩。在下一节中我们将介绍平衡计分卡如何应用在业绩评价中。

第四节　非财务指标

本节从平衡计分卡角度介绍典型的非财务指标。

一、流程类指标

平衡计分卡第三个层面是内部业务流程，流程对客户和财务层面结果的实现至关重要。衡量流程的指标有：

（一）流程时间

企业的很多客户高度重视迅捷的交货周期，即从客户下订单开始，到客户收到订购的产品或服务为止所需的时间。此外，客户也很重视可靠的交货周期，用按时交货衡量。制造业通常以两种方法满足客户迅捷的交货周期和可靠的交货周期的要求。一种方法是利用高效率、可靠、零缺陷、短周期的订单履约和生产流程，对客户的订单作出迅速的反应；第二种方法是生产大量产品并保持大量库存，以便用现有产品立即满足客户的需要。第一种方法使企业能够成为一个低成本和及时的供应商；第二种方法往往使企业生产过剩、忙于制定库存清单、产品闲置，从而导致成本上升，并且使企业无力对非库存产品的订单作出快速反应（因为生产线正忙于生产库存中的那些产品）。因为许多企业都正努力把使客户满意的第二种方法（大批生产可用得上的存货）改为第一种方法（及时生产少量的订货），所以，缩短内部流程的周期或产出时间便成为一个关键的目标，周期或产出时间可通过多种不同的方式进行衡量，周期的起始时间可定为：

（1）接到客户订单时；

（2）安排客户订单或生产批次时；

（3）为客户订单或生产批次而采购原材料时；

（4）原材料到货时；

（5）开始生产客户订单或批次生产时。

同样地，周期的结束也可以用下列时间来决定：

（1）完成客户订单和批次生产时；

（2）客户订单或批次生产的产品进入库存、随时可以起运时；

（3）客户订货起运时；

（4）客户收到订货时。

生产周期的起点和终点的选择取决于追求缩短周期时间的经营流程的范围。广义的周期是订单履约流程，即从接到客户订单开始到客户收到订货为止；狭义的周期，以改善厂房的物料流动为目的，即从批次生产开始到批次生产完成时。不论采用哪种定义，企业都应该继续对周期时间进行衡量并为员工设定缩短周期时间的目标值。

许多企业试图采用及时生产（JIT）流程，它们常用的衡量标准是制造周期效率(manufacturing cycle effectiveness，MCE)，其公式如下：

$$MCE=\frac{\text{加工时间}}{\text{产出时间}}$$

MCE 应小于 1，因为

$$\text{产出时间}=\text{加工时间}+\text{检查时间}+\text{搬移时间}+\text{等候或储存时间}$$

加工时间是制造产品实际所用的时间（无论是制造、生产还是组装），许多生产作业的加工时间其实不到产出时间的 5%，也就是说，如果全部产出时间是 6 个星期（30 个工作日），那么真正用到加工的时间只有 1～2 天。其余时间里，零部件或产品要么是正在检查中，要么是在厂房里搬来搬去，或者根本在仓库或厂房里等候，或者处于即将开始（或刚完成）一个加工作业，等待下个作业安排、机械安排和零部件到位的空当。理想的及时生产流程的产出时间应该正好等于它的加工时间，当达到这一理想状态时，MCE 等于 1。这个目标就像零缺陷一样，可能是企业永远无法达到但值得追求的目标。

MCE 值隐含着一个理论，即除了加工时间外，所有花在检查、重做有缺陷的产品、把货品从一个流程移到下一个流程，以及等候下一个加工作业开始之前的时间，都是浪费掉的或非增值的时间。这些时间之所以是浪费，是因为在这些时间里产品的物理形态并没有发生任何改变以满足客户的需要，同时它们延迟了交货时间，却未增加任何价值。当 MCE 值趋于 1 时，表示企业浪费在搬移、检查、维修和储存产品上的时间大为减少，快速反应客户订单的能力大大提高。

（二）流程质量

目前，几乎所有企业都在实施质量方案和质量计划，而任何一个质量计划的中心都是衡量，因此，许多企业早已熟悉各种各样的流程质量衡量指标：

（1）每百万个产品的次品率；

（2）良品率（生产出的完好货品与输入的完好货品的比率）；

（3）浪费率；

（4）废料率；

（5）返工率；

（6）退货率；

（7）统计流程控制下的加工比率。

（三）流程成本

当注意力集中在衡量流程时间和流程质量时，人们很容易忽视成本方面的衡量。传统的成本会计系统可以衡量单个任务、作业和部门的费用和效率，但是不能衡量流程层次的成本，特别像订单履约、采购或生产计划和控制等流程，通常要动用好几个责任中心的资源和活动。作业成本系统的出现使企业流程的成本得到有效衡量。

总的来说，作业成本分析可以帮助企业获得流程成本的衡量指标。流程成本、质量和时间的衡量指标，即构成了三个足以描绘企业内部业务流程特征的重要参数。当企业实施重要的内部业务流程持续改进方案（如 TQM）或突破性改进方案（如流程改造或重新设计流程）时，这三个衡量指标将提供这些改进方案是否达到目标的衡量结果。

二、质量类指标

（一）财务层面：质量成本

质量成本是企业在推行全面质量管理中提出的一个新的成本概念，是指在产品质量上发生的一切费用支出，包括由于未达到质量标准造成的损失或发生的费用以及为保证和提高产品质量而支出的各种费用。

制造业的质量成本一般包括以下四种类型的成本：

（1）预防成本。防止生产不合格产品或提供不符合标准服务所发生的成本。其包括为改进产品设计（从而改进产品生产）的工程分析、改进生产工艺流程、提高原材料投入质量、员工培训计划所发生的成本。

（2）鉴定成本。确认不合格产品或服务所花费的成本，包括检查和测试费用。

（3）内部失败成本。由于不合格元件和最终产品或服务报废或返工所发生的成本，也包括不合格产品或服务引起的延期成本。

（4）外部失败成本。由于提供给顾客不合格产品或服务所发生的成本，如上门维修、退货，或质量担保费用等。

根据质量成本所包括的内容，其计算公式可表示如下：

质量成本总和＝预防成本＋鉴定成本＋内部失败成本＋外部失败成本

当质量成本总和达到最低时，即为最佳质量成本（见图 14－1）。

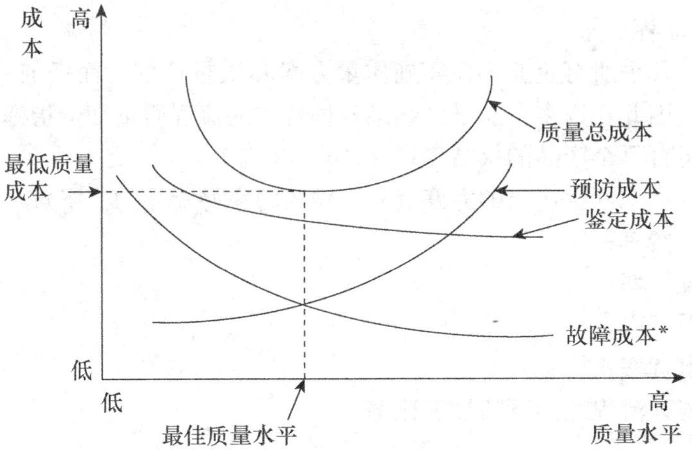

图 14－1　质量成本模型

* 故障成本包括内部失败成本和外部失败成本。

通过预测最佳质量成本，可以把质量水平和成本水平联系起来考察质量成本的构成和总额，寻找提高质量、降低成本的有效途径，力求以最低的质量成本来保证和不断提高产品的质量。

表 14－4 列出了与四种类型质量成本相关的事项。仔细研究这些事项，你会发现绝大多数预防成本发生在价值链的研发和设计阶段；相反，绝大多数鉴定和内部失败成本与价值链的生产因素有关；外部失败成本发生在客户服务阶段，或者是错过销售的机会成本。管理者在这些成本之间进行权衡。许多预防成本只是定期发生，而内部和外部失败成本则是持续发生。

表 14－4　质量成本类型及相关事项

预防成本	鉴定成本
员工培训 评价潜在的供应商 改进材料 预防性维护 改进设备和生产流程	材料验收 产品生产各阶段的检查 产成品或最终服务的检查 产品检测
内部失败成本	**外部失败成本**
停工损失 返工 次品 废品 废品处置	客户流失损失 质保成本 上门服务成本 由于质量问题造成的销售退回和折让 质量承诺

质量成本可能难以计量。例如，设计工程师只是将他们的一部分工作时间花费在质量上，将他们的工资分配给不同的作业是主观的。计量外部失败成本尤其困难。不

满意的客户流失而造成的损失是最大的外部失败成本，但是在账簿上却找不到它。因此，全面质量管理也强调非财务指标。

（二）客户层面

使用非财务指标管理质量的企业，首先从客户满意度的角度来考察质量，然后管理者将注意力转向内部业务流程来帮助改善质量，并建立企业文化来保持质量。公司通常使用下列非财务指标检测客户满意度：关于客户偏好和对某些特定产品功能满意度的市场研究信息（衡量设计质量）、市场份额、高满意度客户百分比、交到客户手里的不合格产品数量占交付产品总数量的比例、客户投诉次数、交货后不久即出故障的产品比例、平均交货延迟天数、准时交货率。

（三）内部业务流程层面

公司通常用下列非财务指标来监测它们所作的质量改进，如：缺陷产品所占百分比、返工产品所占百分比、利用控制图、帕累托图和因果图等质量分析工具进行分析的次数、提高设计质量和降低质量成本的设计和流程变化次数。

（四）学习与成长层面

公司通常使用下列非财务指标来消除产生质量缺陷的根本原因以改进质量，如：设计工程师的经验和资格、员工流失率、员工授权比例、员工满意度、员工培训比例。

上述非财务质量指标的改善最终会改善财务质量指标。

第五节　内部转移价格

不同责任中心之间相互提供产品和劳务，为了科学地开展业绩评价，需要制定内部转移价格。

一、内部转移价格的概念

内部转移价格（transfer price）是企业的内部单位之间相互提供产品或劳务时由于结算的需要而选定的价格标准。例如，东风日产拥有一个独立的汽车轮胎生产部门，那么转移价格就是轮胎生产部门向汽车装配部门提供轮胎时收取的价格，这个价格为卖方（即轮胎生产部门）创造了收入，给买方（即装配部门）增加了成本，它同时影响两个相关部门的利润，定价高会增加转出部门的利润、降低转入部门的利润，定价低则结果相反。因此各部门的负责人都非常关心内部转移价格的制定，有时为了各自的利益甚至会发生争执。

制定内部转移价格的目的是：一方面明确各部门的责任，避免由于成本在部门间的转移造成责任的转嫁，便于对各责任中心进行有效的业绩评价；另一方面引导各责任中心在经营中采取与整体目标一致的决策。但这两个目的往往难以兼顾，因此在制定内部转移价格时必须根据企业的具体情况全面考虑，权衡利弊，做出最佳选择。

二、确定内部转移价格的方法

（一）市场价格

以市场价格作为内部转移价格的方法，是假定企业内各部门都是独立自主的，它们可以自由地决定从外界或内部购销。同时，产品有竞争市场，这些产品之间只有极其微小的差别，而且有一个客观的市场价格可供利用。其理论基础是，对于独立的企业单位进行评价，就看它们在市场上买卖的获利能力。以市场价格为基础制定内部转移价格，没有必要考虑消除由市场价格带来的竞争压力。

以市场价格作为内部转移价格的显著优点是，供需双方都能按市场价格买进卖出它们所供和所需的产品。供需双方部门经理在相互交易时，同外部人员一样。只要供应一方是按生产能力提供产品，也可将之视为在市场中进行交易。而且一个公司的两个责任中心相互交易，不管市场上是否存在同样的货物，内部交易在质量、交货期等方面易于控制，可以节省谈判成本。因此，如果公司管理层为了全公司的整体利益，应当鼓励进行内部交易。其基本原则是：除非责任中心有充分理由说明外部交易更有利，否则各责任中心之间应尽量进行内部交易。

直接以市场价格作为内部转移价格的劣势在于：部门间提供的中间产品常常很难确定其市场价格，而且市场价格往往变动较大或没有代表性。从业绩评价来说，以市场价格为内部转移价格，对供货部门有利。因为产品由企业内部供应，可以节省销售、商业信用等方面的费用。而直接以市场价格为转移价格，所节约的费用将全部表现为供货部门的工作成果，购货部门得不到任何好处，因而会引起购货部门的不满。另外，在进行产品由企业自制还是外购决策，或是否淘汰某一产品的决策时，以市场价格作为转移价格几乎完全无效。因为从企业作为一个整体来看，这些决策应以边际成本或差异成本方法为基础来制定。

（二）以成本作为内部转移价格

用产品成本作为内部转移价格，是制定转移价格的最简单方法。在讨论这一问题时，常用完全成本（实际成本）、标准（预算）成本、变动成本等概念，它们对存货估价决策、业绩评价等产生不同的影响。

完全成本的成本资料是根据财务报告的要求编制的，具有现成可用特点，不必为制定转移价格而增加任何费用。但以完全成本作为转移价格，将使产品（半成品）的销货部门得不到任何利润，所有利润都将表现在购货部门的账上。同时，由于销货部门的成本全部转移给购货部门，因此对制造部门降低成本缺乏激励作用。而对购货部门来说，由于制造部门的成本无论高低都将全额转移给购货部门，因此购货部门就要承担不受其控制而由其他部门造成的工作效率上的责任。如果以此为依据，对有关各方面的工作成就进行评价，并按成果的大小进行奖励，就必然产生偏差，不能取得应有的效果。为了弥补上述缺陷，人们认为可以采用某种形式的标准（预算）成本。标准（预算）成本可以极大地减少低效率问题，有利于明确经济责任，便于正确评价各部门的工作成果。但是，无论以完全成本还是以标准（预算）成本作为转移价格，对于短期决策来说，都会遇到销货部门的固定成本在购货部门将作为变动成本处理，由此决定了它们不能很好地解决目标一致性问题。以完全成本作为内部转移价格，主要适用于成本中心之间相互提供的产品和劳务的计价和结算。

以变动成本作为转移价格存在的主要问题是：

(1) 这种转移价格会对购货部门过分有利。

(2) 由于对责任中心只计算变动成本，因而不能用投资利润率和剩余收益对该中心负责人进行业绩评价，而只限用于成本中心。

(3) 如果无限制地将一个责任中心的变动成本转移给另一责任中心，将不利于激励成本中心控制成本。为此，有的企业采用“变动成本加固定费用”的办法来制定转移价格。

总的说来，以成本为转移价格是内部转移价格的较简单和不完善的方法，但对于包含秘方以及专利等没有市价存在，或者无外部市场的中间产品，以及便于某种整体决策目的来说，它仍不失为一种行之有效且必要的转移价格方法。

(三) 经过协商的市场价格

为了解决直接以市场价格作为内部转移价格所存在的缺点，也可以市场价格为基础，由相关部门定期协调确定一个双方都愿意接受的转移价格作为内部计价、结算的依据。使这项制度能有效执行的前提条件是，有关的中间产品应有市场可以买卖，这个市场使购销双方可以决定是否买卖这种中间产品，任何通过协商制定的转移价格都表示这种选择权的存在。另外，外部市场的存在，可以减少协商中讨价还价的余地。

但经过协商确定转移价格还是不可避免地要花费很多时间，耗费很多人力、物力。当需要进行协议的产品相当多时，由于需要的时间长、人力多，常常会争吵不休而无法取得结果，同时又伤害了部门间的合作感情。这一方法的另一缺陷是：各部门之间难以确定转移价格，往往由企业高层作为公断者来决定。在这种情况下，不但使应用这样的转移价格进行业绩评价成为问题，而且使“自治”化为乌有，失去了分权的意义，更难以起到激励作用。

总的来说，这一做法在某种程度上可以满足目标一致性的要求，但同样使销货部门的固定成本在购货部门作为变动成本，因而也限制了转移价格在进行短期决策时的作用。但这一方法在中间产品有非竞争性市场、生产单位有闲置的生产能力以及变动成本低于市场价格，且部门经理有讨价还价的自由和完全自主的情况下，是行之有效的。

为便于理解，下面举例说明转移价格的制定。

【例 14-7】 旭日制衣公司拥有一个纺织车间和一个制衣车间，纺织车间向制衣车间提供布料。表 14-5 是这两个车间的利润表。

表 14-5 旭日制衣公司纺织车间和制衣车间利润表 单位：元

	纺织车间	制衣车间	纺织车间与制衣车间合计
销售额			
20 000 米×25 元/米	500 000		500 000
15 000 件×300 元/件		4 500 000	4 500 000
总销售额	500 000	4 500 000	5 000 000
费用			
变动费用			
20 000 米×7 元/米	140 000		140 000
15 000 件×100 元/件		1 500 000	1 500 000
固定费用	60 000	65 000	125 000
总费用	200 000	65 000	265 000
总收入	300 000	4 435 000	4 735 000

以市场价格作为转移价格，假设纺织车间目前满负荷运营，并且其生产的产品均

能销售出去，那么纺织车间将以 25 元/米的价格向制衣车间出售布料。

以变动成本作为转移价格，纺织车间将以 7 元/米的价格向制衣车间出售布料。

以完全成本，考虑到其生产和销售水平，纺织车间将以 10 元/米（单位变动成本为 7 元加上单位固定成本 3 元（60 000÷20 000））的价格向制衣车间出售布料。

以协商价格作为转移价格，假设纺织车间产能过剩，如果仍以市场价格（25 元/米）向制衣车间出售布料，则制衣车间可能更愿意从外部供应商处购入布料。因此，两个车间会协商价格水平，该价格位于 25 元/米（市场价格）和 7 元/米（变动成本）之间，这种价格既能一定程度上弥补纺织车间的固定成本，同时又能为公司的总体利润做出贡献。

三、内部转移价格在跨国企业中的应用

跨国企业的管理者通常会利用内部转移价格来达到最小化企业整体所得税、进口税或者关税的目的。例如，耐克公司更倾向于在新加坡的分部制造利润，因为新加坡的企业所得税税率要低于美国。

税务部门也认识到企业通过设置内部转移价格来最小化纳税负担的动机，因此许多国家对其进行了限制。然而即使这样，跨国企业仍然在内部转移价格的确定上有一定的选择权。

【例 14-8】 假设新加坡的所得税税率为 15%，德国的所得税税率为 40%，另外在德国经营的企业还需缴纳相当于商品价格 20%的进口税。若耐克公司可以选择以 120 美元的完全成本或者 80 美元的变动成本为内部转移价格将商品从新加坡分部转移至德国分部，那么耐克公司该如何选择？

表 14-6 展示了耐克公司在价格转移中的效应。

表 14-6 价格转移的效应 单位：美元

新加坡多缴所得税	6（15%×40）
德国少缴所得税	16（40%×40）
德国多缴进口税	8（20%×40）
120 美元价格转移的效应	2

从表 14-6 可以看出，耐克公司如果以 120 美元的价格进行转移，对公司整体而言每单位产品可节省 2 美元。因此耐克公司新加坡分部应该选择以完全成本设定内部转移价格。

行动学习

河南省肿瘤医院的平衡计分卡管理体系

河南省肿瘤医院筹建于 1977 年，现已成为国内肿瘤防治领域一所知名的大型现代化三级甲等医院，其开放床位、医疗设备、诊疗水平、人才团队等诸方面均居河南省专科医院首位。

然而 2009 年开始的新医改向公立医院提出了严峻挑战。一方面医疗服务价格调整，严控医疗费用增长，取消药品加成；医疗保险范围扩大，严格把关封顶费用。另

一方面，分级就诊措施落地，部分普通、慢性疾病的病患将被强制下放，省市级公立医院将主攻重症难症，患者数量及结构的变动趋势势必会造成公立医院的收入总额和收入成本结构的变动。

河南省肿瘤医院面临的就是药品加成废除后收入减少的问题和响应党中央号召作为医疗体系主导中坚力量提升服务质量的挑战。有鉴于此，该医院面对的核心问题是如何一体化实现成本管控、效率强化和品牌效应建立。

经过管理层的讨论，医院决定引入平衡计分卡解决医院绩效管理体系建设所面临的困境。

通过平衡计分卡体系，医院最终形成了 11 个战略组和 16 项战略目标。通过将战略层层分解，医院确立下属所有 25 个部门科室的科室级平衡计分卡与战略地图，并制定指标字典和行动方案，明确指标定义、负责人、数据采集方式、目标值，并对现有差距进行分析，提出可行的解决办法，保证院级平衡计分卡指标的实现。

在平衡计分卡体系基础上，河南省肿瘤医院将平衡计分卡与全面预算管理、绩效管理挂钩，通过多维度的协同，梳理了公立医院工作流程，打破部门壁垒，培养了医院员工量化的思维习惯，工作任务共同承担，权责更加明确，业绩评价更加合理。

此外，通过平衡计分卡体系的构建，河南省肿瘤医院创新性地提出了适合医院发展的 OMC 管理体系，包括三大要素及五大步骤。三大要素为目标（objective）、量化（measure）、协同（cooperation）；五大步骤为目标、衡量指标、目标值、行动方案、预算。即所有的事，不论是战略事项、运营事项、作业层面岗位作业书，都需要医院员工考虑以下问题：目标是什么？度量指标是什么？目标值是多少？行动方案是什么？预算是多少？将医院的问题按照 OMC 的逻辑考虑清楚后再行动。OMC 管理体系的建立，强化了员工的量化思维，转变了医务人员对成本费用的认知，加强医院成本管控，有效促进管理工作在不同层级的协同，提升工作价值。

资料来源：刘俊勇，安娜，韩斌斌. 公立医院平衡计分卡的构建——以河南省肿瘤医院为例. 会计之友，2019（9）.

决策指南

以下是本章知识要点的总结，其中决策部分是基本问题，指南部分是这些问题的答案。

决策	指南
1. 分权化的优点和缺点是什么？	分权化的优点：（1）有助于组织决策，释放高层管理者的时间；（2）发挥专家的专业知识技能；（3）提高管理者能力，改善客户关系；（4）提高激励与员工留职率。 分权化的缺点：（1）目标一致性问题；（2）增加信息收集和处理成本；（3）职能重复设置。
2. 什么是责任中心和责任会计？	责任中心是企业的二级单位、分部或子单元，其管理者对这部分的经营活动负责。 责任会计就是根据各责任中心的信息来考核其计划、预算、执行和业绩的专门系统。

续表

决策	指南
3. 责任中心如何分类？	责任中心分为四种类型： (1) 成本中心：管理者负责控制本部分的成本，不负责收入或投资； (2) 收入中心：管理者负责销售收入，不负责所售产品的成本； (3) 利润中心：管理者负责生成利润、管理收入并控制成本； (4) 投资中心：管理者负责本部分的成本（费用）、收入和投资。
4. 成本中心可以分为几类？	成本中心可以分成两类：标准成本中心和费用中心。 标准成本中心是指那些有明确、具体的产品，且对生产产品所需各种要素的投入量能够合理预计的成本中心。 费用中心则是指那些工作成果不是很明确的实物，无法有效计量，或者投入与产出之间没有密切联系的成本中心。
5. 计算利润中心的利润时需要解决哪两个问题？	(1) 选择一个利润指标，包括如何分配成本到该中心；(2) 为在利润中心之间转移的商品规定价格，即内部转移价格。
6. 投资中心业绩评价指标一般有哪些？	(1) 投资报酬率：税前利润/部门所拥有的资产额； (2) 剩余收益：部门利润－部门资产应计报酬或部门利润－部门资产×资金成本率； (3) 经济增加值（EVA）：税后营业利润－[(总资产－流动负债)×加权平均资本成本]。
7. 流程类指标包括哪几个方面？	流程质量、流程时间、流程成本。
8. 质量成本包括哪几个方面？	预防成本、鉴定成本、内部失败成本和外部失败成本。
9. 什么是内部转移价格？	内部转移价格是企业的内部单位之间相互提供产品或劳务时由于结算的需要而选定的价格标准。
10. 确定内部转移价格的方法有哪些？	(1) 市场价格，以市场价格作为内部转移价格的方法； (2) 以成本作为内部转移价格； (3) 经过协商的市场价格。

小测验（单项选择题）

1. 下列关于分权制的相关说法中，正确的是（　　）。

A. 组织中每个人都有做决策的自由

B. 组织的低层管理者有做决策的自由

C. 组织中每个人的权力都相等

D. 组织的高层管理者拥有绝对控制权

2. 责任中心是指（　　）。

A. 具有一定的管理权限，并承担相应的经济责任的企业内部责任单位

B. 责任最集中的部门

C. 应当承担主要责任的部门

D. 企业外部责任单位

3. 下列各项中，属于非财务指标的是（　　）。

A. 资产周转率　　B. 员工技术水平

C. 销售收入增长率　　D. 资产负债率

4. 下列关于投资报酬率的说法中，正确的是（　　）。

A. 表示投资付出的成本

B. 表示投资的资本成本率

C. 表示投资收回的资本价值

D. 既能反映投资中心的销售利润水平，又能反映资产的使用效果

5. 剩余收益的计算公式是（　　）。

A. 剩余收益＝营业利润－(营业资产×预期最低投资报酬率)

B. 剩余收益＝营业利润＋(营业资产×预期最低投资报酬率)

C. 剩余收益＝部门资产－部门利润

D. 剩余收益＝部门资产＋部门利润

6. 为使企业目标一致，不应当选择的评价业绩的指标是（　　）。

A. ROI　　B. RI　　C. EVA　　D. 以上都不选

7. 利润中心的责任目标是（　　）。

A. 成本中心、利润中心和投资中心的利润水平

B. 各利润中心不同形式的目标利润水平

C. 成本节约水平

D. 资金使用效果

8. 经济增加值的公式是（　　）。

A. 税后营业利润－[(总资产－流动负债)×加权平均资本成本]

B. 税前营业利润－[(总资产－流动负债)×加权平均资本成本]

C. 税后营业利润－[(流动资产－流动负债)×加权平均资本成本]

D. 税后营业利润－[(总资产－总负债)×加权平均资本成本]

9. 汽车行业的召回成本属于（　　）类型的质量成本。

A. 预防成本　　B. 鉴定成本

C. 外部失败成本　　D. 内部失败成本

10. 在中间产品有非竞争性市场、生产单位有闲置的生产能力以及变动成本低于市场价格，且部门经理有讨价还价的自由和完全自主的情况下，下列（　　）内部转移定价方法是行之有效的。

A. 市场价格　　B. 变动成本

C. 完全成本　　D. 经过协商的市场价格

思考与计算题

1. 企业为什么要进行分权化管理?

2. 成本中心的财务业绩评价指标有哪些?

3. 收入中心的财务业绩评价指标有哪些?

4. 利润中心的财务业绩评价指标有哪些?

5. 投资中心的财务业绩评价指标有哪些?

6. 常用的平衡计分卡指标有哪些？

7. 流程类指标有哪些？

8. 质量类指标有哪些？

9. 如何确定内部转移价格？

10. 新华百货集团的银川电器分公司 2020 年的关键财务信息如表 14－7 所示。

表 14－7

单位：元

总收入	25 000 000
营业利润	2 800 000
总资产	20 000 000

新华百货集团希望分公司每年都能提高投资回报率，因此分公司根据投资回报率来考核分公司经理的业绩。

由于恶劣的经济条件，银川电器分公司 2021 年的一项投资计划被推迟了。如果分公司坚持在下一年投资，则 2021 年的投资回报率一定会下降。

目前分公司的管理层正在考虑为达到下一年 25%的收益率所要采取的措施。预期分公司 2021 年的收入将稳定在 25 000 000 元。

要求：

(1) 计算银川电器分公司 2020 年的投资回报率与销售利润率。

(2) 假设营业利润在 2020 年与 2021 年没有变化，银川电器分公司 2020 年需要减少多少总资产才能达到 25%的收益率目标？

(3) 假定投资应得收益率为 20%，计算银川电器分公司 2020 年的剩余收益。

(4) 假定银川电器分公司能在 2021 年削减成本 35 000 元，若希望在 2021 年提高剩余收益达 55%，应减少多少总资产？

9. 表 14－8 随机列示了平衡计分卡中的一些战略目标及业绩指标。

表 14－8

战略目标	业绩指标
获得新客户	净收益
股东价值增长	不合格品百分比
改善生产质量	新客户数量
增加信息系统能力	供应商及时交付百分比
加强员工技能	顾客维持率
保留顾客	具有实时反馈的流程百分比
供应商及时交付	每个员工工作相关培训小时

要求：从表 14－8 中为平衡计分卡的每一层面选择最相关的战略目标，为每一个战略目标选择最合适的业绩指标。

附录

复利、年金系数表

附表 1　复利现值系数表（PVIF 表）

n	3.00%	4.00%	5.00%	6.00%	7.00%	8.00%	10.00%	12.00%	14.00%	16.00%	18.00%	20.00%	25.00%	30.00%
1	0.971	0.962	0.952	0.943	0.935	0.926	0.909	0.893	0.877	0.862	0.848	0.833	0.800	0.769
2	0.943	0.925	0.907	0.890	0.873	0.857	0.826	0.797	0.770	0.743	0.718	0.694	0.640	0.592
3	0.915	0.889	0.864	0.840	0.816	0.794	0.751	0.712	0.675	0.641	0.609	0.579	0.512	0.455
4	0.889	0.855	0.823	0.792	0.763	0.735	0.683	0.636	0.592	0.552	0.516	0.482	0.410	0.350
5	0.863	0.822	0.784	0.747	0.713	0.681	0.621	0.567	0.519	0.476	0.437	0.402	0.328	0.269
6	0.838	0.790	0.746	0.705	0.666	0.630	0.565	0.507	0.456	0.410	0.370	0.335	0.262	0.207
7	0.813	0.760	0.711	0.665	0.623	0.584	0.513	0.452	0.400	0.354	0.314	0.279	0.210	0.159
8	0.789	0.731	0.677	0.627	0.582	0.540	0.467	0.404	0.351	0.305	0.266	0.233	0.168	0.123
9	0.766	0.703	0.645	0.592	0.544	0.500	0.424	0.361	0.308	0.263	0.226	0.194	0.134	0.094
10	0.744	0.676	0.614	0.558	0.508	0.463	0.386	0.322	0.270	0.227	0.191	0.162	0.107	0.073
11	0.722	0.650	0.585	0.527	0.475	0.429	0.351	0.288	0.237	0.195	0.162	0.135	0.086	0.056
12	0.701	0.625	0.557	0.497	0.444	0.397	0.319	0.257	0.208	0.169	0.137	0.112	0.069	0.043
13	0.681	0.601	0.530	0.469	0.415	0.368	0.290	0.229	0.182	0.145	0.116	0.094	0.055	0.033
14	0.661	0.578	0.505	0.442	0.388	0.341	0.263	0.205	0.160	0.125	0.099	0.078	0.044	0.025
15	0.642	0.555	0.481	0.417	0.362	0.315	0.239	0.183	0.140	0.108	0.084	0.065	0.035	0.020
16	0.623	0.534	0.458	0.394	0.339	0.292	0.218	0.163	0.123	0.093	0.071	0.054	0.028	0.015
17	0.605	0.513	0.436	0.371	0.317	0.270	0.198	0.146	0.108	0.080	0.060	0.045	0.023	0.012
18	0.587	0.494	0.416	0.350	0.296	0.250	0.180	0.130	0.095	0.069	0.051	0.038	0.018	0.009
19	0.570	0.475	0.396	0.331	0.277	0.232	0.164	0.116	0.083	0.060	0.043	0.031	0.014	0.007
20	0.554	0.456	0.377	0.312	0.258	0.215	0.149	0.104	0.073	0.051	0.037	0.026	0.012	0.005
25	0.478	0.375	0.295	0.233	0.184	0.146	0.092	0.059	0.038	0.025	0.016	0.011	0.004	0.001
30	0.412	0.308	0.231	0.174	0.131	0.099	0.057	0.033	0.020	0.012	0.007	0.004	0.001	0.000

附表 2　复利终值系数表（FVIF 表）

n	3.00%	4.00%	5.00%	6.00%	7.00%	8.00%	10.00%	12.00%	14.00%	16.00%	18.00%	20.00%	25.00%	30.00%
1	1.030	1.040	1.050	1.060	1.070	1.080	1.100	1.120	1.140	1.160	1.180	1.200	1.250	1.300
2	1.061	1.082	1.103	1.124	1.145	1.166	1.210	1.254	1.300	1.346	1.392	1.440	1.563	1.690
3	1.093	1.125	1.158	1.191	1.225	1.260	1.331	1.405	1.482	1.561	1.643	1.728	1.953	2.197
4	1.126	1.170	1.216	1.262	1.311	1.360	1.464	1.574	1.689	1.811	1.939	2.074	2.441	2.856
5	1.159	1.217	1.276	1.338	1.403	1.469	1.611	1.762	1.925	2.100	2.288	2.488	3.052	3.713
6	1.194	1.265	1.340	1.419	1.501	1.587	1.772	1.974	2.195	2.436	2.700	2.986	3.815	4.827
7	1.230	1.316	1.407	1.504	1.606	1.714	1.949	2.211	2.502	2.826	3.185	3.583	4.768	6.275
8	1.267	1.369	1.477	1.594	1.718	1.851	2.144	2.476	2.853	3.278	3.759	4.300	5.960	8.157
9	1.305	1.423	1.551	1.689	1.838	1.999	2.358	2.773	3.252	3.803	4.435	5.160	7.451	10.604
10	1.344	1.480	1.629	1.791	1.967	2.159	2.594	3.106	3.707	4.411	5.234	6.192	9.313	13.786
11	1.384	1.539	1.710	1.898	2.105	2.332	2.853	3.479	4.226	5.117	6.176	7.430	11.642	17.922
12	1.426	1.601	1.796	2.012	2.252	2.518	3.138	3.896	4.818	5.936	7.288	8.916	14.552	23.298
13	1.469	1.665	1.886	2.133	2.410	2.720	3.452	4.363	5.492	6.886	8.599	10.699	18.190	30.288
14	1.513	1.732	1.980	2.261	2.579	2.937	3.797	4.887	6.261	7.988	10.147	12.839	22.737	39.374
15	1.558	1.801	2.079	2.397	2.759	3.172	4.177	5.474	7.138	9.266	11.974	15.407	28.422	51.186
16	1.605	1.873	2.183	2.540	2.952	3.426	4.595	6.130	8.137	10.748	14.129	18.488	35.527	66.542
17	1.653	1.948	2.292	2.693	3.159	3.700	5.054	6.866	9.276	12.468	16.672	22.186	44.409	86.504
18	1.702	2.026	2.407	2.854	3.380	3.996	5.560	7.690	10.575	14.463	19.673	26.623	55.511	112.455
19	1.754	2.107	2.527	3.026	3.617	4.316	6.116	8.613	12.056	16.777	23.214	31.948	69.389	146.192
20	1.806	2.191	2.653	3.207	3.870	4.661	6.727	9.646	13.743	19.461	27.393	38.338	86.736	190.050
25	2.094	2.666	3.386	4.292	5.427	6.848	10.835	17.000	26.462	40.874	62.669	95.396	264.698	705.641
30	2.427	3.243	4.322	5.743	7.612	10.063	17.449	29.960	50.950	85.850	143.371	237.376	807.794	2 619.996

附表 3　年金现值系数表（PVIFA 表）

n	3.00%	4.00%	5.00%	6.00%	7.00%	8.00%	10.00%	12.00%	14.00%	16.00%	18.00%	20.00%	25.00%	30.00%
1	0.970	0.961	0.952	0.943	0.935	0.925	0.909	0.892	0.877	0.862	0.847	0.833	0.799	0.769
2	1.913	1.886	1.859	1.833	1.808	1.783	1.735	1.690	1.646	1.605	1.565	1.527	1.440	1.360
3	2.828	2.775	2.723	2.673	2.624	2.577	2.486	2.401	2.321	2.245	2.174	2.106	1.952	1.816
4	3.717	3.629	3.545	3.465	3.387	3.312	3.169	3.037	2.913	2.798	2.690	2.588	2.361	2.166
5	4.579	4.451	4.329	4.212	4.100	3.992	3.790	3.604	3.433	3.274	3.127	2.990	2.689	2.435
6	5.417	5.242	5.075	4.917	4.767	4.622	4.355	4.111	3.888	3.684	3.497	3.325	2.951	2.642
7	6.230	6.002	5.786	5.582	5.389	5.206	4.868	4.563	4.288	4.038	3.811	3.604	3.161	2.802
8	7.019	6.732	6.463	6.209	5.971	5.746	5.334	4.967	4.638	4.343	4.077	3.837	3.328	2.924
9	7.786	7.435	7.107	6.801	6.515	6.246	5.759	5.328	4.946	4.606	4.303	4.030	3.463	3.019
10	8.530	8.110	7.721	7.360	7.024	6.710	6.144	5.650	5.216	4.833	4.494	4.192	3.570	3.091
11	9.252	8.760	8.306	7.886	7.499	7.138	6.495	5.937	5.452	5.028	4.656	4.327	3.656	3.147
12	9.954	9.385	8.863	8.383	7.943	7.536	6.813	6.194	5.660	5.197	4.793	4.439	3.725	3.190
13	10.634	9.985	9.393	8.852	8.358	7.903	7.103	6.423	5.842	5.342	4.909	4.532	3.780	3.223
14	11.296	10.563	9.898	9.294	8.746	8.244	7.366	6.628	6.002	5.467	5.008	4.610	3.824	3.248
15	11.937	11.118	10.379	9.712	9.108	8.559	7.606	6.810	6.142	5.575	5.091	4.675	3.859	3.268
16	12.561	11.652	10.837	10.105	9.447	8.851	7.823	6.973	6.265	5.668	5.162	4.729	3.887	3.283
17	13.166	12.165	11.274	10.477	9.763	9.121	8.021	7.119	6.372	5.748	5.222	4.774	3.909	3.294
18	13.753	12.659	11.689	10.827	10.059	9.371	8.201	7.249	6.467	5.817	5.273	4.812	3.927	3.303
19	14.323	13.133	12.085	11.158	10.336	9.603	8.364	7.365	6.550	5.877	5.316	4.843	3.942	3.310
20	14.877	13.590	12.462	11.469	10.594	9.818	8.513	7.469	6.623	5.928	5.352	4.869	3.953	3.315
25	17.413	15.622	14.093	12.783	11.654	10.674	9.077	7.843	6.872	6.097	5.466	4.947	3.984	3.328
30	19.600	17.292	15.372	13.764	12.409	11.257	9.426	8.055	7.002	6.177	5.516	4.978	3.995	3.332

附表 4　年金终值系数表（FVIFA 表）

n	3.00%	4.00%	5.00%	6.00%	7.00%	8.00%	10.00%	12.00%	14.00%	16.00%	18.00%	20.00%	25.00%	30.00%
1	1.000	1.000	1.000	1.000	1.000	1.000	1.000	1.000	1.000	1.000	1.000	1.000	1.000	1.000
2	2.030	2.040	2.050	2.060	2.070	2.080	2.100	2.120	2.140	2.160	2.180	2.200	2.250	2.300
3	3.091	3.122	3.153	3.184	3.215	3.246	3.310	3.374	3.440	3.506	3.572	3.640	3.813	3.990
4	4.184	4.246	4.310	4.375	4.440	4.506	4.641	4.779	4.921	5.066	5.215	5.368	5.766	6.187
5	5.309	5.416	5.526	5.637	5.751	5.867	6.105	6.353	6.610	6.877	7.154	7.442	8.207	9.043
6	6.468	6.633	6.802	6.975	7.153	7.336	7.716	8.115	8.536	8.977	9.442	9.930	11.259	12.756
7	7.662	7.898	8.142	8.394	8.654	8.923	9.487	10.089	10.730	11.414	12.142	12.916	15.073	17.583
8	8.892	9.214	9.549	9.879	10.260	10.637	11.436	12.300	13.233	14.240	15.327	16.499	19.842	23.858
9	10.159	10.583	11.027	11.491	11.978	12.488	13.579	14.776	16.085	17.519	19.086	20.799	25.802	32.015
10	11.464	12.006	12.578	13.181	13.816	14.487	15.937	17.549	19.337	21.321	23.521	25.959	33.253	42.619
11	12.808	13.486	14.207	14.972	15.784	16.645	18.531	20.655	23.045	25.733	28.755	32.150	42.566	56.405
12	14.192	15.026	16.917	16.870	17.888	18.977	21.384	24.133	27.271	30.850	34.931	39.581	54.208	74.327
13	15.618	16.627	17.713	18.882	20.141	21.495	24.523	28.029	32.089	36.786	42.219	48.497	68.760	97.625
14	17.086	18.292	19.599	21.015	22.550	24.215	27.975	32.393	37.581	43.672	50.818	54.196	86.949	127.910
15	18.599	20.024	21.579	23.276	25.129	27.152	31.772	37.280	43.842	51.660	60.965	72.035	109.690	167.290
16	20.157	21.825	23.657	25.673	27.888	30.324	35.950	42.753	50.980	60.925	72.939	87.442	138.110	218.470
17	21.762	23.698	25.840	28.213	30.840	33.750	40.545	48.884	59.118	71.673	87.068	105.930	173.640	285.010
18	23.414	25.645	28.132	30.906	33.999	37.450	45.599	55.750	68.394	84.141	103.740	128.120	218.050	371.520
19	25.117	27.671	30.539	33.760	37.379	41.446	51.159	63.440	79.969	98.603	123.410	154.740	273.560	483.970
20	26.870	29.778	33.066	36.786	40.995	45.762	57.275	72.052	91.025	115.380	146.630	186.690	342.950	630.170
25	36.459	41.646	47.727	54.865	63.249	73.106	98.347	133.330	181.870	249.210	342.600	471.980	1 054.800	2 348.800
30	47.575	56.085	66.439	79.058	94.461	113.280	164.490	241.330	356.790	530.310	790.950	1 181.900	3 227.200	8 730.000

图书在版编目（CIP）数据

成本与管理会计/刘俊勇编著. --北京：中国人民大学出版社，2021.2

高等学校经济管理类主干课程教材. 会计与财务系列

ISBN 978-7-300-28991-5

Ⅰ.①成… Ⅱ.①刘… Ⅲ.①成本会计-高等学校-教材②管理会计-高等学校-教材 Ⅳ.①F234

中国版本图书馆 CIP 数据核字（2021）第 019348 号

高等学校经济管理类主干课程教材·会计与财务系列

成本与管理会计

刘俊勇　编著

Chengben yu Guanli Kuaiji

出版发行	中国人民大学出版社		
社　　址	北京中关村大街 31 号	**邮政编码**	100080
电　　话	010－62511242（总编室）		010－62511770（质管部）
	010－82501766（邮购部）		010－62514148（门市部）
	010－62515195（发行公司）		010－62515275（盗版举报）
网　　址	http://www.crup.com.cn		
经　　销	新华书店		
印　　刷	天津鑫丰华印务有限公司		
开　　本	787 mm×1092 mm　1/16	**版　　次**	2021 年 2 月第 1 版
印　　张	21.25 插页 1	**印　　次**	2023 年 12 月第 4 次印刷
字　　数	496 000	**定　　价**	46.00 元

中国人民大学出版社　管理分社

教师教学服务说明

中国人民大学出版社管理分社以出版工商管理和公共管理类精品图书为宗旨。为更好地服务一线教师，我们着力建设了一批数字化、立体化的网络教学资源。教师可以通过以下方式获得免费下载教学资源的权限：

★ 在中国人民大学出版社网站 www.crup.com.cn 进行注册，注册后进入“会员中心”，在左侧点击“我的教师认证”，填写相关信息，提交后等待审核。我们将在一个工作日内为您开通相关资源的下载权限。

★ 如您急需教学资源或需要其他帮助，请加入教师 QQ 群或在工作时间与我们联络。

中国人民大学出版社　管理分社

教师 QQ 群：648333426（工商管理）　114970332（财会）　648117133（公共管理）
教师群仅限教师加入，入群请备注（学校＋姓名）

联系电话：010-62515735，62515987，62515782，82501048，62514760

电子邮箱：glcbfs@crup.com.cn

通讯地址：北京市海淀区中关村大街甲 59 号文化大厦 1501 室（100872）

管理书社　　人大社财会　　公共管理与政治学悦读坊